國家社科基金重大項目（10&ZD104）成果

—宋代筆記研究叢書—

兩宋筆記研究

戴建國 主編

顧宏義 著

中原出版傳媒集團
中原傳媒股份公司
大象出版社
·鄭州·

圖書在版編目(CIP)數據

兩宋筆記研究 / 顧宏義著. — 鄭州 : 大象出版社,
2020. 5 (2021. 7 重印)
(宋代筆記研究叢書 / 戴建國主編)
ISBN 978-7-5347-9524-4

Ⅰ. ①兩… Ⅱ. ①顧… Ⅲ. ①中國歷史-筆記-研究
-中國-宋代 Ⅳ. ①K244. 066

中國版本圖書館 CIP 數據核字(2017)第 245059 號

兩宋筆記研究

LIANGSONG BIJI YANJIU

顧宏義 著

出 版 人 汪林中
責任編輯 負曉娜 鄧艷誼
責任校對 安德華 毛 路
裝幀設計 王莉娟

出版發行 大象出版社(鄭州市鄭東新區祥盛街 27 號 郵政編碼 450016)
發行科 0371-63863551 總編室 0371-65597936
網 址 www. daxiang. cn
印 刷 北京匯林印務有限公司
經 銷 各地新華書店經銷
開 本 720 mm×1020 mm 1/16
印 張 19. 75
字 數 342 千字
版 次 2020 年 5 月第 1 版 2021 年 7 月第 2 次印刷
定 價 78. 00 元

印廠地址 北京市大興區黄村鎮南六環磁各莊立交橋南 200 米(中軸路東側)
郵政編碼 102600 電話 010-61264834

序

戴建國

“宋代筆記研究叢書”係國家社科基金重大項目“《全宋筆記》整理與研究”的重要成果。

在中國古代，筆記作爲一種文體乃隨筆記事而非刻意著作之文，其以質樸、不事雕琢的特色生動呈現了古代社會生活的場景。筆記既有對社會重大事件的記録，也有對微觀生活的叙述，藴含着豐富的社會文化，是中國傳統文化寶庫中一顆璀璨的明珠。筆記文獻在文化史、社會史、學術史、科技史等領域的研究價值是其他文獻無法替代的。

宋代是中華民族燦爛文化創造的高峰期。陳寅恪先生云：“華夏民族之文化，歷數千載之演進，造極於趙宋之世。”宋代人文昌盛，經濟發達，對外交流極爲頻繁，儒、釋、道相容并包。有學者指出：筆記作爲獨具一格、隨筆記事的文體，長短不拘，輕鬆活潑，是古代文體解放的重要標志。這種文體在宋代文學史上占有一席之地，值得將其作爲獨立的文體門類進行學科性的探究。文體的解放與環境、寫作者意識的開放相關聯，不拘一格的筆記是精神環境相對寬鬆、士人文化勃興氛圍下發展的結果。

宋代的這些時代特色，在筆記中都有具體的記載和生動的反映。如北宋的《夢溪筆談》，記載了人類發展史上最早發明活字印刷術的畢昇，并記述了二百多條有關自然科學方面的内容，涉及數學、天文學、氣象學、地質和礦物學、物理學、灌溉和水利工程學、農藝學、醫藥和製藥學等。指南針發明後，我們的祖先將其運用於航海，大大便利了海上航行。朱彧的《萍洲可談》是現存最早記録這一活動的宋人筆記，書中記載：“舟師識地理，夜則觀星，晝則觀日，陰晦觀指南針。”

宋代處於海上絲綢之路的興盛時期，對此，宋人筆記亦多有記載。例如：周去非《嶺外代答》，保存有南海、南亞、西亞、東非、北非等地古國及交通方面的寶貴資料。成書於1225年的《諸蕃志》,記述了海外諸國的物産資源,其範圍東自日本,西極東非索馬里、北非摩洛哥及地中海東岸,内容詳贍,記載明晰。因相關不少國家地區尚處於無文字時代,故此書記録尤顯珍貴,是研究中古時期中西交通、海上絲綢之路及東南亞、南亞、西亞、北非等地歷史風土的重要文獻。

中華民族是一個多民族組成的大家庭,宋人筆記也爲我們記述了多民族共同生活、共同書寫歷史的活動。如范成大《桂海虞衡志》生動真切地記載了宋代西南、海南各少數民族聚居地區的民俗風情及氣象地貌、礦産土物、民族特色、中外交通,乃至政治、經濟、文化、軍事等社會狀況,是極爲可貴的實録,給後人留下了以桂林爲中心的西南地區的歷史地理、社會學、人類學、民族學、民族史、中外關係史、中外貿易史、經濟史、生物學、農學、地質學等衆多領域的珍貴史料。

《夢溪筆談》《東京夢華録》《萍洲可談》《容齋隨筆》……這一部部鮮活的筆記,記録了我們先人的偉大發明創造,記録了我們民族認識世界、改造世界的活動,構成了我們民族記憶的瑰麗寶典。

"宋代筆記研究叢書"共計七部研究成果,從文史結合的角度多方位地探討了宋代筆記的文獻價值及所藴含的豐富的社會文化價值,將微觀考釋與宏觀論述相結合,探求唐宋時期社會文化繁榮和發展的歷史軌迹。

研究成果之一《全宋筆記書目提要》,是爲《全宋筆記》收録的宋人筆記逐一撰寫的學術提要。對相關筆記的作者、筆記内容、版本流傳、學術價值等詳加考訂,并吸收采納最新的研究成果,糾正文獻流傳過程中的訛誤,言簡意賅地反映了《全宋筆記》的基本面貌和學術研究成果,揭示出這些筆記的史料價值和學術意義。

研究成果之二《兩宋筆記研究》,通過對宋代筆記史料的全面搜集、梳理和辨析考訂,對筆記的源流和筆記概念的界定、筆記的數量及分類、筆記中之僞書問題、宋代筆記興盛的社會文化背景、筆記的撰寫體裁與史料來源、筆記的刊印傳布、筆記作者等諸多問題作了詳盡的論述。此成果在學界已有研究的基礎上,對宋人筆記作了更爲深入的研究,提出了一些新的見解。

研究成果之三《宋人筆記視域下的唐五代社會》,深入探討了筆記所反映的唐五代時期的社會生活。在傳世的宋代筆記中,有一部分保存有唐後期至五代社會生活的資料,具有獨特的史料價值,記録了中唐以降至五代社會的深刻變化。這些變化顯著地體現在人們的飲食、住居、交通、婚姻、家庭、教育等方面。社會生活的變化是社會進步的標志,所有這些變化爲其後宋代社會經濟和文化的進一步繁榮打下了基礎。

研究成果之四《筆記語境下的宋代信仰風俗》,認爲經歷了唐宋之際政治、經濟、社會、文化的重大變革,宋人的宗教觀念和信仰習俗也展現出前所未有的新特點。首先,人們的社會生活更趨豐富,與之相應,信仰習俗也更加複雜。其次,宋王朝"佛、道并重"的政策使佛、道二教獲得發展良機,從而在民間廣泛傳播。再次,原始崇拜所具有的神秘虛妄色彩至宋代有所淡化,諸多信仰活動和崇奉儀式中已增添了不少俗世情趣和生活氣息。

研究成果之五《宋代的仕女與庶民女性——筆記内外所見婦女生活》,以社會性别理論作爲分析的主要工具,以筆記爲主要資料,揭示了宋代婦女生活的面貌。選取社會下層婦女這一群體進行探討,以乳母群體爲例,進行個案的分析論述,探究宋代庶民婦女的生活,認爲乳母本爲婢女的一種,也具有由下層向上層流動的特點,與妾具有某些共通點。

研究成果之六《宋代筆記語言概論》,對筆記史料進行了文字學、詞彙學、訓詁學、語音學、語法學等多視角的全面考察,并深入探討了筆記中的一批新詞新義、詞義演變、常用詞、方言俗語、行話隱語與外來詞語,總結了筆記中藴含的因聲求義、求證方言、追求語源、排比歸納、鈎沉古注、探求理據、古今對比等訓詁方法,從古今語音演變、南北方音差异、實際語言與韵書記録差异等多個角度對語言進行了深入研究。

研究成果之七《宋代筆記國際學術研討會論文集》,是課題組 2015 年主辦的學術研討會會議成果,收録了 20 位學者的論文。這些論文運用筆記材料,對宋代社會文化史、政治經濟史及文學史諸領域作了多維度的研究,或運用新理論、新方法從文本、空間等新視角切入,深入解讀宋人筆記文獻;或考證梳理兩宋興衰治亂之由,進一步拓展了文史研究的新領域。

本叢書的出版,是參與子課題研究工作的各位學者同心協力、多年辛勤耕耘的結果。這些成果爲我們認識有血有肉、豐富多彩的宋代社會提供了一個多方位的視角。這套叢書是我們對宋人筆記進行初步探討的階段性的研究成果。我們深知這些研究還有諸多不足,在此敬請讀者批評指正。

2019 年 7 月 20 日

目録

緒論 /一

第一章　筆記與宋代筆記 /一

一、"筆記"釋名 …… 三
二、宋代筆記概述 …… 一二
（一）宋代筆記的數量及分類 …… 一二
（二）宋代筆記之著者及相關問題 …… 一五
（三）有關僞書之討論 …… 二二
三、宋代筆記興盛的社會文化背景 …… 三五
（一）"崇文抑武" 國策與科舉取士制度的施行 …… 三六
（二）雕版印刷技術的普及和學術思想的繁榮 …… 三九
（三）推崇史學及黨争之影響 …… 四三

第二章　宋代筆記的纂修和傳布 /四七

一、宋代筆記的書名 …… 四九
二、宋代筆記的内容及纂修目的 …… 六一
（一）宋代筆記的内容特色 …… 六一
（二）宋代筆記的纂修目的 …… 六五
三、宋代筆記的編撰體裁與史料來源 …… 一〇七
（一）宋代筆記的編撰體裁 …… 一〇八

（二）宋代筆記的續補及辨釋…………………………………… 一一八
（三）宋代筆記的史料來源…………………………………… 一二一
四、宋代筆記的刊印傳布 …………………………………… 一二六

第三章　宋代筆記的著者探析 /一四五

一、宋代筆記的著者及地域分布 …………………………… 一四七
（一）宋代筆記著者的身份…………………………………… 一四七
（二）宋代筆記著者的地域分布 …………………………… 一五一
二、宋代筆記著者的家族及師承 …………………………… 一五六
（一）宋代筆記著者的家族背景 …………………………… 一五六
（二）宋代筆記著者的師承情況 …………………………… 一六五
三、宋代筆記著者的生平學術之考述 ……………………… 一七三
（一）著者之生平事迹考訂…………………………………… 一七四
（二）著者之學術述論 ……………………………………… 一八二

第四章　宋代筆記的價值與缺失 /一八九

一、宋代筆記的文獻價值 …………………………………… 一九一
（一）筆記與宋代宮禁秘事…………………………………… 一九二
（二）筆記與宋代官史編纂…………………………………… 二〇八
（三）筆記所載“瑣事叢談”之價值 ……………………… 二一七
二、宋代筆記內容的缺失及原因 …………………………… 二三六
（一）因著者學識及著述態度而形成的缺失 ……………… 二三八
（二）因政治及黨派之争而造成的缺失 …………………… 二五六
（三）因挾個人恩怨之私而造成的缺失 …………………… 二七一

結語 /二八三

徵引書目 /二八九

緒論

宋代社會經濟的大發展,帶來了文化繁榮,有稱"宋代尚文輕武。文學之士,著述極富,史學發達,專著之外,繼以雜史筆記應有盡有;雕版大量應用,活字版新發明,對書籍流傳和保存起決定性的作用"[1],由此有宋一代乃成爲中國古代筆記的盛行時期,卷帙浩大。據筆者不完全統計,宋代筆記多達 1000 餘種,5000 餘卷[2],且其撰者的身份差异甚大,其内容取捨、編纂體裁等時有不同,記載之真實程度等亦頗有差异。同時,宋代筆記的内容也大體涵蓋了當時社會的諸方面,而具有甚高的歷史文化和學術價值。

由此,宋人筆記在宋代當時就甚得世人的重視,往往一書初成,即得衆人傳抄、刻印傳播,同時又有學者對其内容、文字等進行考辨、補充、訂正。而近代以來,雖然對宋代筆記的研究日趨增多,但主要關注於有關筆記的史事記載在相關歷史研究中的價值[3],以及某一種、某一類筆記著者生平的考證研究等[4]。或

1 柴德賡:《史籍舉要》,北京出版社 1982 年版,第 125 頁。

2 參見顧宏義:《宋代筆記録考》。按:本書相關統計資料,若未注明出處,皆出自《宋代筆記録考》。

3 如:宫雲維《宋人筆記與宋代科舉制度研究》,載《齊魯學刊》2001 年第 6 期;彭榕華《宋人筆記醫學史料探考》,載《福建中醫藥》2008 年第 39 卷第 1 期;王長紅《宋人筆記對〈周易〉研究的價值略論》,載《東嶽論叢》2010 年第 2 期等。

4 其中對某一部宋人筆記的研究,如:鍾振振《〈唐宋史料筆記叢刊〉本〈鶴林玉露〉校讀記》,載《山西大學學報(哲學社會科學版)》2002 年第 2 期;張祝平《〈夷堅志〉的版本研究》,載《古籍整理研究學刊》2003 年第 2 期;張文飛《洪邁〈夷堅志〉研究》,復旦大學 2008 年博士學位論文等。考證某著者的生平,如:顧國瑞《〈昨夢録〉作者考辨》,載《文學遺産》1981 年第 2 期;陳偉文《〈賓退録〉作者趙與旹考》,載《文獻》2011 年第 4 期。對某一類筆記的研究,如:陶敏、劉再華《"筆記小説"與筆記研究》,載《文學遺産》2003 年第 2 期等。

兼及上述兩方面的研究[1];或在通代筆記的研究中涉及宋代筆記[2],而將整個宋代筆記作爲一個整體進行深入研究者尚不多見,僅張暉《宋代筆記研究》、傅林輝《宋代筆記概論》、安芮璿《宋人筆記研究——以隨筆雜記爲中心》等數種。[3]張書所論分"宋筆記的地位和特點""南北宋筆記之不同""宋筆記的文獻價值""宋筆記的文學價值"和"宋筆記的缺點"五部分;傅書將筆記分爲政史、科技、文藝、小説、雜録五類,分章舉例論述,着重闡述了"筆記的産生和發展""宋代社會與宋人筆記""宋人筆記的審美意義及其影響"等内容;而安書着重討論了"隨筆雜記"類筆記的特點、影響,并選擇蘇軾《東坡志林》、葉夢得《避暑録話》和周密《癸辛雜識》三部著名筆記進行考察等。綜合上述諸論著所述,就整個宋代筆記研究而言,其一多關注於個案研究,而整體研究顯有缺失,其二即以整個宋代筆記作爲研究对象的論著,也多衹是選擇少部分著名的筆記進行考證辨析,或往往着眼於筆記與小説、傳奇、志怪等的關係,而并未就整個趙宋一代筆記的整體面貌進行相應的深入探討研究,因而難以充分揭示宋代筆記的社會文化和學術價值。

爲此,本書擬通過對宋代筆記史料進行全面的搜集梳理、辨析考訂,從而在此基礎上,於總體及個案兩方面,就宋代筆記的體裁、内容、纂修特點,及著者情况、筆記的史源情况等進行歸納分析,進而全面而深入地探討宋代筆記的文獻價值及其盛行的社會文化、學術背景,并重點辨析其與宋代國史纂修之關係,以及筆記在宋代黨争中的作用與影響等。

1 如:顧宏義《王禹偁〈建隆遺事〉考——兼論宋初"金匱之盟"之真僞》,載《中華文史論叢》(第九十五輯),上海古籍出版社 2009 年版等。

2 如:劉葉秋《歷代筆記概述》,北京出版社 2003 年版;鄭憲春《中國筆記文史》,湖南大學出版社 2004 年版;苗壯《筆記小説史》,浙江古籍出版社 1998 年版等。

3 張暉:《宋代筆記研究》,華中師範大學出版社 1993 年版;傅林輝:《宋代筆記概論》,百花洲文藝出版社 1999 年版;安芮璿:《宋人筆記研究——以隨筆雜記爲中心》,復旦大學 2005 年博士學位論文。

第一章

筆記與宋代筆記

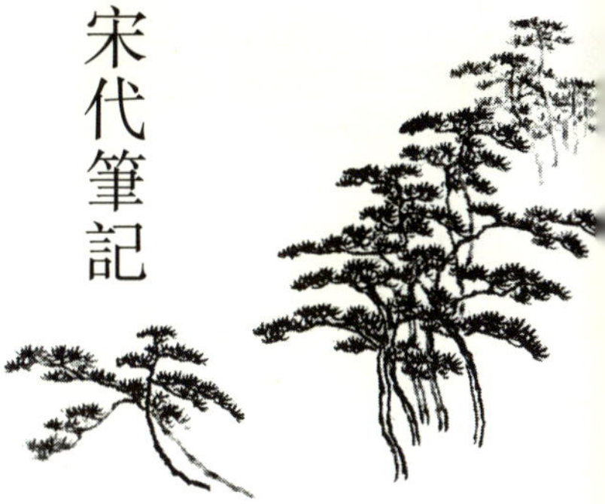

人稱“隨筆之體肇始魏、晉,而宋人最擅勝場,……或寫人情,或述物理,或記一時之諧謔,或叙一地之風土,多半是和實際人生直接打交道的文字”[1]。由此構成了宋人筆記頗异於前代的特色。

一、“筆記”釋名

何謂筆記? 據現存文獻記載,“筆記”一詞大致初見於南北朝時期。如《南齊書・丘巨源傳》有云“筆記賤伎,非殺活所待;開勸小説,非否判所寄”[2]。王僧孺《太常敬子任府君傳》云“辭賦極其清深,筆記尤盡典實”[3];《文心雕龍・才略》有云“路粹、楊修頗懷筆記之工,丁儀、邯鄲亦含論述之美”,又云“庾元規之表奏,靡密以閑暢,温太真之筆記,循理而清通,亦筆端之良工也”[4]。《南齊書》所云之“筆記”,乃執筆記録之意,此爲“筆記”一詞的本義。而王僧孺、劉勰所稱之“筆記”,且與“辭賦”“論述”“表奏”對舉,則指所記録之文字,故當時有言:“今之常言,有文有筆,以爲無韵者筆也,有韵者文也。”[5]此後漸漸將隨筆記録所見所聞之雜説文字稱作筆記。

一般認爲,最早以“筆記”名書者,爲北宋宋祁的《筆記》一書。[6] 宋祁,字子

1 吕叔湘《筆記文選讀・序》,上海古籍出版社 1979 年版,第 1 頁。按:此處“隨筆”,即筆記之别稱。

2 〔南朝梁〕蕭子顯:《南齊書》卷五二《丘巨源傳》,中華書局 1996 年版,第 894 頁。

3 〔明〕梅鼎祚:《梁文紀》卷一一王僧孺《太常敬子任府君傳》,上海古籍出版社《文淵閣四庫全書》本,第 1399 册,第 498 頁。

4 〔南朝梁〕劉勰撰,范文瀾注:《文心雕龍注》卷一〇《才略第四十七》,人民文學出版社 1958 年版,第 700、701 頁。

5 《文心雕龍注》卷九《總術第四十四》,第 655 頁。

6 如張暉:《宋代筆記研究》,華中師範大學出版社 1993 年版,第 1 頁;嚴傑《唐五代筆記考論》,中華書局 2009 年版,第 5 頁;等等。

京，安州安陸（今屬湖北）人。與兄宋庠同時中進士，累官至工部尚書、翰林學士承旨。嘉祐六年（1061）五月卒[1]，謚曰景文。《宋史》卷二八四有傳。故此書一般稱作《宋景文公筆記》或《宋景文筆記》[2]。然宋時尚有稱此《筆記》作《筆録》者，如《通志》卷六八《藝文略》著録《宋景文公筆録》一卷，《郡齋讀書志》卷一三著録《景文筆録》三卷，《宋史・藝文志・雜家類》著録宋祁《筆録》一卷等。據晁公武稱此書"皆故事异聞、嘉言奥語，可爲談助。不知何人所編，每章冠以'公曰'"[3]。然今傳本已無"公曰"二字，或爲傳刻者刊落，因"書中稱引莒公者不一，莒公即庠"[4]，而據史載宋庠於嘉祐四年中封莒國公[5]。且《宋景文筆記》有"余年六十始知五十九年非"[6]云云，可知《宋景文公筆記》當撰於宋祁晚年之嘉祐五年前後，或由其子弟筆録其言談而成。而在此之前，有王曾《筆録》也被稱作《筆記》。如李燾《續資治通鑑長編》（以下簡稱《長編》）在引録此書時就稱作"王曾《筆記》"[7]云云。

王曾，字孝先，青州益都（今山東青州）人。真宗時以右諫議大夫參知政事，仁宗初拜相。封沂國公。寶元元年（1038）冬卒，年六十一，謚曰文正。《宋史》卷三一〇有傳。王曾《筆録》一書，大都稱作《王文正筆録》，或題作《王沂公筆録》，"記開國以來雜事，凡三十六條"[8]。因書中有云"乾興初，先帝遺制皇太后權及軍國重事，……采用東漢故事，上在左，母后在右，同殿垂簾坐，中書、密院而下以次奏事如儀，自是群情乃安。迄明道末，不改其制"[9]。則推知此書當撰成於景祐（1034—1037）間，時在《宋景文公筆記》之前。

---

1 〔宋〕李燾：《續資治通鑑長編》卷一九三"嘉祐六年五月丁酉"條，中華書局點校本，第4668頁。按：以下簡稱《長編》。

2 〔元〕脱脱等：《宋史》卷二〇三《藝文志二》，中華書局1985年版，第5121頁；〔宋〕陳振孫：《直齋書録解題》卷一〇《雜家類》，上海古籍出版社1987年版，第308頁。

3 〔宋〕晁公武撰，孫猛校證：《郡齋讀書志校證》卷一三《小説類》，上海古籍出版社1990年版，第574頁。

4 〔清〕永瑢等：《四庫全書總目》卷一二〇《筆記》，中華書局1981年版，第1034頁。

5 《長編》卷一九〇"嘉祐四年十月戊寅"條，第4596頁。

6 〔宋〕宋祁：《宋景文公筆記》上，《全宋筆記》第一編五，大象出版社2003年版，第48頁。

7 《長編》卷一九太平興國三年十月乙亥條注，第436頁。

8 《直齋書録解題》卷七《傳記類》，第206頁。

9 〔宋〕王曾：《王文正公筆録》，《全宋筆記》第一編三，大象出版社2003年版，第267頁。

由上述《宋景文公筆記》《王文正筆録》之例，可知以“筆記”作爲書名的現象當出現在宋仁宗時期，但又由王曾、宋祁二書或稱“筆記”，或稱“筆録”，也可見當時以“筆記”名書的做法尚未有定型。同樣，據統計，除上述二書外，北宋時期以“筆記”名書者僅見蘇軾《仇池筆記》、佚名《真率筆記》等數種，而題名“筆録”者却有錢惟演《錢文僖筆録》、魏泰《東軒筆録》《續筆録》、楊彦齡《楊公筆録》、王寓《思遠筆録》等。大略至南宋中期，以“筆記”稱呼此類雜録著述的始漸普遍。如史繩祖《學齋佔畢》嘗云：“洪文敏公景盧著《容齋五筆》，援引該洽，證據辨論，極爲精詳，殆近世筆記之冠冕也。”[1]

作爲一類著述之總稱“筆記”，其特點在於雜，如《辭海》定義“筆記”爲“文體名。泛指隨筆記録、不拘體例的作品。其題材亦很廣泛。有的著作可涉及政治、歷史、經濟、文化、自然科學、社會生活等許多領域，但亦可專門記叙、論述某一個方面”。今人大體認可此一定義，而在各自論著中據具體情况而略加變通或修正，如劉葉秋《歷代筆記概述》中就其特點來定義道：筆記“以内容論，主要在於‘雜’：不拘類别，有聞即録。以形式論，主要在於‘散’：長長短短，記叙隨宜”[2]。又傅璇琮於《全宋筆記·序》中，因洪邁《容齋隨筆自序》有謂“予老去習懶，讀書不多，意之所之，隨即記録，因其後先，無復詮次，故目之曰隨筆”，而定義“筆記乃讀書所得，見聞所及，隨筆雜録，不分先後，文筆自由，不拘形式”[3]。然此“雜”也是“小説”“雜史”等類著述的特點之一，古人對此大致不加區分，如《學齋佔畢》稱“前輩筆記小説固有字誤，或刊本之誤，因而後生未學，不稽考本出處，承襲謬誤甚多，今略舉其一端。如馬大年永卿著《懶真子録》辨王逸注《楚詞》，以芰爲蔆”[4]云云，《懶真子録》乃屬筆記，而史繩祖却合稱作“筆記小説”。同樣，今人也往往將“筆記”與“小説”“雜史”等并舉錯出。因此，古代目録學家并未將“筆記”視作獨立文體而單獨設置類目，而是主要將筆記類著述歸入子部的“小説類”“雜家類”和史部的“雜史類”，其他筆記分别收録於史部的“傳記

---

1 〔宋〕史繩祖：《學齋佔畢》卷四《容齋五筆論孟子記舜事多誤之言未審》，民國十六年陶湘涉園《左氏百川學海》本，第 14 頁上。

2 劉葉秋：《歷代筆記概述》，北京出版社 2003 年版，第 6 頁。

3 朱易安、傅璇琮：《全宋筆記·序》《全宋筆記》第一編一，大象出版社 2003 年版，第 4 頁。

4 《學齋佔畢》卷二《菱蔆二物》，第 13 頁上。

類”“地理類”“故事類”“霸史類”等,以及子部的“儒家類”“類事類”等。

《漢書·藝文志》曰:“小説家者流,蓋出於稗官,街談巷語,道聽途説者之所造也。”[1]《隋書·經籍志》曰:“小説者,街談巷語之説也。”[2]而内容屬於“街談巷語,道聽途説者”,正屬“筆記”之範圍。故明代胡應麟《少室山房筆叢》即稱:“《漢·藝文志》所謂小説,雖曰街談巷語,實與後世博物、志怪等書迥別,蓋亦雜家者流,稍錯以事耳。”又曰:“小説家一類,又自分數種:一曰志怪,《搜神》《述异》《宣室》《酉陽》之類是也。一曰傳奇,《飛燕》《太真》《崔鶯》《霍玉》之類是也。一曰雜録,《世説》《語林》《瑣言》《因話》之類是也。一曰叢談,《容齋》《夢溪》《東谷》《道山》之類是也。一曰辨訂,《鼠璞》《鷄肋》《資暇》《辨疑》之類是也。一曰箴規,《家訓》《世範》《勸善》《省心》之類是也。叢談、雜録二類最易相紊,又往往兼有四家,而四家類多獨行,不可摻入二類者。至於志怪、傳奇尤易出入,或一書之中二事并載,一字之内兩端具存,姑舉其重而已。”[3]而《四庫全書總目·小説家類小序》亦稱:“迹其流别,凡有三派:其一叙述雜事,其一記録异聞,其一綴緝瑣語也。唐、宋而後,作者彌繁。”[4]乃將筆記與傳奇、志怪、小説等混爲一談。

《漢書·藝文志》曰:“雜家者流,蓋出於議官,兼儒、墨,合名、法。”[5]《四庫全書總目·雜家類小序》指出“雜之義廣,無所不包,班固所謂‘合儒、墨,兼名、法’也”。乃分六類:“以立説者謂之雜學,辨證者謂之雜考,議論而兼叙述者謂之雜説,旁究物理、臚陳纖瑣者謂之雜品,類輯舊文、途兼衆軌者謂之雜纂,合刻諸書、不名一體者謂之雜編。”[6]其中“雜考”“雜説”“雜品”三類中多屬筆記著作。

所謂雜史,《隋書·經籍志》始單獨設類,曰:“自秦撥去古文,篇籍遺散。漢初得《戰國策》,蓋戰國游士記其策謀。其後陸賈作《楚漢春秋》,以述誅鋤秦、

1 〔東漢〕班固:《漢書》卷三〇《藝文志》,中華書局1964年版,第1745頁。

2 〔唐〕魏徵等:《隋書》卷三四《經籍志三》,中華書局1982年版,第1012頁。

3 〔明〕胡應麟:《少室山房筆叢》卷二九《九流緒論下》,中華書局1958年版,第371、374頁。

4 《四庫全書總目》卷一四〇《小説家類》,第1182頁。

5 《漢書》卷三〇《藝文志》,第1742頁。

6 《四庫全書總目》卷一一七《雜家類》,第1006頁。

項之事。又有《越絶》，相承以爲子貢所作。後漢趙曄又爲《吴越春秋》。其屬辭比事，皆不與《春秋》《史記》《漢書》相似，蓋率爾而作，非史策之正也。靈、獻之世，天下大亂，史官失其常守。博達之士，愍其廢絶，各記聞見，以備遺亡。是後群才景慕，作者甚衆。又自後漢已來，學者多抄撮舊史，自爲一書，或起自人皇，或斷之近代，亦各其志，而體制不經。又有委巷之説，迂怪妄誕，真虚莫測。然其大抵皆帝王之事，通人君子必博采廣覽，以酌其要，故備而存之，謂之雜史。"[1]其中"各記聞見，以備遺亡""委巷之説，迂怪妄誕"者，多屬筆記。故清代四庫館臣總結道："雜史之目，肇於《隋書》，蓋載籍既繁，難於條析，義取乎兼包衆體，宏括殊名，故王嘉《拾遺記》《汲冢瑣語》得與《魏尚書》《梁實録》并列，不爲嫌也。然既繫史名，事殊小説，著書有體，焉可無分？今仍用舊文，立此一類，凡所著録，則務示別裁。大抵取其事繫廟堂，語關軍國，或但具一事之始末，非一代之全編，或但述一時之見聞，衹一家之私記，要期遺文舊事足以存掌故、資考證、備讀史者之參稽云爾。若夫語神怪，供詼啁，里巷瑣言，稗官所述，則別有雜家、小説家存焉。"[2]仍與筆記相雜，故其中所收入之雜史如王禹偁《五代史闕文》、曹勛《北狩見聞録》、洪皓《松漠紀聞》、王栐《燕翼詒謀録》等皆爲宋代著名筆記。

由於筆記歸類不一，内容龐雜，與"小説""雜史"等著述頗有交錯，區分不易。爲此，有學者欲通過框定筆記的範圍、類別來區分其與"小説""雜史"等。如劉葉秋指出其《歷代筆記概述》中所討論的筆記，凡是較爲專門的著作，一概不録：專談一時一類事實者不録，如晋皇甫謐《高士傳》、元辛文房《唐才子傳》等；專叙地理古籍和記行之書不録，如北朝魏楊衒之《洛陽伽藍記》、闕名《三輔黄圖》、宋陸游《入蜀記》等；專記動植物之書如晋嵇含《南方草木狀》《茶經》《蟹譜》等不録。此外，不録《顔氏家訓》《二程語録》之類家訓、語録，以及《廿二史考异》《十七史商榷》之類專門考訂史書的札記等。[3] 但劉氏此説與宋代筆記的實際情況并不甚符合。爲便於對宋代筆記的整體情況進行研究，故本書擬首先

1 《隋書》卷三三《經籍志二》，第962頁。

2 《四庫全書總目》卷五一《雜史類》，第460頁。

3 《歷代筆記概述》，第6頁。

對“筆記”之範圍作一限定。也因爲筆記歸類不一,内容龐雜,區分不易,故本書擬仿效劉葉秋《歷代筆記概述》的處理方法,一一辨析“小説”“雜史”等類内不屬於“筆記”的著述,以廓清所欲探討的宋代“筆記”之範圍。

其一,小説。對小説進行分類的,大概以唐代史學家劉知幾爲最早。其《史通・雜述》曰:“是知偏記小説,自成一家。而能與正史參行,其所從來尚矣。爰及近古,斯道漸煩。史氏流别,殊途并騖。榷而爲論,其流有十焉:一曰偏紀,二曰小録,三曰逸事,四曰瑣言,五曰郡書,六曰家史,七曰别傳,八曰雜記,九曰地理書,十曰都邑簿。”[1]其中,“偏紀”類相當於《隋書・經籍志》中的“雜史”類,又涉及“古史”類(後世稱“編年”類),而“小録”等九類對應“小説”,但總體而言,其所謂“偏記小説”,涉及者乃是廣義的雜史。[2] 而明人胡應麟《少室山房筆叢・九流緒論下》分小説爲六類,其二乃“傳奇,《飛燕》《太真》《崔鶯》《霍玉》之類是也”,即《辭海》“筆記”條所定義者:“其鋪寫故事,以人物爲中心而較有結構的,稱爲筆記小説。”此類“筆記小説”,本書不録。

又《少室山房筆叢・九流緒論下》所分小説第六類“曰箴規”,即官箴家訓之類,宋代有趙鼎《家訓筆録》、陸游《放翁家訓》等,其乃屬專門著作,不屬筆記,故不録。又如鄭玉道《琴堂諭俗編》,“其書大抵采摭經史故事關於倫常日用者,旁證曲喻,以示勸誡,故曰諭俗。文義頗涉於鄙俚,然本爲鄉里愚民設,不爲士大夫設,故取其淺近易明,可以家喻户曉”[3],也屬“箴規”之作。

其二,雜史等。雜史類著作雖多有屬筆記者,但專記某事之始末者不當屬筆記。如南宋万俟卨《皇太后回鑾事實》,記紹興十二年韋太后自金南歸事實;趙與褣《辛巳泣蘄録》,乃記嘉定十四年金兵圍蘄州、陷城始末;趙萬年《襄陽守城録》,記開慶年間新知襄陽府趙淳率兵民抵禦二十萬元兵圍攻襄陽之事;又如李壁《中興戰功録》、王致遠《開禧德安守城録》等,皆屬專記某事或數事本末、事迹之雜史。此類著述尚有記載“虞允文督師江上,拒金海陵王之事”[4]的員興

1 〔唐〕劉知幾撰,〔清〕浦起龍釋:《史通通釋》卷一〇《雜述》,上海古籍出版社 1978 年版,第 273 頁。

2 《唐五代筆記考論》,第 9、10 頁。

3 《四庫全書總目》卷一二一《琴堂諭俗編》,第 1047 頁。

4 《四庫全書總目》卷五二《采石戰勝録》,第 471 頁。

宗之《采石戰勝録》、蹇駒之《采石瓜洲斃亮記》及佚名之《采石斃亮記》等。

又如李綱所編纂的《靖康傳信録》《建炎進退志》《建炎時政記》諸書，其《靖康傳信録》末有云："余自建昌假道長沙，……道梗少留，……端憂多暇，探篋中取自上龍飛，余遭遇以來被受御筆内批及表札章奏等，命筆吏編次之，因叙其設施去就本末大概若此，庶幾傳信於後世。時靖康二年歲次丁未二月二十五日長沙漕廳翠藹堂録。"[1]而《建炎進退志》乃記載李綱建炎初拜相至罷始末，李綱《申史館繳編次到建炎制詔奏議表札集狀》中稱"今將自建炎初除罷宰相制命、詔書、批答、辭免稱謝表札及奏議、建明札子，皆已得旨施行者，編類次第，勒爲四卷，繕寫成册，繳申史館"[2]。又李綱《建炎時政記·序》曰："臣某伏被尚書省札子三省同奉聖旨，令臣省記編録建炎元年五月一日以後時政記，繕寫成册進御，以待制詔頒降史館。……謹以省記到昨任宰相日所得聖語、所行政事賞刑黜陟之大略著於篇，至於日辰有不能省記則闕之，庶幾信以傳信、疑以傳疑之意。謹繕寫成上下兩册，冒昧投進，以塵乙夜之覽，宣付史館，備采擇焉。"[3]此李綱三書皆編年記事，且據其自云，其撰述乃欲"傳信於後世"，而《建炎時政記》更是爲"以待制詔頒降史館"，即爲史官編纂實録、國史提供史料依據。故其與"讀書所得，見聞所及，隨筆雜録，不分先後"之筆記，實非一體。

另有一些專記某事之始末的著作歸入"傳記"類，如北宋滕甫《孫威敏征南録》一卷，"其書乃記皇祐四年孫沔平儂智高事。……甫以爲南征之事本出沔議，其措置完備，又能以身下狄青，卒攘寇難，因述爲此書，以頌沔之績"[4]。實與筆記之體不同。又或收於"載記"類的如句延慶《錦里耆舊傳》，"書雖以耆舊傳爲名，而不以人系事，其體實近編年。所録兩蜀興廢之迹亦頗簡略，惟於詔敕章表書檄之文載之獨詳"[5]。又張唐英《蜀檮杌》，"其書本《前蜀開國記》《後蜀實録》，仿荀悦《漢紀》體編年排次，於王建、孟知祥據蜀事迹頗爲詳備"[6]。也當

1 〔宋〕李綱:《李綱全集》卷一七三《靖康傳信録下》，岳麓書社 2004 年版，第 1606 頁。

2 《李綱全集》卷一〇六《申史館繳編次到建炎制詔奏議表札集狀》，第 1009 頁。

3 《李綱全集》卷一七八《建炎時政記·序》，第 1648 頁。

4 《四庫全書總目》卷五八《孫威敏征南録》，第 529 頁。

5 《四庫全書總目》卷六六《錦里耆舊傳》，第 586~587 頁。

6 《四庫總目總目》卷六六《蜀檮杌》，第 587 頁。

屬專記割據政權始末之“霸史”而已。

其三，雜家類著述。《四庫全書總目・雜家類小序》中分雜家類著述爲雜學、雜考、雜説、雜品、雜纂、雜編六種，其中雜學、雜纂、雜編類部分著述，與筆記編纂宗旨或體裁不合。如黄伯思“所著有《法帖刊誤》二卷、《古器説》四百二十六篇。紹興丁卯，其子訒與其所著論辯題跋合而刊之，總名曰《東觀餘論》”[1]。故其書實爲黄伯思有關書學之論辯題跋的合編，與筆記體裁有間。又如汪若海《麟書》一卷，“其書托麟爲喻，以儷詞作韵語，詭言鴟夷子授之磐固侯。大旨主用兵之是，斥和議之非。又言不當追回康王，而勸欽宗以死社稷，用意甚爲剴直。因當時金人已破京城，故不敢顯言，而以廋詞寄其意”[2]。顯非筆記之體。

其四，語録與日記。所謂語録，乃指某人言論的記録或摘録，初見於禪宗學僧弟子記録其師尊的説法或日常言談，以便參悟之用。入宋以後，學人記録其師其尊長言論的文字也稱作語録，但多見於理學家門人用來記録其師之語録。如北宋前期李畋所撰《張乖崖語録》，又稱《張忠定公語録》《乖崖政行語録》，乃“張忠定公詠守蜀，有善政，其門人李畋紀其語論可以垂世者”[3]，即“述張忠定公詠治蜀政事及言行”[4]。此“語録”，義同“談録”，如《丁晋公談録》《杜公談録》[5]是也。但彙編或類編之語録，如朱熹所編《二程遺書》《二程外書》、黎靖德所編的《朱子語類》之類不在本書討論範圍内。

宋代出使遼、金等域外的使臣，接待遼、金來使的館伴使等，例需進記録出使、館伴經過言行的文字於朝，也被稱作“語録”，如北宋富弼《奉師語録》、南宋倪思《重明節館伴語録》等。此類使臣語録，大都按日記事，其偏重於記録行程者，也稱作“行程録”。與此行程録相類，宋人還撰有相當數量的日記式游記，如

1 《四庫全書總目》卷一一八《東觀餘論》，第1017頁。

2 《四庫全書總目》卷一二七《麟書》，第1093頁。

3 《郡齋讀書志校證》卷九《張忠定公語録》，第377頁。按：張詠，號乖崖，謚忠定。

4 《直齋書録解題》卷七《乖崖政行語録》，第207頁。

5 《直齋書録解題》卷七著録《杜公談録》一卷，云：“雷澤杜師益等録其父務滋之言。王廣淵作序。”按：《仕學規範・編書目》稱《杜氏談録》，注曰：“滋，務之。”《宋志・傳記類》著録《杜滋談録》一卷，注曰：“杜師秦等撰。”則知“務滋之”當爲“滋務之”之訛，杜師益、師秦當爲兄弟行。而雷澤，古大澤名，位於今山東菏澤境内。

歐陽修《于役志》、張舜民《郴行録》、范成大《吴船録》與陸游《入蜀記》等。而作爲逐日記録所見所聞、所言所行的日記，在宋代也頗有流行，尤其是政治人物，如周煇《清波雜志》中嘗云："元祐諸公皆有日記，凡榻前奏對語，及朝廷政事，所歷官簿，一時人材賢否，書之惟詳。向於吕申公之後大虬家得曾文肅子宣日記數巨帙，雖私家交際及嬰孩疾病、治療醫藥，纖悉毋遺。"[1]而早於元祐年間的著名日記有王安石《鍾山日録》、司馬光《日記》等。然由史官編纂的排日記載朝廷政事、君臣言行的"起居注""日曆"等，不在本書討論範圍之内。

其五，詩話。歐陽修"退居汝陰，而集以資閒談也"[2]，是爲《六一詩話》。司馬光又撰《續詩話》，云"歐陽公文章名聲雖不可及，然記事一也，故敢續書之"[3]。此類詩話，實爲記詩、記詩事之筆記。此後撰者相續，不下數十種。然至南宋時，出現論詩品、辨詩式等的詩話，如魏慶之《詩人玉屑》等，本書即不予討論。

又如圖經之類地理書，程俱《麟臺故事》之類典制著述，魏了翁《正朔考》、方鳳《野服考》之類專題考證之作等，皆不在本書收録範圍内。當然，因筆記内容龐雜，體例不一，不少著述體裁介於筆記與非筆記之間，故本書收録範圍也略有變通，稍加擴大，以便於相關研究的進行。

此外需略加説明的是，宋代題名"筆記"之著述，并非全屬筆記，如南宋錢時撰《兩漢筆記》十二卷，"此書皆評論漢史，嘉熙二年嘗經奏進。……其例以兩《漢書》舊文爲綱，而各附論斷於其下"[4]，其實爲史評類著述，而非筆記。

1　〔宋〕周煇撰，劉永翔校注：《清波雜志校注》卷六，中華書局 1994 年版，第 238 頁。按："曾文肅子宣日記"，即曾布（謚文肅）於哲宗紹聖、元符和徽宗初年執政時所撰的《日録》，清人自《永樂大典》中輯出三卷，名《曾公遺録》，收入《藕香零拾》叢書。

2　〔清〕何文焕：《歷代詩話》，中華書局 2004 年版，第 264 頁。

3　《歷代詩話》，司馬光《温公續詩話》，第 274 頁。

4　《四庫全書總目》卷八八《兩漢筆記》，第 753 頁。

二、宋代筆記概述

(一)宋代筆記的數量及分類

宋代筆記,衆所周知,其種數、卷帙數皆頗爲龐大,但歷來未見有人予以全面的彙總統計。《全宋筆記·編纂説明》以爲"現存宋人筆記約有五百餘種"[1],然此數字仍衹是一個概數。爲此,筆者據所撰《宋代筆記録考》統計,整個宋代有筆記多達1103種(包括存佚)。其收録範圍如上節所述,其時限上自宋初,但當時如南唐、後蜀、吴越等十國之人所撰筆記,其入宋者即予收録,如孫光憲《北夢瑣言》、徐鉉《稽神録》是也,而卒於亡國以前而未能入宋者即不録,如後蜀何光遠《鑒誡録》、吴越金翊《纂异記》[2]、陳致雍《晋安海物异名記》[3]等。

宋代筆記存佚表:

	存				佚	總計
	單行本	摘録本	附録者	小計		
種數	451	133	39	623	480	1103
百分比	40.88%	12.06%	3.54%	56.48%	43.52%	100%
卷數	2667	539	50	3256	1808	5064

1 《全宋筆記》第一編第一册卷首《編纂説明》,第1頁。

2 〔宋〕劉昌詩:《蘆浦筆記》(中華書局1986年版,第32頁)卷四《荆佽飛廟》有"建隆中,鄞令金翊《纂异記》"云云。《浙江通志》(上海古籍出版社《文淵閣四庫全書》本)卷二三七稱金翊"建隆間爲鄞令,多惠政,卒於官"。按:建隆間,鄞縣尚屬吴越國,則金翊實未嘗入宋。李劍國的《宋代志怪傳奇叙録》(南開大學出版社1997年版)視金翊爲北宋人,予以録載,不確。

3 陳致雍,莆田(今屬福建)人。《十國春秋》卷九七稱其初仕閩爲太常卿,"入南唐,以通《禮》及第,除秘書監。未幾,致仕還家。陳洪進辟掌書記。撰《晋安海物異名記》及《閩王列傳》《五禮儀鑒》諸書"。《直齋書録解題》卷八云陳致雍"致雍仕僞閩、南唐,後歸朝"。又《萬姓統譜》卷一八稱其"後歸宋,開寶中除秘書監致仕"。按:開寶中,南唐尚未爲宋所滅,故《萬姓統譜》卷一八云,當陳致雍致仕歸閩時,南唐丞相徐鉉送以詩,有"三朝恩澤馮唐老,萬里鄉關賀監歸"之句。"既還,陳洪進辟掌書記",可證其又仕清源陳洪進,實未嘗仕宋。《中國文言小説總目提要》第三編《雜俎類》稱陳致雍宋人,事迹不詳。亦不確。

续表

	存				佚	總計
	單行本	摘録本	附録者	小計		
百分比	52.67%	10.64%	0.99%	64.30%	35.70%	100%
每種平均卷數	5.91	4.05	1.28	5.23	3.77	4.59

注:本表據《宋代筆記録考》所載相關内容統計編制。

上表所統計的宋代筆記相關之數據并不完備,其中:一是此處所謂單行本,還包括收録洪遵《翰苑群書》。清《四庫全書》《知不足齋叢書》《津逮秘書》等叢書本的筆記。其内有宋、元刊本或抄本的數量也不多,而多爲明、清時期刊本或抄本,此類明、清本在當時刊印、抄録時,存在有變换次序、增删内容等現象,故已非宋時本來面目,且有相當數量的筆記的内容已不完整。二是摘録本主要指僅載録於宋《紺珠集》《類説》、元末《説郛》、明《百川學海》等文獻,衆所周知,《説郛》諸書所載録的歷代著述,除一小部分外,大都遭到删節,故載録於《説郛》諸書的不少宋代筆記,往往稱作一卷,然僅有寥寥數條,如《類説》卷五二載録吴淑《秘閣閒談》計十三條,《説郛》卷二六下載録胡珵《蒼梧雜志》僅三條、卷三九下收載李畋《該聞録》計五條,又如張君房《乘异記》,《紺珠集》卷一一載録四條、《類説》卷八載録十一條、《説郛》卷一一八上載録四條等。三是所謂"附録者",乃指未見單行本流傳、僅附載於别集者,或爲他書所引録者,一般篇幅較短,如胡舜申《乙巳泗州録》《己酉避亂録》載録於王明清《玉照新志》卷四,周南《山房雜記》載録於其《山房集》卷八。又如蘇象先《蘇氏談訓》十卷,"述其祖魏公頌子容遺訓"[1],附蘇頌《蘇魏公文集》傳世,題《丞相魏公譚訓》;司馬光《温公日記》,僅見載於日本内閣文庫藏《增廣司馬温公全集》,今存三卷,記載熙寧二年(1069)八月至三年十月事,已非全稿[2]。四是今已散佚的宋代筆記,僅收録於史書上留下記載的部分,且又衆多筆記已無從考證其卷帙,故其總卷數相對於其種數就顯得比例稍低。

1 《直齋書録解題》卷一一《蘇氏談訓》,第330頁。

2 按:日本内閣文庫藏《增廣司馬温公全集》爲南宋紹興間刻本,於宋、元之際流入日本。參見李裕民:《司馬光日記校注·前言》,中國社會科學出版社1994年版,第15頁。

通過分析上表所示數據，可知：首先，因宋代當時人就甚爲重視筆記及其文獻價值，故大量筆記得以刊刻、傳抄，從而流存於今（包括殘本、摘録本），約占到已得録考的全部宋代筆記種數之 56.48%。

其次，也因爲宋人對於筆記之價值的重視，故於自己的著作多有引録、評議時人之筆記文字，從而使得後人得以對已散佚的宋代筆記予以考證并且加以輯佚。今輯考得宋代已佚筆記 480 種，約占總數之 43.52%（當然此數字仍有缺失，有待日後考補）。其中相當一部分筆記，經後人努力加以輯佚，而得以稍窺其貌。

再次，據上表推知宋代每種筆記平均約有五卷（考慮到數量衆多的散佚筆記卷數已無考之因素等）。

《文心雕龍·書記》云："夫書記廣大，衣被事體，筆札雜名，古今多品。"[1]而筆記體雜，分類古來不易。如上文所述，明代胡應麟《少室山房筆叢·九流緒論下》分"小説"爲六類，其中志怪、雜録、叢談、辯訂四門皆屬筆記。至清《四庫全書總目·小説家類小序》據"小説"之"流别"，而分爲叙述雜事、記録异聞、綴緝瑣語三派，然究其實，大體屬於胡應麟所云之志怪、雜録兩門。因此，今人劉葉秋歸納歷代筆記之體裁、内容，大致分作三大類：

其一爲小説故事類筆記，其志怪、逸事小説如晋干寶《搜神記》、南朝劉義慶《世説新語》、清紀昀《閲微草堂筆記》等皆是。北宋秦再思《洛中紀异》、張君房《麗情集》、張師正《括异志》和南宋洪邁《夷堅志》等，皆屬此類。其二爲歷史瑣聞類筆記，其記野史、談掌故、輯文獻的雜録叢談如托名漢劉歆之《西京雜記》、唐劉餗《隋唐嘉話》、清王士禛《池北偶談》等皆是。宋代此類筆記甚多，如文瑩《湘山野録》《玉壺野史》、范鎮《東齋記事》、司馬光《涑水記聞》等皆屬此類。其三爲考據辨證類筆記，乃讀書隨筆、札記，如晋崔豹《古今注》，唐封演《封氏聞見録》，宋沈括《夢溪筆談》、戴埴《鼠璞》等，以及清錢大昕《十駕齋養新録》、孫詒讓《札迻》等皆是。其"小説故事類"即所謂筆記小説，内容主要爲情節簡單、篇幅短小之故事，部分故事略具短篇小説的規模；而歷史瑣聞類、考據辨證類筆記，則天文地理、文學藝術、經史子集、典章制度、風俗民情、逸聞瑣事、醫卜星相

1　《文心雕龍注》卷五《書記第二十五》，第 457 頁。

等無所不包，内容繁雜，大都屬於隨手記録之零散材料。而且筆記一體，本以“雜”著稱，故一書之中，往往兼具各類，如宋李心傳《舊聞證誤》專爲考辨宋代諸史、筆記、雜録記事訛誤而作，然沈括《夢溪筆談》則不專重辨證而兼及藝文、典制等。[1]

劉氏分筆記爲三大類，雖説衹是“粗舉大凡”而已，但大體也能反映出宋代筆記的實際情況。但就整個宋代筆記而言，乃以歷史瑣聞類、考據辨證類筆記爲主，其中考據辨證類筆記雖説唐時已出現，但至宋始蔚爲大觀。此與宋代學術崇尚理性和筆記編纂深受史學影響的特色大有關係。

（二）宋代筆記之著者及相關問題

據《宋代筆記録考》統計，宋代筆記 1103 種内，除 104 種著者名氏無考者外，其著者姓名可考者有 695 人（含宋時托名撰作者，但不包括後世所托名者）。其中近八成著者僅撰有一種筆記，而撰寫筆記最多者有一人，即撰寫《容齋隨筆》《夷堅志》的洪邁。宋人撰有多種筆記者，或别爲書名，或徑名“續”“補”“後”等字。如王明清既名筆記曰《投轄録》《摭青雜記》《玉照新志》等，又名曰《揮麈前録》《揮麈後録》《第三録》。又如沈括撰有《夢溪筆談》《補筆談》《續筆談》和《忘懷録》《清夜録》等多種筆記。其中《忘懷録》又名《夢溪忘懷録》，乃沈括“坐永樂事閒廢，晚歲乃以光禄卿分司，卜居京口之夢溪，有水竹山林之適。少有《懷山録》，可資居山之樂者輒記之，自謂今可忘於懷矣，故名《忘懷録》”[2]。兩宋之際的周紫芝《書夢溪丈人忘懷録後》亦稱：“沈翰林休居夢溪之上，自號夢溪丈人，作《忘懷録》，所記皆林下幽事，《筆談》之所不載者。”[3]爲此，本書爲便於統計，一般將此類續、補之作視爲别一種筆記，分别計數。洪邁撰有《容齋五筆》與《夷堅志》甲至癸、支志甲至癸、三志甲至癸、四志甲至乙等筆記，故合計達 38 種 496 卷，實爲兩宋第一人。其他撰有筆記較多者爲周必大（11 種）、周密

1　參見《歷代筆記概述》，第 4~5 頁。

2　《直齋書録解題》卷一〇《夢溪忘懷録》，第 297 頁。

3　〔宋〕周紫芝：《太倉稊米集》卷六七《書夢溪丈人忘懷録後》，上海古籍出版社《文淵閣四庫全書》本，第 1141 册，第 482~483 頁。

(10種)、司馬光(9種)和歐陽修、陸游、王明清(各8種)等。其相關數據見下表。

宋人撰著筆記數量表:

每著者撰作筆記數	著者數	百分比	卷數	百分比
1	555	79.87%	2385	49.63%
2	84	12.09%	917	19.08%
3	30	4.32%	554	11.52%
4	7	1.01%	101	2.10%
5	8	1.15%	118	2.46%
6	3	0.43%	44	0.92%
7	1	0.14%	34	0.71%
8	3	0.43%	61	1.27%
9	1	0.14%	27	0.56%
10	1	0.14%	48	1.00%
11	1	0.14%	21	0.44%
38	1	0.14%	496	10.31%
總計	695	100%	4806	100%

注:卷數指合計此項著者撰寫筆記的總卷數。

因宋代不少筆記的卷數已無考,故上表“卷數”一欄中的數據相應稍低。又據上表數據,不計佚名之作,可知每位著者撰有筆記平均約1.44種6.91卷。

宋代筆記數量衆多,其著者情况也頗爲複雜,據現今可考者分析,可知宋代筆記的著者題名大致有着以下數種情况:

1.題名者即是編纂者

此類情况最爲普遍,如范鎮撰《東齋記事》、邵伯温撰《邵氏聞見録》、周密撰《齊東野語》等是也。但也有個别誤題著者的,如《宋史·藝文志·小説類》著録史虚白《釣磯立談記》一卷[1],《文淵閣書目》卷二著録南唐逸叟《釣磯立談》

1 《宋史》卷二〇六《藝文志五》,第5222頁。

一部一册。[1] 史温《釣磯立談》曰：

叟，山東一無聞人也，清泰年中，隨先校書避地江表，始營釣磯於江渚。先校書意薄簪組，心許泉石，每乘雙犢板轅車，車後掛酒壺，山童三五人，例各總角，負瓢并席具以自隨，遇境物勝概，則取酒徑醉，或爲歌詩，自號“釣磯閒客”。割江之後，先校書不禄，叟嗣守敝廬，頗窺先志，不復以進取爲念。會王師弔伐，李氏挈宗以朝，湖海表裏，俱爲王人，大同之慶，有識之所共睹，咸以爲百生不可逢之盛際。叟獨何者，而私自怫鬱，如有懷舊之思？追惟江表自建國以來，烈祖、元宗其所以撫奄斯人，蓋有不可忘者，時移事往，將就蕪没。叟身非朝行，口不食禄，固無預於史事，顧耳目之所及，非網罟之至議，則波濤之寱語也，隨意所商，聊復疏之於紙，僅得百二十許條，總而題之曰《釣磯立談》，使小子温成誦於口，粗以存其梗概云。[2]

《四庫全書總目·釣磯立談提要》據此書中有“‘山東有隱君子者’一條，稱與熙載同時渡淮，以書干烈祖，擢爲校書郎，非其所願，遂卒不仕。又‘唐祚中興’一條云有隱君子作《割江賦》以諷，又有《隱士詩》云‘風雨揭却屋，渾家醉不知’云云，與《虚白傳》悉合，則隱君子當即虚白。序中兩稱先校書，則作書者當爲虚白之子。《宋志》荒謬，不足爲據”[3]。而陸游《南唐書》卷七稱史虚白字畏名，“世家齊魯，虚白隱居嵩少著書，中原喪亂，與北海韓熙載”南歸南唐。卒，年六十八。其“孫温，天聖中仕爲虞部員外郎，獻虚白文集，仁宗皇帝愛之，追號虚白冲靖先生”[4]。又《江南野史》卷八云史虚白“山東人，世習儒業，長而富於文，與昌黎韓熙載友善”，歸南唐初，“與韓熙載并署州郡從事”。又云南唐中主“幸南昌，既至星子渚”，召見，“賜粟帛遣還，未幾而卒。有二子，次舉進士，長早喪。

1 〔明〕楊士奇等：《文淵閣書目》卷八，中華書局 2006 年《宋元明清書目題跋叢刊》本，第四册，第 71 頁。

2 〔宋〕史氏：《釣磯立談》卷首《序》，《全宋筆記》第一編四，大象出版社 2003 年版，第 215 頁。

3 《四庫全書總目》卷六六《釣磯立談》，第 585 頁。

4 〔宋〕陸游：《南唐書》卷七《史虚白傳》，杭州出版社 2004 年《南唐史書彙編》本，第 5519～5520 頁。按：〔宋〕馬令：《南唐書》卷一四《史虚白傳》（杭州出版社 2004 年《南唐史書彙編》本，第 5355 頁）稱虚白“卒於家，年六十七”。

孫温,咸平中擢登進士第"。[1] 而據《釣磯立談·序》知史虚白卒於後周顯德末,其子於宋初"追惟江表自建國以來,烈祖、元宗其所以撫奄斯人,蓋有不可忘者",懼"時移事往,將就蕪没",故"隨意所商,聊復疏之於紙,僅得百二十許條",題曰《釣磯立談》。是本書撰於宋太宗時,撰者爲史虚白子,然其名不詳,事迹無考。故《宋史·藝文志》題史虚白撰,實誤。

2.由某官員或學者之子孫、門人所編纂者

此類編纂情况,又可分而爲二種:其一,由某官員或學者之子孫、門人所編纂而題實際編纂者姓名的。如《宋史·藝文志·傳記類》著録李畋《乖崖語録》一卷,"載張詠政績";《郡齋讀書志》卷九著録《張忠定公語録》四卷,"張忠定公詠守蜀,有善政,其門人李畋記其語論可以垂世者";《直齋書録解題》卷七著録李畋《乖崖政行語録》三卷,"述張忠定公詠治蜀政事及言行"。[2] 又如《郡齋讀書志》卷一三著録宋庠編《楊文公談苑》八卷,云:"初,楊公億里人黄鑑裒撰平生异聞爲一編,庠取而删類之,分爲二十一門。"《直齋書録解題》卷一一著録《談苑》十五卷,云:"丞相宋庠公序所録楊文公億言論。初,文公里人黄鑑從公游,纂其异聞奇説,名《南陽談藪》。宋公删其重複,分爲二十一門,改曰《談苑》。"《宋史·藝文志·小説類》著録宋庠《楊億談苑》十五卷。[3]

其二,題名某官員或學者所編纂,而實由其子孫、門人所編纂者。如《丁晋公談録》,《郡齋讀書志》卷六著録丁謂撰《晋公談録》三卷,云:"多皇宋事。每章之首,皆稱'晋公言',不知何人爲潤益。初,董志彦得之於洪州潘延之家。延之,晋公甥,疑延之所爲"。《直齋書録解題》卷七著録《丁晋公談録》一卷,云"不知何人作",《宋史·藝文志·傳記類》著録《丁謂談録》一卷。[4] 然據《長

---

1 〔宋〕龍衮:《江南野史》卷八《史虚白》,《全宋筆記》第一編三,大象出版社 2003 年版,第 208~209 頁。

2 《宋史》卷二〇三《藝文志二》,第 5119 頁;《郡齋讀書志校證》卷九,第 377 頁;《直齋書録解題》卷七,第 207 頁。按:張詠,號乖崖,謚忠定。

3 《郡齋讀書志校證》卷十三,第 574 頁;《直齋書録解題》卷七,第 206 頁;《宋史》卷二〇六《藝文志五》,第 5231 頁。按:楊億,謚曰文。

4 《郡齋讀書志校證》卷六,第 254 頁;《直齋書録解題》卷一一,第 325 頁;《宋史》卷二〇三《藝文志二》,第 5119 頁。按:丁謂,封晋國公。

編》卷五八景德元年十二月庚辰朔條“德博州并言契丹已移寨由東北去”注云:“晋公言:‘景德中,契丹寇澶淵在河北,聖駕在河南陣次,忽日食盡,真宗見之憂懼。司天監官奏云:“按《星經》云:主軍和解。”真宗不之信,復檢《晋書·天文志》,亦云和解。移時契丹兵果自退,而續馳書至求通好。時晋公爲紫微舍人、知鄆州。’此事見潘汝士《晋公談録》。按是日敵使韓杞已入對行營矣,《談録》妄也,今不取。”[1]則本書乃潘汝士所編纂。又據《長編》卷九九乾興元年七月己卯條載:是日“降工部員外郎、直集賢院、權判鹽鐵勾院潘汝士知虔州。汝士,謹修子,丁謂女婿也”[2]。又如洪邁《容齋四筆》卷九《蔣魏公逸史》云:“《蔣魏公逸史》二十卷,穎叔所著也,多紀當時典章文物,云舊有數百册,兵火間盡失之。其曾孫芾始捃摭遺稿而成此書,將以奏御,以其副上之太史,且板行之傳之天下後世。既而不果”[3]云云。《文獻通考》卷二〇一據《容齋隨筆》著録《蔣魏公逸史》二十卷。《遂初堂書目》作《蔣穎叔逸史》。然《直齋書録解題》卷五載:“《逸史》二十卷,丞相楊羡蔣芾子禮撰。其曾祖魏公之奇穎叔所記《逸史》,殆數百册,兵火散失,捃摭遺稿,得六百六十事,爲十九門。淳熙改元書成,爲之序。”[4]則本書實爲蔣芾所撰。對此類情況,本書乃以實際編纂人爲著者。

3.誤以撰序者爲著者

此類情況不多見。如王皥撰《王沂公言行録》,《玉海》卷五八《本朝名臣録》引《中興書目》云《王曾言行録》三卷,葉清臣撰,注曰:“又《王曾言行録》一卷,凡六十七事,王皥撰。”[5]然《郡齋讀書志》卷八著録《王文正公言行録》三卷,“王文正公曾相仁宗,其弟皥録其平生言行,凡六十七事。李清臣爲之序”。《直齋書録解題》卷七著録《沂公言行録》一卷,“天章閣待制王皥子融撰。沂公之弟也。前有葉清臣序文,後有晏殊、杜杞答書”[6]。可證《中興書目》稱“葉清臣

1 《長編》卷五八景德元年十二月庚辰朔條,第1289頁。

2 《長編》卷九九乾興元年七月己卯條,第2293頁。

3 〔宋〕洪邁:《容齋隨筆·四筆》卷九《蔣魏公逸史》,上海古籍出版社1978年版,第713頁。按:蔣之奇,字穎叔,封魏國公。

4 《直齋書録解題》卷五,第151頁。

5 〔宋〕王應麟:《玉海》卷五八《本朝名臣録》,江蘇古籍出版社、上海書店1988年版,第1114頁。

6 《郡齋讀書志校證》卷八,第385頁;《直齋書録解題》卷七,第207頁。按:“李清臣”當爲“葉清臣”之訛。

撰”者,乃是誤以撰序者爲著者。

4.以别號題名者

因古人以筆記爲“小道”,故往往有隱去真姓名以自己别號題名者。如《直齋書録解題》卷一一著録《洛游子》一卷,云:“題司馬光,非也。所稱樂全子、齊物子,亦莫知何人。”[1]然據王闢之《澠水燕談録》卷四,稱“齊物子”即司馬光之自號,云:

司馬温公優游洛中,不屑世務,棄物我,一窮通,自稱曰齊物子。元豐中,秋與樂全子訪親洛汭,并轡過韓城,抵登封,憩峻極下院,趨嵩陽,造崇福宫、紫極觀,至紫虚谷,尋會善寺,過轘轅,遽達西洛。少留廣度寺,歷龍門,至伊陽,以訪奉先寺,登華嚴閣,觀千佛巖,躡山徑,瞻高公真堂,步潛溪,還寶應,觀文、富二公庵,之廣化寺,拜汾陽祠。下涉伊水,登香山到白公影堂,詣黄龕院,倚石樓,臨八節灘,還伊口。凡所經游,發爲咏歌,歸叙之以爲《洛游録》,士大夫争傳之。[2]

所述與《陳録》云云相合,可證。又據《澠水燕談録》,疑《直齋書録解題》之“洛游子”當爲“洛游録”之訛。

又如《四庫全書總目》卷七〇著録《都城紀勝》一卷,云:“不著撰人名氏,但自署曰耐得翁。其書成於端平二年(1235),皆紀杭州瑣事。”[3]《直齋書録解題》卷一一著録《山齋愚見十書》一卷,“稱灌圃耐得翁。不知何人”[4]。《文淵閣書目》卷二《子雜》著録耐得翁《就日録》一部一册。清王士禛《居易録》卷一五載:“《清暇録》,元人撰,自署灌園耐得翁。書凡六卷,多剌取諸家小説成之,异聞殊少。”[5]此四書之著者耐得翁(亦稱灌園耐得翁、灌圃耐得翁)當屬一人,然其事迹史無記載,僅宋末元初人俞琰《席上腐談》卷下記鐵牛道人事時,注云“出趙灌園《就日録》”。[6] 可知耐得翁姓趙,名里無考,嘗寓居臨安(今浙江杭州)。

---

1 《直齋書録解題》卷一一,第329頁。

2 〔宋〕王闢之:《澠水燕談録》卷四《高逸》,中華書局1981年版,第49~50頁。

3 《四庫全書總目》卷七〇《都城紀勝》,第625頁。

4 《直齋書録解題》卷一一,第337頁。

5 〔清〕王士禛:《居易録》卷一五,上海古籍出版社《文淵閣四庫全書》本,第869册,第489頁。

6 〔元〕俞琰:《席上腐談》卷下,上海古籍出版社《文淵閣四庫全書》本,第1061册,第626頁。

5.編纂者姓名已佚而後世假托姓名者

宋代筆記在傳抄、刊印過程中,由於多種原因而佚失著者姓名,成爲佚名之作。爲此,後世尤其是明人於刊印此筆記時,往往會對此著者加以考辨,甚至隨便加一著者姓名以傳世,從而産生誤題著者之事。如《郡齋讀書志》卷一三著録《漁樵閒話》二卷,曰:“設漁樵問答及史傳雜事,不知何人所爲。”[1]至明、清時傳本“題宋蘇軾撰。明陳繼儒刻入《普秘笈》中,名爲《漁樵閒話録》。按:晁公武《讀書志》中有此書,作《漁樵閒話》,無録字。公武又云‘設爲問答及史傳雜事,不知何人所爲’,亦不言出自軾手。書中多引唐小説,議論皆極淺鄙。疑宋時流俗相傳有是書,而明人重刻者復假軾以行耳”[2]。

又如《直齋書録解題》卷一一著録有《延漏録》一卷,云:“不著名氏。其間稱伯父郇公,知其爲章得象之侄也。後題此書,疑章望之作,然未敢必。望之者,字表民,用郇公蔭入官,歐陽公爲作《字説》者也。以宰相嫌,遂不仕。録中又記皇祐中與滕元發同試,滕首冠而已被黜。藉令非望之,亦當時場屋有聲者。章氏雋才固多也。”[3]《説郛》卷三二下載録章望之《延漏録》一卷。按:章望之,字表民,建州浦城(今屬福建)人。宰相章得象侄。以蔭爲秘書省校書郎、監杭州茶庫,“逾年辭疾去,求舉賢良方正,得象在相位,以嫌扼之”。丁母憂,服除,遂不復仕。後以光禄寺丞致仕。卒。《宋史》卷四四三有傳。滕元發原名滕甫,皇祐五年(1060)鄭獬榜進士。[4] 而據《宋史·宰輔表二》,章得象於寶元元年(1038)至慶曆五年(1045)間爲宰相。可證此書著者乃章得象之侄,然非章望之。

《直齋書録解題》卷一一著録《國老閒談》二卷,“稱夷門君玉撰。不著姓”。《宋志·小説類》著録《國老閒談》二卷,注曰:“題君玉撰,不知姓。”[5]南宋初朱勝非所編纂之《紺珠集》卷一二載録夷門君玉《國老閒談》六條。故《四庫全書總目》卷一四一“舊本題夷門隱叟王君玉撰。考陳振孫《書録解題》《宋史·藝

---

1 《郡齋讀書志校證》卷一三,第596頁。

2 《四庫全書總目》卷一四四,第1233頁。

3 《直齋書録解題》卷一一,第341頁。

4 〔宋〕范成大:《吴郡志》卷二八《進士題名》,江蘇古籍出版社1999年版,第405頁。

5 《直齋書録解題》卷一一,第326頁;《宋史》卷二〇六《藝文志五》,第5226頁。

文志》……注稱夷門君玉撰，不著其姓。然則此名後人所改，'王'字亦後人所增也。是編所紀乃宋太祖、太宗、真宗三朝雜事，於當時士大夫頗有所毀譽"[1]。因其書中已稱"仁宗"云云，則當撰於英宗或稍後時。按：王琪，字君玉，成都華陽(今四川成都)人。宰相王珪從兄。以禮部侍郎致仕。《宋史》卷三一二有傳。則"王君玉"之"王"字，當後人因王琪而添加。又《説郛》卷四三上載録王銍《國老談苑》卷上、卷下，此"王銍"當爲後世書賈所妄增。

此外，尚有宋代筆記因著者之事迹與其内容等不相符合，而遭人質疑爲後世僞造者。對此之討論，詳見下節。

(三)有關僞書之討論

宋代不少筆記，爲時人或後人指斥爲僞作。南宋李大性於《典故辨疑自序》中即曰：

> 仰惟皇朝聖明相紹，明良之懿，著在青史，坦然明白，信以傳信。而纓紳相屬，佔畢益繁，私史薦興，説令蠭午，朱紫苗莠，混爲一區。熙朝盛美，未免蒙翳。請略舉數端言之：如梅堯臣《碧雲騢》，非堯臣所撰；孔平仲《雜録》，非平仲所述；《建隆遺事》以王禹偁名，而實非禹偁；《志怪集》《括异志》《倦游録》以張師正名，而實非師正；《涑水記聞》雖出於司馬光，而多所增益；《談叢》雖出於陳師道，而多所誤盭。以至王安石《日録》、蔡條《國史後補》，又皆不足以取信。[2]

其中除上節已經論述之誤題著者、編纂者姓名已佚而後世假托姓名者，而造成筆記著者事迹與其内容等不相吻合之原因以外，尚有筆記内容中雜有著者身後甚至後世史料、被稱作僞書而其實不僞者，以及確爲後世僞撰編造者等情况。下面分别論辯之。

1.筆記内容中雜有著者身後甚至後世史料者

在宋代筆記内容中，時常雜有著者身後甚至是後世的史料。分析造成此類情况之原因，或是此類筆記乃由其子孫、門人所編纂，故順便記載有其身後之人

1　《四庫全書總目》卷一四一《國老談苑》，第 1195 頁。

2　〔元〕馬端臨：《文獻通考》卷二〇〇《經籍考》，中華書局 2011 年版，第 5755 頁。

事；或是後人於閲讀、使用該筆記時添入有注文、批語、考訂等，在傳抄、刊印時，將此類文字摻雜成正文。如《宋史·藝文志·傳記類》著録丘旭《賓朋宴語》一卷。[1] 史載丘旭字孟陽，宣城（今屬安徽）農家子。南唐進士，入宋以後"薦授令録，遷京秩。卒於衡州。旭嘗纂自古賢俊遺言爲《賓朋宴語》，行於世"[2]。《直齋書録解題》卷二二著録《賓朋宴話》三卷，云："太子中舍致仕貴溪丘昶孟陽撰。南唐進士，歸朝宰數邑。著此書十五篇，叙唐以來詩賦源流。天禧辛酉（1021）鄧賀爲序。"[3]知此書撰於真宗時，又因避神宗嫌名，改"旭"爲"昶"。然《説郛》卷三六下載録丘昶《賓朋宴語》一卷，其中"王直方父家多侍兒"條述及北宋後期人事，疑爲後人摻入者，或此傳本乃出自後人托名。

又如《遂初堂書目·本朝雜史》著録《蔣穎叔日録》。[4] 蔣之奇，字穎叔，徽宗初，拜同知樞密院事，進知院事。崇寧元年（1102）除觀文殿學士、知杭州，提舉靈仙觀。三年卒。《宋史》卷三四三有傳。《説郛》卷三一上載録蔣穎叔《蔣氏日録》一卷，其中述及"范忠宣"云云，又言及"范德孺喜琵琶，暮年苦夜不得睡"事。按：范純仁卒於建中靖國元年（1101）正月初，謚忠宣；而范德孺名純粹，范純仁弟，政和七年（1117）卒，年七十二。[5] 由此推知此書似爲其晚年雜抄諸書，加上己所見聞而成，且其間亦摻入後人文字。

《直齋書録解題》卷一一著録《翰墨叢紀》五卷，"樞密睢陽滕康子濟撰"[6]。汪藻《滕子濟墓志銘》亦云其著有《翰墨叢紀》五卷。[7] 滕康，字子濟，應天府宋城（今河南商丘）人。高宗登基後，拜同簽書樞密院事。紹興二年（1132）九月卒。《宋史》卷三七五有傳。《説郛》卷三一上載録滕康《翰墨叢紀》一卷，其中述及張九成貶謫嶺南事、張約齋種花法、岳武穆家謝昭雪表等，皆在滕康身後，此當由後人闌入，或此傳本乃出於後世托名。

---

1 《宋史》卷二〇三《藝文志二》，第 5114 頁。

2 〔宋〕馬令：《南唐書》卷二三《丘旭傳》，第 5410 頁。

3 《直齋書録解題》卷二二，第 651 頁。

4 〔宋〕尤袤：《遂初堂書目》，中華書局 2006 年《宋元明清書目題跋叢刊》本，第 1 册，第 482 頁。

5 《吴郡志》卷二六《人物》，第 382~383 頁。

6 《直齋書録解題》卷一一，第 333 頁。

7 〔宋〕汪藻：《浮溪集》卷二六《滕子濟墓志銘》，上海商務印書館《四部叢刊初編》本，第 220 頁。

不僅此類筆記有此問題,即使是著者無疑亦時有摻入後人文字之情況。如吴處厚《青箱雜記》卷八"文章純古"條中引録《東皋雜録》《苕溪漁隱叢話》《侯鯖録》《吹劍録》等書。[1] 按:吴處厚卒於元祐六年(1091)[2],而孫宗鑑《東皋雜録》、胡仔《苕溪漁隱叢話》、趙令畤《侯鯖録》皆撰成於北宋末南宋初,《吹劍録》更爲南宋末俞文豹所撰,故《青箱雜記》此處所引諸書,顯爲後人附録文字而摻入書中,而非《青箱雜記》原文。此例可證今人不能僅以一筆記之内容存在有著者身後或後世史料,即認定其爲後人僞造之書。

2.後世僞撰托名者

此類情況主要爲後世書賈出於贏利目的而僞造前人著述,因筆記的特色"雜",且體無定式,故撰造難度不高,而社會閱讀需求却不低,從而成爲歷代僞書撰造的重要品種。但就宋代筆記而言,其實也大體可分爲以下數種情況。

其一,以某宋代筆記殘本爲基礎,然後抄録其他文字以假充完本。如《四庫全書總目》卷五二著録《靖炎兩朝見聞録》二卷,云:"舊本題曰陳東撰。東字少陽,鎮江丹陽人。欽宗時貢入太學。嘗伏闕上書,請去蔡京、王黼而用李綱。高宗即位,召至行在,又劾黄潛善、汪伯彦,爲二人所構論死。後追贈承信郎,又加贈朝奉郎、秘閣修撰。事迹具《宋史》本傳。是編記徽宗北遷、高宗改元時事特詳,末及紹興以後事,亦足資考據。然東以建炎元年八月見殺,何由得記紹興後事?蓋傳本闕撰人,後人不考,誤題爲東也。"[3]然據《宋史·陳東傳》,靖康元年(1126)春金兵初次圍攻開封未果北撤以後,陳東即"力辭官以歸",至建炎元年(1127)中高宗即位,李綱拜相,"召東至,未得對",隨即被殺。[4] 而此書上卷乃記靖康元年冬至次年春金軍第二次圍攻開封孤城時事,"列日以書之",顯然其著者當爲是時在圍城中之某佚名太學生,而非陳東。又下卷述及建炎、紹興間事,然歲月錯訛,史事雜亂,大异上卷,疑爲後人若書賈所雜録諸書記載以附益之,以充完書,并假托陳東之名行世。

---

1 〔宋〕吴處厚:《青箱雜記》卷八,中華書局1985年版,第81~83頁。

2 李裕民:《宋人生卒行年考》卷二,中華書局2010年版,第114頁。

3 《四庫全書總目》卷五二《靖炎兩朝見聞録》,第470頁。

4 《宋史》卷四五五《陳東傳》,第13361~13362頁。

其二，某宋代筆記已散佚，而後人僞撰一書而托名之。如《百川書志》卷八著録宋湘山鄭景望撰《蒙齋筆談》二卷。[1]《四庫全書總目》卷一二七著録《蒙齋筆談》二卷，云："舊本題宋鄭景望撰。商濬刻之《稗海》中。厲鶚《宋詩紀事》亦曰：'景望，湘山人。生元豐、元祐間。有《蒙齋筆談》。'今考其書，乃全録葉夢得《岩下放言》之文，但删其十分之三四，而顛倒其次序。濬蓋誤刻僞本。又考景望乃永嘉鄭伯熊字，見於陳傅良《止齋集》中。其人登紹興十五年進士，累官太子侍讀、宗正少卿，謚曰文肅。《宋詩紀事》既載伯熊詩於四十七卷中，又據此書於三十七卷别出一鄭景望，亦殊疏舛也。"又於卷一二一《岩下放言》指出"明商維濬《稗海》中别有《蒙齋筆談》二卷，題曰湘山鄭景望撰，其文全與此同，但删去數十條耳。厲鶚作《宋詩紀事》，稱景望爲元豐、元祐間人，所録景望潁川一詩，亦即此書之所載。此書舊無刻本，或疑其即剽取景望書而作。然考書中"云云，知是"《蒙齋筆談》剽此書而作，非此書剽《蒙齋筆談》而作，確有明證。商維濬、厲鶚蓋皆誤信僞書，考之未審矣"[2]。然南宋尤袤《遂初堂書目》即著録《蒙齋筆談》，未著撰人名氏。當即本書。則宋時本有《蒙齋筆談》一書，日後散佚，故明人遂取《岩下放言》稍删去若干條，托名鄭景望所撰《蒙齋筆談》以行。又《説郛》卷二九下載録鄭景璧《蒙齋筆談》一卷。此"璧"字當爲"望"字之訛。

又如《説郛》卷三二下收載皇甫牧《玉匣記》一卷，計十三條：張相升爲御史、世人畫韓退之、今人於榜下擇婿曰臠婚、藏書畫者多取空名、毗陵郡士人姓李、河州有禽名骨托、漳州漳浦縣地連潮陽、余伯祖嘗於野外見蜈蚣、蝸牛不獨能伏蝎、太常博士李處厚知廬州、世謂太守爲五馬、杜牧華清宫詩云、子瞻常自言平生有三不如人。然此十三條，皆見載於北宋彭乘《墨客揮犀》；又明陸楫編《古今説海》卷八九收載闕名《墨客揮犀》十六條，除最末三條外，十三條次序亦同於此《玉匣記》。按：皇甫牧，據《直齋書録解題》卷一一著録《三水小牘》三卷，稱"唐皇甫牧遵美撰。天祐中人。三水者，安定屬邑也"。《太平廣記》卷三九二《王敬之》引録皇甫牧《玉匣記》一條。則皇甫牧乃唐代人，曾撰有《玉匣記》。然今傳本《玉匣記》當屬元或明時書賈抄録宋筆記《墨客揮犀》等而成，而

---

1 〔明〕高儒：《百川書志》卷八，古典文學出版社 1957 年版，第 121 頁。

2 《四庫全書總目》卷一二一《岩下放言》，第 1041 頁。

托名皇甫牧，但不詳皇甫牧實爲唐人，而非宋人，遂造成此一大誤。

其三，後人僞撰宋代筆記，而妄托一人爲著者。如《四庫全書總目》卷九五著録《浩齋語録》二卷，云：

舊本題宋過源撰。卷末有源行實一篇，稱源字道源，號浩齋。其先浙東人，至高祖徙於臨川。源生有异徵，篤志聖賢之學，以斯文自任。嘉祐閒召爲國子直講，不赴。卒於崇寧丙戌九月。并載所著述甚富，今皆不傳，惟此書僅存上卷，爲其門人永新龍圖所録。下卷爲其門人白城章偉所録，而其從孫勖刊之。然所列書名，《宋史》及諸家書目皆不著録，其中疑竇尤多。如行實稱源生於丙子，不著年號，以召於嘉祐、卒於崇寧推之，當生於仁宗景祐丙子，則卒時年七十一，召時年二十餘，是於邵、周、張、程皆爲行輩。當時所稱，不過曰堯夫、茂叔、子厚、伯淳、正叔而已，諸家之書可考。而此曰邵子、周子、張子、程子，非同時語也。李燾《長編》凡所有徵召，如胡瑗、孫復、常秩之類，無不具書。源見徵既在嘉祐中，何以嘉祐首尾八年，《長編》皆不見其事？伊川《易傳》據楊時跋，則臨没以稿授張繹，至政和初時乃排比成書。源卒於崇寧五年，在伊川前。其時《易傳》未出，何以論程《傳》之得失？自朱子以前，無以《大學》爲曾子作者，故攻朱子者以《章句》爲口實，此書乃已稱曾子，何以自北宋以來無人引及？《大學》《中庸》自二程子始表章其書，於《禮記》中取出别行，後人辨難者惟引梁武帝有《中庸義疏》，宋仁宗嘗書《大學》賜進士，以爲先於程子而已。此書乃先有《大學》定本、《中庸》定本，又何以宋儒無一語及之耶？觀其論樂以黄鐘爲三寸九分，是《吕氏春秋》之文李文利不得其解，衍爲异説者也。萬曆以前，安有是僻論乎？其跋稱有秦觀、謝無逸二序。觀《淮海集》具在，實無此文。無逸《溪堂集》雖佚，而詩文散見《永樂大典》中，今已裒輯成帙，亦無此文。其依托可以概見。又末附其從孫勖祖光賦，稱宣和乙巳，余在遼陽。乙巳爲靖康前一年，兩國兵交，信使且艱於往來，游學之士安能越國？至是其僞尤不問而知矣。[1]

1 《四庫全書總目》卷九五《浩齋語録》，第803~804頁。

此書當出自明人僞托。

又如《四庫全書總目》卷一三一著録《石屏新語》二卷,云:"舊題宋戴復古撰。復古,字式之,天台黄巖人。居南塘石屏山,因以自號。是編以《石屏新語》爲名,則當爲復古所手著。乃編中惟録張詢古《五代新説》、陳郁《藏一話腴》二種,而多所删節,當是後人依托其名,抄撮成帙也。"[1] 因戴復古爲南宋後期人,故推知此書當爲宋末或以後之人僞撰托名。

《蕉窗雜録》,《四庫全書總目》卷一二七著録一卷,云:"舊本題曰宋稼軒居士撰。稼軒,辛棄疾號也。故凡遇'宋'字必加'皇'字於上,以明其爲真棄疾作。然書中乃引楊慎《丹鉛録》、王鏊《震澤長語》、都穆《聽雨紀談》、焦竑《類林》、王世貞《藝苑卮言》,其妄殆不足辨。其所自增數條,如謂木筆名辛夷,芍藥一名辛夷,云出《山海經》之類,更爲無稽之談。殆妄劣書賈,抄合明人説部,詭題此名也。"[2]

此類後世僞撰托名之作,不在本書討論範圍内。

3.稱爲僞書而其實不僞者

被人稱作僞托之作的不少宋代筆記,經新發見史料或舊有相關史料的深入判讀和辨析,可證其書實非僞作托名。辨析其中原因,大體亦可分爲兩類:一類情况較爲簡單,隨着新史料的發現或舊有史料的重新判讀,疑問即迎刃而解;另一類被稱作僞書者,往往正反兩方面史料雜出錯見,情况頗爲複雜難辨。

首先來討論因筆記之著者情况存在疑問而遭人質疑爲僞書者。如《説郛》卷三一上載録程正敏《剡溪野語》十七條。或以爲此書乃後人抄録陳正敏《劍溪野語》而成,即"程"爲"陳"字之訛,"剡"爲"劍"字之訛。按:陳正敏,事迹不詳,《直齋書録解題》卷一一著録《劍溪野語》三卷,稱"延平陳正敏撰。自號遯翁。别有《遯齋閑覽》十四卷,未見"[3]。洪适《跋歐書温彦博碑》有云:"近世陳朝散正敏著《遯齋閑覽》,間證史傳之訛。"[4]《郡齋讀書志》卷一三著録陳正敏《遯齋

1 《四庫全書總目》卷一三一《石屏新語》,第 1116 頁。

2 《四庫總目》卷一二七《蕉窗雜録》,第 1093 頁。

3 《直齋書録解題》卷一一,第 331 頁。

4 〔宋〕洪适:《盤洲文集》卷六二《跋歐書温彦博碑》,上海商務印書館《四部叢刊初編》本,第 400 頁。

閑覽》十四卷,"陳正敏崇、觀間撰。正敏自號遯翁,録其平昔所見聞,分十門,爲小説一編,以備异日披閲"。[1] 然《剡溪野語》内有"朱考亭答楊元範書云"之語,又有"王嘉叟與王龜齡别"云云,朱考亭即朱熹,"龜齡"爲王十朋字;又"朱考亭答楊元範書",今載於朱熹《晦庵文集》卷五〇,此處乃節文。則程正敏當爲南宋中期以後人,唯事迹無考。又剡溪,在嵊縣(今屬浙江)城南;劍溪,流經南劍州(今福建南平)城北。由此可證,程正敏、陳正敏不是一人,《剡溪野語》《劍溪野語》亦非一書,皆非僞撰托名之作。

又如《四庫全書總目》卷一四三著録《談藪》一卷,云:"舊本題宋龐元英撰。元英有《文昌雜録》,已著録。按:元英爲宰相籍子,乃元豐中人。此書乃多述南宋寧、理兩朝事,相距百載,其僞殆不足攻。書中凡載雜事二十五條,皆他説部所有。殆書賈抄合舊文,詭立新目,售僞於藏書之家者。厲鶚等《南宋雜事詩注》,亦誤采之,蓋偶未考。然尤侗《明史·藝文志》作於康熙己未,業已著録,則其僞作自前明矣。"[2] 對此,余嘉錫辨證曰:"然《説郛》於《文昌雜録》之龐元英,注云:'南安人,官主客郎中。'於撰《談藪》之龐元英,注云:'號瘦竹翁。'則又似兩人同姓名者,疑不能明也。"而陳景雲有云此乃宋理宗時佚名所撰,稱"龐元英"者乃屬誤題。故余嘉錫針對清館臣"書中凡載雜事二十五條,皆他説部所有"之説,云:"考其中所載之事,不盡爲他説部所有。如謂唐小説記紅葉題詩凡有四事,軍營中之天王堂,起於唐明皇敕諸節鎮於所在州府立天王形象,皆有裨考證。記厲德新作《樹倒猢猻散賦》以刺曹泳,韓判院作《迎春黄胖詩》以刺韓侂胄,亦意主勸懲。雖其間不免與他書互見,要不失爲《墨客揮犀》《東南紀聞》之流亞,尚非一無可取者。至《説海》《説郛》之題龐元英撰,恐是傳抄之誤,未必便是僞書,陳景雲之旨,較得其平矣。"[3] 按:《本草綱目》卷二六《葫》引愛竹翁"談藪"一條,曰"宋寧宗爲郡王時病淋,日夜凡三百起,國醫罔措。或舉孫琳治之"[4] 云云。"愛竹翁""瘦竹翁"未詳孰是,但推知此龐元英當爲理宗時人,與撰

1 《郡齋讀書志校證》卷一三,第591頁。

2 《四庫全書總目》卷一四三《談藪》,第1217頁。

3 余嘉錫:《四庫提要辨證》卷一九,中華書局1980年版,第1167~1168頁。

4 〔明〕李時珍:《本草綱目》卷二六《葫·附方》,人民衛生出版社1975年版,第1601~1602頁。

寫《文昌雜録》之龐元英，乃屬同姓名而已。

其次，宋時一些筆記被稱作有意作僞行世者，如上文李大性《典故辨疑》自序中所言諸書，如"梅堯臣《碧雲騢》，非堯臣所撰；孔平仲《雜録》，非平仲所述；《建隆遺事》以王禹偁名，而實非禹偁；《志怪集》《括异志》《倦游録》以張師正名，而實非師正"，據考證皆非僞書。其被稱作僞書，大多出於政治、人事恩怨等原因。如王禹偁《建隆遺事》，因記録了宋初"金匱之盟""斧聲燭影"等政治疑案，故李燾編纂《長編》時多有引用《建隆遺事》文字者，但還是指稱其是一本托名王禹偁之作，後世遂指稱其乃僞書。[1]

又孔平仲字義甫，又作毅甫、毅夫，臨江新喻(今江西新餘)人。其"長史學，工文詞，著《續世説》《釋稗》《詩戲》諸書傳於世"。《宋史》卷三四四有傳。《雜録》又稱《孔氏雜説》《孔毅父雜録》，又别稱《珩璜新論》。由於此書所記頗有揭露貴宦大臣之"過惡"，故被人視爲托名僞作。朱熹《跋孔毅夫談苑》有"又世傳孔書有《珩璜新論》者，多是類集古今事實之近似者，而一本附記近世見聞數十事，自趙獻公以下，無不遭其詆毁。嘗細考之，筆勢不甚相似，或好事者附益之，惑亂後生，甚可惡也"[2]。然清館臣稱"是書皆考證舊聞，亦間托古事以發議，其説多精核可取。蓋清江三孔在元祐、熙寧之間皆卓然以文章名，非言無根柢者可比也"。并指出"平仲與同時劉安世、蘇軾，南宋林栗、唐仲友，立身皆不愧君子，徒以平仲、安世與軾不協於程子，栗與仲友不協於朱子，講學家遂皆以寇讎視之"，暗指朱熹云云有"實抑於門户之私，非至公之論"[3]之嫌。對清館臣指斥"講學家"之説，余嘉錫嘗辨析其不確，然并未認爲《珩璜新論》屬僞書。[4]

而張師正(字不疑)諸書，《邵氏聞見後録》卷一六引王銍《跋范仲尹墓志》亦云："近時襄陽魏泰者，場屋不得志，喜僞作他人著書，如《志怪集》《括异志》

1　參見顧宏義：《王禹偁〈建隆遺事〉考——兼論宋初"金匱之盟"之真僞》，載《中華文史論叢》(第九十五輯)，上海古籍出版社 2009 年版。

2　〔宋〕朱熹：《晦庵先生朱文公文集》卷八四《跋孔毅夫談苑》，上海古籍出版社、安徽教育出版社 2002 年《朱子全書》本，第 3951 頁。

3　《四庫全書總目》卷一二〇《珩璜新論》，第 1037 頁。

4　參見《四庫提要辨證》卷一五《珩璜新論》，第 920 頁。

《倦游録》,盡假名武人張師正。”[1]故《四庫全書總目》卷一四四以爲“王銍《默記》以是書即魏泰作。蓋泰爲曾布之婦兄,而銍則曾紆之婿,猶及識泰,其言當必不誣也”[2]。然與邵博同時之晁公武却認爲《括异記》(《括异志》之别稱)一書,乃張師正“游宦四十年,不得志,於是推變怪之理,參見聞之异,得二百五十篇。魏泰爲之序”[3]。又北宋中期名僧文瑩《玉壺清話》明確記云:“不疑晚學益深,經史沿革,講摩縱横,文章詩歌,舉筆則就。著《括异志》數萬言,《倦游録》八卷。觀其餘藴,尚盤錯於胸中。”[4]文瑩與張師正交游頗密,其説可信。且《括异志》中若干條記事已言明源出魏泰。[5] 可證《括异志》《倦游録》爲魏泰僞作之説不能成立。

至於題名北宋梅堯臣所撰的《碧雲騢》,其真僞之辨更是聚訟千年而未息。

梅堯臣,字聖俞,宣州宣城(今屬安徽)人。以蔭爲河南主簿。召試,賜進士出身,爲國子監直講。累遷都官員外郎。預修《唐書》成,未奏而卒,年五十九。《宋史》卷四四三有傳。《碧雲騢》一卷,對於其著者是否爲梅堯臣,早在宋朝當時即已議論紛紜。《碧雲騢》云:

> 碧雲騢者,厩馬也。莊憲太后臨朝,以賜荆王,王惡其旋毛。太后知之,曰:“旋毛能害人耶?吾不信,留以備上閑。”遂爲御馬第一。以其吻肉色碧如霞片,故號之。世以旋毛爲醜,此以旋毛爲貴,雖貴矣,病可去乎?噫吁哉![6]

其中多揭當時執政大臣等行事之惡,即所謂“雖貴矣,病可去乎”之意,故書名“碧雲騢”。因梅堯臣有“工爲詩,以深遠古淡爲意,間出奇巧。……宋興,以詩名家爲世所傳如堯臣者蓋少也”,及當時“賢士大夫多從之游,時載酒過門。善談笑,與物無忤”之譽,[7]然此書却好言人“過惡”,故兩宋之際葉夢得聲稱此書

---

1 〔宋〕邵博:《邵氏聞見後録》卷一六,中華書局 1983 年版,第 125 頁。

2 《四庫全書總目》卷一四四《括异志》,第 1227 頁。

3 《郡齋讀書志校證》卷一三,第 556 頁。

4 〔宋〕文瑩:《玉壺清話》卷五,中華書局 1984 年版,第 54 頁。

5 〔宋〕張師正:《括异志》卷首《點校説明》,中華書局 1996 年版,第 5 頁。

6 〔宋〕梅堯臣:《碧雲騢》,《全宋筆記》第一編五,大象出版社 2003 年版,第 78 頁。

7 《宋史》卷四四三《梅堯臣傳》,第 13091 頁。

非梅堯臣所撰：

士大夫作小説，雜記所聞見，本以爲游戲，而或者暴人之短，私爲喜怒，此何理哉？世傳《碧雲騢》一卷，爲梅聖俞作，皆歷詆慶曆以來公卿隱過，雖范文正亦不免，議者遂謂聖俞游諸公間，官竟不達，懟而爲此以報之。君子成人之美，正使萬有一不至，猶當爲賢者諱，况未必有實。聖俞賢者，豈至是哉？後聞之乃襄陽魏泰所爲，嫁之聖俞也。此豈特累諸公，又將以誣聖俞。歐文忠《歸田録》自言以唐李肇爲法，而少异者，不記人之過惡。君子之用心，當如此也。[1]

與葉夢得同時稍後的張邦基亦稱："魏泰道輔自號臨漢隱君，著《東軒雜録》《續録》、《訂誤詩話》等書，又有一書譏評巨公偉人闕失，目曰《碧雲騢》，取莊獻明肅太后垂簾時西域貢名馬，頸有旋毛，文如碧雲，以是不得入御閑之意，嫁其名曰都官員外郎梅堯臣撰，實非聖俞所著，乃泰作也。"[2]而陳長方亦以爲"魏泰托梅聖俞之名作書，號《碧雲騢》"[3]。然南宋初年以爲此書確爲梅堯臣所撰者也不少。如晁公武即以爲"昭陵時，有御馬名碧雲騢，以旋毛貴"，故梅堯臣遂"用以名書者，詆當時鼎貴之人，然其意專在范文正也。頃年獲拜趙氏姑於恭南，因質此事之誕信。答曰：'异哉聖俞，作謗書以誣盛德，蓋誅絶之罪也。'"。[4] 邵博亦於《邵氏聞見後録》中爲之詳辯曰：

梅聖俞著《碧雲霞應昭陵》時，名下大臣惟杜祁公、富鄭公、韓魏公、歐陽公無貶外，悉譏詆之，無少避。……范文正公者，亦在詆中。以文正微時，常結中書吏人范仲尹，因以破家。文正既貴，略不收䘏。王銍性之不服，以爲魏泰僞托聖俞著此書。性之跋《范仲尹墓誌》云："近時襄陽魏泰者，場屋不得志，喜僞作他人著書，如《志怪集》《括异志》《倦游録》，盡假名武人張師正，又不能自抑，出其姓名作《東軒筆録》，皆用私喜怒誣衊前人，最後作《碧雲霞》，假名梅聖俞，毁及范文正

---

1 〔宋〕葉夢得：《避暑録話》卷上，《全宋筆記》第二編十，大象出版社 2006 年版，第 264~265 頁。

2 〔宋〕張邦基：《墨莊漫録》卷二，中華書局 2002 年版，第 64 頁。

3 〔宋〕陳長方：《步里客談》卷上，《全宋筆記》第四編四，大象出版社 2008 年版，第 4 頁。

4 《郡齋讀書志校證》卷六，第 268 頁。

公，而天下駭然不服矣。且文正公與歐陽公、梅公立朝同心，詎有异論？特聖俞子孫不耀，故挾之借重以欺世。今録楊闢所作《范仲尹墓誌》，庶幾知泰亂是非之實至此也。則其他泰所厚誣者，皆迎刃而解，可盡信哉！僕猶及識泰，知其從來最詳，張而明之，使百世之下，文正公不蒙其謬焉。潁人王銍性之題。"予以爲不然，亦書其下云：美哉，性之之意也。使范公不蒙其謬，聖俞亦不失爲君子矣。然聖俞蚤接諸公，名聲相上下，獨窮老不振，中不能無躁。其《聞范公訃》詩："一出屢更郡，人皆望酒壺。俗情難可學，奏記向來無。貧賤常甘分，崇高不解諛。雖然門館隔，泣與衆人俱。"夫爲郡而以酒悦人，樂奏記、納諛佞，豈所以論范公者，聖俞之意，真有所不足邪？如著文公燈籠錦事，則又與《書竄》詩合矣。故予疑此書實出於聖俞也。[1]

而同時之李燾又爲梅堯臣辯誣云：

《碧雲騢》一書，凡慶曆以來名公钜卿無不譏詆。世傳此書以爲出於梅堯臣怨懟之口。其後諸公論議多矣，如葉夢得、王銍則以爲非堯臣所爲，而邵博乃疑其詩，以爲堯臣之意真有所不足，遂以此書爲實出於堯臣。今以魏泰《東軒筆録》考之，然後知泰之嫁名於堯臣者，不特此書也。《筆録》載文彦博燈籠錦事，大略如《碧雲騢》所云。其載堯臣作唐介《書竄》詩，則句語狂肆，非若堯臣平時所作簡古純粹，平淡深遠。又曰："堯臣作此詩，不敢示人，及歐陽修爲編其集，時有嫌避，又削去此詩，是以人少知者。"詳味此言，是泰既以此詩嫁於堯臣，又慮議者以爲修所編無此，遂曰修有嫌避而此不載，皆無所考之詞也。觀此，則謂泰以《碧雲騢》之書假名堯臣不妄矣。况堯臣平日爲人，仁厚樂易，未嘗忤於物，歐陽修嘗以此而銘其墓。使堯臣怨懟，果爲此書以厚誣名臣，則所養可知矣。今市井輕浮之子未必爲之，而謂堯臣爲之哉？[2]

然其説迄未有定論，對此今人劉永翔綜論云：

按：《碧雲騢》一書，除邵博、晁公武以爲實出堯臣，陳振孫持兩端

---

1 《邵氏聞見後録》卷一六，第125~126頁。

2 《文獻通考》卷二一七《經籍考》引"李氏曰"，第6052頁。

外,宋人大多視作僞書,如周紫芝以爲决非堯臣所爲(見《太倉稊米集》卷六七《書梅聖俞碧雲騢後》);而王銍、張邦基、李燾則直指爲魏泰僞托(見《文獻通考》卷二一七《經籍》四四"碧雲騢"條、張邦基《墨莊漫録》卷二)。綜諸人立論所由,除邦基未言所據外,止就與堯臣爲人不類爲斷。實則堯臣故非鄉愿,其與范仲淹凶終隙末亦係實情,觀其集可知。銍所謂"文正公與歐陽公、梅公立朝同心,詎有异論"云云,誠爲瞽説。三人者,於梅集中《靈烏後賦》及挽仲淹詩(俱攻仲淹者)之真僞固無一字辨析也。且銍亦好爲贋鼎者,於《龍城録》《雲仙散録》《李歜注杜甫詩》及《注東坡詩》《續樹萱録》等書之作僞,銍均涉嫌(見《墨莊漫録》卷二、《容齋隨筆》卷一六《續樹萱録》),而其攻魏泰若此,無乃以己度人乎? 至燾之言,則與其《長編》中所記有异,《長編》卷一七一猶採及《碧雲騢》書,其自注猶以《書竄》詩爲堯臣所作。《文獻通考》所引燾言則謂《書竄》詩與梅詩體格不侔,以此定爲僞作。二論不知孰前孰後。然以風格辨僞,難之難者也:夫同一人也,其不同作品間風格迥异者亦多矣,要自相題緣事而變耳。試通讀梅詩,當知其詩决非"平淡"二字可了,怨怒之音頗亦在所不免。不侔云乎哉! 燾且以《書竄》詩爲魏泰作爲據(按此據實不成立),推出"泰以《碧雲騢》之書假名堯臣不妄",此則今人所謂"不合邏輯"者,不煩置辯矣。李心傳《舊聞證誤》卷二駁《長編》疑《碧雲騢》毁梁適太甚之言,謂"梅聖俞當有所據而云",然則心傳固以《碧雲騢》一書爲堯臣作也。要之,邵博之疑不爲無據,而他家之代爲辯護,實萬難勝訴也。[1]

可爲此話題作一總結,即《碧雲騢》一書實非僞書,確爲梅堯臣之作。

此外還有一本筆記的真僞辯論,亦是紛紜不已,此即題名唐柳宗元所撰的《龍城録》,而且宋代當時就有人指斥嘗指斥魏泰僞作《碧雲騢》的王銍實僞撰了此書。何薳《春渚紀聞》卷五《古書托名》曰:

世傳《龍城記》載六丁取易説事,《樹萱録》載杜陵老、李太白諸人賦詩事,詩體一律。而《龍城記》乃王銍性之所爲,《樹萱録》劉燾無言

1 《清波雜志校注》卷四,第146~147頁。

自撰也。[1]

稍後之張邦基《墨莊漫録》卷二曰：

近時傳一書曰《龍城録》，云柳子厚所作，非也，乃王銍性之僞爲之。其梅花鬼事，蓋遷就東坡詩"月黑林間逢縞袂"及"月落參横"之句耳。又作《雲仙散録》，尤爲怪誕，殊誤後之學者。又有李歜注杜甫詩及注東坡詩事，皆王性之一手，殊可駭笑，有識者當自知之。[2]

卷八《樹萱録乃唐人作》亦云：

何薳子楚作《春渚紀聞》，……又云："《龍城記》乃王銍性之作，《樹萱録》劉燾無言作。"予謂性之之僞作《龍城記》果不誣，而《樹萱録》，《唐書·藝文志·小説類》自有此名，豈無言所作也！此書所載諸事，近於寓言，而諸篇詩句皆佳絶，蓋唐人之善詩者爲之。如"江聲兼小雨，暝色入啼猿""藕隱玲瓏玉，花藏縹緲容""紅樹醉秋色，碧溪彈夜弦""網斷蛛猶織，梁空燕不歸"等句皆警絶，非近人所能也。[3]

張邦基之觀點大體爲後人所沿用，如《直齋書録解題》卷一一稱柳宗元撰《龍城録》一卷，云："龍城謂柳州也。羅浮梅花夢事出其中。《唐志》無此書，蓋依托也。或云王銍性之作。"[4]《文獻通考》卷二一五引《朱子語録》曰："柳文後《龍池録雜記》，王銍所爲也。子厚叙事文字，多少筆力！此記衰弱之甚，皆寓古人詩文中不可曉知底於其中，似暗影出。"[5]故《四庫全書總目》卷一四四考證曰："今觀録中所載帝命取書事，似爲韓愈《調張籍》詩'天官遣六丁，雷電下取將'二句作解。趙師雄羅浮夢事，似爲蘇軾《梅花》詩'月下縞衣來扣門'作解。朱子所論，深得其情。莊季裕作《鷄肋編》，乃引此録駁《金華圖經》。季裕與銍爲同時人，或其書初出，僞迹未露，故不暇致詳歟？"[6]然清人曾釗《面城樓集鈔》卷二《龍城録跋》考證云："按《許彦周詩話》'柳子厚守柳州日，築城得白石，微

1 〔宋〕何薳：《春渚紀聞》卷五《古書托名》，中華書局1983年版，第73頁。

2 《墨莊漫録》卷二《龍城録乃王性之作》，第69頁。

3 《墨莊漫録》卷八《樹萱録乃唐人作》，第232頁。

4 《直齋書録解題》卷一一，第339頁。

5 《文獻通考》卷二一五《經籍考》，第6026頁。

6 《四庫全書總目》卷一四四《龍城録》，第1227頁。

辨刻畫曰“龍城柳,神所守,驅厲鬼,山左首,福土氓,制九醜。此柳子厚自記也”云云,今《龍城録》正載此文。然則許云子厚自記者,謂自記其事於《龍城録》云爾。性之紹興初始以薦爲樞密編修,而許《詩話》成於建炎戊申(1128),則《龍城録》非性之作一證也。《五百家昌黎集》注引樊汝霖曰‘子厚《龍城録》’云云,……樊宣和六年(1124)進士,是樊在性之前,安有性之依托而樊稱之之理?則非性之作又一證也。但所録似與柳文不類,然出於隨筆札記,本不求工,亦猶昌黎、習之《論語筆解》,與其文集如出兩人耳。又其文句拙樸,終异宋人文字。何可據《唐志》不著録而遂疑其僞耶?至《夷堅志》謂劉無言作,亦屬臆説,不足據也。”又成書於建炎、紹興之際的孔傳《續六帖》亦屢引《龍城録》,或稱柳宗元《龍城録》。而王銍卒於紹興十六年(1146),年少於許、樊、孔三人。而在許、樊、孔三人之前,王安石、蘇軾、黄庭堅、秦觀詩中已多用《龍城録》典故。再向前,已著録於《崇文總目》的題名唐鍾輅撰《續前定録》中引録《龍城録》五條。[1] 可證《龍城録》成書當在北宋初期以前,但朱熹諸人言之鑿鑿,或此書之傳世本乃嘗經王銍之“加工”。

明人胡應麟《少室山房筆叢》有云:“余嘗笑唐人作僞書而其名隱,宋人作僞書而其名彰,然無益於僞則一也。宋人好作僞經者阮逸,僞子者宋咸,僞説者惠洪諸人,皆無害於名教,世猶以僞訾之。而以泰之顛倒白黑,而《碧雲騢》迄今傳,何也?”[2] 然由上文辨析可知,宋代筆記之“作僞”情況及其原因,當非如胡氏所説如此簡單,其筆記“作僞”,除“好名”外,更多乃與當時政治、黨争、學派紛争乃至個人恩怨等情況密切相關。大體也出於相同之原因,宋人又往往將不僞之書視爲僞書,而由此引起之紛争至今不已。

三、宋代筆記興盛的社會文化背景

趙宋一朝雖然缺乏漢、唐王朝之强盛、恢宏、開拓的盛世氣派,并以“守内虚外”的“積貧積弱”之國勢而頗遭世人非議,但其較爲穩固的政治統治,甚爲繁榮

1　李劍國:《唐五代志怪傳奇叙録》之“龍城録”條,南開大學出版社 1993 年版,第 494~498 頁。

2　《少室山房筆叢》卷三二《四部正訛下》,第 420 頁。

的經濟狀況，以及深厚而豐富多姿的文化積累與成就，使宋朝在中國社會文化發展史上占有重要地位，影響後世甚巨。宋代筆記的興盛，實與之密切相關。

（一）“崇文抑武”國策與科舉取士制度的施行

宋朝初年，宋太祖趙匡胤通過“陳橋兵變”篡周立宋以後，鑒於唐末五代時期，藩鎮割據混戰，社會分崩離析，使得武人勢力激增，“安定國家，在長槍大劍，安用毛錐”[1]之論通行，天子“大位”也成爲武人的“販弄之物”[2]，君主屢遭非命，國祚短暫，故爲防止“黄袍加身”事件再次發生，大力推行“崇文抑武”國策：“藝祖（指太祖）革命，首用文臣，而奪武臣之權，宋之尚文，端本乎此。”[3]即加强中央集權，抑制藩鎮、武將勢力，以扭轉唐末以來重武輕文之社會風氣。宋太宗進而認爲“王者雖以武功克定，終須用文德致治”[4]，并强調“教化之本，治亂之源，苟無書籍，何以取法？”[5]於是“興文教、抑武事”“以文化成天下”，遂成爲有宋一代貫徹始終的基本國策。

爲能始終貫徹“崇文抑武”，宋廷首先着手抑制武人勢力。宋太祖爲制止唐末五代時期“方鎮太重，君弱臣强”的弊端，采用“稍奪其權，制其錢穀，收其精兵”[6]的手段，由此“藝祖皇帝一興，而四方次第平，藩鎮拱手，以趨約束。使列郡各得自達於京師，以京官權知，三年一易。財歸於漕司，而兵各歸於郡，朝廷以一紙下郡國，如臂之使指，無有留難，自管庫微職，必命於朝廷，而天下之勢一矣”[7]；設立直接對天子負責的樞密院，“凡天下兵籍、武官選授及軍師卒戍之政令悉歸樞密院”[8]，將統領禁軍的殿前司、侍衛司的統兵權與樞密院的調兵權相分離；爲强化對軍隊的控制，在軍中多用文官，將武將調離軍職，太宗雍熙四年

1 〔宋〕司馬光：《資治通鑑》卷二八九“後漢隱帝乾祐三年”條，中華書局點校本，第 9422 頁。

2 《資治通鑑》卷二八一“後晋高祖天福二年”條，第 9178 頁。

3 《宋史》卷四三九《文苑傳序》，第 12997 頁。

4 《長編》卷二三“太平興國七年十月癸亥”條，第 528 頁。

5 《長編》卷二五“雍熙元年正月壬戌”條，第 571 頁。

6 《長編》卷二“建隆二年七月庚午”條，第 49 頁。

7 〔宋〕陳亮：《陳亮集》卷一《上孝宗皇帝第一書》，中華書局 1974 年版，第 5 頁。

8 〔清〕徐松等輯：《宋會要輯稿・職官》十四之一，中華書局影印本。

(987)更下詔云“文臣中有武略知兵者許换(武)秩”[1],從而達到消弭亂階而“天下自安”的目的。

同時,宋廷又設法於社會上造成士子衹能以“文學”博取功名富貴而不能通過“武事”進身顯貴的局面,即士子需熟習儒家經典通過科舉考試而入仕爲宦,來“兼濟天下”或光宗耀祖。傳爲真宗所撰的《勸學詩》:“富家不用買良田,書中自有千鐘粟;安屋不用架高梁,書中自有黄金屋;娶妻莫恨無良媒,書中自有顔如玉;出門莫恨無隨人,書中車馬多如簇。男兒欲遂平生志,六經勤向窗前讀。”即是對宋廷以利禄籠絡士子讀書入仕之政策的最好説明,因爲士子衹有“學而優則仕”方得以“遂平生志”。由此“尚文”觀念深入社會生活各層面,甚至武家子弟亦每每因“天下承平久,謀臣猛將無所用其武”,而“感激讀書,欲以文儒起家”[2]。

宋初太祖、太宗時期確定了文官治國體制,由此,宋朝内外要職顯宦大都由科舉出身的文官擔任,甚至掌軍的樞密院副使、各地帥司,也大多委任文臣,因而需要大量科舉出身的文官,促使宋廷“廣開科舉之門”,通過擴大科舉取士名額,以滿足實際需求。

唐代科舉每科及第進士人數,一般不超過50人,少則僅數人,平均每歲在30人左右。宋太祖朝録取人數也不多,甚至比唐代還略少,但創設了在常貢外舉行的“特奏名”恩科取士制度。自宋太宗即位後取士數急遽增多,一般在數百人,至真宗咸平三年(1000)達到了空前絶後的水準。據《文獻通考》記載,是年取進士409人,諸科430人,并從參加進士科5次、諸科8次考試落第,以及參加多次殿試落第且年過50歲者中又録取了特奏名900餘人,共録取了1800多人。此後,每科取士數較真宗朝有所減少,但仍保持相當數量,平均每科取士近500人。此外,如舉人年高而屢經省試或殿試落第者,遇殿試時,許由禮部貢院另立名册奏上,參加附試,優待録取;并放寬“特奏名”録取條件,不斷增加録取人數。至仁宗後期,常貢與特奏名出身者,達到約占品官總數三分之一的水平。[3]

---

1 《長編》卷二八“雍熙四年五月乙丑”條,第637頁。

2 〔宋〕王庭珪:《盧溪文集》卷四七《故校書郎曹公行狀》,上海古籍出版社《文淵閣四庫全書》本,第1134册,第322頁。

3 參見顧宏義:《教育政策與宋代兩浙教育》,湖北教育出版社2003年版,第29、47~48頁。

同時,宋廷又通過對科舉及格者直接授官,以優厚待遇籠絡士大夫,進而擴大和鞏固其統治基礎。如太平興國二年(977)太宗第一次開貢舉時,即取進士、諸科等達500餘人,且"第一、第二等進士并九經授將作監丞、大理評事,通判諸州;同出身進士及諸科并送吏部免選,優等注擬初資職事、判司簿尉。寵章殊异,歷代所未有也"。當時宰執等言"取人太多,用人太驟。上意方欲興文教,抑武事,弗聽"。[1] 因太宗有意拔擢,是年進士後擢拜宰執的有吕蒙正、李至、張齊賢、王化基等四人。而吕蒙正進士及第後僅過六年便被拜參知政事,又五年擢任宰相,進升之速,古今罕有。

至景祐元年(1034),仁宗又"詔曰:'朕念天下士鄉學益蕃,而取人之路尚狹,或棲遲田里,白首而不得進。其令南省就試進士、諸科,十取其二。進士五舉年五十、諸科六舉年六十,嘗經殿試進士三舉、諸科五舉,及嘗預先朝御試,雖試文不合格,毋輒黜,皆以名聞。'自此率以爲常"。[2] 由此使"士之潦倒不第者,皆覬覦一官,老死不止"[3]。而爲擴大統治基礎,宋廷在科舉考試中采取對勢家豪門予以抑制的取士政策,由此使得由科舉入仕途的庶士比例顯著增多。

宋代部分年代人口總數與進士出身數比較表

年代	全國總人數	是年進士出身人數
大中祥符元年(1008)	17803401	527
慶曆二年(1042)	22926101	839
治平二年(1065)	29077273	361
元祐六年(1091)	41492211	602
大觀三年(1109)	46734784	685
紹興三十年(1160)	19229008	428
淳熙十四年(1187)	24311789	435
嘉定十六年(1223)	28320085	549
咸淳元年(1265)	13026532	635

注:1.本表據梁方仲《中國歷代户口田地田賦統計》有關兩宋各朝人口資料及何忠禮《宋

1 《長編》卷一八"太平興國二年正月戊辰"條,第393~394頁。

2 《長編》卷一一四"景祐元年正月癸未"條,第2661頁。

3 〔宋〕王栐:《燕翼詒謀録》卷一《進士特奏》,中華書局1981年版,第1頁。

史選舉志補正》附録一《宋代科舉一覽表》製作。

2.大觀三年(1109)以前進士出身人數中包括諸科人數。

3.咸淳元年(1265)全國總人口數缺,此取景定五年(1264)人口數。

據上表可知,兩宋每年考中進士人數僅占全國總人口的十萬分之幾而已,即使是宋代科舉考試一科録取人數最多之景德二年(1005):進士393人、諸科1268人,并加上特奏名1388人,也不過僅占全國總人口的萬分之二弱。但因宋時參加省試者與省試及第人之比例一般約爲“百人取一”,如太宗太平興國二年(977),參加省試人數已達5300人,真宗咸平元年(998)激增至2萬人[1],而各地參加鄉試的人數更是遠超此一數字,可見科舉及第人數雖然占全國總人口的比例不高,但由於應舉入仕者具有很强的示範放大效應,而造成極爲深遠的影響。即“廣開科舉之門”帶來了“廣開來學之路”,由此兩宋時期學校教育甚爲普及,中央有以太學爲主的各類學校,地方州縣各建有官學,故在學者日益增多,至宋徽宗政和六年(1116),域内“士有所養,餘二十萬人”[2]。而民間還有大量書院和私學等,其學生數量當遠超官學。

由讀書而應舉而入仕的人數劇增,有力促進了包括筆記在内的各類書籍的撰作、傳布,同時也使宋代筆記中,與朝廷政治、地方吏治,以及典章制度等有關的記録,成爲其極爲重要的内容構成,此也成爲宋代筆記的一大特點。

(二)雕版印刷技術的普及和學術思想的繁榮

古人云“倉廪實則知禮節,衣食足則知榮辱”,政治之穩定、文化之繁榮,與經濟的發展密切關聯。宋初結束了唐末五代時期長時間社會動蕩、戰火連綿的局面,使社會政治相對穩定,經濟發展迅速,社會總人口數以及墾田面積亦得以較快增長,由此促進了手工業的快速發展和商業貿易、城鎮經濟的繁榮。宋代十萬户以上的州府,據《宋史·地理志》載,徽宗崇寧年間(1102—1106)已達到50餘個,而唐代僅有10來個。其中兩宋都城開封、臨安,皆爲當時世界上規模

1 參見顧宏義:《教育政策與宋代兩浙教育》,第47頁。

2 〔宋〕佚名:《宋大詔令集》卷一五七《學生懷挾代筆監司互察御筆手詔》,中華書局1962年版,第593頁。

最大、人口最多的城市之一。而社會的進步,經濟的迅速發展,促進了文化知識的傳播、民智的開拓和教育的發達。於是雕版印刷技術日益普及,以滿足世人對書籍之需求。宋時刻印圖書之地遍及域内,而以浙、蜀、閩諸處爲盛,如北宋葉夢得所言:“今天下印書,以杭州爲上,蜀本次之,福建最下。京師(開封府)比歲印板,殆不減杭州,但紙不佳。”[1]宋代刻印的書籍内容廣泛,涉及儒、佛、道三教經典,史地、詩文、天文、農工、醫藥及小説、戲曲、民間用書諸領域,故宋時書籍遠較前代易得,如景德年間,真宗問及國子監書庫所藏書板之數,國子監祭酒邢昺答曰:“國初不及四千,今十餘萬,經史正義皆具。臣少時業儒,觀學徒能具經疏者百無一二,蓋傳寫不給。今板本大備,士庶家皆有之。斯乃儒者逢時之幸也。”[2]刻印書籍數量大增,推動了思想文化的傳播與普及,由此又反過來擴大了時人對書籍之需求。

宋代社會經濟的快速發展,促成了新的思想文化特徵的形成,以异於漢、唐。兩宋三百年間,産生了許多著名思想家,形成了各具特色的學術流派,其中尤以包括理學在内的宋學的形成和發展,給予後世思想文化以深遠的影響。

宋初經學仍“大都遵唐人之舊”,而且其“因襲雷同,即不出唐人《正義》之範”,故是時“經學,猶是唐學,不得謂之宋學”。[3] 但宋初以來的政治、社會發展,已使其學術思想展現出有异於前朝的新面目。朱熹曾對此指出:“國初人便已崇禮義,尊經術,欲復二帝三代,已自勝如唐人,但説未透在。直至二程出,此理始説得透。”[4]即漢、唐以來統治社會思想達一千多年的經學(訓詁、注疏之學)或“歸乎空玄”的玄學、佛教已不足維繫人心,已不能適應社會政治、經濟、文化需要,而需另闢蹊徑,納老佛於孔孟,對傳統儒經重新闡釋。仁宗時劉敞撰《七經小傳》,以己意釋經,開創一代新學風。胡瑗、孫復、石介和李覯等相繼而起,分别就《春秋》《易》《禮》作出新解釋。此後歐陽修、司馬光、蘇軾等公開對《孟子》《周禮》《易》等儒家經典提出不同程度的疑問,促使學風大變,從而刺激

---

1 〔宋〕葉夢得:《石林燕語》卷八,中華書局 1984 年版,第 116 頁。

2 《長編》卷六〇“景德二年五月戊申朔”條,第 1333 頁。

3 馬宗霍:《中國經學史》,上海書店 1984 年版,第 109~110 頁。

4 〔宋〕黎靖德:《朱子語類》卷一二九《自國初至熙寧人物》,中華書局 1986 年版,第 3085 頁。

了理學的産生。如清代學者全祖望所指出者：

有宋真、仁二宗之際，儒林之草昧也。當時濂、洛之徒方萌芽而未出，而睢陽戚氏同文在宋，泰山孫氏復在齊，安定胡氏瑗在吴，相與講明正學，自拔於塵俗之中。亦會值賢者在朝，安陽韓忠獻公、高平范文正公、樂安歐陽文忠公皆卓然有見於道之大概，左提右挈，於是學校遍於四方，師儒之道以立，而李挺之、邵古叟輩共以經術和之。説者以爲濂、洛之前茅也。[1]

發展至南宋孝宗"乾道、淳熙間，儒風日盛，晦庵朱公在閩，南軒張公在楚，而東萊吕公講道婺女。是時以學問著述爲人師表者相望，惟三先生天下共尊仰之"。[2] 有人在此三人之外又加上陸九淵（象山），形成宋代兩大理學門派程朱理學與象山心學。但其間思想學術成就最著、影響最大者當屬朱熹，如宋末周密所言：

伊洛之學行於世，至乾道、淳熙間盛矣。其能發明先賢旨意，溯流徂源，論著講解卓然自爲一家者，惟廣漢張氏敬夫、東萊吕氏伯恭、新安朱氏元晦而已。朱公尤淵洽精詣，蓋其以至高之才，至博之學，而一切收斂，歸諸義理。其上極於性命天人之妙，而下至於訓詁名數之末，未嘗舉一而廢一。蓋孔孟之道，至伊洛而始得其傳，而伊洛之學，至諸公而始無餘藴。必若是，然後可以言道學也已。[3]

此外，宋代著名學派還有王安石"荆公新學"、邵雍"象數之學"、吕祖謙"金華學派"、張栻"湖湘學派"、陳亮"永康學派"、葉適"永嘉學派"等。各學派對諸如理與氣、心與性、綱常倫理、"王霸義利"等概念進行了深入探討和論辯，形成了偏重於性命義理之説的宋學，而區别于篤重家法、重視名物制度的漢學。

宋代學者爲因應時代發展之需要，於讀經論道之際，十分重視學術思想的經世致用。《宋元學案・安定學案序録》即指出："宋世學術之盛，安定、泰山爲

---

1 〔清〕全祖望撰，朱鑄禹彙校集注：《全祖望集彙校集注・鮚埼亭集》外編卷一六《慶曆五先生書院記》，上海古籍出版社 2000 年版，第 1037 頁。按："邵古叟"當爲"邵天叟"之訛。邵古，字天叟，邵雍之父。見《玉海》卷三六《周易傳》。

2 〔宋〕樓鑰：《攻媿集》卷五五《東萊吕太史祠堂記》，上海商務印書館《四部叢刊初編》本，第 6 頁下。

3 〔宋〕周密：《齊東野語》卷一一《道學》，中華書局 1983 年版，第 202 頁。

之先河,程、朱二先生皆以爲然。安定沉潛,泰山高明;安定篤實,泰山剛健,各得其性稟之所近。要其力肩斯道之傳,則一也。”[1]如胡瑗先後爲蘇州、湖州二州學教授,“立經義、治事二齋:經義則選擇其心性疏通、有器局、可任大事者,使之講明六經。治事則一人各治一事,又兼攝一事,如治民以安其生,講武以禦其寇,堰水以利田,算曆以明數是也”[2]。同爲“宋初三先生”的石介“爲文有氣,嘗患文章之弊、佛老爲蠹,著《怪説》《中國論》,言去此三者,乃可以有爲。又著《唐鑑》以戒奸臣、宦官、宫女,指切當時,無所諱忌”[3]。故有學者指出:“宋代經學中一個突出現象是出現了理學,與傳統經學相比,理學一方面重視對性命、義理的探討,具有濃郁的哲理思辨色彩,另一方面又特别重視倫理踐履,重視對政治倫理、道德倫理的探討”,即“將經學研究與社會現實密切結合起來”,以“明體達用”。[4] 其實,上述兩點不獨爲宋代理學家所獨有,其他學者,甚至那些反理學的學者,對此也十分重視,由此形成宋代儒學迥别於漢、唐之學的一大特色。如爲程朱理學家所嚴斥的王安石,其《答曾子固書》中有云:

> 然世之不見全經久矣,讀經而已,則不足以知經。故某自百家諸子之書,至於《難經》《素問》《本草》諸小説無所不讀,農夫、女工無所不問,然後於經爲能知其大體而無疑。蓋後世學者,與先王之時异矣,不如是,不足以盡聖人故也。揚雄雖爲不好非聖人之書,然於墨、晏、鄒、莊、申、韓亦何所不讀?彼致其知而後讀,以有所去取,故异學不能亂也。惟其不能亂,故能有所去取者,所以明吾道而已。[5]

因此,記載各學派思想特點、不同學派學術之异同及其辨析與各學説之經世之用等,即成爲宋代筆記的重要内容和特點。

---

1 〔清〕黄宗羲、全祖望等:《宋元學案》卷一《安定學案》,中華書局 1982 年版,第 23 頁。

2 《宋元學案》卷一《安定學案》,第 24 頁。

3 《宋史》卷四三二《石介傳》,第 12833~12834 頁。

4 楊新勛:《宋代疑經研究》,中華書局 2007 年版,第 29 頁。

5 曾棗莊等主編:《全宋文》卷一三八九王安石《答曾子固書》,上海辭書出版社、安徽教育出版社 2006 年版,第 64 册,第 120 頁。

（三）推崇史學及黨争之影響

陳寅恪先生曾稱譽“中國史學莫盛於宋”[1]。宋代史學的興盛與兩宋君主的重視、支持密切相關。宋朝自太祖以下的諸位皇帝，皆對史書的鑒政、教化價值有着充分的認識。宋太宗嘗向臣下宣稱自己“他無所愛，但喜讀書，多見古今成敗，善者從之，不善者改之，斯已矣”，并説“王者雖以武功克敵，終須用文德致治”[2]，進而强調：“教化之本，治亂之源，苟無書籍，何以取法？”[3]因此，與前朝相比，宋朝修撰國史大體具有纂修制度完善、其種類卷帙繁富、記載内容詳備等特點。南宋章如愚指出：

> （本朝）史之目不一，而其凡有二：曰紀載之史，曰纂修之史。時政有記，起居有注，其紀載之史乎。纂修之史，名目滋多：實録云者，左氏體也；正史云者，司馬體也。紀其大事，則有玉牒；書其盛美，則有聖政；總其樞轄，則有會要。其曰日曆，合紀注而編次之也；其曰寶訓，於實録、正史之外而撰定之也。[4]

此外，宋朝官修史書還有地理志、典志、兵志等專書，品類完備，内容涉及國家治理諸層面。至後人如此稱譽道：“宋代修史制度，視唐代爲進步，亦爲元明所不及，故史料之豐富冠絶古今，是則後世修國史者所宜仿效者也。”[5]同時因得到天子重視，官員是否經歷史職，成爲其遷升的重要資歷之一。洪邁《容齋隨筆》載：

> 國朝館閣之選，皆天下英俊，然必試而後命。一經此職，遂爲名流。其高者曰集賢殿修撰、史館修撰，直龍圖閣，直昭文館、史館、集賢院、秘閣，次曰集賢、秘閣校理，官卑者曰館閣校勘、史館檢討，均謂之館職。記注官缺，必於此取之，非經修注，未有直除知制誥者。官至員

1　陳寅恪：《金明館叢稿二編》，上海古籍出版社1980年版，第240頁。

2　《長編》卷三二“淳化二年閏二月戊寅”條，第713頁；〔宋〕李攸：《宋朝事實》卷三《聖學》，中華書局1955年版，第37頁。

3　《長編》卷二五“雍熙元年正月壬戌”條，第571頁。

4　〔宋〕章如愚：《群書考索》續集卷一六《國史》，上海古籍出版社1992年版，第3册，第222頁。

5　金毓黻：《唐宋時代設館修史制度考》，載《説文月刊》第3卷第8期，1942年。

外郎則任子,中外皆稱爲學士。[1]

所謂記注官,在北宋前期,“國朝舊置起居院,命三館校理以上修起居注”,即“以起居郎、舍人寄禄,而更命他官領其事,謂之同修起居注。官制行,以郎、舍人爲職任”[2]。北宋張方平指出:“修起居注、史館修撰,即次知制誥之資序也。”[3]至神宗元豐改官制以後,起居郎、舍人仍是擢升中書舍人的重要階梯。元豐末邢恕也稱:“既已爲起居舍人,則除中書舍人,在國家爲擢用,而於格乃爲次補。故事,修起居注例遷知制誥,無遲速之限,近者或兩月,遠者率不過周歲。”[4]其實不獨記注官,其他史職也會因編修史書而得士林稱譽,獲皇上青睞,平步而上。因此,宋代私史筆記的撰者,有不少人曾官拜史官,或者在史職任上撰作了此類著述。而這些私史筆記的撰作之體例、内容等,都受到了官修史書的深刻影響。

宋代皇帝對國史修撰的重視超越前朝,同時其對國史編修的影響與干涉也遠過前朝,甚至有時直接參與國史的編纂、審定,即承擔着監修之職。如此干預大抵始於太宗時代,爲其後兩宋歷朝皇帝所遵循,并逐漸完善,形成制度。

因史臣於國史中筆録君主之善惡,故對於君主對國史修撰的干預,漢、唐時期大都嚴加防止。如唐太宗屢曾要求觀看國史所載,但多爲臣下所拒:“(史臣)執筆所記,便名爲史。伏凖故事,帝王不可取觀。昔太宗欲覽國史,諫議大夫朱子奢云:‘史官所述,不隱善惡。或主非上智,飾非護失,見之則致怨,所以義不可觀。’又褚遂良曰:‘今之起居郎,古之左、右史也,記人君言行,善惡必書,庶幾不爲非法,不聞帝王躬自觀史。’”[5]即使在五代亂世,如後蜀廣政中“修成(孟)昶《實録》四十卷”,孟昶“欲取觀”,宰相李昊曰:“帝王不閲史,不敢奉詔。”[6]但此傳統,在宋初遭到徹底破壞。太宗雖曾宣稱:“史臣之職,固在善惡必書,無所隱爾。昔唐玄宗欲焚武后史,左右以爲不可,使後代聞之,足爲鑒誡。”[7]但據史

1 《容齋隨筆》卷一六《館閣名存》,第206頁。

2 《宋史》卷一六一《職官志一》,第3780、3786頁。

3 《長編》卷二〇三“治平元年十二月丙午”條,第4927頁。

4 《長編》卷三六三“元豐八年十二月丁亥”條,第8687頁。

5 (五代)劉昫等:《舊唐書》卷一七三《鄭朗傳》,中華書局1975年版,第4493頁。

6 《宋史》卷四七九《西蜀孟氏世家》,第13892頁。

7 《長編》卷三五“淳化五年四月癸未”條,第777頁。

料記載，破壞君王不觀國史傳統的正是太宗，自此國史修撰過程皆處於天子的監控之下：國史的纂修須秉承天子的旨意，撰修完成後須上呈天子"乙覽"，或據天子旨意改寫、重修。

太宗太平興國後期，處事以謹慎聞名的宰相李昉受命撰修"時政記"，首請"時政記先進御而後付有司"[1]。

淳化五年(994)，兼起居郎梁周翰上請"自今崇政、長春殿皇帝宣諭之言，侍臣論列之事，望依舊中書修爲時政記。其樞密院事涉機密，亦令本院編纂，每至月終送史館。自餘百司凡於對拜、除改、沿革、制置之事，悉條報本院，以備編録。仍令郎與舍人分直崇政殿，以記言動，别爲起居注，每月先進御，後降付史館"，太宗從之。"起居注進御，自周翰等始也"。[2] 自此，天子可以監控時政記、起居注的撰修。

史載"《宋太祖實録》舊有兩本。一是李昉諸臣所爲，太宗屢曾宣索，已有避忌"[3]。其實太宗不僅是"屢曾宣索"《太祖實録》，使"今爲史臣，多有諱忌而不書"太祖"神聖文武"事迹而已，太宗還曾"取《實録》入禁中，親筆削之"。[4]

又真宗大中祥符四年(1011)七月，"國史院進所修《太祖紀》，上録《紀》中義例未當者二十餘條，……因詔：'每卷自今先奏草本，編修官及同修史官，其初修或再看詳，皆具載其名。如有改正、增益事件字數，亦各於名下題出，以考其勤惰焉。'"[5]

由此，宋朝修纂國史，不但史成以後要進呈、供皇上觀閲，而且皇上往往在敏感事件上確定編修尺度、宗旨，在編修過程中加上審察，并時加親筆删改，可以説兩宋帝王的干預貫徹於國史撰修之全過程，并得以隨意命令史官刊去國史記載的不利於自己之文字。如紹興年間宋高宗與宰相趙鼎討論改修《神宗實録》之事，高宗解釋："止修訛謬，非有所改也。"趙鼎因曰："所降御筆如此。"高

---

1 《宋史》卷二六五《李昉傳》，第9136頁。

2 《宋史》卷四三九《梁周翰傳》，第13004頁。

3 〔元〕袁桷：《清容居士集》卷四一《修遼金宋史搜訪遺書條列事狀》，上海商務印書館《四部叢刊初編》本，第32頁上。

4 《郡齋讀書志校證》卷六《太祖實録》，第226頁。

5 《長編》卷七六"大中祥符四年七月辛卯"條，第1730頁。

宗即將責任推給前相張浚："乃宰相擬定者。"趙鼎便道："起居注載著作郎張嵲所得聖語亦然。"高宗"駭曰：'安得有此？'即詔嵲所記勿存留"。[1]

宋朝皇帝對修史的這種干預，有時衹是一種慣例，但逐漸成爲一種制度、法令，而貫徹於兩宋而未變，如歐陽修所言："自古人君皆不自閲史，今撰述既成，必録本進呈，則事有諱避，史官雖欲書而又不可得也。"於是史臣遇"事關大體者，皆没而不書"[2]，從而使"信史"多訛，不得"直書而不隐"，故而無以達到"垂勸誡、示後世"的目的。因此，記載國史不予記載的宫廷秘事、王朝内部紛争、朝政缺失、吏治腐敗等敏感内容，就成爲宋代私史筆記的撰修使命之一，成爲其價值所在。

宋末周密嘗針對南宋國史反復纂修情况發出"國史凡幾修，是非凡幾易"[3]的感喟。其實周密此言也切合整個趙宋一朝的國史纂修情况，即宋朝國史之修撰，不但受到君王的干涉，而且還深受黨争的影響。宋朝黨争歷時長久且十分激烈，并往往與宫闈帝后之争、君權相權之争糅合交雜，故爲争奪道德高點，當政者每每於其主持纂修的國史中抨擊、攻訐政治對手，而一旦時局顛覆，國史自然就需重修，乃至三修四修。從而宋人有"國朝《三朝史》爲大典之冠，而進呈於天聖垂簾之際，名臣大節，無所叙録居多。或有一事見之數傳，褒貶异同。自建隆抵於元符，信史屢更"[4]之説。而利用修撰史書之機抨擊、攻訐政治對手的做法，於黨争激化之際，在宋代野史筆記的撰作中更爲普遍，於是當時部分野史筆記的撰作，遂演變爲黨派紛争之有效工具，内容真僞相雜，議論一以黨派爲準繩；并進而隨着某一黨派得勢，其筆記中攻訐政敵的文字往往被采入國史。於是"國史凡幾修，是非凡幾易"，就成爲"是非凡幾易，國史凡幾修"了。兩宋各種筆記中與朝政、吏治、人事有關的内容，往往相互抵牾、衝突，真僞難辨，此也是一大原因。

1　〔宋〕李心傳：《建炎以來繫年要録》卷一一五"紹興七年十月壬寅"條，上海古籍出版社1992年版，第2册，第564～565頁。

2　〔宋〕歐陽修：《歐陽修全集》卷一一一《論史館日曆狀》，中華書局2001年版，第1687～1688頁。

3　《齊東野語》卷首《自序》，第4頁。

4　〔宋〕王明清：《揮麈前録》卷末《自跋》，《全宋筆記》第六編一，大象出版社2013年版，第53頁。

第二章

宋代筆記的纂修和傳布

與“正經”“正史”不同，筆記乃屬“小道”，故其著述宗旨、著作體裁以及出版傳布等方面，皆頗具其特色。

一、宋代筆記的書名

筆記一體，大抵出於撰者隨筆雜録，故大多以“隨筆”“筆記”“叢談”“瑣言”“漫鈔”“雜記”等爲書名。對此，劉葉秋歸納道：大約小説故事一類，多稱“傳”“志”“記”“録”；而以模擬魏晋逸事小説之體的，往往沿襲《語林》《世説》之名；歷史瑣聞一類，則或稱“載”“編”“史”“乘”等；而纂述往日史實者，每云“故事”“舊話”之類；記叙當代見聞逸事的，輒標“紀聞”“聞見”之類；至於考訂辨證一類筆記，不少直接以“論”“評”“考”“辨”等署題的。[1] 下面即據《宋代筆記録考》製表展示千餘種宋代筆記題名用字情況。

書名用字	數量	書名舉例	備注
筆	9	蔡惇《夔州直筆》	
筆録	16	魏泰《東軒筆録》	
筆記	12	陸游《老學庵筆記》	
隨筆	11	洪邁《容齋隨筆》	
筆談	10	沈括《夢溪筆談》	含“筆説”
筆志	2	唐稷《硯岡筆志》	
漫筆	1	趙湑《養疴漫筆》	
編	12	方勺《泊宅編》	
雜編	3	張齊賢《太平雜編》	

1 《歷代筆記概述》，第 10 頁。

续表

書名用字	數量	書名舉例	備注
辨	2	李大性《典故辨疑》	
抄	10	葉寘《愛日齋叢鈔》	含“鈔”字
雜抄	4	魏了翁《經外雜抄》	含“雜鈔”
漫抄	2	趙彦衛《雲麓漫鈔》	含“漫鈔”
乘	3	吴枋《宜齋野乘》	
話	92	文瑩《玉壺清話》	
閒話	5	景焕《野人閒話》	
集	22	張師正《志怪集》	
記	88	王銍《默記》	含“紀“字
雜記	22	吴處厚《青箱雜記》	
記聞	15	司馬光《涑水記聞》	含“紀聞”
記事	8	范鎮《東齋記事》	含“紀事”
記談	6	李廌《師友談記》	含“紀談”“談記”
私記	3	文彦博《文潞公私記》	
閒記	2	龔相《復齋閒記》	含“閒紀”
話記	1	祖士衡《西齋話記》	
野記	1	佚名《林泉野記》	
見聞	14	朱弁《曲洧舊聞》	含“見”“聞”“聽”
考	2	方回《續古今考》	
覽	2	章炳文《搜神秘覽》	含“閒覽”
林	5	王觀國《學林》	
録	296	歐陽修《歸田録》	
雜録	22	龐元英《文昌雜録》	
漫録	7	吴曾《能改齋漫録》	
談録	6	李宗諤《先公談録》	
野録	5	文瑩《湘山野録》	
別録	5	陳彭年《江南別録》	
遺録	3	王晞亮《過庭遺録》	

续表

書名用字	數量	書名舉例	備注
閒録	1	佚名《筆墨閒録》	
録話	1	葉夢得《避暑録話》	
見聞録	12	邵伯温《邵氏聞見録》	含"聞見録"
論	2	釋惠彬《叢林公論》	
閒評	1	袁文《瓮牖閒評》	
拾遺	3	陳文蔚《師訓拾遺》	含"拾遺録"
史	10	王得臣《麈史》	
野史	6	林希《林氏野史》	
逸史	4	詹玠《唐宋遺史》	含"遺史"
史補	3	蔡絛《國史後補》	
小史	2	張舜民《浮休小史》	
事	19	鄭文寶《南唐近事》	
遺事	23	王素《王文正公遺事》	含"逸事"
故事	4	錢惟演《家王故事》	
舊事	2	周密《武林舊事》	
書	7	王楙《野客叢書》	
雜書	1	葉夢得《玉澗雜書》	
説	10	孔平仲《續世説》	
雜説	14	吕本中《紫微雜説》	
叢説	4	俞成《螢雪叢説》	含"脞説"
小説	2	張齊賢《同歸小説》	
漫説	1	方炳《晦翁漫説》	
野説	1	邵思《雁門野説》	
談	30	陳長方《步里客談》	含"譚"
談苑	10	夷門君玉《國老談苑》	含"談叢""談圃""談藪""談淵"
閒談	5	吴淑《秘閣閒談》	
叢談	2	蔡絛《鐵圍山叢談》	含"脞談"
言	15	何坦《西疇常言》	含"述""叙"

续表

書名用字	數量	書名舉例	備注
瑣言	2	孫光憲《北夢瑣言》	含“雜言”
議	3	田况《儒林公議》	
雜議	1	高崇《經史雜議》	
語	14	葉夢得《石林燕語》	
叢語	4	姚寬《西溪叢語》	含“瑣語”
野語	3	周密《齊東野語》	
雜識	5	周密《癸辛雜識》	含“識遺”
雜著	5	曾季貍《艇齋雜著》	含“雜纂”
載	2	佚名《江南餘載》	
雜載	1	佚名《雅言雜載》	
摭遺	3	劉斧《青瑣摭遺》	含“摭微”
志	59	洪邁《夷堅志》	
雜志	13	周煇《清波雜志》	
别志	3	蘇轍《龍川别志》	
漫志	2	費衮《梁溪漫志》	
私志	1	錢世昭《錢氏私志》	
志林	1	蘇軾《東坡志林》	
纂	2	佚名《豪异秘纂》	
其他	54	羅大經《鶴林玉露》	

由上表可知:其一,宋代筆記名用字以“記”“録”“談”“志”“話”“説”“筆”“事”“史”等爲主,使用上述文字的筆記達 914 種,占整個宋代筆記的82.86%。其中又以“録”字最爲多見,有 375 種,約占整個宋代筆記的 34%。其二,如前文所言,宋代以“筆記”名書者尚不普遍,僅有 12 種,約占整個宋代筆記的 1.09%,而少於“筆録”16 種,稍多於“隨筆”11 種、“筆談”10 種。其三,宋代筆記名中大量使用“雜”“瑣”“野”“小”“隨”“漫”“閒”“遺(逸)”“私”“叢”“脞”等字,恰如其分地反映出筆記屬於私家著述、内容瑣雜的特色。其四,明人所編纂的《五朝小説》之序曾論及宋代筆記的編纂道:“唯宋則出士大夫手,非公餘纂録,即林下閒譚,所述皆平生父兄師友相與談説,或履歷見聞、疑誤考證,故一語一笑,想見

先輩風流。其事可補正史之亡，裨掌故之闕。"[1] 而宋代筆記的取名用字，正反映了宋人筆記以歷史瑣聞一類最爲發達的特點。

宋代筆記的完整書名，大多以上表所列文字，加上姓氏、别號、地名、年號、官爵名等構成。詳見下表。

書名類别		數量	書名舉例
人	姓名	2	佚名《孫沔遺事》
	姓氏	37	劉延世《孫公談圃》、邵博《邵氏聞見後録》
	姓字	28	王欽臣《王原叔談録》、曾布《曾子宣日録》
	别號	78	蘇軾《東坡志林》、韓淲《澗泉日記》
	官爵	21	潘汝士《丁晋公談録》、蘇象先《蘇魏公譚訓》
	謚號	24	宋庠《楊文公談苑》、宗氏《宗忠簡遺事》
	稱謂	7	錢惟演《家王故事》、陳文蔚《師訓拾遺》
	身份	22	景焕《野人閒話》、王大成《野老紀聞》
地	齋堂名	71	陳正敏《遯齋閑覽》、周必大《二老堂雜志》
	地名	163	黄庭堅《宜州乙酉家乘》、周密《武林舊事》
	方位	19	曾紆《南游記舊》、樓鑰《北行日録》
	居所	39	袁褧《楓窗小牘》、周南《山房雜記》
時	朝代	15	王禹偁《五代史闕文》、王讜《唐語林》
	時代	3	葉紹翁《四朝聞見録》
	年號	37	王安石《熙寧奏對日録》、趙鼎《建炎筆録》
	干支	12	王鞏《甲申雜記》、吕祖謙《庚子辛丑日記》
	時節	3	倪思《重明節館伴語録》
官	政權名	23	龍衮《江南野史》、洪皓《金國文具録》
	官署	41	李宗諤《翰林雜記》、趙葵《行營雜録》
	官職	13	趙抃《御試官日記》、嚴光大《祈請使行程記》
小計		658	

上表所計諸類書名達 658 種，占整個宋代筆記的 59.66%，其中：(1) 不少書名包含有兩種或兩種以上情况，如辛怡顯《至道雲南録》、黄庭堅《宜州乙酉家

1　轉引自《歷代筆記概述》，第 93 頁。

乘》、周必大《淳熙玉堂雜記》、高永年《元祐隴右録》等,故上表爲統計方便,衹取其一,不重復計算。

(2)"人"類之書名有 219 種,占總數之 19.85%。其中"姓名""姓氏""姓字"三項,大都出於他人,即其原書名當作《聞見後録》《日録》等,後人爲便於區分,故加上姓、名、字而成《邵氏聞見後録》《曾子宣日録》。"官爵""謚號"兩項,有兩種情況,其一同上,也爲後人在原書名上添加撰者之官爵、謚號以示區别,如文彦博《文潞公私記》、吕公著《吕申公掌記》與錢惟演《錢文僖筆録》、林希《林文節日記》等;其二本爲後人所編撰,如潘汝士《丁晋公談録》、蘇象先《蘇魏公譚訓》與宋庠《楊文公談苑》、宗氏《宗忠簡遺事》,大抵原書名即如此。"姓氏""姓字"與"官爵"項之書名多見於北宋及南宋前期。書名中含"别號"的大體出現於宋真宗時期,神宗以後較常見,至南宋時頗普遍。

(3)"地"類之書名有 292 種,占總數之 26.47%。其中"齋名"一項,與部分"别號"頗難區分,即有些人的别號即是齋名。書名中含齋名者,約始見於宋徽宗時,至南宋時較普遍。而含"地名"的書名情况較複雜,其中有撰寫筆記時所居之地、撰者之祖籍與郡望、筆記中内容涉及之地等。其地名除較爲正式或常見的名稱外,還大量采用古地名、地名的别稱與雅稱或部分較爲冷僻的稱謍。下表即對此類含義較爲冷僻的書名作一簡要解釋。

書名	説明
孫光憲《北夢瑣言》	北夢,孫光憲《序》云:"《禹貢》云'雲土夢作乂',《傳》有'畋於江南之夢'。鄙從事於荆江之北,題曰《北夢瑣言》。"即本書乃其仕宦江陵時所撰,故名。
樂史《商顔雜録》	商顔,當爲商州别稱。王禹偁《小畜集》卷八《登郡南樓望山感而有作》云:"西接藍田東武關,有唐名郡數商顔。二千石盡非吾道,一百年來負此山。"邵雍《擊壤集》卷二《寄商守宋郎中》亦云:"如今一向覺優逸,却類商顔嘯傲時。"可證。據《宋史·樂黄目傳》,樂史於咸平間出知商州。
晁迥《昭德新編》	昭德,《直齋書録解題》卷一〇稱乃"京師居第坊名也,晁氏子孫皆以爲稱"。

续表

書名	説明
錢易《南部新書》	南部,指開封縣。錢明逸《南部新書序》云:"先君尚書在章聖朝祥符中,以度支員外郎、直集賢院宰開封。……得一善事,疏於方册,曠日持久,乃成編軸,命曰《南部新書》。"《分門古今類事》卷七《錢公自述》云其"後捷制策,通閏籍,直集賢,宰南部"。本書取名於此。
宋敏求《三川官下記》	三川,郡名,戰國韓宣王置,以境内有大河、雒、伊三川而得名,轄境大體在今河南伊、洛水流域。漢初改名河南郡,即洛陽之古稱。按:官下,指任官所在之地。
宋敏求《春明退朝録》	《直齋書録解題》卷五云其父宋綬"居第在春明坊",故取爲書名。
劉斧《青瑣高議》	青瑣,《漢書》卷九八《元后傳》孟康注:"以青畫戶邊鏤中,天子制也。"如淳曰:"門楣格再重,如人衣領再重裏者,青名曰青瑣,天子門制也。"師古曰:"孟説是。青瑣者,刻爲連瑣文,而以青塗之也。"按:此借指京師。
王闢之《澠水燕談録》	澠水,《直齋書録解題》卷一一稱"齊水名,《春秋傳》'有酒如澠'"。
蘇軾《仇池筆記》	蘇軾《蘇軾詩集》卷四〇《和桃花源詩并引》有云:"余在潁州,夢至一官府,人物與俗間無异,而山川清遠,有足樂者。顧視堂上,榜曰仇池。覺而念之,仇池武都氏故地,楊難當所保,余何爲居之?明日以問客,客有趙令畤德麟者曰:'公何爲問此?此乃福地小有洞天之附庸也。杜子美蓋云:"萬古仇池穴,潛通小有天。神魚人不見,福地語真傳。近接西南境,長懷十九泉。何時一茅屋,送老白雲邊。"'他日,工部侍郎王欽臣仲至謂余曰:'吾嘗奉使過仇池,有九十九泉,萬山環之,可以避世如桃源也。'"本書名當取自於此。
方勺《泊宅編》	《直齋書録解題》卷一一"泊宅在烏程,相傳張志和泊舟浮家泛宅之所,勺買田卜築,號泊宅翁"。

续表

書名	説明
朱弁《曲洧舊聞》	《宋史》卷三七三本傳云朱弁"入太學,晁説之見其詩奇之,與歸新鄭,妻以兄女。新鄭介汴、洛間,多故家遺俗,弁游其中,聞見日廣"。按:新鄭境内有曲洧城,臨洧水。書名取於此。
馬純《陶朱新録》	馬純《陶朱新録・自序》稱其建炎初"遂僑寄陶朱山下,……因搜今昔見聞,裒綴成帙,目曰《陶朱新録》"。
王灼《碧鷄漫志》	王灼《碧鷄漫志・自序》稱其"客寄成都之碧鷄坊妙勝院",故取以爲書名。
陳長方《步里客談》	《四庫全書總目》卷一四一"長方奉母居吴,依其外祖太僕寺卿林且,家於步里,遂以名書"。
周煇《清波雜志》	周煇《清波雜志題識》云其撰此書"時居都下清波門,目爲《清波雜志》"。
周密《癸辛雜識》	明田汝成《西湖游覽志》卷一三載杭州有"癸辛街,相傳楊和王建子第於府側,取癸辛方向,其門巷曰癸辛街。宋季,周密公謹居此,所著有《癸辛雜識》《齊東野語》"。

(4)"時"類之書名有70種,占總數之6.35%。其中涉及"朝代"的筆記大多爲北宋人所撰,書名含"干支""年號"的筆記主要撰成於北宋及南宋前期,其内容以涉及兩宋之際史事爲多。

(5)"官"類之書名有77種,占總數之6.98%。其中官署名亦多用雅稱或别稱,常見者如以"金坡""玉堂""翰苑"指稱學士院,以"掖垣"指稱舍人院,以"文昌"指稱尚書省,以"西府""樞府"指稱樞密院等皆是。而佚名《道山清話》,因東漢時"學者稱東觀爲老氏臧室、道家蓬萊山"[1],故宋人即以"道山"指稱秘閣;石公弼《柏臺雜著》,柏臺乃御史臺之别稱。又南宋後期何澹《賢關漫録》之"賢關",據《漢書・董仲舒傳》曰:"故養士之大者,莫大虖太學。太學者,賢士之所關也,教化之本原也。"師古曰:"關,由也。"此借指太學。

宋代筆記命名方式多樣,除上述方式以外,且多有用典故標題者,如上文所述梅堯臣《碧雲騢》乃取宋時今典,其他用典的筆記名尚有不少,個别典故還較

1 〔南朝宋〕范曄:《後漢書》卷二三《竇章傳》,中華書局1965年版,第821—822頁。

爲冷僻。詳見下表。

書名	説明
路振《乘軺録》	《説文》:“軺,小車也。”即輕便馬車,引申爲朝廷使節之坐車,借指使臣。
王曙《戴斗奉使録》	戴斗,謂北方。因《爾雅》“北戴斗極爲空桐”而來。
宋祁《鷄跖集》	《郡齋讀書志》卷一三稱“《淮南子》曰:‘善學者,如齊王之食鷄,必食其蹠。’名書之意殆以此”。
歐陽修《于役志》	于役,出《詩經・君子于役》:“君子于役,不知其期,曷至哉?”
吴處厚《青箱雜記》	《宋書・王淮之傳》載王彪之“博聞多識,練悉朝儀。自是家世相傳,并諳江左舊事,緘之青箱,世人謂之王氏青箱學”。
張舜民《畫墁録》	《孟子・滕文公》:“有人於此毁瓦畫墁,其志將以求食也。”注:“孟子言人但破碎瓦畫地,則復漫滅之,此無用之爲也。”
趙令畤《侯鯖録》	漢成帝母舅王譚、王根、王立、王商、王逢五人同日封侯,故號五侯;鯖,指肉與魚之雜燴。《西京雜記》卷二:“五侯不相能,賓客不得往來。婁護豐辯,傳食五侯間,各得其懽心,競致奇膳。護乃合以爲鯖,世稱五侯鯖,以爲奇味焉。”
佚名《墨客揮犀》	揮犀,猶揮麈,謂清談。歐陽修《送前巫山宰吴殿丞》詩云“高文落筆妙天下,清論揮犀服坐中”。
莊綽《鷄肋編》	鷄肋,用曹操“食之則無所得,弃之則如可惜”之典。
吕居仁《軒渠録》	據《浙江通志》卷二四六,書名“取兒識父母,軒渠笑悦之意”。
趙子晝《肯綮録》	《莊子・養生主》云“肯,著骨肉。綮,猶結處也”,本書名取義於此。
吴坰《五總志》	《五總志自序》云:“龜生五總,靈而知事。古人譬諸老於學而不斁者,心竊慕之,因志其首曰‘五總’。”按:《新唐書・殷踐猷傳》:“與賀知章、陸象先、韋述最善,知章嘗號爲‘五總龜’,謂龜千年五聚,問無不知也。”

書名	説明
韓膺冑《五雲次舊聞録》	元劉仁本《羽庭集》卷一“五雲,美韓也。韓祖魏國忠獻王登宋天聖第,唱名時,太史奏日下五色雲現,蓋令德之符也。既南渡後,嗣孫徙居越上五雲里者”。故本書取以爲名。
錢康功《植杖閒談》	植杖,江永《群經補義》卷四《論語》云:“植其杖而芸,似謂植杖於他處。然今人耘田以足,必扶杖乃能用足,則植杖正所以耘,猶云拄杖。”
陳善《捫虱新話》	《晋書·王猛傳》:“桓温入關,猛被褐而詣之,一面談當世之事,捫虱而言,旁若無人。”
韓元吉《桐陰舊話》	《四庫全書總目》卷六一“書中所記……皆其家世舊聞。以京師第門有桐木,故云《桐陰舊話》,蓋北宋兩韓氏并盛,世以桐木韓家别於魏國韓琦云”。
郭彖《睽車志》	《四庫全書總目》卷一四二:“是書皆紀鬼怪神异之事,爲當時耳目所見聞者。其名《睽車志》,蓋取《易·睽》卦上六‘載鬼一車’之語也”。
洪邁《夷堅志》	《郡齋讀書附志》卷下稱其書名“蓋取《列子》所謂‘大禹行而見之,伯益知而名之,夷堅聞而志之’,説者謂夷堅乃古之博物者”。
范成大《攬轡録》	攬轡,即“攬轡登車”,指巡行諸部以清天下。此指出使北蕃。
范成大《驂鸞録》	《驂鸞録》卷末云:“按桂林自唐以來山川,以奇秀稱。韓文公雖不到,然在潮乃熟聞之,故詩有‘參天帶水,翠羽黄甘’之語,末句乃曰‘遠勝登仙去,飛鸞不暇驂’,蓋歆艷之如此。故余行紀以‘驂鸞’名之。”
王明清《投轄録》	《直齋書録解題》卷一一云其“所記奇聞异事,客所樂聽,不待投轄而留也”。
趙宗英《墮甑》	《太平御覽》卷七五七引《郭林宗别傳》:“巨鹿孟敏客居太原,墮甑不顧。林宗見而問之,對曰:‘甑已破矣,視之無益。’林宗勸使學,果爲美士。”本書名取義於此。

续表

書名	説明
楊簡《石魚偶記》	石魚見《水經注》:"湘鄉縣石魚山下多石,色黑而理若雲母。開發一層,輒有魚。言其藴藏者深也。"
俞成《螢雪叢説》	其《自序》云:"自此功名灰念,加以拙於謀利,時復優游黄卷,考究討論,付之書記,囊螢映雪,無所不爲,塵積日久,遂成一編,目曰《螢雪叢説》。"
陳櫄《負暄野録》	《列子》:"昔宋國有田夫,常衣緼黂,僅以過冬,暨春東作,自曝於日,不知天下之有廣厦隩室,綿纊狐貉,顧謂其妻曰:負日之暄,人莫知者,以獻吾君,將有重賞。"
蕭參《希通録》	蕭參《希通録序》曰:"書名曰《希通》者,蓋取范甯云:'雖我之所是,理未全當,安可以得當之難,而自絶於希通哉?'"
佚名《鬼董》	鬼董,取義《世説新語・排係》"干寶向劉真長叙其《搜神記》,劉曰:'卿可謂鬼之董狐。'"。
許景迂《野雪鍛排雜説》	《漢書・藝文志》"小説家者流,蓋出於稗官",注引如淳曰:"稗音鍛家排。《九章》'細米爲稗',街談巷説,其細碎之言也。王者欲知閭巷風俗,故立稗官使稱説之。今世亦謂偶語爲稗。"此以"鍛排"喻稗官。
王棫《燕翼詒謀録》	《詩・大雅・文王有聲》曰:"武王豈不仕,詒厥孫謀,以燕翼子。"朱熹《詩集傳》卷六:"仕,事;詒,遺;燕,安;翼,敬也;子,成王也。"本書名取義於此。
趙氏《就日録》	《史記・五帝本紀》:"帝堯者放勛,其仁如天,其知如神。就之如日,望之如雲。"司馬貞《索隱》:"如日之照臨,人咸依就之,若葵藿傾心以向日也。"
岳珂《桯史》	《直齋書録解題》卷一一"桯史者,猶言柱記也"。
岳珂《愧郯録》	《四庫全書總目》卷一二一云:"曰愧郯者,取《左傳》郯子來朝,仲尼問官之事,言通知掌故,有愧古人也。"
羅大經《鶴林玉露》	羅大經《自序》曰:"余閒居無營,日與客清談鶴林之下。或欣然會心,或慨然興懷,輒令童子筆之。久而成編,因曰《鶴林玉露》。蓋'清談玉露蕃',杜少陵之句云爾。"

续表

書名	説明
史繩祖《學齋佔畢》	《學齋佔畢自序》曰:"昔人有言:'讀書百遍,其義自見。'又有云:'舊書不厭百回讀,熟讀深思子自知。'此則《禮經·學記》之'呻其佔畢,而多其訊'也。"
佚名《然藜餘筆》	《三輔黄圖》卷六:"劉向於成帝之末,校書天禄閣,專精覃思。夜有老人,着黄衣,植青藜杖,叩閣而進。見向暗中獨坐誦書,老父乃吹杖端烟然,因以見向,授五行洪範之文。恐詞説繁廣忘之,乃裂裳及紳,以記其言,至曙而去。"
俞文豹《吹劍録》	《吹劍録》自序曰:"《莊子》云:'吹劍首者,吷而已。'吷,許劣反,謂無韵也。"
戴埴《鼠璞》	《戰國策》卷五云:"鄭人謂玉未理者璞,周人謂鼠未腊者璞。周人懷璞過鄭賈曰:'欲買璞乎?'鄭賈曰:'欲之。'出其璞視之,乃鼠也,因謝不取。"書名取義於此。
周遵道《豹隱紀談》	豹隱,《白孔六帖》卷三曰:"南山有元豹,霧雨七日,不下食,欲以澤其毛羽,成其文章。"
張仲文《白獺髓》	《拾遺記》稱"吴孫和悦鄧夫人,嘗置膝上。和弄水精如意,誤傷夫人頰,血污袴帶。醫者云得白獺髓,雜玉與琥珀屑,當减痕。及差,有赤點,更益其妍。諸嬖人更以丹脂點頰而要寵"。本書取名於此。
佚名《漂粟手牘》	漂粟,《白孔六帖》卷二:"朱買臣苦修學業不休,其家暴粟,令臣守之,不覺雨流粟。"

上述書名的用典,雖然頗爲繁多,但細加歸納,却頗能反映筆記的巷談街議之"小道"、私家著述之瑣碎而不足寶重等特點,如"畫墁""鷄肋""植杖""捫虱""墮甑""負暄""鼠璞"之類皆是,而"青箱""侯鯖""揮犀""豹隱""白獺髓"等乃爲誇耀自己之學問或風采,至於"五雲""桐陰"等實爲顯示其家學淵源。

宋代筆記於纂修、傳抄中,還出現同書异名情况,同時也存在着不少同名异書,如《北征録》分别有郭德麟與倪思兩人所撰、《燈下閒談》有宋初佚名與宋孝宗時江洵、《釣磯立談》有費樞與史氏、《獨醒雜志》有吴宏與曾敏行、《該聞録》有李畋與宋氏、《鷄跖集》有宋祁與王子韶、《清夜録》有沈括與俞文豹、《山陰詩話》有陸游與李兼等，皆屬同名异書。而《過庭録》有三種，分别爲范公偁、樓昉、曹涇所撰。此當在使用時予以充分注意。

二、宋代筆記的内容及纂修目的

（一）宋代筆記的内容特色

前文亦述及今人劉葉秋據體裁、内容，將歷代筆記分爲三大類：小説故事類、歷史瑣聞類和考據辨證類。雖然此分類如劉氏所言衹是"粗舉大凡"而已，但也能大致反映宋代筆記的實際情况。下表即據《宋代筆記録考》統計，將上述諸類宋代筆記的實際數據編制。

類别	數量	比例
小説故事類	98	8.88%
歷史瑣聞類	857	77.70%
考據辨證類	148	13.42%
合計	1103	100%

因宋代不少筆記的内容瑣雜，有上述三大分類所難以包含者，或其内容涉及兩類以上者，故上表之分類，衹是就其主要内容或大部分内容所及而做的大略之分類而已。其一，小説故事類筆記包括志怪小説、逸事小説及神异故事等。因宋代史學發達，故此類筆記與前代相比較，頗有遜色，如劉葉秋所評介："宋代雖不排斥佛道，仍信巫鬼，而文士多崇儒術；怪异之談，不過爲魏晋的餘波。傳奇又偏重述古、摹古，而少寫近事；與新興的平話比，亦相形見絀。雜采瑣語的一類小説，更是爲數寥寥。"[1] 如徐鉉《稽神録》，其内容不外乎明因果、講報應、志鬼神靈异、談物怪變化等。據"《楓窗小牘》云，太宗命儒臣修《太平廣記》，時徐鉉實與編纂。《稽神録》，鉉所著也，每欲采擷，不敢自專，輒示宋白，使問李昉。昉曰：'詎有徐率更言無稽者。'於是此録遂得見收"[2]。即因其書内容大都被收入李昉等編纂的《太平廣記》，故爲宋代士人所習知，而影響宋代此類筆記

1 《歷代筆記概述》，第 94 頁。

2 《四庫全書總目》卷一四二《稽神録》，第 1211 頁。

的纂修。如北宋秦再思《洛中紀异》、張君房《乘异記》、張師正《括异志》等，皆以記鬼怪、神异、靈應故事爲主，而南宋人的此類筆記，其内容也頗相近。

同時，因受宋代史學發達的深刻影響，即使此類筆記，其内容也并非全屬荒誕無稽者。如著名的南宋筆記，洪邁所編撰的《夷堅志》，其《支景》卷三《水精環》云：

> 《邵氏聞見録》載：洛陽楚氏所寶水精枕，其間有半開杏花一枝，自北方携之來南。建炎中，胡騎犯淮甸，委於山澤，今不知所在。錢塘關子東博士家於秀州，其孫出乃祖所藏水精條環，表裏瑩徹，中有生竹葉一片。二者皆异物也。[1]

此段文字毫無荒誕之處，雖仍屬記异物，然是純爲記實。又如其《甲志》卷二〇《鄧安民獄》條所記邵博事，南宋著名史學家李心傳於編纂《建炎以來繫年要録》卷一六三紹興二十二年七月辛亥條記事時，即嘗取材於此（詳見下表）。

《夷堅志》	《建炎以來繫年要録》
邵博，字公濟，康節先生之孫，紹興二十年爲眉州守。郡有貴客，素以持郡縣長短通賕謝爲業，二千石來者多委屈結奉。邵雖外盡禮，而凡以事來請，輒不答，客銜之。會轉運副使吴君從襄陽來，多以襄人自隨，分屬州取俸給，博獨不與。客知吴已怒，乃誣邵過惡數十條以啖。吴大喜，立劾奏之。未得報，即捕邵繫成都獄。司理參軍韓抃懦不能事，吴擇深刻吏簽判楊均主鞫之。時二十二年。眉州兵馬都監鄧安民以謹力得邵意，主倉庾之出入，首録置獄中，數日掠死，其家乞收葬，不許，裸其屍驗之。邵懼，每問即承。如是十月許，凡眉之吏民，連繫者數百，而死者且十輩。提點刑獄縉雲周彦約（綰）知其冤，亟自嘉州親詣獄疏决，邵乃得出。閲實其罪無有也，但得其以酒饋游客，使用官紙札過數等事。方具獄，楊生即死，獄吏數人繼亡。明年命下，邵坐貶三官，歸犍爲之西山。……	辛亥，左朝散大夫、知眉州邵博罷。 先是，直徽猷閣程敦厚廢還里居，專以持郡縣短長通賕謝爲業。及博爲守，貌禮之，而凡以事來輒不答，敦厚銜之。會直徽猷閣、成都府路轉運副使吴坰從襄陽來，多以襄人自隨，分屬郡取俸，博獨不予。敦厚知坰怒，乃爲匿名書訐博過惡及其帷薄等數十事，遣人持置成都客舍。坰得之大喜，劾於朝，詔罷博，令成都府究其事。前是坰已捕博送成都府司理獄。司理參軍韓抃懦不及事，坰擇刻深吏簽書判官廳公事楊筠主鞫之。眉州兵馬都監鄧安民以勤力爲博所知，主帑庾之出入，首捕置獄中，數日掠死。博懼，每問即承。提點刑獄公事周綰知其冤，亟詣獄疏决，博乃得出。閲實其事，但得以酒餽游客及用官紙札過數等事。獄上，博坐降三官。（原注：敦厚事并以洪邁《夷堅志》修入）

1 〔宋〕洪邁：《夷堅志・支景》卷三《水精環》，中華書局1981年版，第899頁。

上表《夷堅志》引文省略者，即屬《夷堅志》中常見的因果報應故事。而邵博遭誣陷下獄之事，周密《齊東野語》卷一三《老蘇族譜記》也有記載，然頗有不同：

又有名敦厚字子山者，亦知名。邵康節之孫溥公濟守眉日，子山與之不咸，廉得其罪狀，用疋絹大書，櫝盛之，遣介持抵成都帥府治之前逆旅舍，委之而去。逆旅人得之以告帥，蕭振德起得之，以爲奇貨，逮公濟赴成都獄，嚴鞫之。獄吏知其冤，遂教公濟一切承之，不然，死無以自明。公濟悟，如其教，不復辯。獄上，朝論以爲匿名書，法不當受，而制司非得旨，不應擅逮守臣，遂皆罷之。公濟雖得弗問，而憤憤不能堪，訴之於天，許黄籙十壇，至其子始償如訴。子山之居極壯麗，一夕大火，不遺寸椽。子山本附秦檜至右史，後忤意，謫安遠縣令以死焉。[1]

對照《夷堅志》文字，參考其他相關史料，知《齊東野語》雖被人譽爲周密"經意之作"、多存當時史事，但就本條記事而言，"邵溥"實"邵博"之誤，而據《建炎以來繫年要録》卷一六四，蕭振於紹興二十三年五月自左承議郎、池州居住復敷文閣待制、四川安撫制置使兼知成都府[2]，時邵博已在前一年七月遭貶罷知眉州，顯然《齊東野語》所云與史實不合。故《建炎以來繫年要録》卷一六三"紹興二十二年七月辛亥"條所記邵博之事，李心傳特加注明乃是據《夷堅志》"修入"，可證其史料價值。

如此事例，并非是《夷堅志》所獨有，其他宋代志怪小説類筆記中也多少不等地存在有相似情況，成爲宋代此類筆記的一大特點。

其二，歷史瑣聞類筆記包括述時事、記野史、談掌故、説瑣聞、輯文獻之類雜記、叢録、瑣談等。也因爲宋代史學發達，故此類筆記數量甚多，約占整個宋代筆記的 77%以上，而其中述時事、記野史等筆記即有 352 種，約占宋代歷史瑣聞類筆記總數的 41.07%。

此類筆記内容，往往與宋代時政變化等因素相關聯，如宋初人撰作筆記，多述唐五代故事，著名者如龍衮《江南野史》、陶岳《五代史補》、鄭文寶《南唐近

1 《齊東野語》卷一三《老蘇族譜記》，第 235~236 頁。

2 《建炎以來繫年要録》卷一六四"紹興二十三年五月乙巳"條，第 3 册，第 306 頁。

事》等，稍後之錢易《南部新書》亦記唐五代之事。宋真宗、仁宗朝時，記録宋初以來史料、朝廷故實的筆記漸多，如錢惟演《玉堂逢辰録》、歐靖《聖宋掇遺》等。至神宗、哲宗時期及以後，因"慶曆新政""王安石變法"等，宋代黨争日趨激烈，故此時筆記多記載時政得失、人事紛争等資料，著名者如文彦博《文潞公私記》、司馬光《涑水記聞》、王安石《熙寧奏對日録》、曾布《曾子宣日録》等，其中一些筆記進而成爲攻訐政敵的工具，而留下深刻的黨争印記。南宋前期，那些南渡的士大夫，除偏重於記載兩宋之際的戰禍危局、靖康巨耻以外，又往往輯録北宋舊聞、名臣言行，記述汴京市井民情風俗，以托故國之情，如孟元老之《東京夢華録》等。

大略而言，此類歷史瑣聞類筆記，北宋人較爲偏重於記載國家大事，詳備且確實，近於實録，如司馬光《涑水記聞》等。或於記事中間雜詼諧、瑣語，如歐陽修《歸田録》。其中雖不免因種種原因而造成部分内容訛誤、失實，但就整體而言，乃大體可信。而南宋筆記，大體以記述南渡以來朝政得失、典制興廢與士大夫言行等最爲可取，其所載一事之始末細節，往往爲正史所不載或不詳者，而甚具學術價值[1]，如葉紹翁《四朝聞見録》、周密《齊東野語》與《癸辛雜識》等皆是。此與宋人崇尚理性和筆記深受史學影響的特色大有關係。

其三，考據辨證類筆記包括讀書隨筆、札記以及評議論説等。如前文所云，筆記一體，本以"雜"著稱，故一書往往兼具諸類，即多於叙事論議之中，間出考辨，或於考證之間兼述雜事。如北宋沈括《夢溪筆談》雖説也以考據辨證史實而聞名，但又兼及藝文、典制等内容。然至南宋，始因考據之學漸興，而出現有專門考辨類筆記，如李心傳《舊聞證誤》專爲考辨宋代諸史、筆記、雜録記事訛誤而作，程大昌《演繁露》之考辨名物、典故，王應麟《困學紀聞》之論析經史詩文等皆是。

綜上而言，宋代筆記内容繁雜，包羅萬象，涉及天文地理、文學藝術、經史子集、典章制度、風俗民情、逸聞瑣事、醫卜星相等，且因當時史學興盛，故其文字雖大多屬於隨手記録之零散材料，但却具有很高的史料價值，其中包括"小説故事類"的部分筆記也具此特點。同時，隨着宋學尤其是理學的興起，宋代筆記的

1　參見《歷代筆記概述》，第109頁。

議論性文字增多,并出現了以議論爲主要内容的筆記著述,從而形成了宋代筆記的另一特色。

(二)宋代筆記的纂修目的

宋代筆記撰作甚盛,有所謂"先儒有筆記、有漫録、有燕語,爲書不一,皆義出'六經',事兼百氏,究帝王之則,啓聖賢之藴",但較之於"六經"正史、三墳五典、諸子百氏,頗有宋人將筆記視爲"游戲筆墨"之小道末技,如撰有《佩韋齋輯聞》的俞德鄰即自嘲道:"余之繆學雜舉,臚傳風聽,何能進於是,不過從兒輩呫囁而已。雖然,詎不勝於飽食終日、無所用心而從事於博奕者乎?"[1] 又如龔頤正撰有《芥隱筆記》,劉董也稱"檢討龔公以學問文章知名當世,諸公要人争欲令出我門下,自六藝、百家、諸史之籍無所不讀,河圖洛書、山鑱冢刻、方言地志、浮屠老子、騷人墨客之文無所不記。至於討論典故,訂正事實,辨明音訓,評論文體,雖片言隻字,必欲推原是正,俾學者知所依據。此其閒居暇日,有得於一時之誦覽者,隨而録之,故號曰'筆記'",但仍然認爲"若夫他日當大典册,涣大號令,則武夫感泣,癃老扶觀,當埒燕、許輩,秉太史筆,褒貶是非,勸善懲惡,凛然有遺直之風。回視《筆記》,特翰墨之游戲耳"。[2] 趙與旹撰作《賓退録》,乃是筆録文字"閲日滋久,不覺盈軸。欲弃不忍"[3]而已,故莊綽乃將自己之所撰筆記比於"食之則無所得,弃之則如可惜"之"鷄肋",名之曰《鷄肋編》。[4] 又南宋人趙崇絢也同樣將自己之筆記題名曰《鷄肋》。甚至費衮《梁溪漫志》卷首《自序》有言:

> 前輩之學,不徒爲空言也,施之於用,然後爲言。故掌制作命則言,抗疏論諫則言,知人安民矢謨則言。舍是而有言焉,所謂垂世立教者,則亦不得已云爾。予生無益於時,其學迂闊無所可用,暇日時以所欲言者,記之於紙,歲月寖久,積而成編,因目以《漫志》。嗟夫,竟何謂

1 〔宋〕俞德鄰:《佩韋齋集》卷首《佩韋齋輯聞序》,上海古籍出版社《文淵閣四庫全書》本,第1189册,第4頁。

2 〔宋〕龔頤正:《芥隱筆記》卷末劉董《跋》,《全宋筆記》第五編二,大象出版社2012年版,第121頁。

3 〔宋〕趙與旹:《賓退録》卷首《自序》,上海古籍出版社1983年版,第1頁。

4 〔宋〕莊綽:《鷄肋編·自序》,中華書局1983年版,第1頁。

哉！顧非有用之言，且非有所不得已，譬之候蟲逢秋，自吟自止，識者當亦爲之嘆笑耶！[1]

然而當時聲名頗不佳的《東軒筆録》撰者魏泰，却聲稱自己所記録之"事固有善惡，然吾未嘗敢致意於其間，姑録其實以示子孫而已。异時有補史氏之闕，或譏以見聞之殊者，吾皆無憾，惟覽者之詳否焉"[2]。言外之意顯然。據相關資料可知，内容繁雜、形式不一且撰作略顯隨意的宋代筆記，因其内容、著述形式等不同，其纂修動機目的有着頗爲明顯的差异，或記述見聞、輯録史料，以供國史編纂之用；或考辨史實、訂正訛誤，以求記載之真；或雜録瑣事傳説，以爲酒餘茶間之談資。

1."其國可滅，其史不可滅也"[3]

中國古代向有"其國可滅，其史不可滅也"之説，但實際上，一國既亡，勝利者或無暇顧及，或有意忽略，故往往是國亡而史亡。因此，時人多撰有野史筆記，以存"舊史"。宋初情況即是如此，其野史筆記即多載録唐末五代諸國"前朝故事"。如宋太宗滅北漢以後，其"河東劉氏有國，全無記録，惟其舊臣中書舍人、直翰林院王保衡歸朝後，所纂《晋陽僞署見聞要録》"[4]。而在宋初諸國中，以南唐、後蜀之國力最强，故待其國滅，宋朝史臣編纂其國史時，即顯然存在泯然不載或諱飾不實等現象，所以當時出現多種載録其史事的野史筆記。如南唐逸叟史氏撰有《釣磯立談》，史温於《序》中指出：

叟，山東一無聞人也，清泰年中，隨先校書避地江表，始嘗釣磯於江渚。……會王師弔伐，李氏挈宗以朝，湖海表裏，俱爲王人，大同之慶，有識之所共覩，咸以爲百生不可逢之盛際。叟獨何者，而私自怫鬱，如有懷舊之思？追惟江表自建國以來，烈祖、元宗其所以撫奄斯人，蓋有不可忘者，時移事往，將就蕪没。叟身非朝行，口不食禄，固無預於史事，顧耳目之所及，非網罟之至議，則波濤之寱語也，隨意所商，

1　〔宋〕費衮：《梁溪漫志》卷首《序》，上海古籍出版社1985年版，第4頁。

2　〔宋〕魏泰：《東軒筆録》卷首《序》，中華書局1983年版，第1頁。

3　〔元〕陶宗儀：《南村輟耕録》卷三《正統辨》，文化藝術出版社1998年版，第41頁。

4　《資治通鑑》卷二九二後周太祖顯德元年，第9520頁。按：《宋史・藝文志・霸史類》著録王保衡《晋陽見聞要録》一卷。

聊復疏之於紙,僅得百二十許條,總而題之曰《釣磯立談》,使小子温成誦於口,粗以存其梗概云。吁,文慚子山之麗,興哀則有之;才愧士衡之多,辨亡亦幾矣。[1]

其當是有鑒於南唐國主之"所以撫奄斯人,蓋有不可忘者",而懼"時移事往,將就蕪没",故特撰本書以"興哀""辨亡"。又由南唐入宋的鄭文寶撰有《南唐近事》《江表志》二書以載録南唐政事。清館臣以爲"疑南唐亡後,文寶有志於國史,搜采舊聞,排纂叙次,以朝廷大政入《江表志》,至大中祥符三年乃成。其餘叢談瑣事,别爲緝綴,先成此編(《南唐近事》)。一爲史體,一爲小説體也"[2]。而據鄭文寶自云其撰作之目的:南唐三世四十年"君臣用舍,朝廷典章,兵火之餘,史籍蕩盡,惜乎前事,十不存一。余匪鴻儒,頗常嗜學,耳目所及,志於縑緗,聊資抵掌之談,敢望獲麟之譽,好事君子,無或陋焉"[3]。又云:

《江表志》者,有國之時,朝章國典,粲然可觀,執政大臣以史筆爲不急之務,洎開寶之起居郎高遠當職,始編輯昇元以來故事,將成一家之言。書未成,遠疾亟,數篋文章皆令焚之,無孑遺矣。太宗皇帝欲知前事,命湯悦、徐鉉撰成《江南録》十卷,事多遺落,無年可編,筆削之際,不無高下,當時好事者往往少之。文寶耳目所及,編成三卷,方國志則不足,比通曆則有餘,聊補足以俟來者。[4]

《江南録》一書,乃南唐降臣湯悦、徐鉉奉宋太宗之命所纂修,因避嫌而其"事多遺落,無年可編,筆削之際,不無高下",故"當時好事者往往少之",因此鄭文寶遂據"耳目所及"撰成本書,其用意昭然。

至於景焕"記孟蜀時事"的筆記《野人閒話》,亦載:

前蜀王孟氏一朝人間聞見之事也,其中有功臣瑞應、朝廷規制可紀之事,則盡自史官氏一代之書,此則不述。故事件繁雜、言語猥俗亦可警悟於人者録之,編爲五卷,謂之《野人閒話》。時大宋乾德三年乙

1 《釣磯立談》卷首史温《序》,第215頁。

2 《四庫全書總目》卷一四〇《南唐近事》,第1188頁。

3 〔宋〕鄭文寶:《南唐近事》卷首《自序》,《全宋筆記》第一編二,大象出版社2003年版,第208頁。

4 〔宋〕鄭文寶:《江表志》卷首《自叙》,《全宋筆記》第一編二,大象出版社2003年版,第259頁。

丑歲三月十五日序。[1]

後蜀亡國於乾德三年(962)正月,而本書撰成於是年三月中,其所載蜀後主一條云:

> 蜀後主孟氏諱昶,字保元,尊號睿文英武仁聖明孝皇帝,道號玉霄子。承高祖纂業,性多明敏,以孝慈仁義,在位三紀已來,尊儒尚學,貴農賤商。初用趙季良、毋昭裔知政事,李仁學、趙廷隱等分主兵權,李昊、徐光溥掌箋檄,王處回爲樞要。無何,政教壅滯,恩澤雍遝,一旦赫怒,誅權臣張業,出王處回,自命二相,李昊、徐光溥。開獻納院,創貢舉場。不十餘年,山西潭隱者俱起,肅肅多士,赳赳武夫,亦一方之盛事。城内人生三十歲有不識米麥之苗者。每春三月、夏四月,有游浣花香錦浦者,歌樂掀天,珠翠闐咽,貴門公子乘彩舫游百花潭,窮奢極麗。諸王功臣已下皆置林亭,异果名花,小類神仙之境。兵部王尚書珪題亭子詩,其一聯曰:"十字水中分島嶼,數重花外見樓臺。"皆此類也。自大軍收復,蜀主知數運有歸,尋即納款,識者聞之嘉歎。蜀主能文章,好博覽,知興亡,有詩才。嘗爲箴誡頒諸字人,各令刊刻於坐隅,謂之《頒令箴》,曰:"朕念赤子,旰食宵衣。托之令長,撫養惠綏。政在三异,道在七絲。驅鷄爲理,留犢爲規。寬猛得所,風俗可移。無令侵削,無使瘡痍。下民易虐,上天難欺。賦輿是切,軍國是資。朕之賞爵,固不踰時。爾俸爾禄,民膏民脂。爲民父母,莫不仁慈。勉爾爲誡,體朕深私。"[2]

宋太宗所書"爾俸爾禄,民膏民脂""下民易虐,上天難欺"十六字"以賜郡國,立於廳事之南,謂之《戒石銘》",即此景焕《野人閒話》所載"蜀王孟昶爲文頒諸邑"之《頒令箴》的節文。[3] 可見景焕撰作本書實有微意在矣。

此外,有部分野史筆記乃鑒於宋初所修五代史書"刊落事實"、難稱信史而

---

1 〔元〕陶宗儀:《説郛》卷二八上景焕《野人閒話序》,上海古籍出版社《文淵閣四庫全書》本,第877册,第552頁。

2 《揮塵録餘話》卷一,《全宋筆記》第六編二,大象出版社2003年版,第32頁。

3 《容齋隨筆·續筆》卷一《戒石銘》,第216頁。

爲之補闕拾遺。如閻自若撰《唐末汎聞録》，乃因“乾德中，王普《五代史》成。自若之父觀之，謂自若曰：‘唐末之事，皆吾耳目所及，與史册异者多矣。’因話見聞故事，命自若志之”。[1] 又王禹偁《五代史闕文序》云：“臣讀《五代史》總三百六十卷，記五十三年行事，其書固亦多矣，然自梁至周，君臣事迹傳於人口，而不載史筆者往往有之，或史氏避嫌，或簡牘漏略，不有紀述，漸成泯滅，善惡鑒誡，豈不廢乎？因補一十七篇，集爲一卷，皆聞於耆老者也。孔子曰：‘吾述而不作。’又曰：‘我猶及史之闕文。’此其義也。”[2] 此書撰於真宗之初，“是時薛居正等《五代史》已成，疑作此以補其闕”。[3] 此後“大中祥符五年，潯陽陶岳作《五代史補》百餘條，蓋補王元之内相《五代史闕文》未備者”[4]。而清館臣以爲“宋初薛居正等《五代史》成，岳嫌其尚多闕略，因取諸國竊據，累朝創業事迹，編次成書，以補所未及”[5]。

此類情况也不獨見於宋初，至宋亡元興，宋遺民出於相同之考慮，而撰作野史筆記以存“故實“。如元初劉一清撰《錢塘遺事》十卷，“其書雖以錢塘爲名，而實紀南宋一代之事。高、孝、光、寧四朝，所載頗略。理、度以後，叙録最詳。大抵雜采宋人説部而成，故頗與《鶴林玉露》《齊東野語》《古杭雜記》諸書互相出入。……又書中稱北兵，稱北朝憲宗皇帝，稱帝㬎曰嗣君，稱謝后曰太皇太后，似屬宋人之詞。而復稱元曰大元，稱元兵曰大兵，曰大元國兵，稱元世宗曰皇帝，乃全作元人之語。蓋雜采舊文，合爲一帙。故内外之詞，不能畫一，亦皆失於改正。然於宋末軍國大政，以及賢奸進退，條分縷析，多有正史所不及者。蓋革代之際，目擊僨敗，較傳聞者爲悉。故書中大旨，刺賈似道居多。第九卷全録嚴光大所紀《德祐丙子祈請使行程》，第十卷全載南宋科目條格故事，而是書終焉。殆以宋之養士如此周詳，而諸臣自祈請以外，一籌莫效，寓刺士大夫歟”。

---

1 《郡齋讀書志校證》卷六，第 260 頁。按：所謂“王普《五代史》成”，其“王普”當爲“王溥”之訛，而《五代史》似指王溥所撰之《五代會要》。

2 〔宋〕王禹偁：《五代史闕文》卷首《自序》，杭州出版社 2004 年《五代史書彙編》本，第 2447 頁。

3 《四庫全書總目》卷五一《五代史闕文》，第 464 頁。

4 《清波雜志校注》卷一二《范文正復姓》，第 519 頁。

5 《四庫全書總目》卷五一《五代史補》，第 464 頁。

而是書雖"不署名氏，詳其詞意，殆亦宋之遺民也"。[1] 而周密撰《武林舊事》以"記宋南渡都城雜事"，大體也存此目的。其《自序》曰：

乾道、淳熙間，三朝授受，兩宫奉親，古昔所無，一時聲名文物之盛，號"小元祐"。豐亨豫泰，至寶祐、景定，則幾於政、宣矣。予曩於故家遺老得其梗概，及客修門閒，聞退璫老監談先朝舊事，輒傾耳諦聽，如小兒觀優，終日夕不少倦。既而曳裾貴邸，耳目益廣，朝歌暮嬉，酣玩歲月，意謂人生正復若此，初不省承平樂事爲難遇也。及時移物换，憂患飄零，追想昔游，殆如夢寐，而感慨繫之矣。歲時檀欒，酒酣耳熱，時爲小兒女戲道一二，未必不反以爲誇言欺我也。每欲萃爲一編，如吕滎陽《雜記》而加詳，孟元老《夢華》而近雅，病忘慵惰，未能成書。世故紛來，懼終於不暇紀載，因摭大概，雜然書之。青燈永夜，時一展卷，恍然類昨日事，而一時朋游淪落，如晨星霜葉，而余亦老矣。噫！盛衰無常，年運既往，後之覽者，能不興愾我寤嘆之悲乎！[2]

周密《武林舊事》所記南宋都城臨安"逸聞逸事，皆可以備考稽。而湖山歌舞，靡麗紛華，著其盛，正著其所以衰。遺老故臣，惻惻興亡之隱，實曲寄於言外，不僅作風俗記、都邑簿也"[3]。正屬存"舊史""故實"之意。

2.發隱抉微，以補正國史之闕失

宋代史學發達，修史制度完善，而宋代有名學者，也多精於史筆，多喜輯録故事、載記今聞。但宋代皇帝對國史的纂修進行全程干預也遠過漢、唐，因此宋修國史，對宫廷秘事、朝政缺失以及人事紛争之類内容往往諱莫如深，或語焉不詳，或不著片言隻語。爲此，宋代士人多據所歷所見所聞，發隱抉微，載録於書簡，以補正國史之缺失。

宋初名臣王禹偁於淳化年中撰作《篋中記》，其叙云："太祖神聖文武，曠世無倫，自受命之後，功德日新，皆禹偁所聞見。今爲史臣多有諱忌而不書，又上

1 《四庫全書總目》卷五一《錢塘遺事》，第466頁。

2 〔宋〕周密：《武林舊事》卷首《自序》，中國商業出版社1982年版，第1頁。

3 《四庫全書總目》卷七〇《武林舊事》，第626頁。

近取《實録》入禁中，親筆削之。禹偁恐歲月浸久，遺落不傳，因編次十餘事。"[1] 據《直齋書録解題》卷五、《邵氏聞見録》卷七所云，此《篋中記》即《建隆遺事》之别稱，乃取秘藏篋中以傳信後世之意。陳振孫以爲王禹偁"其記陳橋驛前戒誓諸將事元出熙陵，而序文云近取《實録》，入禁中親自筆削。然則此書之作，誠有謂也"[2]。熙陵即宋太宗，史載淳化五年(994)四月，太宗"以吏部侍郎兼秘書監李至、翰林學士中書舍人張洎、右諫議大夫史館修撰張佖、范杲同修國史"[3]。則王禹偁撰作《建隆遺事》的目的甚爲顯明，即"恐歲月浸久"，而《太祖實録》又爲太宗取"入禁中，親筆削之"，致使"太祖神聖文武，曠世無倫"之事迹"遺落不傳"爾。

宋人撰作筆記以明確針砭國史之缺失者，除自述"屈於身兮不屈其道，任百謫而何虧"[4]的王禹偁外，也少見其例，一般是通過記録國史未載或史官"諱忌而不書"的内容，來補國史之缺漏。如歐陽靖《聖宋掇遺》即"記國初至仁宗君臣美事，以備史闕"[5]。此在涉及宫闈秘事、朝政黨争與家仇國耻等方面内容時，較爲多見。其有關朝政黨争的如鮮于綽撰《傳信録》十卷，云："記國朝雜事，多言元豐後朝廷政事得失、人物賢否也。"[6]有關家仇國耻的如丁特起撰《靖康紀聞》(又名《孤臣泣血録》)，云：

《紀聞》者，紀靖康元年中事也。……孤臣特起自冬徂夏，適在京師，初迫桂玉，嘗爲西樞門下客，頗得其事。繼游賢關，與同舍郎講問尤詳。痛二帝之播遷，閔王室之顛覆，咎大臣之誤國，傷金戎之强盛。事有不可概舉者，大懼天下後世或失其傳，無以激忠臣義士之心，無以正亂臣賊子之罪，無以知吾君仁聖憂勤而罹此不辜之實，因列日以書之。……其間褒貶，允協公議，非敢徇私臆説也。盟于天，質于地，告

1 《郡齋讀書志校證》卷六《太祖實録》，第 226 頁。

2 《直齋書録解題》卷五，第 150 頁。

3 《長編》卷三五"淳化五年四月癸未"條，第 777 頁。

4 〔宋〕王禹偁：《小畜集》卷一《三黜賦》，上海商務印書館《四部叢刊初編》本，第 6 頁下。

5 《郡齋讀書志校證》卷六，第 264 頁。按："歐陽靖"當作"歐靖"。

6 《郡齋讀書志校證》卷六，第 273 頁。

于祖宗之靈,斯言無愧！如其青史,請俟來哲。[1]

南宋前期記載兩宋之際史實的野史筆記,其纂修之目的多有相同者。而南宋中期陳騤所撰《政途雜抄録》,據周南《書政途雜抄録後》曰：

右《政途雜抄》,慶元大事記。此必非老參筆,恐諸郎增飾,或云參長子廣德之文也。余與陳氏子弟别久,丙寅自掌故得浙東倉幕過之,知其於甲寅間事必有私所記録。其次子昌孫新撫州守,謂余曾與其昆弟往來之日久,且嘗辱參薦於朝,且自謂其言可售,丁寧不泄而出之。余亟呼書吏崔宗之録藏於篋,撫州連三遣老吏督索,而此本已完矣。後察其意,亦悔出之也。[2]

此處"慶元",指寧宗;"甲寅間事",指紹熙五年(1194)光宗禪位事;"老參",當指陳騤,據《宋史・宰輔表四》,是年參知政事陳姓者僅陳騤一人。因是年六月宋孝宗駕崩,而光宗因病不能主持喪禮,故皇太后與衆大臣立皇太子爲帝,是爲寧宗,而尊光宗爲太上皇。此"内禪"事中不乏陰謀,而本書乃陳騤所記,正是寧宗繼位前後之朝政大事記,故陳騤之子頗"悔出"示之,其原因正在於此。

3.詳載史實典制,以待國史采録、朝政參用

此類筆記衆多,若據其内容,大體可分爲四類：記録奉命出使等行程經歷者,宰輔大臣記録朝政與人事者,州縣官吏記載各地風土習俗者,士大夫記載朝廷典制者。

其一,記録奉命出使等行程經歷者。

兩宋三百年間,因先後與遼、西夏、金、蒙古(元)對峙,外交活動頻繁,故而奉旨出使以及接待來使(接伴、館伴)的宋朝官員衆多。按宋廷慣例,每位出使的使臣以及接伴、館伴的官員在完成使命歸朝之後,皆需遞交一份例行的出使(或接伴、館伴)語録或行程録,以記録奉使行程途徑山川地勢,對方境内民間情況,與對方接待官員(或對方來使)的交往言談以及奉使期間所探知的對方軍政、經濟、文化情報等。由於此類使臣語録、行程録等大都對每日之道路里程,

1 〔宋〕丁特起：《靖康紀聞》卷首《序》,《全宋筆記》第四編四,大象出版社2008年版,第94頁。

2 〔宋〕周南：《山房集》卷五《書政途雜抄録後》,上海古籍出版社《文淵閣四庫全書》本,第1169册,第58頁。

所經城鎮及其風俗文化歷史皆有所記載，其中對出使接待禮節有頗多詳盡描述，成爲瞭解兩宋外交以及遼、金、高麗等社會政治的重要資料。如張浮休《使遼録》二卷，乃"元祐甲戌(1094)春，張舜民被命爲回謝大遼弔祭使，鄭介爲副，録其往返地里及話言也"[1]。而張舜民出使還朝，於《投進使遼録長城賦札子》中云：

> 臣……昨於元祐九年差充回謝大遼弔祭宣仁聖烈皇后禮信使，出疆往來，經涉彼土，嘗取其耳目所得，排日紀録，因著爲《甲戌使遼録》。其始以備私居賓友燕言之助，今偶塵聖選，辭不免行，因檢括舊牘，此書尚在。其間所載山川、井邑、道路、風俗，至於主客之語言、龍庭之禮數，亦可以備清閒之覽觀。并《長城賦》一篇，涉獵古今，兼之風戒，謹繕寫成册，副以縑幞，隨狀進呈。[2]

故宋廷編修國史、實録時，有關异國境外之内容，即以其作爲重要的史料來源。經今人考證，宋朝出使語録、行程類著作可考者達 50 種左右，其中傳世約 20 種。[3] 其中出使遼國的還有路振《乘軺録》、王曾《契丹志》、王曙《戴斗奉使録》、富弼《奉使語録》、陳襄《使遼語録》、沈括《乙卯入國别録》等，接伴或送伴遼使的有王安石《王文公送伴録》、沈季長《接伴送語録》、吕希績等《元祐七年正旦接送伴語録》等；出使金國的有鄭望之《靖康城下奉使録》、趙良嗣《燕雲奉使録》、王綸《紹興甲寅通和録》、范成大《攬轡録》、周煇《北轅録》、樓鑰《北行日録》、程卓《使金録》以及洪皓《金國文具録》《松漠紀聞》等，館伴金使的有佚名《館伴日録》、倪思《重明節館伴語録》等；出使蒙古(元)的有趙珙《蒙韃備録》，彭大雅、徐霆《黑韃事略》與苟夢玉《使北録》、鄒伸之《使韃日録》、嚴光大《祈請使行程記》等。此外，出使高昌的有王延德《西州使程記》，出使大理國的有辛怡顯《至道雲南録》，出使青唐的有劉涣《劉氏西行録》，出使高麗的有孫穆《鷄林類事》、王雲《鷄林志》、楊應誠《建炎假道高麗録》等。

---

1 《郡齋讀書志校證》卷七，第 284 頁。

2 〔宋〕張舜民：《畫墁集》卷六《投進使遼録長城賦札子》，上海古籍出版社《文淵閣四庫全書》本，第 1117 册，第 37 頁。

3 參見劉浦江：《宋代使臣語録考》，載《10—13 世紀中國文化的碰撞與融合》，上海人民出版社 2006 年版。

其二，宰輔大臣記録朝政與人事者。

此類筆記，據其撰寫形式的不同，大體可再細分爲兩小類：日記體筆記與雜記體筆記。

宋代奉行“崇文抑武”國策，堅持文人治國，故不少宰輔大臣進士出身，且以文學著名當時。其往往於從政與當國期間堅持撰寫參政日記，詳載朝中所見所聞及個人政治立場，其内容上至朝中大事，下至家庭瑣屑，於個人生活交際亦多有涉及。據現見文獻，此類參政日記以錢惟演所撰《日記》爲最早。

錢惟演，字希聖，吴越王錢俶子。歸宋後歷知制誥、翰林學士，官至樞密使、節度使。卒，謚曰文僖。“惟演出於勛貴，文辭清麗，名與楊億、劉筠相上下。於書無所不讀，家儲文籍侔秘府”。著述頗富。《宋史》卷三一七有傳。錢氏《日記》又名《錢文僖筆録》，《遂初堂書目》有著録。據洪邁《容齋隨筆》卷八《真宗末年》載：

真宗末年屬疾，每視朝不多語言，命令間或不能周審，前輩雜傳記多以爲權臣矯制而非也。錢文僖在翰林，有天禧四年《筆録》，紀逐日瑣細家事及一時奏對并他所聞之語。今略載於此：

寇萊公罷相之夕，錢公當制，上問：“與何官得？”錢奏云：“王欽若近出，除太子太保。”上曰：“近上是甚？”云：“太子太傅。”上曰：“與太子太傅。”又云：“更與一優禮。”錢奏但請封國公而已。時樞密有五員，而中書衹參政李迪一人。後月餘，召學士楊大年，宣云：“馮拯與吏書，李迪吏侍。”更無他言。楊奏：“若衹轉官，合中書命詞，唯樞密使、平章事却學士院降制。”上云：“與樞密使、平章事。”楊亦憂慮，而不復審，退而草制，以迪爲吏部侍郎、集賢相，拯爲樞密相。又四日，召知制誥晏殊，殊退乃召錢。上問：“馮拯如何商量？”錢奏：“外論甚美，衹爲密院却有三員正使，三員副使，中書依舊一員，以此外人疑訝。”上云：“如何安排？”錢奏：“若却令拯入中書，即是彰昨來錯誤，但於曹利用、丁謂中選一人過中書，即并不妨事。”上曰：“誰得？”錢奏：“丁謂是文官，合入中書。”上云：“入中書。”遂奏授同平章事，又奏兼玉清宫使，又奏兼昭文、國史，又乞加曹利用平章事。上云：“與平章事。”

按：此際大除拜，本真宗啓其端，至於移改曲折，則其柄乃係詞臣，可以舞文容奸，不之覺也。寇公免相四十日，周懷政之事方作，温公《記聞》、蘇子由《龍川志》、范蜀公《東齋記事》皆誤以爲因懷政而罷，非也。予嘗以錢《録》示李燾，燾采取之，又誤以召晏公爲寇罷之夕，亦非也。[1]

按：《長編》卷九五、卷九六注文中引録錢惟演《日記》計四條，乃記真宗末朝堂政務。其中卷九五"天禧四年六月丙申"條載：

謂等益懼，力譖準，請罷準政事。上不記與準初有成言，諾其請。會日暮，召知制誥晏殊入禁中，示以除目，殊曰："臣掌外制，此非臣職也。"乃召惟演，須臾，惟演至，極論準專恣，請深責。上曰："當與何官？"惟演請用王欽若例，授準太子太保。上曰："與太子太傅。"又曰："更與加優禮。"惟演請封國公，出袖中具員册以進，上於小國中指萊字，惟演曰："如此，則中書但有李迪，恐須别命相。"上曰："姑徐之。"殊既誤召，因言恐泄機事，臣不敢復出。遂宿於學士院。及宣制，則非殊疇昔所見者，不知殊所見除目又何等也？殊不以告人，故亦莫得其詳云。（原注：《仁宗實録・寇準附傳》、陳繹《拜罷録》、司馬光《記聞》、張唐英《政要》、曾氏《隆平集》、蘇氏《龍川别志》并誤以準初罷相時事，即周懷政所謀，蓋不考其月日故也。國史正傳已略正之，但不詳耳。今取錢惟演《日記》及江休復《雜志》附益之。請太子監國，準奏也。傳位太子、廢皇后，周懷政謀也。準以監國奏洩罷相，以懷政謀洩遠貶，二事初不同。諸書見準坐懷政絀，即謂準本謀如此。其實謀出懷政，準未必知爾。）[2]

可證洪邁所言非虚，李燾編纂《長編》時確采録錢惟演所記文字，并且證明《長編》所引錢惟演《日記》，當即《錢文僖筆録》之别稱。

此後有趙抃於嘉祐六年（1061）任殿試編排官時所纂《御試官日記》、趙概《趙康靖日録》（亦稱《趙康靖日記》）。趙概，字叔平，官至參知政事，卒謚康靖。《直齋書録解題》卷七著録《趙康靖日記》一卷，云："參政睢陽趙概叔平所記治

1 《容齋隨筆》卷八《真宗末年》，第109～110頁。

2 《長編》卷九五"天禧四年六月丙申"條，第2197～2198頁。

平乙巳(1065)、丙午間在政府事。”[1]至神宗以後,撰寫此類參政日記蔚爲風氣。有司馬光《温公日記》、王安石《熙寧奏對日録》(又稱《王荆公日録》等)、吕惠卿《吕吉甫日録》等。而宋人更稱“元祐諸公皆有日記,凡榻前奏對語,及朝廷政事,所歷官簿,一時人材賢否,書之惟詳”[2]。哲宗元祐年間宰輔等參政日記有劉摯《日記》、王巖叟《日録》等,又有范祖禹《范太史日記》;至哲宗親政時期,有曾布《曾子宣日録》、林希《林文節日記》、蔣之奇《樞府日記》與《蔣穎叔日録》等。此類參政日記興盛的深層原因,實與當時黨争激化直接相關。

宰輔大臣撰作參政日記,首要目的自然出於事後之備忘、備檢,但在宋代有“國史凡幾修,是非凡幾易”之説,即因黨争激化及時勢變更等原因,宋朝官修正史、實録等國史屢加修改,致使其“是非”標準一易再易,而成爲激烈的黨争中攻訐政敵的有效手段。因爲修撰國史、實録的史料來源之一,即是由宰執大臣所撰寫的此類日記體著述。如周煇《清波雜志》卷二所指出者:

> 《王荆公日録》八十卷,……凡舊德大臣不附己者皆遭詆毁。論法度有不便於民者皆歸於上,可以垂耀後世者悉己有之。盡出其婿蔡卞誣罔。……故《神宗實録》後亦多采《日録》中語增修。[3]

故此後陳瓘“以紹聖史官專據《荆公日録》以修《裕陵(神宗)實録》,變亂是非,不可傳信,故居諫省,首論其事,進《日録辨》,乞改《實録》”[4]。於是此類參政日記不僅成爲攻訐政敵之利器,還成爲洗白自己之“備忘録”。如熙寧後期宰相王安石與參知政事吕惠卿交惡,御史中丞鄧綰上疏彈劾吕惠卿,而吕惠卿反擊手段之一即是利用其參政時所纂修之日記:

> 當是之時,惠卿進《日録》三策,其《進日録》札子曰:“臣私記策子皆有其事,其事多出於陛下之德音與所親聞,宜不廢忘,而其文非一二日可以撰造者也。”神考察惠卿《日録》果非臨時撰造之言,而鄧綰之頗僻奸回,果不可恕,於是赫然威斷,發於聖批。鄧綰既逐,而安石亦不

1 《直齋書録解題》卷七,第 211 頁。

2 《清波雜志校注》卷六《元祐諸公日記》,第 238 頁。

3 《清波雜志校注》卷二《王荆公日録》,第 84 頁。

4 〔宋〕朱熹:《三朝名臣言行録》卷十三之三《諫議陳忠肅公》,上海古籍出版社、安徽教育出版社 2002 年版,第 827 頁。

得留矣。[1]

在神宗、哲宗時期，此類參政日記中較早且頗有影響者，當數司馬光《温公日記》，乃“司馬光熙寧在朝所記。凡朝廷政事、臣僚差除及前後奏對、上所宣諭之語，以及聞見雜事皆記之。起熙寧元年（1068）正月，至三年十月出知永興軍而止”[2]。而史載“《司馬温公日記》，凡十年作一帙，一日之事，無論善惡必載焉”[3]。南宋史學家李燾嘗稱：“文正公（司馬光謚文正）初與劉道原共議取實録、正史，旁采异聞，作《資治通鑑後紀》。屬道原早死，文正起相，元祐後終，卒不果成。今世所傳《記聞》及《日記》并《朔記》，皆《後紀》之具也。自嘉祐以前，甲子不詳，則號《記聞》；嘉祐以後，乃名《日記》；若《朔記》，則書略成編矣。”[4]宋、元文獻中對司馬光此書屢有提及。

南宋時宰執所編撰的參政日記有沈與求《沈必先日記》、趙鼎《丙辰筆録》與《丁巳筆録》、周必大《思陵録》等；在京臣僚或隨駕官員所撰的有李正民《己酉航海記》、趙鼎《建炎筆録》、晁公遡《箕山日記》、周必大《辛巳親征録》與《壬午龍飛録》、彭龜年《彭子壽日記》、徐元傑《進講日記》等。

兩宋時期，宰輔大臣所撰的主要記録朝廷政事的雜記類筆記亦數量頗夥，影響也大。其中較著名者有王曾《王文正筆録》、文彦博《文潞公私記》、吕公著《吕申公掌記》、王陶《東宫記事》、司馬光《涑水記聞》與《温公手録》、王巖叟《元祐繫年録》、林希《林氏野史》、曾布《曾相手記》、吴敏《吴丞相手録》等。如司馬光《温公手録》記録君臣奏對語頗詳，多在熙寧元年至三年間，其中記有包括影響當時朝政甚大之《邇英奏對録》；而司馬光《涑水記聞》，更有爲編纂《資治通鑑後紀》進行史料搜集等計劃。此外，《長編》中引録沈括《自志》三十餘條，主要記録其所參與之朝廷制度、政務、邊事及地方賦税、鹽政、水利諸事，推知乃沈括自記從政經歷之著。

---

1 《長編》卷二七八“熙寧九年十月戊子”條注，第 6794 頁。

2 《直齋書録解題》卷七，第 211 頁。

3 〔元〕鄒鉉：《壽親養老新書》卷三《記事》，上海古籍出版社《文淵閣四庫全書》本，第 738 册，第 375 頁。

4 《文獻通考》卷一九七《温公日記》條引“巽岩李氏曰”，第 5683 頁。按：李燾云云，與今所見《記聞》《日記》情况不合，亦與《長編》所引録之《記聞》《日記》内容頗相左，未詳其故。

因爲此類由宰執大臣所撰作的主要記載朝政的筆記著述，對當時政務决斷起着關鍵作用，影響重大，故而具有甚高的史料價值。如王安石《熙寧日録》，如上文所云，哲宗紹聖年間的《神宗實録》即據以修纂，李燾修撰《長編》也大量引録，成爲後世研究"熙寧變法"的重要依據。又如周必大《思陵録》，記録宋高宗去世後的喪葬制度及其過程尤爲翔實，其研究價值尤爲後人所重視。

其三，州縣官吏記載各地風土習俗者。

與出使异域者相仿，宋朝地方官員也頗有將轄地内的山川、物産、風俗民情等上報朝廷的，其中不少著述乃屬筆記體著作，如李昉《南行記》、沈立《奉使二浙雜記》、高永年《元祐隴右録》、鄭剛中《西征道里記》等。此類筆記往往成爲朝廷瞭解州縣尤其是邊遠地區情况的重要來源，因而頗受重視。

如宋初嶺南平，范旻遷知邕州，"俗好淫祀，輕醫藥，重鬼神，旻下令禁之，且割己奉市藥以給病者，愈者千計。復以方書刻石，置廳壁，民感化之"；并撰《邕管雜記》三卷。[1] 此後太宗"覽《邕管雜記》，嘆其風俗乖异"，遂"詔嶺南諸州民嫁娶、喪葬、衣服制度，委所在長吏漸加誡厲，俾遵條例。其殺人祭鬼、病不求醫、僧置妻孥等事，深宜化導，使之悛革，無或峻法，以致煩擾"。[2] 稍後馮拯於"淳化中謫知端州，見嶺表鳥獸草木、民俗物情舉异中原，録之，類爲三十門，凡三百事"，題《番禺記异》五卷，"還朝上之"[3]。又《宋志・傳記類》著録宋敏求《三川官下記》二卷，"記當官所聞見與其應用"[4]。約與此相先後，趙瞻以太常博士知威州，"以威、茂雜夷獠，險甚而難守，不若合之而建郡汶川，因條著其詳，

---

1 《宋史》卷二四九《范旻傳》，第 8796~8797 頁。按：唐貞觀六年(632)置邕州大都督府，上元後置邕管經略使，駐邕州，隸屬嶺南西道。

2 《長編》卷二六"雍熙二年閏九月乙未"條，第 599 頁。

3 《郡齋讀書志校證》卷八，第 355 頁。

4 〔宋〕蘇頌：《蘇魏公文集》卷五一《龍圖閣直學士修國史宋公神道碑》，中華書局 1988 年版，第 775 頁。按：《三川官下記》，《宋公神道碑》作"三川下官録"，誤。官下，指任官所在之地。《新唐書》等史籍中屢見外官"卒官下"之語。又三川，古郡名，戰國韓宣王置，以境内有大河、雒、伊三川而得名，轄境大體在今河南伊、洛水流域。漢初改名河南郡；唐中葉以後稱劍南西川、劍南東川、山南西道三鎮爲三川。據《宋史・宋敏求傳》，其於仁宗朝後期曾"加集賢校理，從宋庠辟，通判西京"。而黄伯思《東觀餘論》卷下《跋楊少師詩後》(明毛氏汲古閣刊本，第 34 頁上)曰："少師此詩本題於西都長壽寺華嚴院東壁。僕近歲官洛，因覽宋次道《三川官下記》知之，亟往觀焉。"則知此"三川"當指西京洛陽而言。

爲《西山别録》一卷。熙寧中經略西南,取其書考焉”[1]。《宋志·地理類》著録范致明《岳陽風土記》一卷,乃范致明於徽宗時“以宣德郎謫監岳州商税時所作。不分門目,隨事載記。書雖一卷,而於郡縣沿革、山川改易、古迹存亡,考證特詳”[2]。

北宋宣和末,吕頤浩累遷河北都轉運使,得燕山,爲燕山府路轉運使。金人入燕,被擄。後得歸。《直齋書録解題》卷一八著録吕頤浩《吕忠穆集》十五卷,其“後三卷爲《燕魏録》,雜記古今事。卷末言金人敗盟始末甚詳”[3]。其“蓋頤浩在河北時所作”,而“於古迹頗有典據”。[4] 南宋孝宗淳熙二年(1175),范成大自知静江府遷知成都府,歷時半年抵達成都,“道中無事,時念昔游,因追記其登臨之處與風物土宜,凡方志所未載者,萃爲一書,蠻陬絶徼見聞可紀者,亦附着之,以備土訓之圖”[5]。此類著述,往往成爲宋廷編纂有關志書,以及後代編纂地方志的重要史料來源,從而影響頗爲深遠。

其四,士大夫記載朝廷典制者。

宋代筆記大多記録有相關朝廷典制等内容,其中專述典章制度者却不算多,其較爲聞名者大略如下表所述。

書名	著者名	主要内容	史料出處
《續翰林志》	蘇易簡	蘇易簡“在北門,最承太宗眷遇,録元和以後至國朝翰林故事,以續肇《志》”。按:“北門”指學士院;“肇《志》”指唐李肇所撰《翰林志》。	《郡齋讀書志》卷七
《翰林雜記》	李宗諤	大中祥符四年十月,李宗諤“侍宴玉宸殿,上謂……曰:‘翰林清華之地,前賢揚歷,多有故事,卿父子爲之,必周知也。’宗諤嘗著《翰林雜記》以紀國朝制度,明日上之”。“上之手詔褒答,命藏内署。”	《宋史·李宗諤傳》《長編》卷七六

1 《玉海》卷一五《熙寧都水名山記》,第 295 頁。

2 《四庫全書總目》卷七〇《岳陽風土記》,第 624 頁。

3 《直齋書録解題》卷一八,第 527 頁。

4 《四庫全書總目》卷一五六《忠穆集》,第 1350 頁。

5 〔宋〕范成大:《桂海虞衡志》卷首《自序》,中華書局 2002 年《范成大筆記六種》本,第 81 頁。

续表

書名	著者名	主要内容	史料出處
《金坡遺事》	錢惟演	本書“載國朝禁林雜儀式事迹并學士名氏”。其“題名自建隆至天聖四年,凡四十七人;自開元而下合三百一十五人。其他典故,視前記詳矣”。按:金坡,指學士院。	《郡齋讀書志》卷七、《直齋書録解題》卷六
《别書金坡遺事》	晁迥	晁迥“因錢惟演寄示《遺事》,别書真宗待遇恩禮三則於後”。	《直齋書録解題》卷六
《次續翰林志》	蘇耆	蘇耆“摭易簡所不及載者一十九事,附當時名人詩”。	《玉海》卷五七
《掖垣叢志》	宋庠	本書“載官曹故事,爲十三門”。按:唐門下、中書省分處禁中左右掖,故稱掖垣,此指舍人院。	《玉海》卷一六八
《上庠録》	吕榮義	“光州助教撰。雜記京師太學故事”。按:上庠,指太學。	《直齋書録解題》卷七
《柏臺雜著》	石公弼	本書“雜記典故等事”。按:柏臺,御史臺别稱。	《直齋書録解題》卷一一
《續史館故事録》	洪興祖	“著作佐郎洪興祖編次開寶訖建炎中史館職任、廢置、恩賜事迹,續周代之書”。按:五代周史官嘗編《史館故事録》三卷。	《玉海》卷一六五
《宋朝事實》	李攸	本書“雜纂國朝事儀注爲多”;“雜録故事,不成條貫統紀”。	《郡齋讀書志》卷七、《直齋書録解題》卷五
《翰苑遺事》	洪遵	洪遵撰本書,載前此唐宋記翰林故事典制諸“書所未及者”。	《直齋書録解題》卷六
《淳熙玉堂雜記》	周必大	“周益公必大記玉堂中事也。丁朝佐謂九重之美德,前輩之典刑,恩數之异同,典故之沿革,皆因事而見之云”。按:玉堂,指學士院。	《讀書附志》卷上
《上庠後録》	周士貴	“記中興太學事,頗疏略”。	《直齋書録解題》卷七

续表

書名	著者名	主要内容	史料出處
《趨朝事類》	佚名	雜記朝中典制故事。	《説郛》卷五一下
《朝野類要》	趙升	是書“徵引當時朝廷故事,以類相從。……是書逐條解釋,開卷厘然,誠爲有功於考證”。	《四庫全書總目》卷一一八
《三場管見》	曹涇	雜記科舉考試典制。按:三場,《宋史·選舉志二》載建炎“二年,定詩賦、經義取士,第一場詩賦各一首,習經義者本經義三道,《語》《孟》義各一道;第二場并論一道;第三場并策三道”。	《新安文獻志·先賢事略》上

分析上表,可知南宋李攸《宋朝事實》、佚名《趨朝事類》、趙升《朝野類要》三書在通述朝廷典制之外,大多記載翰林學士、中書舍人兩制官與史官、御史、太學、科舉制度等,尤以記載翰林典制爲多,有北宋蘇易簡《續翰林志》、李宗諤《翰林雜記》、錢惟演《金坡遺事》、晁迥《别書金坡遺事》、蘇耆《次續翰林志》與南宋洪遵《翰苑遺事》、周必大《淳熙玉堂雜記》等七種。此與宋人重視兩制,而“翰苑秩清地禁,沿唐迄今,爲薦紳榮”[1]相關。《群書考索》續集卷三四亦載:

> 自今翰苑學士爲内制,中書令知制誥爲外制,總謂之兩制。而鸞坡崇於鳳掖,青瑣盛於紫垣。錢公惟演述《金坡遺事》,起建隆庚申,訖天聖丙寅,至六十七載得四十七人。序其首曰:“人間之官無貴於學士。雖貴極三旌,有所不逌。”嘗讀蘇易簡《翰林雜記》,見其職務之清晏,曹局之嚴密,寵遇之殊絶,恩數之優渥,蓋自太祖敞金馬之禁廬、太宗灑玉堂之宸翰,列聖相繼重於此。[2]

如蘇易簡“在玉堂日,書詔之暇,集近朝故事號《續翰林志》,其末云:‘後之制置新規,俟他日别加編纂焉。’尋以中樞務繁,晨趍夕返,旋又出鎮穰下,故未遂周序其事”,而其子蘇耆爲免“君臣盛美之事,禁林榮耀之迹,不傳於後世”,故於

1 〔宋〕洪遵:《翰苑群書》卷末《題記》,中華書局 1990 年影印清鮑氏《知不足齋叢書》本,第五册,第 811 頁。

2 《群書考索》續集卷三四《翰苑·内外制之名》,第 3 册,第 426 頁。

"出宰烏程,居多暇日,因泣血編録,附於志後,目之曰《次續翰林志》云耳"。[1] 又洪遵《翰苑遺事》一編,乃爲彰顯"遵世蒙國恩,父子兄弟接武而進,實爲千載幸遇"[2]。但由於神宗元豐改官制以後,翰林學士的地位稍遜於北宋前期,所以相關著述也明顯少於北宋前期,此爲一大原因。

4.記録師長言行,以彰顯家族榮耀、師承淵源

宋代此類筆記著述頗爲多見,其體例也頗爲繁雜,大略有記録父祖、師長教導、訓誡之語的"語録",記載父祖、師長言行事迹的"言行録",雜録父祖、師長遺事逸聞的"雜記""遺事""别傳""故事"等。此下即以父祖家族言行事迹、師承淵源及其訓導等分别叙述之。

其一,記載父祖家族言行事迹者。

宋人所撰專門記録家族事迹的筆記不多見,較聞名者有北宋程頤所撰的《家世舊事》與孔傳的《東家雜記》、陸游的《家世舊聞》而已。

程頤《家世舊事》載録其父程珦、其叔程琉、其叔祖及其兄明道程顥諸人逸事。孔傳爲孔子後裔,南渡後寓居衢州。其序《東家雜記》云:

> 先聖没,逮今一千五百餘年,傳世五十。或問其姓,則内求而不得;或審其家,則舌舉而不下。爲之後者,得無愧乎?傳竊嘗推原譜牒,參考載籍,則知鄭有孔張,出於子孔,衞有孔達,出於姬姓。蓋本非子氏之後,而徙居於魯者,皆非吾族。若乃歷代褒崇之典,累朝班賚之恩,寵數便蕃,固可以枚陳而列數,以至驗祖壁之遺書,訪闕里之陳迹,荒墟廢址,淪没於春蕪秋草之中者,□□□有之,故老世傳之,將使聞見之,所未嘗者,如接於耳目之近。於是纂其軼事,綴所舊聞,題曰《東家雜記》。好古君子得以覽觀焉。[3]

即"纂其家舊聞軼事",記"歷代追崇先聖故事及孔林古迹"。[4] 而陸游《家世舊

1 〔宋〕蘇耆:《次續翰林志》卷首《序》,中華書局1990年影印清鮑氏《知不足齋叢書》之《翰苑群書》本,第五册,第81頁。

2 《翰苑群書》卷末《題記》,第811頁。

3 〔宋〕孔傳:《東家雜記》卷首《原序》,《全宋筆記》第三編十,大象出版社2008年版,第195頁。

4 《郡齋讀書志校證》卷九,第370頁;《直齋書録解題》卷五,第167頁。

聞》"分上下兩卷。上卷記祖父以上事,下則述其先君及其外祖舅家事"[1]。

由子孫記録父祖事迹者較前爲多,此乃因年歲相接、耳目多曾聞見且文字資料留存相對較爲豐富。以子記録其父者,有吴越王錢俶之子錢惟演撰《家王故事》一卷,"記其父遺事二十二事上之,以送史院"[2]。真宗時宰相王旦季子王素所撰《王文正公遺事》(又稱《王魏公遺事》《王文正家録》)一卷,"記其父旦言行遺事"[3]。哲宗初宰相韓縝子韓宗武撰《韓莊敏公遺事》一卷,"記其父丞相縝玉汝事,末亦雜記他事"[4]。元祐年間御史中丞趙君錫子趙演所撰《趙君錫遺事》一卷。元祐年間史官范祖禹子范冲撰《范太史遺事》一卷,"記其父事"[5]。元祐年間宰相范純仁子范正思撰《范忠宣言行録》[6],忠宣乃范純仁之謚號。《宋宰輔編年録》卷一六引録紹興間參知政事王次翁子王伯庠所撰《王次翁叙紀》,記載其父紹興間執政時事。寧宗朝禮部尚書倪思第六子倪祖常撰《倪文節言行録》三卷,"輯其父尚書遺事"[7],文節乃倪思之謚號。

以弟記録其兄事迹者,有王皞撰《王沂公言行録》(又稱《王文正公言行録》)三卷,"王文正公曾相仁宗,其弟皞録其平生言行,凡六十七事"[8]。

以孫記録其祖言行事迹者,有太宗前期宰相盧多遜之孫盧載撰《范陽家志》一卷,"叙其祖多遜行事之詳"[9]。《長編》卷三六一、卷三六三、卷三六六、卷三六八、卷四二四注文引録"邢恕之孫繹作其祖父《言行録》"計五條,其祖即邢恕,哲宗紹聖間官吏部尚書、御史中丞,徽宗朝爲鄜延經略安撫使,擢至龍圖閣學士,後徙知太原等,《宋史》卷四七一有傳。

由子孫後人所記録者,有《鄭介夫言行録》,《長編》卷二五二、卷二五九注

1 〔宋〕陸游:《家世舊聞》卷末鄧邦述《跋》,中華書局1993年版,233頁。

2 《直齋書録解題》卷七,第201頁。

3 《直齋書録解題》卷七,第207頁。

4 《直齋書録解題》卷七,第209頁。

5 《直齋書録解題》卷七,第209頁。

6 〔宋〕范純仁:《范忠宣集》補編《宋忠武軍判官贈朝奉大夫子夷公傳》,上海古籍出版社《文淵閣四庫全書》本,第1104册,第835頁。

7 《直齋書録解題》卷七,第219頁。

8 《郡齋讀書志校證》卷九,第385頁。

9 〔宋〕王明清:《玉照新志》卷一,上海古籍出版社1991年版,第8頁。

文,《三朝名臣言行録》卷六之二皆有引録。鄭介夫名俠,嘗於金陵從王安石學,熙寧間因上章言事,被編管汀洲,《宋史》卷三二一有傳。本録言及鄭俠晚年事,當爲其子弟所編撰。又《吕忠穆公遺事》一卷,其“所記吕頤浩言行,每條必曰‘公於某事’云云。蓋其後人所述也。”[1] 吕頤浩,南宋初建炎年間拜丞相。而《宗忠簡遺事》三卷,“録留守開封宗澤汝霖事。亦其家子孫所爲也”[2]。

其二,雜記父祖之言談。

此類筆記乃雜録其父祖平日談論之朝政典制、士林逸聞瑣事等,而頗有著名者。其載録之目的,一爲追慕先人功德,如李宗諤自序《先公談録》云:

> 宗諤二毛之年,丁先公憂,既卒哭,朋友勉以毁不滅性之道,雖苟延殘喘,奈無以度於朝夕,因追録先公昔所常談,號泣而書焉,總而謂之曰《先公談録》。[3]

二爲追懷父祖之訓誡以傳久,如蘇象先自序《丞相魏公譚訓》云:

> 象先自少不離祖父之側,元祐丙寅,祖父爲天官尚書,居西崗楊崇訓之故第,祖父以南軒爲書室,設大案,列書史於前。又置小案於椅間,俾象先侍坐。每至夜分,退而記平日教誨之言,作《譚訓》百餘事。後三年,祖父執政,無復曩時閒暇。又十有二年,捐館於潤。又十有九年,象先在鎮江卧病。閲五年,當靖康元年,偶記舊稿,而散失脱落,尚多遺逸。因廣而續之,凡三百餘篇,分爲十卷,以見一日未嘗忘祖訓,而淳淳之誨不可無傳也。[4]

故豐稷之孫豐漸請人編纂其祖《豐清敏公遺事》,乃聲言:“我祖恬夷静退,不求聲名。今之所録,非以誇世,姑著爲家法云爾。”[5] 據下表可知,由於被記録者大都是宰輔顯宦或儒林名臣,故其所談論之内容往往可觀,聽者樂聞,而廣爲傳播。

---

1 《四庫全書總目》卷五九《吕忠穆公遺事》,第536頁。

2 《直齋書録解題》卷七,第210頁。

3 《説郛》卷二四上,上海古籍出版社《文淵閣四庫全書》本,第877册,第364頁。

4 《蘇魏公文集》附蘇象先《丞相魏公譚訓》卷一,第1119頁。

5 〔宋〕李朴:《豐清敏公遺事》卷末《跋》,《全宋筆記》第二編八,大象出版社2006年版,第151頁。

書名	著者名	主要内容	史料出處
《先公談録》	李宗諤	李昉"子宗諤録其平生所談十七事"。按:李昉,謚文正。本書又稱《李公談録》《西李文正公談録》《李文公談録》等。	《郡齋讀書志》卷九
《丁晋公談録》	潘汝士	"皆述丁謂所談當代故事"。按:據《長編》卷五八、卷九九,本書爲丁謂女婿潘汝士撰。	《四庫全書總目》卷一四三
《王原叔談録》	王欽臣	翰林學士"王洙之子録其父所言"。	《直齋書録解題》卷一一
《杜公談録》	杜師益	"雷澤杜師益等録其父務滋之言"。按:據《仕學規範編書目》,當作杜滋,字務之。	《直齋書録解題》卷七
《蘇魏公譚訓》	蘇象先	"述其祖魏公頌子容遺訓"。按:又稱《蘇氏談訓》。	《直齋書録解題》卷一一
《傅公嘉話》	傅氏	其書"皇朝傅堯俞之子孫記堯俞之言行,凡四十餘章。獻簡,堯俞謚也"。又云"記傅堯俞所談"。	《郡齋讀書志》卷一三、《直齋書録解題》卷七
《欒城遺言》	蘇籀	蘇轍孫"籀年十餘歲時,侍轍於潁昌,首尾九載,未嘗去側。因録其所聞可追記者若干語,以示子孫,故曰《遺言》"。	《四庫全書總目》卷一二一
《河南雅言》	程氏	"二程先生講論答問之言,門弟子記之。舊日師説,厥後見於世,其號《河南雅言》,而分大、小程子者,程氏諸孫所修也。……《雅言》則潤色以文,間遺其意,復以章奏、書記交置其中,楊、謝諸公之語綴於後"。	《南澗甲乙稿》卷一《六書師説後》
《庭闈稿録》	楊迥	楊時次子楊迥"所録,當政和八年,其父亡恙時也"。	《直齋書録解題》卷九
《石林過庭録》	葉模	石林"葉夢得與諸子講説者,其中子模編輯之"。	《直齋書録解題》卷一〇
《過庭録》	范公偁	"其書多述祖德,皆紹興丁卯、戊辰間聞之其父,故命曰'過庭'"。	《四庫全書總目》卷一四一
《横浦語録》	于恕	"張文忠公九成字子韶之説也,甥于恕編"。按:張九成自號横浦居士。	《讀書附志》卷上、《直齋書録解題》卷九
《劉漫塘語録》	劉汝進	"《語録》者,王使君遂得之於先生之子汝進,裒集家庭親友所記"而成。按:劉汝進,漫塘劉宰幼子。	《禮部集》卷一六《劉漫塘語録後題》

其三,門人記載師長言行事迹者。

宋代由門人記載的師長言行事迹者,有王巖叟撰《魏國忠獻公别録》(亦稱《韓忠獻公别録》),"韓魏公琦相仁宗、英宗,其門人王巖叟記其言論事實"。韓琦謚忠獻。又有李朴撰有《豐清敏公遺事》。清敏,豐稷之謚,其字相之。故本書又名《豐相之遺事》。李朴《跋》云:"右《清敏公遺事》一編,公之季孫漸自番禺道贛右,扣門通家世,出以謂朴曰:'……賴外兄潁昌郭維,以儒學修謹,侍清敏公左右最久,能摭其本末,歷歷如數一二,閒於搢紳故家,求得遺文猶有存者,亦庶幾焉。幸加編次,以垂永久。'朴於先生,尚預門下士,……乃不敢辭。"[1]南宋初有《趙豐公逸事》一卷,趙豐公即紹興間名相趙鼎,本書乃其"門人喻樗、方疇諸人所記也"。[2]

其四,門人筆録師長之教誨訓言。

此類著述大多爲理學家的門人弟子所記之"語録"。大體自二程以後,兩宋理學家尤其是著名理學家,一般都有此類"語録"傳世,有的還不止一二種,有多位門人分别撰録。[3] 如程頤(朱公掞撰《伊川先生雜説》、羅從彦撰《伊川先生語録》、胡寅等撰《程氏雜説》)、張載(吕大臨撰《横渠語録》)、楊時(陳淵等撰《龜山語録》)、謝良佐(曾恬、胡安國撰《上蔡語録》)、尹焞(馮忠恕等撰《尹和靖語録》)、李侗(羅博文撰《延平先生語録》)、張栻(蔣邁撰《南軒語録》)、陸九淵(傅子雲等撰《象山語録》)等,而理學大家朱熹的"語録"更有余大雅、廖德明、童伯羽、鄭可學等編輯的多種,題名亦不一,有《晦庵語録》《考亭語録》《朱子語録》《文公語録》等。此外,朱熹門人黄榦也有林圓、蔡念成所撰之《勉齋語録》。

其他未題名"語録"者,如馮忠恕撰有《涪陵紀善録》,因南宋初金軍圍攻洛陽,尹焞"脱身奔蜀,紹興四年(1134)止於涪。時忠恕官峽中,及遷黔州,往來必過涪。紹興六年(1136),焞被召赴都。明年,忠恕以鞫獄來涪,因紬繹舊聞,輯而録之,以成此編。忠恕之侍焞多在涪,涪爲程子謫居之地,而是書之成又適在涪,故以《涪陵紀善録》爲名。前有忠恕《自序》。《宋史・尹焞傳》稱焞言行見

1 《豐清敏公遺事》卷末《跋》,第151頁。

2 〔宋〕趙希弁:《讀書附志》卷上,上海古籍出版社1990年《郡齋讀書志校證》本,第1135頁。

3 此處不包括後世彙編、類編的"語録"集成,如《朱子語類》等。

於《涪陵紀善録》爲詳,則修史時即采此書也”。[1] 又周憲撰録有王蘋(號震澤)語録名《震澤記善録》;郎曄撰張九成(號無垢先生)語録名《横浦日新》二卷,“門人郎曄記録無垢先生之説也”[2]。吴必大撰《師誨》三卷,乃“吴必大記録晦庵先生之語”[3];又《師訓拾遺》,陳文蔚記録朱熹論學語。

宋代其他學者也多有“語録”傳世,如江端禮所撰的徐積(賜謚節孝處士)《節孝語録》。又《元城語録》三卷,“朝散郎維揚馬永卿大年撰。永卿初仕亳州永城主簿,從寓公劉安世器之學,記其所聞之語”[4]。南宋前期,龔昱彙編其師李衡平日講學之語,成《樂庵語録》。又《建炎以來繫年要録》卷一四二有語“先是責授清遠軍節度副使趙鼎在會稽嘗語其客方疇”云云,卷一六九載“初,趙鼎罷相居會稽,其門人方疇爲言檜答張九成有立朝須優游委曲之語,因曰”云云。則本書當撰於紹興八年十月趙鼎罷相出知紹興府時,故名。

其五,門客屬僚等雜録官長之談論與事迹。

雖然宋代理學家多有“語録”傳世,但就現見史料而言,當以李畋所編撰之《張乖崖語録》爲最早。張詠,自號乖崖,太宗、真宗朝兩知益州,卒謚忠定。《宋史》卷二九三有傳。《郡齋讀書志》卷九著録《張忠定公語録》四卷,云“張忠定公詠守蜀,有善政,其門人李畋紀其語論可以垂世者”。《直齋書録解題》卷七著録李畋《乖崖政行語録》三卷,“述張忠定公詠治蜀政事及言行”。按:李畋,字渭卿,華陽(今四川成都)人。“少師任奉古,博通經史,以著述爲志,性静退,不樂仕進,士大夫多稱之,爲張乖崖所器。少日,一出廷試,後隱居永康軍白沙山,後生從之學者甚衆。任中正薦,乞賜處士之號,詔爲試校書郎。凌策又薦之,召授試懷寧主簿、國子監説書,改大理丞、知泉州惠安縣。”後知榮州,以國子博士致仕。[5] 然史載李畋“張公詠客也,不樂仕進,詠敦勉之,遂登第,累官知榮

1　《四庫全書總目》卷五九《涪陵紀善録》,第536頁。

2　《讀書附志》卷下,第1211頁。

3　《讀書附志》卷下,第1210頁。

4　《直齋書録解題》卷九,第279頁。

5　《澠水燕談録》卷六《文儒》,第73頁。

州”。[1] 則李畋當屬張詠之門客爲是。

稱“語録”者還有陳天倪撰《潁濱語録》,也稱《蘇門下語録》。按:潁濱、蘇門下皆指蘇轍。又有較《張乖崖語録》稍後者,有黄鑑所編撰之《南陽談藪》。真宗朝名臣楊億,累官翰林學士。卒,謚曰文。“初,文公里人黄鑑從公游,纂其异聞奇説,名《南陽談藪》”[2]。宋庠《談苑序》有云:

> 故翰林楊文公大年在真宗朝掌内外制,有重名,爲天下學者所服。文辭之外,其博物殫見,又絶人甚遠。故常時與其游者,輒獲异聞奇説,門生故人往往削牘藏弆,以爲談助。江夏黄鑑唐卿者,文公之里人,有俊才,爲公奬重。幼在外舍,逮於成立,故唐卿所纂,比諸公爲多。[3]

强至撰有《韓忠獻王遺事》,“編次韓魏王琦言行也”。[4] 强至“嘗佐韓琦幕府,故此編叙琦遺事頗詳。世所傳琦《重陽詩》‘不嫌老圃秋容淡,且看黄花晚節香’句,諸家詩話遞相援引。其始表章者,實見至此篇焉”[5]。此爲州府屬僚編纂長官之言行。

陳貽範撰《鄱陽遺事録》一卷,“初,范仲淹嘗守鄱陽,有善政,饒人爲之立祠。紹聖乙亥(1095),貽範爲通判,因取仲淹在饒日所修創堂亭遺迹及其游賞吟咏之地,采而輯之,以志遺愛”[6]。此屬後世州官爲表彰前賢太守而撰輯其逸事遺迹以成。

劉延世編撰《孫公談圃》,并序云:“紹聖之改元也,凡仕於元祐而貴顯者,例皆竄貶湖南嶺表,相望而錯趾。惟閩郡獨孫公一人遷於臨汀。四年夏五月,單車而至,屏處林谷,幅巾杖屨,往來乎精藍幽塢之間。其後,避謗杜門不出。余

---

1 〔明〕曹學佺:《蜀中廣記》卷九九《李畋文集一百卷》,上海古籍出版社《文淵閣四庫全書》本,第592册,第594頁。

2 《直齋書録解題》卷一一,第325頁。

3 〔宋〕宋庠:《元憲集》卷三五《談苑序》,上海古籍出版社《文淵閣四庫全書》本,第1087册,第679頁。

4 《讀書附志》卷下《拾遺》,第1230頁。

5 《四庫全書總目》卷五九《韓忠獻遺事》,第535頁。

6 《四庫全書總目》卷五九《鄱陽遺事録》,第537頁。

時侍親守官長汀縣，竊從公游，聞公言皆可以爲後世法，亦足以見公平生所存之大節，於是退而筆之，集爲三卷，命曰《孫公談圃》。”[1] 劉延世因游孫升門下，而得聞其言談。

徽宗時，知秀州韓瓘撰《劉先生談録》，乃其“官二浙，道睢陽，往來必見劉元城，記其所談二十一則”[2]。黄震《黄氏日抄》亦稱“具茨韓瓘官二浙，往來必維舟河梁，侍元城譚誨，録其繫邪正得失者二十一條，名《劉先生譚録》”[3]。《黄氏日抄》又云：“《道護録》者，珵所集，不著姓氏。珵以宣和六年（1124）春介楊龜山書，謁元城於南都，而録其説。”[4] 按：劉元城指劉安世，字器之。珵指胡珵，宣和三年（1121）舉進士，紹興間遷著作郎兼史館校勘，出守嚴州，未赴而卒。[5]

南宋初范季隨嘗“學詩於韓子蒼，有《陵陽室中語》”[6]。韓駒，字子蒼，世稱陵陽先生，宣和年間官秘書少監、中書舍人，兼權直學士院，卒於紹興五年。“駒嘗在許下從蘇轍學”。《宋史》卷四四五有傳。陸游《跋韓子蒼語録》云：“此故人范季隨周士所記也。周士没後數年，得之於其子。然余舊聞周士道韓公語極多，尚恐所記不止於此，當更訪之。”[7] 所謂《韓子蒼語録》，當即本書。又元初劉壎曾云：“唐末人詩，雖格到卑淺，然謂其非詩不可。今人作詩，雖句語軒昂，止可遠聽，而其理則不可究。此陵陽韓子蒼《室中語》也，允謂深中宋詩之病。”[8] 則本書乃范季隨所記韓駒評詩之語。

5. 自志言行經歷者

宋代此類著述多見諸日記體筆記。與前述之出使類日記、参政類日記不同，此類日記大多記録其個人行游經歷、居家瑣事等，故較少政治色彩，而多隨

---

1 〔宋〕孫升：《孫公談圃》卷首《自序》，《全宋筆記》第二編一，大象出版社 2006 年版，第 139 頁。

2 《直齋書録解題》卷九，第 279 頁。

3 〔宋〕黄震：《黄氏日抄》卷四四《元城譚録》，上海古籍出版社《文淵閣四庫全書》本，第 708 册，第 239 頁。

4 《黄氏日抄》卷四四《元城道護録》，第 708 册，第 240 頁。

5 〔明〕佚名：《無錫縣志》卷三上，上海古籍出版社《文淵閣四庫全書》本，第 492 册，第 705 頁。

6 〔清〕厲鶚：《宋詩紀事》卷四二，上海古籍出版社 1983 年版，第 1072 頁。

7 〔宋〕陸游：《渭南文集》卷三一《跋韓子蒼語録》，上海商務印書館《四部叢刊初編》本，第 13 頁上。

8 〔元〕劉壎：《隱居通議》卷一〇《韓陵陽論晚唐詩》，上海古籍出版社《文淵閣四庫全書》本，第 866 册，第 105 頁。

性而作。其中行游日記如官員赴貶謫之所的有歐陽修《于役志》、張舜民《郴行録》,赴任地方官的有鄭剛中《西征道里記》、陸游《入蜀記》、范成大《驂鸞録》與《吴船録》,入京覲見天子的如周必大《乾道庚寅奏事録》,罷官出京歸家的如周必大《歸廬陵日記》《乾道壬辰南歸録》;而李綱《靖康行紀》,自云其於靖康間貶官出京赴貶所、至長沙復官而領勤王兵順流東下,而"姑以自今以往所經歷、所見聞、所施爲、所會遇日著於篇,爲《靖康行紀》,使將來有所考云"[1]。則此亦當爲日記體行記。

宋人又有屬純爲游山玩水或探親訪友而作的游覽日記,如張禮《游城南記》、趙鼎臣《游山録》、周必大《閒居録》《泛舟游山録》、吕祖謙《入越録》與《入閩録》等。而記録個人日常生活者,如黄庭堅晚年貶謫宜州,記録其謫所生活而成《宜州乙酉家乘》;又如吕祖謙晚年居家養病期間,詳細記録每日讀書功課及物候,撰成我國古代第一部詳細記録物候變化的《庚子辛丑日記》。此外,有程頤《伊川日記》。南宋留正《跋伊川先生帖後》稱其得見"伊川先生手狀一幅,徐加考訂,殆先生入蜀時筆也,大夫公集以爲《日記》册。此板起六日,終七月十六日。内載王氏父子、吕氏兄弟遷擢,蓋熙寧間日報,作細字,背面皆滿。先生字處闕之,獨得不謾"[2]。知此乃程頤熙寧初年侍從其父太中大夫程珦知漢州(今四川廣漢)時所撰。

雖然世人多以爲唐李翺排日記事而成的《來南録》爲現存最早之行游類日記體著作,而關於日記的起源,歷來説法不一,但有學者指出,"從日記發展角度來看,萌芽於唐,發展於宋"[3]。即有宋一代的日記撰作得到了飛躍式發展,而蔚爲大觀。如南宋人周煇於《清波雜志》中自言:"煇自四十以後,凡有行役,雖數日程,道路倥偬之際,亦有日記。以先人晚苦重聽,如幹蠱次序、旅泊淹速、親舊安否,書之特詳,用代縷縷之問。"[4]推尋此類日記盛行之緣由,實與宋朝出使類日記的大量産生有着直接關係,即將記載出使情況的行程日記用於記載官員

1 《李綱全集》卷一三六《靖康行紀序》,第1035—1036頁。

2 〔宋〕度正:《性善堂稿》卷一五《跋伊川先生帖後》,上海古籍出版社《文淵閣四庫全書》本,第1170册,第273頁。

3 陳左高:《歷代日記叢談》,上海畫報出版社2004年版,第1頁。

4 《清波雜志校注》卷九《行紀》,第406頁。

赴任、行游經過，便是行游類日記，兩者在體裁形式上本無質的區别。

周必大《跋吕伯恭日記》云：

黄太史晚謫宜州，自崇寧四年起，但凡風雨寒暑，親舊往復，以至日用飲食之類，皆係日書之，名曰《乙酉家乘》，止八月晦，九月則易簀矣。吕太史抱病東陽，亦有日記，起淳熙庚子春，盡辛丑七月壬寅，其明日遂卒，蓋絶筆也。方病時，出入起居雖不逮山谷，而編《大事》首周敬王，修《讀詩記》自《唐・無衣》，孜孜課程，所謂造次必於是者。兩賢相去七十餘載，何其相似也！意長日月短，悲夫！[1]

其黄太史即黄庭堅，而吕太史乃指吕祖謙，皆撰述日記至死而已者。由周必大上文可見日記在宋代士人學術及日常生活中的重要位置。也因爲此，且兩宋時期主張"内省"的理學大爲發展，故逐日記録自己所見所聞、所行所思的日記這一著述體裁也頗受理學家的青睞，并出現撰寫日記的格式"日記式"。其中朱熹門人黄榦訂立的"日記式"流傳至今，載録如下：

日記：

聖賢之教，曰博學於文，約之以禮。又曰日知其所亡，月無忘其所能，此録之所以作也。自旦至暮，自少至老，置之坐右，書以識之，文行相須，新故相尋，德進業廣矣。

一記年月日：歲次，一行。

一記氣節、寒暑、雨暘之變：天運，一行。

一記所寓之地：所寓，一行。

一記所習經子史集四書多少，隨力所及：讀書起止，四行。

一記所出入及所爲大事：出入動作，三行。

一記所聞善言，所見善行：善言善行，三行。

一記所見賓友：賓友，三行。

先於孝友，人性本善，知識不明，故流而爲惡。聖賢經訓，所以勉人改過趨善，况儒衣儒冠，自當窮經博古，立志爲學，而儒學莫先於讀書。人身至貴，少有縱放，即流而爲賤，戒謹恐懼，庶幾寡過。事以勤

1 〔宋〕周必大：《文忠集》卷四七《跋吕伯恭日記》，綫裝書局《宋集珍本叢刊》本，第51册，第498頁。

而集，養以小而賤。人有一身，則仰事俯育，自有當爲。是必鷄鳴而起，恐常不及，豈宜惰其四支，無所用心？用以儉而足，以奢而匱。人之一身，不過惡衣惡食，即免饑寒，不見可欲，此心不亂，豈宜縱耳目之好，以事無益？今百餘年，更歷三世，守此五事，常如一日。繼今子孫，所宜永監，書之家廟，以示不忘。[1]

上述“日記式”，頗可發見日記與理學家“日省其身”的“内省”功夫之間的關係。但因歲月久遠，依此“日記式”撰寫的宋人日記并未見流傳下來。但據現存宋人日記，可證其已較爲嚴格地依照按日记事且將日期（或用干支記日）置於該日所記文字之首的日記體模式，同時不少日記還記録每日天氣變化等，成爲後世撰寫日記的範式，而影響深遠。故明代賀復徵由此有“日記者，逐日所書，隨意命筆，正以瑣屑畢備爲妙，始于歐公《于役志》、陸放翁《入蜀記》”[2]之説。

6.雜記廣録，以爲談資或備忘

一般而言，雜記廣録，以爲談資或備忘，乃屬宋代筆記撰述的基本特徵之一，但有一類筆記對此刻意强調而頗具特色。此從不少筆記之書名用字可以看出，如景焕《野人閒話》、李畋《該聞録》、歐靖《宴閒談柄》、僧惠洪《冷齋夜話》、晁載之《晁氏談助》、邵伯温《邵氏聞見録》、朱彧《萍洲可談》等。但也有在“雜記廣録，以爲談資或備忘”此類頗顯“謙虚”的説辭之下，隱含其欲爲當世後人之訓導、欲備史籍之采録的“壯懷”。以下即據宋代部分筆記之著者自序等加以探討之。

其一，編録之以爲談資者。如張洎撰録《賈氏談録》，其《自序》云：“庚午歲（970），予銜命宋都，舍於懷信驛。左補闕賈黄中，丞相魏公之裔也，好古博雅，善於談論，每款接，常益所聞。公館多暇，偶成編綴，凡二十六條，號曰《賈氏談録》，貽諸好事者云耳。”[3]葉夢得《岩下放言・自序》亦云：“念掛冠以來，口固未嘗言世務。然親友往來，兒輩環繞，耳目所及，何能自苦至於不言？亦任之耳。

1 〔宋〕黄榦：《勉齋集》卷三四《日記式》，上海古籍出版社《文淵閣四庫全書》本，第1168册，第393—394頁。

2 〔明〕賀復徵：《文章辨體彙選》卷六三九《日記一》，上海古籍出版社《文淵閣四庫全書》本，第1409册，第645頁。

3 〔宋〕張洎：《賈氏談録》卷首《自序》，《全宋筆記》第一編二，大象出版社2003年版，第136頁。

時時或自記録，因目之爲《岩下放言》云。”[1]陳善《捫虱新話跋》亦自謙己作“雖無益於討論，尚有資於談笑”[2]。又李如篪序《東園叢説》自稱其“時時披閱文集，省記舊聞，隨手筆之，遂成卷帙。其間經史子集、天文地理曆數之説，無不有之，目之曰《東園叢説》。好古博雅君子覽之者，殆有取焉”[3]。趙汝适序《諸蕃志》曰：“山海有經，博物有志，一物不知，君子所耻，是志之作，良有以夫。”[4]其所述之旨意相同類。

其二，撰録筆記“以備閒居之覽”者。如歐陽修序《歸田録》曰：“《歸田録》者，朝廷之遺事，史官之所不記，與夫士大夫笑談之餘而可録者，録之以備閒居之覽也。”[5]南宋初葉夢得序《石林燕語》所云之意略似：“建炎二年，避亂縉雲而歸。兵火蕩析之餘，井閭湮廢，前日之客，死亡轉徙略相半，而余亦老矣。洊罹變故，志意銷隳，平日所見聞，日以廢忘，因令棟更裒集爲十卷，以《石林燕語》名之。”[6]袁褧序《楓窗小牘》云：“余迫猝渡江，僑寓臨安山中，父書手定，都爲烏有，第日對窗西烏桕，省念舊聞，得數十事，録之以備遺忘。”[7]同樣，張邦基序《墨莊漫録》有云：

> 僕以聞見，慮其忘也，書藏其篋，歸耕山間，遇力罷，釋耒之壟上，與老農憩談，非敢示諸好事也。其間是非毁譽，均無容心焉。僕性喜藏書，隨所寓榜曰墨莊，故題其首曰《墨莊漫録》。

并進而聲明云：“故予抄此集，如寓言寄意者，皆不敢載，聞之審，傳之的，方録焉，非敢貽諸久遠，聊資暇時爲引睡之具耳。”[8]而吴坰序《五總志》亦稱自己“紬繹方册，與夫耳目所聞見，有可紀述者，尚未可結舌閣筆，於是因事輒書，雜以己語，或以古證，今亦不復列其次第，非敢爲書，覬有補於遺忘”[9]而已。劉昌詩亦

---

1 〔宋〕葉夢得：《岩下放言・自序》，《全宋筆記》第二編九，大象出版社 2003 年版，第 319 頁。

2 〔宋〕陳善：《捫虱新話》卷末《跋》，《全宋筆記》第五編十，大象出版社 2012 年版，第 126 頁。

3 〔宋〕李如篪：《東園叢説・序》，《全宋筆記》第五編十，大象出版社 2012 年版，第 186 頁。

4 〔宋〕趙汝适撰，楊博文校釋：《諸蕃志校釋》卷首序，中華書局 1996 年版，第 1 頁。

5 〔宋〕歐陽修：《歸田録》卷首《自序》，中華書局 1981 年版，第 3 頁。

6 《石林燕語》卷首《序》，第 1 頁。

7 〔宋〕袁褧：《楓窗小牘》卷上《序》，《全宋筆記》第四編五，大象出版社 2008 年版，第 213 頁。

8 《墨莊漫録》卷首《自序》，第 15 頁。

9 〔宋〕吴坰：《五總志》卷首序，《全宋筆記》第五編一，大象出版社 2012 年版，第 5 頁。

因讀書爲樂，而"久懼遺忘，因并取疇昔所聞見者而筆之册，凡百餘事，萃爲"[1]《蘆浦筆記》十卷。此外，張世南撰《游宦紀聞》，也是"所以記事實而備遺忘也"[2]。南宋後期羅璧更將所撰筆記名曰《識遺》，并曰："余舊爲册記，凡經傳所得，家庭所講，師友所聞，莫不筆識，以備遺忘。歲久成帙，追憶舊牘間於是編有考，暇日因剔繁纂要，萃爲一書，曰《識遺》，庶幾往者之筆力不徒爾。"[3]

其三，追録前哲時賢言行，以爲後輩之楷模。宋人撰作筆記，有以"遺餘年"爲説者，如王闢之序《澠水燕談録》云：

余登科從仕行三十年矣，日欲退居故國，而爲貧未果。今且老矣，仕不出乎州縣，身不脱乎飢寒，不得與聞朝廷之論、史官所書，間接賢士大夫譚議有可取者，輒記之，久而得三百六十餘事，私編之爲十卷，蓄之中橐，以爲南畝北窗、倚杖鼓腹之資，且用消阻志、遺餘年耳。[4]

而蘇轍《龍川略志》云："予……既之龍川，……乃杜門閉目，追思平昔，恍然如記所夢，雖十得一二，而或詳或略，蓋亦無足記也。遠執筆在傍，使書之於紙，凡四十事，十卷，命之《龍川略志》。"[5]其義殆亦近於王闢之"用消阻志、遺餘年"云云。而其此後自叙撰寫《龍川别志》的動機是：

然予年將五十，起自疏遠，所見朝廷遺老數人而已，如歐陽永叔、張公安道皆一世偉人，蘇子容、劉貢父博學强識，亦可以名世。予幸獲與之周旋，聽其所請説，後生有不聞者矣。貢父嘗與予對直紫微閣下，喟然太息曰："予一二人死，前言往行烟滅不載矣。君苟能記之，尚有傳也。"時予方苦多事，懶於述録，今謫居六年，終日燕坐，欲追考昔日所聞而炎荒無士大夫，莫可聞者，年老衰耄，得一忘十，追惟貢父之言，慨然悲之，故復記所聞，爲《龍川别志》。[6]

邵伯温於《邵氏聞見録》中也表示此"負後死者之責"，云："伯温蚤以先君子之

---

1 《蘆浦筆記》卷首《序》，第 1 頁。

2 〔宋〕張世南：《游宦紀聞》卷首《序》，中華書局 1981 年版，第 3 頁。

3 〔宋〕羅璧：《識遺》卷一《序》，上海古籍出版社《文淵閣四庫全書》本，第 854 册，第 508 頁。

4 《澠水燕談録》卷首《序》，第 5 頁。

5 〔宋〕蘇轍：《龍川略志》卷首《引》，中華書局 1982 年版，第 3 頁。

6 〔宋〕蘇轍：《龍川别志》卷首《序》，中華書局 1982 年版，第 67 頁。

故,親接前輩,與夫侍家庭,居鄉黨,游宦學,得前言往行爲多。以畜其德則不敢當,而老景侵尋,偶負後死者之責,類之爲書,曰《聞見録》,尚庶幾焉。”[1]

其四,載録耳目聞見及讀書所得,“著之於篇”,以遺子孫者。如南宋後期謝采伯年老歸鄉,讀書有得,“遂著於篇,以示兒輩”,撰成《密齋筆記》,其中“經史、本朝文藝、雜説幾五萬餘言,固未足追媲作者,要之無抵牾於聖人,不猶愈於稗官小説、傳奇志怪之流乎? 庶後之子孫知余老不廢學云爾”。[2] 周煇亦自云“早侍先生長者,與聆前言往行,有可傳者。歲晚遺忘,十不二三,暇日因筆之。非曰著述,長夏無所用心,賢於博奕云爾”[3]。

其五,記録史事逸聞,以爲世人警戒勸導者。如范鎮《東齋記事》曰:

> 予嘗與修《唐史》,見唐之士人著書以述當時之事,後數百年有可考正者甚多,而近代以來蓋希矣,惟楊文公《談苑》、歐陽永叔《歸田録》,然各記所聞而尚有漏略者。予既謝事,日於所居之東齊燕坐多暇,追憶館閣中及在侍從時交游言語,與夫里俗傳説,因纂集之,目爲《東齋記事》。其蜀之人士與其風物爲最詳者,亦耳目之熟也。至若鬼神夢卜率收録而不遺之者,蓋取其有戒於人耳。[4]

而吴處厚編撰《青箱雜記》亦稱:

> 前世小説有《北夢瑣言》《酉陽雜俎》《玉堂閒話》《戎幕閒談》,其類甚多。近代復有《閒話》《閒録》《歸田録》,皆采摭一時之事,要以廣記資講話而已。余自筮仕未嘗廢書,又喜訪問,故聞見不覺滋多,況復遇事裁量,動成品藻,亦輒紀録,以爲警勸,而所紀皆叢脞不次,題曰《青箱雜記》。[5]

故馬純稱自己所撰之《陶朱新録》,“凡譏訕詩謾,悉不録焉”。[6] 王明清則明確聲言自己“思索舊聞凡數十則,綴緝之”而成一書,“務在直書,初無私意,爲善者

---

1 〔宋〕邵伯温:《邵氏聞見録》卷首《自序》,中華書局 1983 年版,第 1 頁。

2 〔宋〕謝采伯:《密齋筆記》卷首《自序》,上海商務印書館《叢書集成初編》本,第 1 頁。

3 《清波雜志校注》卷首《自序》,第 1 頁。

4 〔宋〕范鎮:《東齋記事》卷首《自序》,中華書局 1980 年版,第 1 頁。

5 《青箱雜記》卷首《序》,第 7 頁。

6 〔宋〕馬純:《陶朱新録》卷首《序》,《全宋筆記》第五編十,大象出版社 2012 年版,第 148 頁。

固可以爲韋弦,爲惡者又足以爲龜鑑。兼有奇怪諧謔,亦存乎其中。若夫人禍天刑,則付之無心可也",并名己書曰《玉照新志》。[1] 而龔明之則自詡己作"不惟可以稽考往迹,資助談柄,其間有裨王化、關士風者頗多,皆新舊《圖經》及《吴地志》所不載者。至於鬼神夢卜,雜置其間,蓋效范忠文《東齋紀事》體;談諧嘲謔,亦録而弗弃,蓋效蘇文忠公《志林》體,皆取其有戒於人耳"[2]。

其六,雜記實録史事往迹,以探興廢之原。如王林嘗言"人皆知罪熙、豐以來用事之臣,而不原祖宗立國之本旨,苟非規摹宏遠,德澤深厚,則其效驗尚不能如漢、唐之季世,何以再肇中興之基?夷考建隆迄於嘉祐,良法美意,燦然具陳,治平以後,此意泯矣。今備述於後,與識者商榷之,以稽世變云",故名其筆記云《燕翼詒謀録》。其又曰:"稗官小説所載國朝典故,多相矛盾,故李公伯和質以《國史》,爲《典故辨疑》一書,凡諸家所載,無一非妄,幾於可以盡廢。今余所述,無非考之《國史》《實録》《寶訓》《聖政》等書,凡稗官小説,悉弃不取,蓋以前人爲戒也。凡我同志,譏其妄論則可,以爲繆誤則不可矣。"[3] 此種著述筆記之態度,常爲王林"同志"所采用,如王得臣撰《麈史》三卷,"蓋取出夫實録,以其無溢美、無隱惡而已。雖小道,必有可觀者焉"[4]。而周去非撰《嶺外代答》的目的之一即欲"异時訓方氏其將有考於斯"[5]。

宋代還有筆記撰者將上述諸説彙爲一題,如宋初張齊賢稱自己"追思曩昔搢紳所説及余親所見聞,得二十餘事",而成《洛陽搢紳舊聞記》,"摭舊老之所説,必稽事實;約前史之類例,動求勸誡。鄉曲小辯,略而不書,與正史差异者,并存而録之,則別傳、外傳比也"。[6] 故後人稱其書"皆述梁、唐以還洛城舊事,凡二十一篇。……至如紀張全義治洛之功,極爲詳備,則舊史多采用之。其他佚事,亦頗有足資博覽者,固可與《五代史闕文》諸書同備讀史之考證也"[7]。又

1 《玉照新志》卷首《序》,第 1 頁。

2 〔宋〕龔明之:《中吴紀聞》卷首《序》,上海古籍出版社 1986 年版,第 1 頁。

3 《燕翼詒謀録》附録《宋朝燕翼詒謀録序》,第 57~58 頁。

4 〔宋〕王得臣:《麈史》卷首《序》,上海古籍出版社 1986 年版,第 1 頁。

5 〔宋〕周去非撰,楊武泉校注:《嶺外代答》卷首《序》,中華書局 1999 年版,第 1 頁。

6 〔宋〕張齊賢:《洛陽搢紳舊聞記》卷首《序》,《全宋筆記》第一編二,大象出版社 2003 年版,第 147 頁。

7 《四庫全書總目》卷一四〇《洛陽搢紳舊聞記》,第 1188~1189 頁。

文瑩亦曰：

> 玉壺，隱居之潭也。文瑩收古今文章著述最多，自國初至熙寧間，得文集二百餘家，僅數千卷。其間神道碑、墓志、行狀、實録及奏議、碑表、野編小説之類，傾十紀之文字，聚衆學之醇郁。君臣行事之迹，禮樂文章之範，鴻勛盛美，列聖大業，關累世之隆替，截四海之見聞。惜其散在衆帙，世不能盡見，因取其未聞而有勸者，聚爲一家之書。及纂江南逸事，并爲李先主昇立傳，離爲十卷。且夫黄帝之時，世淳事簡，尚有風后、力牧爲史官，藏其書群玉山中。古之所以有史者，必欲其傳。無其傳，則聖賢治亂之迹，都寂寥於天地間。當知傳者，亦古今之大勸也。[1]

是知文瑩雖身爲出家人，却也欲其所纂修的筆記能藏之名山、傳諸後世。

此外，洪邁撰《容齋五筆》的情況有點特别。洪邁序《容齋隨筆》云："予老去習懶，讀書不多，意之所之，隨即記録，因其後先，無復詮次，故目之曰《隨筆》。"[2]然至淳熙十四年（1187）八月，洪邁"在禁林日，入侍至尊壽皇聖帝清閑之燕，聖語忽云：'近見甚齋隨筆。'邁竦而對曰：'是臣所著《容齋隨筆》，無足采者。'上曰：'噉有好議論。'邁起謝，退而詢之，乃婺女所刻，賈人販鬻於書坊中，貴人買以入，遂塵乙覽。書生遭遇，可謂至榮。因復裒臆説綴於後，懼與前書相亂，故别以一二數而目曰續"[3]。所謂"壽皇聖帝"，即指宋孝宗；而"續"者，即指《容齋續筆》。此後孝宗雖駕崩，洪邁"亦從會稽解組還里，於今六年，……而年齡之運，踰七望八，法當挂神虎之衣冠，無暇於誓墓也。幸方寸未渠昏，於寬閒寂寞之濱，窮勝樂時之暇，時時捉筆據几，隨所趣而志之，雖無甚奇論，然意到即就，亦殊自喜。於是《容齋三筆》成"[4]。再後洪邁又撰成《容齋隨筆·四筆》《容齋隨筆·五筆》。奉"聖意"、感"至榮"而撰作筆記，洪邁大抵爲宋代唯一人。

7.考辨真僞，論議得失

雖然在筆記中考辨經史典籍、人物事迹真僞者早已有之，但因受宋代史學

---

1 《玉壺野史》卷首《自序》，第1頁。

2 《容齋隨筆》卷一《序》，第1頁。

3 《容齋隨筆·續筆》卷一《序》，第215頁。

4 《容齋隨筆·三筆》卷一《序》，第417頁。

發展的影響，故而宋人筆記中有關考證辨析之文字更爲多見、更爲普遍，如吴枋《宜齋野乘》，雖"以《野乘》爲名，而多涉考證。其中如謂孟嘗君與孟子同時，謂顔子之卒不止二十九，謂吞東西周者非始皇，皆有依據"[1]。并出現了多部專爲考據辨證而撰的筆記著述。據現見文獻資料，此類專事考辨之筆記大約出現於北宋神宗、哲宗朝，如《宋志・小説類》著録魏泰《訂誤集》二卷，《地理類》著録王得臣《江夏辨疑》一卷。魏泰、王得臣皆爲北宋後期人。胡仔《苕溪漁隱叢話》後集卷一七、卷二八引録《江夏辨疑》計三條，皆辨析江夏（今湖北武漢）一帶之史迹，如黄鶴樓、烟波村、赤壁等。入南宋以後，此類筆記漸衆，著名者有王觀國《學林》、程大昌《考古編》、李大性《典故辨疑》、李心傳《舊聞證誤》等。

王觀國《學林》之名，取自《漢書・叙傳》"正文字，惟學林"之語。"書中專以辨别字體、字義、字音爲主。自"六經"、《史》、《漢》旁及諸書，凡注疏箋釋之家，莫不臚列异同，考求得失，多前人之所未發。……南宋諸儒，講考證者不過數家，若觀國者，亦可謂卓然特出矣"。[2] 嚴有翼撰《藝苑雌黄》"大抵辨正訛謬，故曰'雌黄'。其目子史、傳注、詩詞、時序、名數、聲畫、器用、地理、動植、神怪、雜事，卷爲二十，條凡四百條"[3]。程大昌撰有《考古編》《演繁露》等書，其序《考古編》有云：

> 予賦性樸拙，琴弈博射，法書名畫，凡可以娱暇消日者，一皆不能。又全真委命，雅不信祈禬可以得福，卜相推占之可以擇利避害，故緇黄方技之士無因而前。間因莅官接物之隙，兀坐無爲，則所爲交際酬酢者，惟古今新舊書册而已。……若諸儒訓傳，歷代故實，循其所傳，稽其所起，苟或未至安愜，則默識諸心，若有結未釋者，旁求參考，久忽究竟，揆諸本始而明，協諸旁證而合，則遂忻然自幸，如處暗見曉，不知其筆之疾而書之徹也。……舊著恐遂散佚，輯爲一編，以便尋繹，而叙識其所從作。[4]

---

1 《四庫全書總目》卷一二七《宜齋野乘》，第 1094 頁。

2 《四庫全書總目》卷一一八《學林》，第 1019 頁。

3 《直齋書録解題》卷一〇，第 311 頁。

4 〔宋〕程大昌：《考古編》卷首《自序》，《全宋筆記》第四編十，大象出版社 2008 年版，第 7 頁。

稍後葉大慶撰《考古質疑》,"其書上自六經諸史,下逮宋世著述諸名家,各爲抉摘其疑義,考證詳明,類多前人所未發。其有徵引古書及疏通互證之處,則各於本文之下用夾注以明之,體例尤爲詳悉,在南宋説部之中,可無愧淹通之目。昔程大昌作《考古編》,號稱精審,大慶生於其後,復以爲名,似隱然有接迹之意。今以兩書并較,實亦未易低昂"[1]。

南宋中期還出現了專爲考辨宋人筆記所記録的本朝人物事迹錯訛、傳誤之書,如李大性《典故辨疑》、李心傳《舊聞證誤》等。

李大性"少力學,尤習本朝典故",後撰"進《典故辨疑》百篇,皆本朝故實,蓋網羅百氏野史,訂以日曆、實録,核其正舛,率有據依。孝宗讀而褒嘉之,擢大理司直"。[2] 李大性《自序》略云:

> 仰惟皇朝聖明相紹,明良之懿,著在青史,坦然明白,信以傳信。而纓紳相屬,佔畢益繁,私史薦興,説令蜂午,朱紫苗莠,混爲一區。熙朝盛美,未免蒙翳。請略舉數端言之:如梅堯臣《碧雲騢》非堯臣所撰,孔平仲《雜録》非平仲所述。《建隆遺事》以王禹偁名,而實非禹偁;《志怪集》《括异志》《倦游録》以張師正名,而實非師正。《涑水記聞》雖出於司馬光,而多所增益;《談叢》雖出於陳師道,而多所誤盭。以至王安石《日録》、蔡絛《國史後補》,又皆不足以取信。儒者俱嘗言之,而未之詳辯也。……臣大懼私史踳駁,或爲正史之蠹,輒擷其事而正之。……非敢遠慕昔人,作指瑕糾謬之書,以詒攻訶之誚。獨取熙朝美事,及名卿才大夫之卓卓可稱,而其事爲野史、語録所翳者,辯而明之,參其歲月,質其名氏、爵位,而考證焉。其或傳聞异詞,難以示信,以意逆志,雖知其非而未有曉然依據,則姑置弗辨。其所辯者,必得所證而後爲之説焉。[3]

故王栐稱譽道:"稗官小説所載國朝典故多相矛盾,故李公伯和質以《國史》,爲

1 《四庫全書總目》卷一一八《考古質疑》,第 1022 頁。

2 《宋史》卷三九五《李大性傳》,第 12048 頁。

3 《文獻通考》卷二〇〇《經籍考二十七》,第 5755 頁。

《典故辨疑》一書，凡諸家所載，無一非妄，幾於可以盡廢。”[1] 此後有李心傳撰《舊聞證誤》十五卷。李心傳撰有《建炎以來繫年要録》，“於諸書訛异，多隨事辨正。故此書所論北宋之事爲多，不復出也。或及於南宋之事，則《要録》之所未及，此補其遺也。凡所見私史小説，上自朝廷制度沿革，下及歲月之參差，名姓之錯互，皆一一詳徵博引，以折衷其是非”。而“其間决疑定舛，於史學深爲有裨，非淹通一代掌故者不能爲也”。[2] 成爲宋代考辨類筆記之名著。

考辨真僞之外，尚有不少宋代筆記關注於論討經史記注得失、評議人物言行良否。如羅大經《鶴林玉露》，有稱“其書體例在詩話、語録之間，詳於議論而略於考證”，“多因事抒論，不甚以記事爲主”。[3] 吴箕撰《常談》“大抵皆評騭史事，而間及於考證”[4]。張載撰《信聞記》一卷，“雜記經傳之義及辨釋老之失”[5]。王十朋跋李季可《松窗百説》稱此書“事多而詞簡，議論一出於正，如辨文王不傾商政、諸葛孔明盡臣道、有若似孔子不以貌、雋不疑詭辭以抗衆、魏武帝宣言以欺人、韓退之不服硫黄、釋寶志妖妄、仙家不壽考、士自負爲不幸，皆大有益於風教，前輩議論所不及也”[6]。清館臣評議何坦《西疇常言》道：

> 是編分《講學》《律己》《應世》《明道》《莅官》《原治》《評古》《用人》《正弊》九門，大抵因舊説而衍之。其《講學》篇謂性與天道，子貢不得聞，而以後世學者竊襲陳言，自謂窮理盡性爲妄。《明道》篇謂儒者之待异端，甚於拒寇敵。蓋皆有爲而發。然其論心如槃水，措之正則表裏瑩然，微風過之，則湛濁動於下，方未動時，非有以去其滓污也，澄之而已。風之過，非有物入之也，撓動則濁起也。所見頗近於禪。又謂孟子之闢楊、墨，深排峻拒，詞費而力殆，其説皆不可訓也。[7]

又其評議員興宗《辨言》云：“其書歷摭經傳史子下及宋代諸儒之説，凡於理未安

1 《燕翼詒謀録》附録《宋朝燕翼詒謀録序》，第 57~58 頁。
2 《四庫全書總目》卷八八《舊聞證誤》，第 754 頁。
3 《四庫全書總目》卷一二一《鶴林玉露》，第 1047 頁。
4 《四庫全書總目》卷一二一《常談》，第 1044 頁。
5 《郡齋讀書志校證》卷一〇，第 454 頁。
6 〔宋〕李季可：《松窗百説》卷末王十朋《跋》，《全宋筆記》第六編三，大象出版社 2013 年版，第 43 頁。
7 《四庫全書總目》卷一二四《西疇常言》，第 1066 頁。

者，皆條舉而系以辨，故曰《辨言》。”[1]可見宋學長於論議的特點，也在筆記撰作中得以充分的展示。

因宋代雕版印刷技術發達，圖書的獲取和閲讀較前代大爲方便，故出現數量衆多的抄録古今書籍并加以評述的筆記，也出現了單純抄録諸書文字或再加以簡單編排的讀書筆記，且在當時及後世産生了重要影響。以下即對其中較有影響者作一簡要之介紹。

司馬光《徽言》一卷，乃“司馬光手抄諸子書，題其末曰：‘余此書類舉人所抄書，然舉人所抄獵其辭，余所抄核其意；舉人志科名，余志道德。’其書‘迂叟年六十八’，蓋公在相位時也。方機務填委，且將屬疾，而好學不厭，克勤小物如此。所抄自《國語》而下六書，其目三百一十有二”[2]。

魏了翁《經外雜抄》二卷。“是編皆雜録諸書，而略以己意標識於下。多有不載全文而但書‘云云’字者，又有如元子心規之類，一條而兩卷互見者，蓋隨手記載，以備考證之用，本無意於著書，後人得其稿本，傳寫成帙也。”[3]

真德秀《西山讀書記》。湯漢序《西山讀書記》曰：

> 《西山先生讀書記》，惟甲、乙、丁爲成書。甲、丁二記，近年三山學官已刊行。乙記上則《大學衍義》是也。其下卷未及繕寫而先生没，稿藏於家，學者罕見之。漢來建安，請於先生之嗣子仁夫右司，傳抄以來，手自校定，厘爲二十二卷，將欲刊之倉臺。適福之郡文學吴壥編蠹簡，久蟄屋壁，乃今出而流布，使夫有志於尊主庇民者讀是書，蚤正而素講，一日當大任，據千載而施四事，真儒之效，庶幾復見於天下。是則先生佐王之學，與天地相終始，豈非其平日至大至公之心也哉！《綱目》訖於五季，而稿本僅至李文饒止，今不敢輒補之。又元稿間有附注别説者，乃漢一時所見先生未及有所去取，今皆削之，觀於初稿者，其無所疑云。[4]

---

1 《四庫全書總目》卷一二一《辨言》，第 1042 頁。

2 《直齋書録解題》卷一〇，第 309 頁。

3 《四庫全書總目》卷一一八《經外雜抄》，第 1022 頁。

4 〔宋〕真德秀：《西山讀書記》卷首湯漢《序》，上海古籍出版社《文淵閣四庫全書》本，第 705 册，第 7 頁。

《直齋書録解題》卷三著録真德秀《西山讀書記》三十九卷，云："其書有甲、乙、丙、丁。甲言性理，中述治道，末言出處，大抵本經子格言而述以己意。今但有甲三十七卷、丁二卷，乙、丙未見也。"[1]清館臣據湯漢《序》及《直齋書録解題》所載，以爲：

據此則丙記原書本闕，乙記爲湯漢所續刊，振孫惟見初行之本，故止於甲、丁二記也。甲記自論天命之性至論鬼神，各分標目。前有綱目一篇，具詳論次先後之旨。乙記載虞夏以來名臣賢相事業，略仿編年之體，前亦有綱目一篇，謂訖於五閏，而書中至唐李德裕而止，蓋撰次未完者。丁記上卷皆論出處大義，下卷分處貧賤、處患難、處死生、安義命、審重輕諸目，與上卷互相發明。德秀《大學衍義》羽翼聖經，此書又分類銓録自身心性命、天地五行以及先儒授受源流，無不臚析，名言緒論，徵引極多，皆有裨於研究至於致治之法。《衍義》所未及詳者，則於乙記中備著其事。古今興衰治忽之故，亦犁然可睹，在宋儒諸書之中，亦可謂有實際矣。[2]

顯然真德秀《西山讀書記》，已與摘録資料、簡單編排且加評述的那類讀書筆記頗不同了。

宋末黄震所撰《黄氏日抄》，是一部與《西山讀書記》齊名而影響甚大的讀書筆記，"是書本九十七卷：凡讀經者三十卷，讀三傳及孔氏書者各一卷，讀諸儒書者十三卷，讀史者五卷，讀雜史、讀諸子者各四卷，讀文集者十卷，計六十八卷，皆論古人；其六十九卷以下，凡奏札、申明、公移、講義、策問、書記、序、跋、啓、祝文、祭文、行狀、墓志著録者計二十九卷，皆所自作之文"。即前六十八卷乃屬黄震的讀書筆記，"是編以所讀諸書隨筆札記，而斷以己意"，[3]其中：

（卷）一之三十三，讀《孝經》《論語》《孟子》《毛詩》《尚書》《周易》《春秋》《禮記》《周禮》《三傳》孔氏書；三十四之四十五，讀周、程、張、朱、南軒、東萊、勉齋、龜山、上蔡、和靖、横浦、象山、復齋、温公、元城、

1　《直齋書録解題》卷三，第84頁。

2　《四庫全書總目》卷九二《讀書記》，第785頁。

3　《四庫全書總目》卷九二《黄氏日抄》，第786頁。

上蔡、延平、徂徠、安定諸儒書;四十六之五十,讀《史記》《漢書》《三國志》《南北史》《唐書》《五代史》《宋名臣言行録》,五十一之五十四,讀蘇子古史文、《汲冢周書》、《國語》、《戰國策》、《吴越春秋》、《越絶書》、《春秋世紀》、《春秋臣傳》、《東萊大事記》諸雜史,五十五之五十八,讀《老子》、《莊子》、《荀子》、《揚子》、《文中子》、《曾子》、《子華子》、《管子》、《列子》、《墨子》、《文子》、《亢倉子》、《關尹子》、《鶡冠子》、《鬻子》、《商子》、《韓非子》、《鄧析子》、《慎子》、《公孫龍子》、《尹文子》、《淮南子》、《抱朴子》、《劉子》、《聱隅子》、《化書》、《子家子》、《吕氏春秋》、《素書》、《新語》、賈誼《新書》、《新序》、《説苑》、《春秋繁露》、《論衡》、《申鑒》、《乾坤鑿度》、《易緯紀覽圖》、《易通卦驗》、《參同契》、古三墳書、《孫子》、《吴子》、《司馬法》、《李衛公問對》、《尉繚子》、《三略六韜》、《陰符經》。[1]

此外,宋末權臣賈似道所撰讀書筆記《悦生隨抄》,亦值得一説。自號半閑老人的賈似道於《自序》如此介紹其撰作目的云:

余老來觀書,輒多遺忘,暇日隨所披閲,約而筆之,浸盈編帙,因厘爲百首,題曰《悦生隨抄》。起自國史,傳以稗官小説,而六經、諸史不及也。蓋經既熟於誦説,正史又廣於流傳,獨金匱石室之藏世不多見。比歲叨典史局,遂得悉累朝之制度典章、諸臣之論議風節,纂紀一集,專用自娱。乃若百家之説雖小道,必有可觀者焉。然大概非稍新于衆目,則深會於余心,去取之間,此其義也。至於清談雅謔,又所不廢。譬之端坐燕席,而優伶時一雜進,聊以取坐中之一噱云。[2]

賈似道因專權腐敗而聲名狼藉,但其"暇日隨所披閲,約而筆之"的撰寫形式,内容主要抄録自"稗官小説,而六經、諸史不及",而"專用自娱","至於清談雅謔,又所不廢。譬之端坐燕席,而優伶時一雜進,聊以取坐中之一噱云"的撰寫目的與心態,也是宋代士大夫撰録讀書筆記的普遍現象,而此與宋代尤其是南宋時期市井文化的發達有着緊密的關係。

---

1 〔明〕葉盛:《水東日記》卷二一《黄氏日抄》,中華書局1980年版,第212頁。

2 《説郛》卷二〇下《悦生隨抄》,上海古籍出版社《文淵閣四庫全書》本,第877册,第196頁。

8.志怪志异："非但垂之空言，亦欲因事勸戒"

宋代筆記中，時常談神鬼、志怪异與述傳聞、録瑣事錯出，如黄休復《茅亭客話》專述蜀地之逸事、逸聞及神怪之事，題名羅燁所撰的《醉翁談録》兼載瑣事逸聞與傳奇小説，即如何薳《春渚紀聞》十卷，其中《雜記》五卷"多引仙鬼報應，兼及瑣事"[1]。同時，宋代還有不少專載神鬼怪异的筆記著述，但總體而言，頗多抄録古書，鋪陳古事，整體成就遜於唐代。宋代此類筆記，有純爲志怪志异而志怪志异者，也有記載怪异之傳聞的目的在於其"非但垂之空言，亦欲因事勸戒"[2]者。

宋初樂史因唐"李翺著《卓异記》三卷，述唐朝君臣超异之事，善則善矣，然事多漏落，未爲廣博"，故樂史特"撰《續唐卓异記》三卷進上，則唐朝之事庶幾盡矣"。此後又因"漢魏以降，至於五代史，竊見聖賢卓异之事，不下唐時之人，即未聞有纂集者"，故爲《廣卓异記》二十卷，"此書既成，不敢不進，雖不補三館之新書，亦擬爲一家之小説"[3]。此後，聶田《祖异志》乃"記近時詭聞异見一百餘事"[4]。張師正《括异記》乃其"游宦四十年，不得志，於是推變怪之理，參見聞之异，得二百五十篇"[5]而成。畢仲詢"元豐初爲嵐州推官，纂當代奇怪可喜之事，爲二十門"[6]，故題名《幕府燕閒録》。政和年間，李獻民撰《雲齋廣録》十卷，"分九門，記一時奇麗雜事，鄙陋無所稽考之言爲多"[7]。大約同時，章炳文撰《搜神秘覽》三卷，所記多古今神鬼靈异報應故事。其序略云："稽靈朗冥，搜神纂异，遇事直筆，隨而記之，號曰《搜神秘覽》。每開談較議，博采妖祥，不類不次，不文不飾，無誕無避。"[8]此類著述大體屬於爲志怪志异而志怪异者。

徐鉉撰《稽神録》"記怪神之事"，史稱"鉉恬淡無矯僞，不喜釋氏，而好神怪，有以此獻者，多遂其所請。布衣蒯亮事誇誕，年逾九十，鉉延至門下，《稽神

1 《四庫全書總目》卷一二一《春渚紀聞》，第1040頁。

2 〔宋〕孫光憲：《北夢瑣言》卷首《序》，上海古籍出版社1981年版，第1頁。

3 〔宋〕樂史：《廣卓异記》卷首《序》，《全宋筆記》第一編三，大象出版社2003年版，第12頁。

4 《郡齋讀書志校證》卷一三，第557頁。

5 《郡齋讀書志校證》卷一三，第557頁。

6 《郡齋讀書志校證》卷一三，第583頁。

7 《郡齋讀書志校證》卷一三，第597頁。

8 〔宋〕章炳文：《搜神秘覽》卷首序，《全宋筆記》第三編三，大象出版社2008年版，第108頁。

録》之事,多亮之言也"。[1] 則徐鉉撰作此書,實尚存有崇道排佛之意。由此不同,王日休撰《南中勸戒録》,其後李昌齡撰《樂善録》,乃"以《南中勸戒録》增廣之,多因果報應之事"[2]。

然在兩宋時,"三教合一"思想已爲社會各層包括士大夫所普遍接受,故而欲志怪志异以"因事勸戒"者,一般不更分别佛道。如周明寂《勸善録》六卷,乃"元豐中纂道釋、神奇、禍福之效前人爲傳紀者成一編,以誡世"[3]。尹國均撰《古今前定録》,乃"輯經史子集古今之人興衰窮達、貴賤貧富、死生壽夭,與夫一動静、一語默、一飲一啄,定於前而形於夢、兆於卜、見於相貌、應於讖記者,凡一門,以爲不知命而躁競者之戒。至若裴度以陰德而致貴,孫亮以陰譴而減齡之類,又别爲二門,使君子不以天廢人云"[4]。岑象求"熙寧末閒居江陵,披閲載籍,見善惡報應事,輒删潤而記之。間有聞見者,雖乎備載,亦采摘著於篇"[5],成《吉凶影響録》十卷。而南宋李元綱撰《近世厚德録》,"盛陳果報,兼以神怪"[6]。魯應龍《閒窗括异志》一卷,"其書皆言神怪之事,而多藉以明因果。前半帙皆所聞見,後半帙則雜采古事以足之。大半與唐、五代小説相出入"[7]。

北宋神宗、哲宗朝時,劉斧先後撰成《青瑣高議》《青瑣摭遺》《翰府名談》諸書。晁公武稱《青瑣高議》"載皇朝雜事及名士所撰記傳,然其所書辭意頗鄙淺"[8]。《賓退録》亦稱"斧著書多誕妄,故觀者例不敢信"[9]。然"所紀皆宋時怪异事迹及諸雜傳記,多乖雅馴。每條下各爲七字標目,如'張乖崖明斷分財''回處士磨鏡題詩'之類,尤近於傳奇。間有稱'議曰'者,寥寥數言,亦多陳腐"[10]。

1 〔宋〕曾鞏撰,王瑞來校證:《隆平集校證》卷一三《徐鉉傳》,中華書局 2012 年版,第 368 頁。按:《宋史》卷四四一《徐鉉傳》亦云其"所著《稽神録》,多出於其客蒯亮"。

2 《直齋書録解題》卷一一,第 344 頁。

3 《郡齋讀書志校證》卷一三,第 593 頁。

4 《郡齋讀書志校證》卷一三,第 581 頁。

5 《郡齋讀書志校證》卷一三,第 593 頁。

6 《四庫全書總目》卷一二四《厚德録》,第 1066 頁。

7 《四庫全書總目》卷一四四《閒窗括异志》,第 1228 頁。

8 《郡齋讀書志校證》卷一三,第 597 頁。

9 《賓退録》卷六,第 80 頁。

10 《四庫全書總目》卷一四四《青瑣高議》,第 1228 頁。

則此書雜録逸聞奇事，并加以創作，故頗有虚構處，自然使"觀者例不敢信"。而題名蘇軾所撰《艾子》一卷，其間借古諷今，亦莊亦諧，寓意深遠，亦當屬蘇東坡游戲筆墨之創作。

南宋前期洪邁《夷堅志》一書，影響當時及後世甚大。《直齋書録解題》卷一一著録《夷堅甲志》至《癸志》二百卷、《支甲》至《支癸》一百卷、《三甲》至《三癸》一百卷、《四甲》《四乙》二十卷，計四百二十卷，論曰：

> 稗官小説，昔人固有爲之者矣。游戲筆端，資助談柄，猶賢乎已可也，未有卷帙如此其多者，不亦謬用其心也哉！且天壤間反常反物之事，惟其罕也，是以謂之怪。苟其多至於不勝載，則不得爲异矣。世傳徐鉉喜言怪，賓客之不能自通與失意而見斥絶者，皆詭言以求合。今邁亦然。晚歲急於成書，妄人多取《廣記》中舊事，改竄首尾，別爲名字以投之，至有數卷者，亦不復删潤，徑以入録。雖叙事猥釀，屬辭鄙俚，不恤也。[1]

周密亦云："坡翁喜客談，其不能者，强之説鬼。或辭無有，則曰'姑妄言之'，聞者絶倒。洪景盧志《夷堅》，貪多務得，不免妄誕，此皆好奇之過也。"[2]即洪邁自己亦稱："始予萃《夷堅》二書，顓以鳩异崇怪，本無意於纂述人事及稱人之惡也。然得於容易，或急於滿卷秩成編，故頗違初心。"[3]然而南宋後期張端義嘗云："憲聖在南内，愛神怪幻誕等書，郭彖《睽車志》始出，洪景盧《夷堅志》繼之。"[4]按：《宋史・后妃傳》，憲聖即憲聖慈烈皇后吴氏，乃高宗皇后，卒於慶元三年冬。[5]"憲聖在南内"，當指高宗退位爲太上皇帝以後事。郭彖撰《睽車志》五卷，"取《睽》上六'載鬼一車'之語"[6]作爲書名。據《貴耳集》所云，則《睽車志》《夷堅志》嘗先後"進御"。又據洪邁《夷堅志・支甲序》云《夷堅》十志成，計二百卷，"蓋始末凡五十二年"，時紹熙五年(1194)六月一日。故推知《甲志》始撰

1 《直齋書録解題》卷一一，第336頁。

2 〔宋〕周密：《癸辛雜識》卷首《序》，中華書局1988年版，第1頁。

3 《夷堅志・丙志序》，第363頁。

4 〔宋〕張端義：《貴耳集》卷上，《全宋筆記》第六編十，大象出版社2013年版，第289頁。

5 《宋史》卷二四三《后妃傳下》，第8646—8648頁。

6 《直齋書録解題》卷一一，第337頁。

於紹興十三年(1143)。[1] 而再據洪邁自序,其《支志乙》至《支志癸》,撰於慶元元年(1195)二月至慶元三年(1197)五月間;而"《三志甲》纔五十日而成,不謂之速不可也",約撰成於慶元三年初秋,至四年四月撰成《三志己》,至六月已撰成《三志辛》,至九月已撰成《三志壬》,此後又撰成《三志癸》《四志甲》,"至《四志乙》則絶筆之書"。[2] 又洪邁慶元三年九月二十四日序《容齋隨筆·四筆》云:

> 曩自越府歸,謝絶外事,獨弄筆紀述之習,不可掃除,故搜采异聞,但緒《夷堅志》,於議論雌黄,不復關抱。而稚子櫰每見《夷堅》滿紙,輒曰:"《隨筆》《夷堅》,皆大人素所游戲。今《隨筆》不加益,不應厚於彼而薄於此也。"日日立案旁,必俟草一則乃退。重逆其意,則哀所憶而書之。[3]

故由上所云推知,洪邁撰《夷堅志》,"晚歲急於成書,妄人多取《廣記》中舊事,改竄首尾,别爲名字以投之,至有數卷者,亦不復删潤,徑以入録"之原因,當是爲滿足吴皇后"愛神怪幻誕等書"之閱讀需求,故而不惜放緩《容齋隨筆》之編寫,而其篇幅如此巨量,似亦與後宫持續之需求密切相關;而吴皇后已薨,洪邁仍於較短時間内完成《三志》《四志》諸志之作,似當與積習難改而晚景已迫、急於成篇有關。

洪邁所撰的《容齋隨筆》獲得孝宗之賞識,而《夷堅志》因其引人入勝之神怪奇异内容而得吴皇后之喜愛,如此"榮耀"似在宋代無有第二人。

綜上可知,宋代筆記的撰作目的豐富多樣,其"可以資治體、助名教、供笑談、廣見聞"[4],但其中多在於"供笑談、廣見聞",此外或爲補"史氏"之缺失,或爲炫己學問博識而好奇尚异,由此成爲宋代筆記的價值所在。

三、宋代筆記的編撰體裁與史料來源

一書之編撰體裁,與其内容、編纂目的及史料來源等因素緊密相關,互爲影

1 《夷堅志·支甲序》,第711頁。按:參見張文飛《洪邁〈夷堅志〉研究》,第11~13頁。

2 《賓退録》卷八,第100頁。

3 《容齋隨筆·四筆序》,第613頁。

4 《郡齋讀書志校證》卷一三《類説》,第595~596頁。

響。以下即對宋代筆記的編撰體裁與史料來源等情況分别討論之。

(一)宋代筆記的編撰體裁

宋代筆記的編撰體裁多樣,有雜録聞見或史料而不予分卷分門類者,有按内容分門别類編纂者,有以編年形式編纂者等;有明白説明(注出)所聽聞者或據以抄録之文獻者,有不予説明(注出)者等。但需加説明的是,由於年代久遠,流傳至今之宋代筆記,相當部分已經後人改編,而非宋人著述之舊。如黄朝英《靖康緗素雜記》十卷,"《野客叢書》載其辨李賀《金銅仙人辭漢歌序》,誤以折露盤爲青龍九年一條,麻胡僅得二事一條,袁文《瓮牖閒評》載其辨穀陽一條,辨蘆菔一條,此本亦無之。蓋明人妄有删削,已非完書矣"[1]。又如項安世撰《項氏家説》十卷、《附録》四卷,云"九經皆有論著,其第八卷以後雜説文史政學。《附録》《孝經》《中庸》《詩篇次》《丘乘圖》則各爲一書,重見諸類"[2]。然其書久佚,清代館臣於《項氏家説提要》中云:

> 自明初以來,其本久佚,今惟散見《永樂大典》各韵内。核其所載,多兼及《説經》《説事》《説政》《説學》等篇名,而逐條又各有標題。其原書體例,約略可見,篇帙亦尚多完善,謹依類排纂。經則按各經之文次之,卷一、卷二并《易説》,卷三《書説》,卷四《詩説》,卷五《周禮》,卷六《禮記》,卷七《論語》《孟子》等。是爲《説經》篇凡七篇。其八、九、十三卷則先以《説事》篇,次《説政》篇,次《説學》篇。雖原目無存,未必悉符其舊。然陳振孫言是書有云:"九經皆有論著。其第八卷以後雜説文史政學。"則序次大致當亦不甚懸殊。振孫又云:"《附録》《孝經》《中庸》《詩篇次》《邱乘圖》則各爲一書,重見諸類。"似《附録》之四卷本分爲四種單行,而復取以附於《家説》後也。今檢《永樂大典》,但有《孝經説》《中庸臆説》二書,而《詩篇次》《邱乘圖》未經收入。疑當時即已散佚,無可考補。謹據其存者,仍合爲《附録》二卷,次之於

1 《四庫全書總目》卷一一八《靖康緗素雜記》,第1018頁。

2 《直齋書録解題》卷三,第83頁。

末,以略還原書之舊焉。[1]

《四庫全書總目》中言及此類情况頗多,如邢凱《坦齋通編》,“是書《宋志》及諸家書目皆不著録。其原本卷帙不可考,今據散見《永樂大典》者,逐韵掇拾,編爲一卷”[2]。而袁文撰《瓮牖閒評》,“原書卷帙不可考”,今輯録自《永樂大典》諸韵所引者“尚四百餘則,條目頗爲紛雜,謹依類詮次,分爲八卷。一卷論經,二卷論史,三卷論天文、地理、人事之類,四卷專論小學,五卷論詩、詞、書、畫之類,六卷論飲食、衣服、器用、宫室之類,七卷論釋、道、技術、物産之類,而以雜論因果怪异及自記之語終焉”[3]。顯然其類筆記的今傳世本之體裁分類皆非原本所有,而出自清代館臣等的重新編纂,“以略還原書之舊焉”。因此,以下討論宋人筆記之編纂體裁,僅爲至今有宋、元舊本流傳且能反映筆記體裁之原貌者,或有文獻明確記載其體裁形式者,而已爲後人所改編或重新編纂且不合原書體裁如上述所云的筆記著述,本節將不予討論。

1.雜録聞見與史料而不分門類者

宋代筆記的大部分,皆屬雜録所聞所見與所讀史料而不據内容加以分門别類者。如章炳文撰《搜神秘覽》三卷,“遇事直筆,隨而記之”而“不類不次,不文不飾”[4]。田况撰《儒林公議》,“記建隆以迄慶曆朝廷政事及士大夫行履得失甚詳,五代十國時事亦間附以一二條。蓋雜録而成,故前後多未詮次”[5]。王鞏撰《甲申雜記》一卷,“所記上起仁宗,下訖崇寧,隨筆記載,不以時代爲先後”[6]。葉夢得撰《石林燕語》十卷,“其言先後本無倫次,不復更整齊”[7]。

由於不對所載内容進行分門别類,使得筆記所載各條目雜亂錯出,甚不便於閱讀利用,故有筆記對内容進行粗簡的歸并。如宋祁《宋景文公筆録》,“其書上卷曰釋俗。中卷曰考訂,多正名物音訓,裨於小學者爲多,亦間及文章史事。

1 《四庫全書總目》卷九二《項氏家説》,第 786 頁。

2 《四庫全書總目》卷一一八《坦齋通編》,第 1025 頁。

3 《四庫全書總目》卷一一八《瓮牖閒評》,第 1021 頁。

4 《搜神秘覽》卷首《序》,第 108 頁。

5 《四庫全書總目》卷一四〇《儒林公議》,第 1189 頁。

6 《四庫全書總目》卷一四〇《甲申雜記》,第 1193 頁。

7 《石林燕語》卷首序,第 1 頁。

下卷曰雜説，則欲自爲子書，造語奇雋，多似焦贛《易林》、譚峭《化書》，而終以《庭戒》《治戒》《左志》《右銘》。未審爲平日預作，爲其後人附入也”[1]。又如陳槱《負暄野録》二卷，“其書上卷論石刻及諸家書格，下卷論學書之法及紙、墨、筆、研諸事，皆源委分明，足資考證”[2]。魯應龍《閒窗括异志》一卷，“前半帙皆所聞見，後半帙則雜采古事以足之”[3]。而尹國均《古今前定録》二卷，乃“輯經史子集古今之人興衰窮達、貴賤貧富、死生壽夭，與夫一動静、一語默、一飲一啄，定於前而形於夢、兆於卜、見於相貌、應於讖記者。凡一門，以爲不知命而躁競者之戒。至若裴度以陰德而致貴，孫亮以陰譴而减齡之類，又别爲二門，使君子不以天廢人云”[4]。顯然此種情况與對筆記内容分門别類進行編輯者尚有不同。

此外，部分筆記因篇幅較短，多既不分類也不分卷，僅有一卷。

2.按内容分門别類編纂者

隨着宋代文化之發展，印刷術之普及，文獻資料的獲得較前代大爲便利，故而宋人筆記内容詳備豐富，其卷帙也趨增多，由此不少筆記通過對所載内容的分門别類，依類繫事，以便於利用而更具價值。因目的、標準等有异，各筆記的所分門類也錯綜複雜，各不相同。宋代部分筆記的分類情况參見下表。

書名	著者名	分類情况	史料出處
《清异録》	陶穀	分天文、地理、君道、官志、人事、女行、君子、么麽、釋族、仙宗、草木、竹木、百花、百果、蔬菜、藥品、禽名、獸名、百蟲、魚、肢體、作用、居室、衣服、裝飾、陳設、器具、文用、武器、酒漿、茗荈、饌羞、薰燎、喪葬、鬼、神、妖等三十七門，每門若干條，條記一名，“各爲標題，而注事實緣起於其下”。	《四庫全書總目》卷一四二

1 《四庫全書總目》卷一二〇，第1034頁。

2 《四庫全書總目》卷一二三《負暄野録》，第1058頁。

3 《四庫全書總目》卷一四四《閒窗括异志》，第1228頁。

4 《郡齋讀書志校證》卷一三，第581頁。

续表

書名	著者名	分類情況	史料出處
《楊文公談苑》	宋庠	分二十類:聖範、德量、風節、才品、武幹、奇逸、舊聞、記异、雜評、事志、正誤、名式、書藝、方技、叙釋、僭亂、豪侈、惡戒、戲謔、夷紀。	《元憲集》卷三五《談苑序》
《夢溪筆談》	沈括	分十七門:故事、辨證、樂律、象數、人事、官政、權智、藝文、書畫、技藝、器用、神奇、异事、謬誤、譏謔、雜志、藥議。	《四庫全書總目》卷一二〇
《澠水燕談録》	王闢之	分十五類:帝德、讜論、名臣、知人、奇節、忠孝、才識、高逸、官制、貢舉、先兆、歌咏、書畫、事志、雜録。	《四庫全書總目》卷一四〇
《麈史》	王得臣	爲四十四門:卷一睿謨、國政、朝制、官制、國用、任人、禮儀、音樂、臺議、忠讜、惠政、利疚,卷二賢德、志氣、度量、知人、不遇、治家、場屋、神受、體分、學術、經義、詩話、論文、碑碣、書畫、辨誤、明義,卷三姓氏、古器、風俗、奇异、盛事、戒殺、鑒誡、真僞、讒謗、占驗、語讖、博弈、諧謔、雜志、乖謬。	《麈史·自序》
《唐語林》	王讜	以唐小説五十家,仿《世説》分門三十五,又益十七,爲五十二門。	《直齋書録解題》卷一一
《續世説》	孔平仲	依《世説新語》體例分編爲三十八門,去《世説》豪爽一門,增直諫、奸佞、邪諂三門。	《續世説》
《雲齋廣録》	李獻民	原分九門,今止存六門:士林清話、詩話録、靈怪、麗情、奇异、神仙,共八卷。"末有《後集》一卷,曰《盈盈傳》,乃作者自述所遇"。	《四庫全書總目》卷一四四
《遯齋閑覽》	陳正敏	分十門:名賢、野逸、詩談、證誤、雜評、人事、諧謔、泛志、風土、動植。	《遯齋閑覽》
《續史館故事》	洪興祖	凡六門:叙事、史例、編修、直筆、曲筆、雜録。	《直齋書録解題》卷六

续表

書名	著者名	分類情况	史料出處
《東家雜記》	孔傳	上卷分九類：姓譜、先聖誕辰諱日、母顔氏、娶亓官氏、追封謚號、歷代崇封、嗣襲封爵沿改、改衍聖公、鄉官。下卷分十二類：先聖廟、手植檜、杏壇、後殿、先聖小影、廟柏、廟中古碑、本朝御製碑、廟外古迹、齊國公墓、祖林古迹、林中古碑。	《四庫全書總目》卷五七
《能改齋漫録》	吴曾	分十四門：事始、辨誤、事實、沿襲、地理、議論、記詩、記事、記文、類對、方物、樂府、神仙鬼怪、詼諧戲謔。	《讀書附志》卷上
《捫虱新話》	陳善	分四十八類：經、史、子、讀書（解義附）、文章、文才、詩、詩文、詩詞、詩四六、詞曲、書畫、讖類、聖賢、异端、儒釋、老氏、佛氏、佛老、神仙、學校、用人、設官、立法、人才、人事、事機、功過、見識、權變、知己、結交、朋黨、忠義、奸佞、戲謔、人倫之變、風鑒、誅殺、夢寐、變化、生死、鬼神、花木、蟲魚、山川、古迹、拾遺。	《捫虱新話》
《桂海虞衡志》	范成大	共十三篇：志岩洞、志金石、志香、志酒、志器、志禽、志獸、志蟲魚、志花、志果、志草木、雜志、志蠻。	《四庫全書總目》卷七〇
《嶺外代答》	周去非	原本分二十門，今有標題者凡十九。一門存其子目，而佚其總綱，所言則軍制户籍之事也。	《四庫全書總目》卷七〇
《仕學規範》	張鎡	分爲學、行己、莅官、陰德、作文、作詩六類。	《四庫全書總目》卷一二三
《建炎以來朝野雜記》	李心傳	分門編類：甲集分上德、郊廟、典禮、製作、朝事、時事、故事、雜事、官制、取士、財賦、兵馬、邊防十三門。乙集少郊廟一門，而末卷别出邊事，亦十三門。每門各分子目。	《四庫全書總目》卷八一

续表

書名	著者名	分類情况	史料出處
《朝野類要》	趙升	分十四門:班朝、典禮、故事、稱謂、舉業、醫卜、入仕、職任、法令、政事、帥幕、降免、憂難、餘紀。"逐事又各標小目,而一一詳詮其説,體例近蔡邕《獨斷》"。	《四庫全書總目》卷一一八
《洞天清録》	趙希鵠	凡十一門:古琴辨、古硯辨、古鐘鼎彝器辨、怪石辨、硯屏辨、筆格辨、水滴辨、古翰墨真迹辨、古今石刻辨、古今紙花印色辨、古畫辨。	《四庫全書總目》卷一二三
《隱居通議》	劉壎	分十一門:理學、古賦、詩歌、文章、駢儷、經史、禮樂、造化、地理、鬼神、雜録。	《四庫全書總目》卷一二二
《廣卓异記》	樂史	首卷記帝王,次卷記后妃、王子、公主,三卷雜録,四卷至十七卷皆記臣下貴盛之極與顯達之速者,十八卷雜録,十九卷舉選,二十卷專記神仙之事。	《四庫全書總目》卷六一
《春渚紀聞》	何薳	分《雜記》五卷,《東坡事實》一卷,《詩詞事略》一卷,《雜書琴事》附《墨説》一卷,《記硯》一卷,《記丹藥》一卷。	《四庫全書總目》卷一二一
《芻言》	崔敦禮	有書三卷,上卷言政,中卷言行,下卷言學。	《芻言·自序》
《示兒編》	孫奕	分七條:總説、經説、文説、詩説、正誤、雜記、字説。	《示兒編·自序》
《困學紀聞》	王應麟	是編乃其劄記考證之文。凡説經八卷,天道、地理、諸子二卷,考史六卷,評詩文三卷,雜識一卷。	《四庫全書總目》卷一一八
《三楚新録》	周羽冲	以一國爲一卷,上卷爲湖南馬殷,中卷爲武陵周行逢,下卷爲荆南高季興。	《直齋書録解題》卷五
《江南别録》	陳彭年	以一主爲一卷,述南唐義祖、烈祖、元宗、後主四代事實。	《四庫全書總目》卷六六

续表

書名	著者名	分類情況	史料出處
《鄱陽遺事録》	陳貽範	自《慶朔堂》至《長沙王廟記》，凡十有三目。	《四庫全書總目》卷五九
《演繁露》	程大昌	其書正編不分類，續編分制度、文類、詩事、談助四門。	《四庫全書總目》卷一一八

上表所録以外，尚有部分宋人筆記也以門類來區别其内容，如北宋時宋祁撰《鷄跖集》，"纂集書傳中瑣碎佳事，分門編次之"[1]；《瑞應雜録》十卷，"至和中，胥餘慶采諸書以類次"等[2]。然因其書久佚，今已無從獲知其詳，故存而不論。辨析上表所録，可知：(1)劉壎《隱居通議》以上諸條皆以門類區分内容者，然據其内容、篇幅之异同，而所分門類之數量懸殊，多者如《麈史》分四十四類、《唐語林》五十二門，少者僅六七類，如《續史館故事》《示兒編》等；而且其分類之標準也各不相同，頗顯繁複雜遝，甚至一書所設之門類也頗有雜亂錯出者，如《捫虱新話》分四十八類，其文章、詩、詩文、詩詞、詩四六、詞曲諸類與儒釋、老氏、佛氏、佛老、神仙諸類之設置，實屬瑣碎雜亂[3]，且不少門類下僅有一條記事，更顯露其設目之隨意與不當。

(2)宋人不少筆記的類目設置，乃視其内容、編纂目的等而定，頗具特色。如《唐語林》《續世説》兩部筆記的分類，即是仿《世説新語》而加變化，以與其所録内容相吻合。而《續史館故事》等記載朝廷政事及典章制度的筆記，因其所述内容之特點，往往於門類下再設置有子目，如李心傳《建炎以來朝野雜記》甲、乙集各分十三門，"每門各分子目"；又趙升《朝野類要》分十四門，其下"逐事又各標小目，而一一詳詮其説"。

(3)上表欒史《廣卓异記》以下五種筆記，乃以卷來區分内容者。又《三楚新録》以一國爲一卷、《江南别録》以一主爲一卷以爲區分之方法，爲頗多野史類筆記所采用。而《鄱陽遺事録》"自《慶朔堂》至《長沙王廟記》，凡十有三目"，乃

---

1 《郡齋讀書志校證》卷一三，第594頁。

2 《玉海》卷二〇〇《陳符瑞圖》引《中興書目》，第3660頁。

3 《四庫全書總目》卷一二七《捫虱新話》（第1093頁）云："其書考論經史詩文，兼及雜事，别類分門，頗爲冗瑣。"

是據所記述之對象而設置的條目。此類情況，與其上諸筆記以門類爲别者頗有差异。此外，吕希哲所撰《歲時雜記》二卷，乃其“在歷陽時與子孫講誦，遇節日則休，學者雜記風俗之舊，然後團坐飲酒以爲樂，久而成編”[1]。因此書已無完本傳世，故其體裁結構今已不詳，據周必大《題吕侍講希哲歲時雜記後》稱其書“惟《上元》一門，多至五十餘條”[2]，故推知《歲時雜記》當以時令節日爲目，而與其編撰目的相切合。

(4)《演繁露》“其書正編不分類，續編分制度、文類、詩事、談助四門”，正説明筆記設置門類之隨意性。

3.以編年形式編纂者

以事繫日、以日繫月、以月繫年的編年體編纂形式，主要見於日記與記録一事始末的野史類筆記。前者如劉渙《劉氏西行録》一卷，“按康定二年，朝廷議遣使通河西唃氏。渙以屯田郎、知晋州，請行。以十月十九日出界，慶曆元年三月十日回秦州。此其行紀也”[3]。周煇稱此書“乃渙所紀往返，繫日以書甚悉，且多篇咏”[4]。黄庭堅《宜州乙酉家乘》，乃其羈管宜州時之日記：“黄太史晚謫宜州，自崇寧四年起，但凡風雨寒暑、親舊往復，以至日用飲食之類，皆繫日書之，名曰《乙酉家乘》，止八月晦，九月則易簣矣。”[5]南宋初李正民撰《己酉航海記》一卷，“建炎三年(1129)己酉七月，高宗在金陵，聞金兵深入，遂趨平江，歷越州、明州，十二月乘舟航海，避兵台、温之間。正民時以中書舍人從行，按日記駐蹕之所。蓋起居注體也”[6]。范成大撰《吴船録》一卷，乃范成大“於淳熙丁酉(1177)，自四川制置使召還，取水程赴臨安，因隨日記所閲歷，作爲此書。自五月戊辰，迄十月己巳”[7]。而淳熙元年(1174)八月，吕祖謙居父喪期滿，與弟子潘叔度等爲會稽之游，逐日記録此行見聞而成《入越録》，記事始八月二十八日，

1 《直齋書録解題》卷六，第192頁。

2 周必大：《文忠集》卷四八《題吕侍講希哲歲時雜記後》，第51册，第508頁。

3 《直齋書録解題》卷七，第203頁。

4 《清波雜志校注》卷一〇《唃廝囉》，第426頁。

5 周必大：《文忠集》卷四七《跋吕伯恭日記》，第51册，第498頁。

6 《四庫全書總目》卷五二《己酉航海記》，第470頁。

7 《四庫全書總目》卷五八《吴船録》，第529頁。

終九月十五日，有行程里數、路途所向、天氣變换以及所歷村鎮之風土人情與自然景觀等。又吕祖謙於家居養病期間纂有《庚子辛丑日記》，始淳熙七年(1180)正月初一，終次年辛丑七月二十八，逐日記録治學功課、天氣狀况及物候變换等。

宋人所撰的編年體野史筆記，以記録兩宋之際軍政之事爲多見。如丁特起撰《孤臣泣血録》一卷，“所紀自欽宗靖康元年(1126)十一月五日起，至高宗建炎元年五月一日即位止。載汴京失守、二帝播遷之事”[1]。又，朱勝非所撰《南都翊戴記》《渡江遭變録》皆屬按日月記事者，前者記宋高宗於南京(今河南商丘)即位始末，而後者“記苗、劉作難至復辟事”[2]。而南宋無名氏所撰《戊申維揚録》一卷，“記高宗建炎二年(1128)冬至次年三月事。高宗自建炎元年十月如揚州，至三年二月如杭州。此所記者由揚入杭之事，故以‘維揚’爲名”[3]。同爲無名氏所撰之《禦侮録》，“紀宋南渡後與金人構兵，及和議之事。……書中於金人初起事迹，記載頗略。至於紹興三十二年金海陵王南侵，及孝宗初年張浚出兵撓敗始末，則節目具詳。自乾道元年魏杞使回，和議既成以後，則不復具載。前後皆繫日編次，於朝廷拜罷、禋祀諸大事，亦間及焉”[4]。

4.有標注其所聽聞者或據以抄録之文獻者

宋代部分筆記中，注明其所聽聞之事爲何人所言，或標注其所抄録之資料出自何本文獻。晁説之撰《晁氏客語》一卷，“是書乃其札記雜論，兼及朝野見聞，蓋亦語録之流。條下間有夾注，如云‘右五段張某’，又云‘第四段劉快活’，又有‘李及壽朋述志’諸名氏，蓋用蘇鶚《杜陽雜編》之例，每條必記其所語之人，所謂‘客語’也”。[5] 此後尤其是南宋時期，注明所記録文字之出處的筆記漸多，如龔頤正撰《續釋常談》，“凡常言俗語，皆注其所出”[6]。郭彖《睽車志》六卷，“皆紀鬼怪神异之事，爲當時耳目所見聞者”，而其“各條之末，悉分注某人所

---

1 《四庫全書總目》卷五二《孤臣泣血録》，第469頁。

2 《直齋書録解題》卷五，第155頁。

3 《四庫全書總目》卷五二《建炎維揚遺録》，第470頁。

4 《四庫全書總目》卷五二《禦侮録》，第471頁。

5 《四庫全書總目》卷一二〇《晁氏客語》，第1037頁。

6 《直齋書録解題》卷一一，第337頁。

説,蓋用《杜陽雜編》之例”。[1] 而張鎡撰《仕學規範》,“統載宋名臣事狀,并徵引原文,各著出典”[2]。葉大慶《考古質疑》“其有徵引古書及疏通互證之處,則各於本文之下用夾注以明之,體例尤爲詳悉”[3]。又宋末周密撰《澄懷録》,“采唐、宋諸人所紀登涉之勝與曠達之語,彙爲一編。皆節載原文,而注書名其下,亦《世説新語》之流别,而稍變其體例者也”[4]。乃爲注明所引録書名之例。至於趙溍所撰之《養痾漫筆》一卷,乃“雜記宋時瑣事,末附醫方數條,多捃摭他書而成,如《坦齋筆衡》《鶴林玉露》《瑞桂堂暇録》《譚淵》之類,亦間注出處”[5]。體例稍异於前述諸筆記。

雖清代館臣稱宋代筆記注明所聞、所抄録的做法仿自唐蘇鶚《杜陽雜編》與《世説新語》諸書,但據宋代筆記的實際情況而言,此種做法當屬宋代史學發展之産物,并與北宋史學大家司馬光所撰的《涑水記聞》之影響密切相關。

司馬光撰《涑水記聞》“記賓客所談祖宗及當時雜事”[6],即“當時朝廷政事、公卿士大夫議論、賓客游從道路傳聞之語,莫不記録。有身見者,有得於人者。得於人者,注其名字”[7]。因此,陸游有云:“蘇子容聞人引故事,必就令檢出處。司馬温公聞新事,即録於册,且記所言之人。故當時諺曰:‘古事莫語子容,今事勿告君實。’”[8]故而“是編雜録宋代舊事,起於太祖,訖於神宗,每條皆注其述説之人,故曰‘記聞’。或如張詠請斬丁謂之類,偶忘名姓者,則注曰‘不記所傳’,明其他皆有證驗也。間有數條不注者,或總注於最後一條,以括上文;或後來傳寫不免有所佚脱也”[9]。然檢《涑水記聞》,其所注除述説之人外,還有部分條目注明其所引録之書名,如石介《三朝聖政録》《三朝訓鑒圖》與《(李)穆行狀》、宋

1 《四庫全書總目》卷一四二著録郭彖《睽車志》,第1213頁。

2 《四庫全書總目》卷一二三《仕學規範》,第1061頁。

3 《四庫全書總目》卷一一八《考古質疑》,第1022頁。

4 《四庫全書總目》卷一三一《澄懷録》,第1117頁。

5 《四庫全書總目》卷一四三《養痾漫筆》,第1217頁。

6 《郡齋讀書志校證》卷六,第266頁。

7 《建炎以來繫年要録》卷一〇四“紹興六年八月己亥”條,第2册,第428頁。

8 周必大:《文忠集》卷一八二《二老堂雜誌》四《記陸務觀二説》,第52册,第778頁。按:子容,蘇頌字;君實,司馬光字。

9 《四庫全書總目》卷一四〇《涑水記聞》,第1189頁。

次道《(王禹偁)神道碑》《(王旦)行狀》、范希文《(种世衡)墓志》等;此外還注云"衆云及自見""身見",表明其所記文字乃是其親見如此。

(二)宋代筆記的續補及辨釋

宋代筆記的續補,大體分爲兩類,其一是對自己筆記的續補,其二是續補前人的筆記著作。

宋時往往一人撰有多部筆記,一般取不同之書名以示區别,如宋末周密撰有《弁陽客談》《武林舊事》《齊東野語》《癸辛雜識》及《志雅堂雜鈔》等。但也有不少著者因其所撰筆記的體例、宗旨等相同,故於書名中以"續"示意,如文瑩撰有《湘山野録》三卷、《續湘山野録》一卷,佚名所撰《墨客揮犀》十卷、《續墨客揮犀》十卷,陸游撰有《老學庵筆記》十卷、《老學庵續筆記》二卷等,又程大昌撰有《考古編》十卷、《續考古編》十卷,後者乃續前編,"考證明確,體例與前書相同,而尤詳於史事"[1]。不過趙彦衛撰《雲麓漫鈔》二十卷、《雲麓續鈔》二卷,其"續二卷乃《中庸説》及《漢定安公補紀》也"[2],正續兩書的體例却有不同。但也有一些筆記是以"甲乙丙丁""一二三四"等區别者,如王明清撰有《揮麈録》《揮麈餘録》《揮麈第三録》《揮麈録餘話》,張端義撰有《貴耳集》《貴耳二集》《貴耳三集》各一卷,[3]俞文豹撰有《吹劍録》《吹劍續録》《吹劍三録》《吹劍四録》,[4]而洪邁撰有《容齋五筆》與《夷堅志》等筆記,其中《夷堅志》,據陳振孫《直齋書録解題》卷一一著録有《甲志》至《癸志》二百卷、《支志甲》至《支志癸》一百卷、《三志甲》至《三志癸》一百卷、《四志甲》《四志乙》二十卷,取名頗顯複雜。

宋人所撰的筆記,有相當部分乃屬續補前朝或時賢之作,也有部分筆記乃爲續其父祖所撰之筆記。如前代晉人張華撰有《博物志》,而南宋前期人李石即

1 〔清〕胡玉縉撰,吴格整理:《四庫未收書目提要續編》卷三,上海書店出版社 2002 年《續四庫提要三種》本,第 190 頁。

2 《直齋書録解題》卷一一,第 337 頁。

3 張端義《三集序》(《貴耳集》卷下,第 332 頁)云:"余《貴耳三集》成,乃補拾前二集之遺,可以絶筆矣。"

4 〔宋〕俞文豹撰,張宗祥校訂:《吹劍録全編》序(古典文獻出版社 1958 年版,第 1 頁)稱:"此編已刊行,板留書肆,不可得,因删舊添新,再與《續集》并刊。"又俞文豹《吹劍四録》(《吹劍録全編》,第 89 頁)稱其撰成《吹劍録》以後,又"因續三爲四,以驗其學之進否"。

撰《續博物志》,"其書以補張華所未備。惟華書首地理,此首天象,體例小异。其餘雖不分門目,然大致略同。故《自序》謂次第仿華説,一事續一事"[1]。南朝宋劉義慶撰成《世説新語》一書,影響甚大,故北宋孔平仲乃著《續世説》,"編宋至五代事,以續劉義慶之書也"[2]。唐人崇文館校書鍾輅撰《前定録》一卷,"凡二十二事。别本又有《續録》二十四事"[3],著者姓名已佚,撰成於宋太宗、真宗時。《新唐書·藝文志·譜牒類》著録《諱行録》一卷,未著撰人名氏。故宋敏求撰《諱行後録》,"按《館閣書目》:《諱行録》一卷,以四聲編登科進士族系、名字、行第、官秩及父祖諱、主司名氏。(原注:起興元元年,盡大中七年)宋敏求續爲《後録》五卷"[4]。又唐代李商隱撰有《雜纂》,故宋時有題名王君玉所撰的《雜纂續》、題名蘇軾所撰的《雜纂二續》。唐人李翱著《卓异記》三卷,"述唐朝君臣超异之事,善則善矣,然事多漏落,未爲廣博",故宋初樂史"嘗撰《續唐卓异記》三卷進上,則唐朝之事庶幾盡矣";此後,"又續漢、魏以降,至於五代史,竊見聖賢卓异之事,不下唐時之人,即未聞有纂集者。臣今自漢魏以降,至於周世宗,并唐之人,總爲一帙,名曰《廣卓异記》,凡二十卷,并目録二卷"。[5] 以上乃續補前代筆記而作。

宋人爲續補前輩時賢之著述而撰的筆記,有前後相隔時久的,也有同時稍後者。前者如北宋真宗、仁宗時佚名撰《釋常談》一卷,至南宋中期龔頤正撰《續釋常談》二十卷。又沈括撰有《清夜録》,王銍遂作《續清夜録》。南宋中期魏了翁有《古今考》一卷,宋末方回乃爲《續古今考》三十七卷,"了翁以古制多不可考,兩漢諸儒惟據叔孫通所定某物猶今之某物,孔、賈諸疏則又謂去漢久遠,雖漢制亦不可考,乃即《漢書》本紀所載,隨文辨證,作《古今考》。前有自序一則。然其書未成,僅得二十條,又有録無書者四條。咸淳丁卯(1267),回得手稿於了翁之子,乃推衍其意,續成是編。并載了翁原書,而各附論於條下,以'鶴山先生

1 《四庫全書總目》卷一四二《續博物志》,第 1215 頁。

2 《直齋書録解題》卷一一,第 330 頁。

3 《直齋書録解題》卷一一,第 320 頁。

4 〔宋〕王應麟撰,〔清〕翁元圻等注:《困學紀聞》卷一四,上海古籍出版社 2008 年版,第 1624—1625 頁。

5 《廣卓异記》卷首《自序》,第 12 頁。

曰’‘紫陽方氏曰’别之。其無書四條,回亦補其劉媪夢與神遇一條,并發例於下曰:‘鶴山原書有此題而文闕,今回以意補之’,加‘紫陽方氏曰’五字。後此皆回所撰,不再書此五字。或引古於前,則復書之云云”。[1]

後者如司馬光撰《續詩話》一卷,乃爲續聲容相接之歐陽修的《六一詩話》。其《續詩話小序》云:“《詩話》尚有遺者,歐陽公文章名聲雖不可及,然記事一也,故敢續書之。”[2]其旨亦重在記事,與《六一詩話》相同。又如朱弁“少穎悟,讀書日數千言。既冠,入太學,晁説之見其詩,奇之,與歸新鄭,妻以兄女。新鄭介汴、洛間,多故家遺俗,弁游其中,聞見日廣”[3],撰《骩骳説》一卷,“以續晁無咎《詞話》”[4]。《直齋書録解題》卷一一著録《瑣碎録》二十卷、《後録》二十卷,云“温革撰,陳昱增廣之。《後録》者,書坊增益也”[5]。至於王質撰《夷堅别志》二十四卷,《自序》略云:“志怪之書甚夥,至鄱陽《夷堅志》出,則盡超之。余平生所嗜,略類洪公,始讀《左傳》《史記》《漢書》,稍得其記事之法,而無所施,因志怪發之。久之習熟,調利滋耽,玩不能釋。間自觀覽,要不爲無補於世,而古今文章之關鍵,亦間有相通者,不以是爲無益而中晝,愈裒所見聞,益之事五百七十,卷二十四,今書之目也。……其名仍爲《夷堅》,而别志之,辨於鄱陽也。”[6]據趙與旹《賓退録》卷八云洪邁“《壬志》全取王景文《夷堅别志序》,表以數語”[7]。是則王質《夷堅别志》乃爲續補洪邁《夷堅志》,而至洪邁撰作《夷堅壬志》時,又抄録《夷堅别志》文字以成篇。如此情况,實爲其他續補筆記之絶無僅有者。

又較歐陽修稍後的朱定國將自己所撰的筆記取名《歸田後録》,亦名《續歸

---

1 《四庫全書總目》卷一一八《古今考》,第1022頁。

2 〔宋〕司馬光:《温公續詩話》卷首,中華書局1981年《歷史詩話》本,第274頁。

3 《宋史》卷三七三《朱弁傳》,第11551頁。

4 《直齋書録解題》卷一一,第333頁。按:《説郛》卷二九下載録朱昂《續骩骳説》,其序略云:“予居本里,或有示予晁無咎《骩骳説》二卷,其大概多樂府歌詞,皆近世人所爲也。予不自揣,亦述所見聞,以貽好事,名之曰《續骩骳説》。”朱昂乃北宋前期人,故此“朱昂”當爲“朱弁”之訛。據此序,可知其當撰於徽宗朝朱弁居新鄭東里時。又按:骩骳,喻文筆迂曲,風格卑下。此乃謙辭。

5 《直齋書録解題》卷一一,第344頁。按:“陳昱”,《文獻通考》卷二一七《經籍考》作“陳曄”,是。

6 《文獻通考》卷二一七,第6062~6063頁。

7 《賓退録》卷八,第98頁。按:王質謚曰景文。

田録》,然衹是“竊取歐公舊録之名,實不相關也”[1]。

宋代爲續補其父祖所撰之筆記,著名者有蘇耆(蘇易簡子)《次續翰林志》,其序云:“先公自太平興國庚辰歲首登上第,不由館殿,直升綸閣,從釋褐凡七年召入翰苑。先帝睠注隆厚,垂欲大用者數矣,以尚少,但加承旨之號以榮之。凡八换炎凉,方參預政事。有唐以爲榮滯相半,不虚矣。在玉堂日,書詔之暇,集近朝故事號《續翰林志》,其末云:‘後之制置新規,俟他日别加編纂焉。’尋以中樞務繁,晨趍夕返,旋又出鎮穰下,故未遂周序其事。……次子耆出宰烏程,居多暇日,因泣血編録,附於志後,目之曰《次續翰林志》云耳。”[2] 又邵伯温撰《邵氏聞見録》,其子邵博乃撰《邵氏聞見後録》,“蓋續其父書,故曰《後録》”。[3]

宋人視筆記乃叢脞小道,故爲之注釋考辨者甚少見,如葉夢得《石林燕語》。葉夢得於“徽宗時嘗司綸誥,於朝章國典,夙所究心,故是書纂述舊聞,皆有關當時掌故。於官制科目,言之尤詳,頗足以補史傳之闕,與宋敏求《春明退朝録》,徐度《却掃編》可相表裏”,然因“書成於南渡之後,振孫之説未核矣。惟夢得當南、北宋間,戈甲倥偬,圖籍散佚,或有記憶失真、考據未詳之處,故汪應辰嘗作《石林燕語辨》,而成都宇文紹奕亦作《考异》以糾之”。而紹奕之書“雖其間傳聞年月之訛,繕寫字畫之誤,一一毛舉,或不免有意吹求,頗類劉炫之規杜預,吴縝之糾歐陽修,而援引舊文,辨駁詳確者十之八九。是一朝故事,得夢得之書而梗概俱存,得紹奕之書而考證益密。二書相輔而行,於史學彌爲有裨矣”。[4] 而汪應辰《石林燕語辨》收入《儒學警悟》,有二百零二目(内三條有目無文),對《石林燕語》亦多有辨正。

(三)宋代筆記的史料來源

作爲叢脞雜録之筆記,其所記所録大都爲其耳聞目睹者。兩宋之際李綱於靖康年間,“以自今以往所經歷、所見聞、所施爲、所會遇日著於篇,爲《靖康行

---

1 《直齋書録解題》卷一一,第 341 頁。

2 《次續翰林志》卷首序,第 81 頁。

3 《四庫全書總目》卷一四一《聞見後録》,第 1199 頁。

4 《四庫全書總目》卷一二一《石林燕語》,第 1040—1041 頁。

紀》,使將來有所考云"[1]。南宋初吴垧撰《五總志》,其稱"然於紬繹方册,與夫耳目所聞見,有可紀述者,尚未可結舌閣筆,於是因事輒書,雜以己語,或以古證",而成此書,以"有補於遺忘"。[2] 歸納而言,筆記所記載的内容乃撰者之所經歷、所見聞、所抄録、所思辨研析者。

日記類、行游類等筆記如王安石《熙寧奏對日録》、張舜民《使遼録》、范成大《吴船録》等所載自然屬於所經歷者。又胡銓於隆興元年(1163)五月三日晚,侍孝宗於後殿内閣,君臣問答通夕,胡銓歸而詳記之,曰《經筵玉音問答》,亦屬此類。

所思辨研析者,如北宋歐陽修撰《廬陵雜説》一卷,稱其夏日雨後,坐於樹間,"仰視日月星辰行度,見星有殞者。夜既久,露下,聞草間蚯蚓之聲益急,其感於耳目者有動乎其中,作《雜説》"[3]。又如南宋楊簡撰《石魚偶記》一卷,張壽鏞序云:"凡先生論《易》、論《書》、論《詩》、論《春秋》、論《禮》《樂》、論《論語》、論《孝經》、論《大學》《中庸》、論《孟子》諸子,論治道、論封建、論兵,義理所在,編者彙而著之。而《偶記》則先生本所考據,閒發議論,手録於册者也。有與家記同者,有與家記詳略差异者,而要以家記未見者爲多。"[4]魏了翁《讀書雜抄》二卷,"其書多辨證經義之語"[5]。

據現見史料可知,宋代筆記大多屬於著者所見聞、所抄録者。其中筆記書名中有"聞見""記聞""談紀""客語""舊聞"等語者,多爲著者載録其所見所聞而作。如潘若冲《郡閣雅言》,爲其"太宗時守郡,與僚佐話及南唐野逸賢哲异事佳言,輒疏之於書,凡五十六條,以資雅言。或題曰《郡閣雅談》"[6]。熙、豐間人朱定國"著《歸田後録》,皆耳目所接朝野可載事,以備史氏之遺,士大夫多傳

1 《李綱全集》卷一三六《靖康行紀序》,第1035~1036頁。

2 《五總志》卷首《序》,第5頁。

3 《歐陽修全集·居士集》卷一五《雜記三首并序》,第263頁。

4 〔宋〕楊簡:《石魚偶記》卷首張壽鏞《序》,《全宋筆記》第六編四,大象出版社2013年版,第48頁。

5 《四庫全書總目》卷一二六《讀書雜抄》,第1087頁。

6 《郡齋讀書志校證》卷一三,第582頁。按:寧稼雨《中國文言小説總目提要》(齊魯書社1996年版,第191頁)以爲晁公武因避其父諱,改"冲"爲"同",故著録作潘若同撰。

之”[1]。而李廌撰《師友談記》一卷,“是書記蘇子瞻、范淳夫及四學士所談論,故曰‘師友’”[2]云云。

宋代僧人所撰之筆記,也往往是雜録所見所聞而成。如謝逸《林間録序》稱徽宗時名僧洪覺範“得自在三昧於雲庵老人,故能游戲翰墨場中,呻吟謦欬,皆成文章。每與林間勝士抵掌清談,莫非尊宿之高行,叢林之遺訓,諸佛菩薩之微旨,賢士大夫之餘論。每得一事,隨即録之,垂十年間,得三百餘事。從其游者本明上人,外若簡率,而内甚精敏,燕坐之暇,以其所録編爲上下帙,名之曰《林間録》。因其所録有先後,故不以古今爲詮次”[3]。南宋中葉釋道融撰《叢林盛事》,稱“余厠身叢林僅三十年,所見當代諸大老多矣”,閑閲“江西瑩公所著《羅湖野録》一帙”而有省,“因追憶平日在衆目見耳聞前輩近世可行可録之語,共成一編”。[4]

與上述諸筆記乃著者雜録其所見所聞的情况不同,宋代不少筆記乃是著者談論其所見所聞而由其子弟或門人等所記録者。如蜀人李畋“致仕歸,與門人賓客燕談,衮衮忘倦。門人請編録,遂以‘該聞’爲目”[5],成《該聞録》十卷。又《楊文公談苑》十五卷,乃“丞相宋庠公序所録楊文公億言論。初,文公里人黄鑑從公游,纂其异聞奇説,名《南陽談藪》。宋公删其重複,分爲二十一門,改曰《談苑》”[6]。故“其間有云‘公言某事’云云者,皆黄志也”[7]。而“臨江劉延世録高郵孫升君孚所談”[8]而成書三卷,據劉延世序稱孫升於紹聖間在臨汀,“時侍親守官長汀縣,竊從公游,聞公言皆可以爲後世法,亦足以見公平生所存之大節,於是退而筆之,集爲三卷,命曰《孫公談圃》”[9]。此外,爲學生門人所記録之語

1 〔宋〕楊傑:《無爲集》卷一三《故朝散郎致仕朱君墓志銘》,上海古籍出版社《文淵閣四庫全書》本。

2 《郡齋讀書志校證》卷一三,第 587 頁。

3 〔宋〕謝逸:《溪堂集》卷七《林間録序》,上海古籍出版社《文淵閣四庫全書》本,第 1122 册,第 520 頁。

4 〔宋〕釋道融:《叢林盛事》卷首《序》,《全宋筆記》第七編一,大象出版社 2016 年版,第 104 頁。

5 《郡齋讀書志校證》卷一三,第 575 頁。

6 《直齋書録解題》卷一一,第 325 頁。

7 《元憲集》卷三五《談苑序》,第 1087 册,第 679 頁。

8 《直齋書録解題》卷一一,第 330 頁。

9 《孫公談圃》卷首劉延世《序》,第 139 頁。

録類筆記,也多屬此類情况。

宋代雜録諸書而編成的筆記也數量不少,如北宋人王讜云:“以唐小説五十家,取其要者,仿《世説》分五十二門,爲《唐語林》十一卷。”[1]南宋著名學者吕祖謙“晚歲卧家,深居一室,若與世相忘,而其周覽山川、收拾人物之意未嘗已也。因有感於‘宗少文卧游’之語,每遇昔人記載人境之勝,輒命門人隨手筆之,而目之曰《卧游録》,非直以爲怡神玩志之具而已。嘗遺益國周公書曰:‘近書新銜,(原注:時初授亳州明道宫)譙沛真源,恍然在目。若更十年不死,則嵩之崇福、兖之大極、華之雲臺,皆可卧游也。’觀此則先生故國之念,未嘗一日去心,卧游之意,抑又深遠矣。此書未及成編,而已迫夢奠”[2]。其書即雜抄有關“史傳所載古今人境勝處”[3]而成編。宋末俞文豹撰《吹劍録》,有云:“陳忠肅公瑩中好讀書,至老不倦,每觀百家之文及醫卜等書,開卷有得,則片紙記録,粘於壁間,環座既遍,合爲一編,前後凡數十册。文豹是編之續,至再至三,亦猶是也。”[4]而宋代印刷術的普及,各類著述數量大增,也爲此類抄録衆書的編著方式帶來了莫大之便利。

鑒於筆記内容瑣雜的特點,宋代大部分筆記乃混雜記録所見所聞及抄録資料,如王素《文正王公遺事》乃是其“從官立朝,或聞於搢紳,或傳於親友,或得之故吏,或存諸遺稿,史官未備,文理未悉者,竊自記録,僅乎成編。至於殁後追崇,識者議論,保守家法,訓戒子弟,可爲世範,咸附卷末”[5]。龐元英撰《文昌雜

1 《玉海》卷五五《唐語林》,第 1050 頁。

2 《説郛》卷七四下《卧游録》王深源《序》,第 880 册,第 191 頁。按:《四庫全書總目》卷一三一《卧游録》(第 1116 頁)著録一卷,云:“是書前有嘉定九年王深源序,後有嘉靖壬午顧元慶跋。凡四十五則,前二十一則全録劉義慶《世説新語》,次十八則全録蘇軾雜著及陶潜集,惟後二則不知爲誰語。其言參差不倫,了無取義,祖謙必不如是之陋。此本出陳繼儒《普秘笈》中,殆明人依托也。”然《説郛》本、《寶顔堂秘笈》本、《金華叢書》本等録文一百一十七條,前二十一條同於《顧氏文房小説》,其後則出自《晋書》《廣弘明集》及六朝以來文集等,其中載録蘇軾以後者有黄庭堅、秦觀之事,甚至録有與吕祖謙同時之“王十朋遷官夔州時,待命於廬山,遍歷山南北,多所題咏”事。可證清代館臣所據之本不全,而由此推斷其書乃“明人依托”之論亦誤。

3 《直齋書録解題》卷七,第 222 頁。

4 《吹劍三録》卷首《序》,第 43 頁。

5 〔宋〕王素:《文正王公遺事》卷首《序》,《全宋筆記》第一編五,大象出版社 2003 年版,第 178 頁。

録》,乃“記一時見聞及古今典故可觀覽”[1]。陳鵠撰《耆舊續聞》,“所録自汴京故事及南渡後名人言行,捃拾頗多,間或於條下夾注書名及所説人名字,蓋亦雜采而成”[2]。而周密《齊東野語》中所記,“乃参之史傳諸書,博以近聞脞説”[3],方始成文。

至於宋代筆記所據以抄録的書籍,以時代分有當時著述,也有宋代之前的文獻;以内容、體裁分則有經籍、正史、諸子、詩文等,也有來自其他筆記、野史等雜書。如周南於“憂居,讀靖康以來雜記,得數百事,間有太史氏之所不録者,抄置楮中,不復詮次,題爲《書隖叢録》”[4]。王彌大所編《清溪弄兵録》二卷,乃“記宣和中方臘寇睦州事,分前後二篇。其前篇從方勺《泊宅編》録出,其後篇從《續會要》第二百五十三卷《出師門》中録出。……蓋裒合舊文,非所自撰也”[5]。然因筆記雜史所載多有訛誤,時欠精審[6],甚至存在有一條記事,多本筆記輾轉抄録,而與事實相去漸遠的情況。如張淏《雲谷雜紀》卷四云:

> 吴曾《能改齋漫録》載王安國夢游靈芝宫。予按,此事本曾子固所記,後來魏泰《東軒雜録》全用子固之文,但於末後添太常丞曾阜夢平甫一節爾。又《冷齋夜話》亦記之,而略於二書。子固文見於《南豐雜識》中。蓋吴曾未嘗見此書也。《雲齋廣録》乃政和中李獻民所作,其載平甫此事,乃合曾、魏二書并爲一段。是吴曾非但不見《南豐雜識》,於《東軒雜録》亦未嘗見也。[7]

故王枺於撰作《燕翼詒謀録》時,明確宣稱“稗官小説所載國朝典故,多相矛盾,故李公伯和質以《國史》,爲《典故辨疑》一書,凡諸家所載,無一非妄,幾於可以盡廢。今余所述,無非考之《國史》《實録》《寶訓》《聖政》等書,凡稗官小説,悉

---

1 《直齋書録解題》卷七,第 211 頁。

2 《四庫全書總目》卷一四一《耆舊續聞》,第 1200 頁。

3 《齊東野語》卷首《自序》,第 4 頁。

4 《山房集》卷五《書隖叢録跋》,第 1169 册,第 57 頁。

5 《四庫全書總目》卷五二《清溪弄兵録》,第 468 頁。

6 如《四庫全書總目》卷六六(第 586 頁)稱周羽翀撰《三楚新録》,然“其中與史抵牾不合者甚多。……蓋羽翀未睹國史,僅據故老所傳述纂録成書,故不能盡歸精審”。

7 〔宋〕張淏:《雲谷雜紀》卷四《游靈芝宫》,中華書局 1958 年版,第 60 頁。按:“曾子固所記”乃指曾鞏《南豐雜識》。

弃不取，蓋以前人爲戒也。凡我同志，譏其妄論則可，以爲繆誤則不可矣”[1]。故而其書後世有“臚陳故實，如絲聯繩貫，本末粲然，誠雜史中之最有典據者也”[2]之譽。

由於筆記雜録諸事的特點，故其抄録史料往往未加注明，從而造成文字衝突而影響閱讀理解。宋末元初人劉一清撰有《錢塘遺事》十卷，其中多有抄録前人著述之文字，也存在有上述之現象，故清代館臣對此批評曰：

> 其書雖以錢塘爲名，而實紀南宋一代之事。高、孝、光、寧四朝，所載頗略。理、度以後，叙録最詳。大抵雜采宋人説部而成，故頗與《鶴林玉露》《齊東野語》《古杭雜記》諸書互相出入。雖時有詳略同异，亦往往録其原文。如一卷十里荷花一條，二卷辛幼安詞一條、韓平原一條、大字成犬一條，皆采自《鶴林玉露》。既不著其書名，其中所載“余謂”“愚聞”及“余亦作一篇”云云，皆因羅大經之自稱，不加刊削，遂使相隔七八十年，語如目睹，殊類於不去葛龔。又書中稱北兵，稱北朝憲宗皇帝，稱帝㬎曰嗣君，稱謝后曰太皇太后，似屬宋人之詞。而復稱元曰大元，稱元兵曰大兵，曰大元國兵，稱元世宗曰皇帝，乃全作元人之語。蓋雜采舊文，合爲一帙。故内外之詞，不能畫一，亦皆失於改正。然於宋末軍國大政，以及賢奸進退，條分縷析，多有正史所不及者。蓋革代之際，目擊僨敗，較傳聞者爲悉。[3]

四、宋代筆記的刊印傳布

宋時雕版印刷技術的普及，使得宋人較前代更易獲得書籍，而閱讀的便利，也使得學者的著述較前代大爲增多，且其著述頗能得刊印、傳布，由此推動社會思想文化之流傳與普及，反過來又擴大了時人對於書籍之需求。宋代筆記的著述與刊印、流傳情況，同樣如此。但因相關史料不足等原因，除對個别筆記以

1 《燕翼詒謀録》附録《宋朝燕翼詒謀録序》，第 57~58 頁。
2 《四庫全書總目》卷五一《燕翼詒謀録》，第 465 頁。
3 《四庫全書總目》卷五一《錢塘遺事》，第 466 頁。

外，對於整個宋代筆記的出版情況，其研究甚爲薄弱，即至今尚未見有對宋代筆記的刊印情況進行整體探討研究者。爲此，此處即首先搜集頗爲分散的有關史料編成下表，并據以對此作一簡要的闡述分析。

書名	著者	刊印時代	刊印情況	史料出處
《乘异記》	張君房	真宗後期	平生喜著書，如《雲笈七籤》《乘异記》《麗情集》《科名分定録》《潮説》《脞説》之類甚衆。知杭州錢唐，多刊作大字板携歸，印行於世。	《默記卷》下
《茅亭客話》	黄休復	元祐八年	元祐癸(祐)[酉]西平清真子石京爲後序，募工鏤版，以廣其傳。此則太廟前尹家書籍鋪刊行本也。	《讀書敏求記》卷三
《林間録》	釋惠洪	徽宗時	僧本明"懼字畫漫滅，而傳寫失真，於是刻之於版，而俾余爲序，以傳後世"。	《溪堂集》卷七《林間録序》
《法藏碎金録》	晁迥	北宋後期	北宋後期嘗由邛州郭敏修"委鄉人刻之板"。	《景迂生集·送郭先生序》
《東齋記事》	范鎮	北宋後期	今所存諸條句下，如張繪注曰"京版作張綸"之類，凡有數處，是當時刊本且不一而足矣。	《四庫全書總目》卷一四〇
《宜州乙酉家乘》	黄庭堅	紹興三年	紹興癸丑歲，"因鏤板以傳諸好事"。	《宜州乙酉家乘》卷首范寥《序》
《皇朝事實類苑》	江少虞	紹興二十三年	紹興二十三年即刊印於福建麻沙書坊。	《宋朝事實類苑·出版前言》

续表

書名	著者	刊印時代	刊印情況	史料出處
《續世説》	孔平仲	紹興二十七年	惜其書成,未及刊行,轉相傳寫,不無烏焉成馬之弊。今兹善本,從義郎李君敏得之於前靖守王君長孺,相與鏤板而藏焉。王親授於李,知其不謬。李今爲沅人,徒有其本,而所傳蓋未廣也。紹興丁丑春,洛陽王公無染濯守沅之明年,……俄李氏以其書板來售,即加是正,復命鑱刻,以補其不足。	《續世説》卷首秦果《序》
《松窗百説》	李季可	紹興二十八年	《松窗》乃復傑出,……大任辱在後進,喜而欽之,特授工以傳,且少慰回首嵩、洛之意云。	《松窗百説》卷末尹大任《跋》
《夷堅甲志》	洪邁	紹興後期	《夷堅》初志成,士大夫或傳之,今鏤板於閩、於蜀、於婺、於臨安,蓋家有其書。	《夷堅乙志·自序》
《樂善録》	李昌齡	隆興二年、紹定二年	隆興甲申,何榮孫"得《南中勸戒録》,……增而廣之,分爲十卷,名之曰《樂善録》,亟鏤板印行"。後汪統"游蜀都",得《樂善録》十卷,"常以自隨",至紹定二年"刻梓於會稽郡齋,用廣其傳"。	《樂善録》卷首何榮孫《序》、卷末汪統《跋》
《松漠紀聞》	洪皓	乾道初、乾道九年	先忠宣《松漠紀聞》,伯兄鏤板歙、越。遵來守建業,又刻之。	《松漠紀聞》卷末洪遵《後記》
《國信語録》	陳襄	乾道元年、慶元三年	乾道元年陳輝刊刻於章貢郡齋以傳世,慶元三年陳曄刊於臨江郡齋,附《古靈集》後。	《四庫未收書目提要·續編》卷二

续表

書名	著者	刊印時代	刊印情況	史料出處
《夢溪筆談》	沈括	乾道二年	乾道二年湯修年據以校刻於揚州州學,頗爲完善。	《四庫全書總目》卷一二〇
《韵語陽秋》	葛立方	乾道二年	公既殁,或請其書鏤板以傳世,輒掇其大旨,書於篇端,使覽者得詳焉。	《韵語陽秋》卷末沈洵《跋》
《夷堅乙志》	洪邁	乾道二年、八年,淳熙七年	《乙志》成於乾道二年,隨即刊於會稽,"八年夏五月,以會稽本别刻於贛,去五事,易二事,其他亦頗有改定處。淳熙七年七月又刻於建安"。	《夷堅乙志·自序》
《孫公談圃》	劉延世	乾道二年、南宋中期	乾道二年,孫兢於汀州治"槧於木",此後臨江"用臨汀本復刊於郡齋"。	《孫公談圃》卷首孫兢《序》、《野客叢書》卷五
《文昌雜録》	龐元英	乾道三年	乾道丁亥夏,留尹方公刊置建康郡齋。	《文昌雜録》卷首衛傳《序》
《能改齋漫録》	吴曾	乾道間	《漫録》甫鋟木,以有不應言者,旋被旨毁板,士大夫多先得墨本。	《清波雜志·别志》卷三
《容齋隨筆》	洪邁	孝宗前期	其書先成《隨筆》十六卷,刻於婺州。	《四庫全書總目》卷一一八
《翰苑遺事》	洪遵	乾道末	曩嘗稡《遺事》一編,朅來建業,以家舊藏李肇、元稹、韋處厚、韋執誼、楊鉅、丁居晦洎我宋數公凡有紀於此者,并刊之木,仍以《國朝年表》《中興題名》附。	《翰苑群書》卷末《題記》
《東京夢華録》	孟元老	淳熙十四年	因鋟木以廣之,使觀者追念故都之樂,當共起風景不殊之嘆。	《東京夢華録》卷末趙師俠《跋》

续表

書名	著者	刊印時代	刊印情况	史料出處
《朝野遺事》	趙子崧	淳熙間	淳熙中,周益公帥長沙,命項安世、丁朝佐、楊長孺讎校而刻之。	《郡齋讀書附志》卷上
《震澤記善録》	周憲	淳熙三年	淳熙三年,知蘄州施温舒既刊王蘋"文集,頃已刊之郡庠,今復得此遺言於先生之子郡丞大本,謹并刻之,以示後學云"。	《王著作集》卷八施温舒《後記》
《欒城遺言》	蘇籀	淳熙六年	淳熙六年,知筠州蘇詡《雙溪集後跋》稱將蘇籀"《雙溪集》,并所記《欒城公遺言》一卷,因鏤板於筠之公帑"。	《雙溪集》卷末
《演繁露》	程大昌	淳熙八年、嘉定五年	此書有泉州州學教授陳應行跋,稱淳熙庚子分教温陵,始得其《禹貢圖論》,繼又得其《考古編》《演繁露》二書,亟命繕寫,鋟木以傳。於淳熙辛丑竣事。 "嘉定壬申春,程氏準新刊尚書公《演繁露》成"。程覃跋:"先父文簡公嘗著《演繁露》一書,泉南郡博士刊於泮宫,歲久字漫。覃侍伯仲氏家居,遂以所藏繕本刻於家塾。"	《天禄琳琅書目》卷二;《緯略附録》高似孫《序》;《演繁露續集》卷末
《考古編》	程大昌	淳熙八年	見上《演繁露》條。	《天禄琳琅書目》卷二
《上蔡語録》	曾恬	孝宗時	熹頃年校定上蔡先生語録三篇,未及脱稿,而或者傳去,遂鋟木於贛上,愚意每遺恨焉。	《晦庵集》卷七七、《謝上蔡語録・後記》
《吕忠穆公遺事》	吕氏	孝宗時	記吕頤浩事,其"孫昭問刻之廣德軍"。	《直齋書録解題》卷七

续表

書名	著者	刊印時代	刊印情況	史料出處
《孔氏雜説》	孔平仲	南宋前期	《孔氏雜説》,毅父記録之文也。……《珩璜論》,渝川丁氏嘗板於家,視此爲稍略。	《珩璜新論》卷末沈詵《跋》
《道護録》	胡珵	南宋前期	刊刻於"章貢,末又有邵伯温、吕本中所記數事附焉"。	《直齋書録解題》卷九
《宗忠簡遺事》	宗氏	南宋前期	明州近印《忠簡遺事》。	《朱子語類》卷一三〇
《省心雜言》	李邦獻	南宋前期、嘉定間	李岐岡跋云:"先大父敷文,平居自號省心,《雜言》一編,皆箴規訓诫之辭。岐岡兒童時,尚及見其手稿。板行於蜀,名公鉅卿書其前後者非一。……嘉定戊辰,岐岡調官都城,見書坊有刊小本鬻於(世)[市]。……岐岡通守邵陽,敬以舊本摹寫鋟木,以廣其傳。"	《省心雜言》卷末
《蘇魏公譚訓》	蘇象先	紹熙四年	紹熙癸丑,周泌跋曰:"泌既得之於公之曾孫無爲判官煇,因刻之郡府。"	《蘇魏公文集·附録一》
《淳熙玉堂雜記》	周必大	紹熙四年	紹熙四年,周必大《與曹檢法》云:"近書坊刻《玉堂雜記》。"其《與程元成給事》又云:"近用沈存中法,以膠泥銅板移换摹印,今日偶成《玉堂雜記》二十八事。"	《文忠集》卷一八八、卷一九八
《東園叢説》	李如箎	紹熙五年	庭筠來吏桐鄉,……謹輟俸以刊諸梓,其於學者亦有助云。	《東園叢説》卷首周庭筠《題記》
《苕溪漁隱叢話》	胡仔	紹熙五年	本書前集自序後有"紹熙甲寅槐夏之月陳奉議刊於萬卷堂"一行。	

续表

書名	著者	刊印時代	刊印情況	史料出處
《夷堅癸志》	洪邁	慶元初	“《癸志》既刊於麻沙書坊”。按:《癸志》約成於紹熙四年、五年之際。	《夷堅支志》戊卷八《湘鄉祥兆》
《昭德新編》	晁迥	慶元間	慶元中嘗有刊本。	《四庫全書總目》卷一一七
《叢林盛事》	釋道融	慶元五年	(一日)徐出《叢林盛事》一編,……殆將鋟梓以惠後世,其利豈不博哉,因援筆以題於後。	《叢林盛事》卷末釋宗演《跋》
《明道雜志》	張耒	慶元六年	右史張公凡三至黄,詩文載諸郡志多矣。及觀《明道雜志》,其間紀黄事尤詳,因刻板道院,亦以補郡志之闕。慶元庚申三月既望,郡守東嘉陳升識。	《説郛》卷四三下陳升《跋》
《梁溪漫志》	費衮	嘉泰元年	嘉泰初年,丹陽知縣施濟“命工刻之縣齋”。	《梁溪漫志》卷末施濟《跋》
《砦溪詩話》	黄徹	嘉泰三年	《知不足齋叢書》本乃據宋嘉泰癸亥黄燾刊本。	
《雲麓漫鈔》	趙彦衛	嘉泰間、開禧二年	《擁鑪閒紀》十卷,近刊於漢東學宫,頗有索觀者,無以應其求。承乏來此,適有見版,并後五卷,刻諸郡齋。按:漢東指隨州;此郡指徽州。	《雲麓漫鈔》卷首《自序》
《蘆浦筆記》	劉昌詩	嘉定八年	“昌詩讀書不多,托子墨以自試,好事者閒欲得之,而筆札或不給。”嘉定“乙亥秋,輟清俸鋟梓於六峰縣齋”。	《蘆浦筆記》卷末《自跋》

续表

書名	著者	刊印時代	刊印情況	史料出處
《卧游録》	吕祖謙	嘉定九年	嘉定九年,王深源"請刻之祠中,以惠同志"。	《説郛》卷七四下王深源《卧游録序》
《續演繁露》	程大昌	嘉定間	程覃跋云:"先父晚得閒寓里,復爲《續編》,近方鋟木。……覃將指饟師,敬携是板留諸京口總所。嘉定庚辰十月既望。"	《演繁露續集》卷末
《容齋隨筆》五集	洪邁	嘉定間	嘉定中,洪伋知贛州,"官閒無事,取文敏隨筆記録,自一至四各十六卷,五則絶筆之書,僅有十卷,悉鋟木於郡齋,用以示邦人焉"。	《容齋隨筆》卷首何异《總序》
《愧郯録》	岳珂	嘉定間	有宋嘉定間刊本。	
《善誘文》	陳録	嘉定後期	其弟陳錬"趣刊版而印施之,目曰《善誘文》"。	《説郛》卷七三下陳錬《善誘文》序
《吕申公掌記》	吕公著	寧宗後期	魏了翁云:"予嘗以吕正獻公《掌記》……輯成一書,刻之潼川漕司。"	《鶴山集》卷六三《跋羅文恭公薦士稿》
《西溪叢語》	姚寬	南宋中期	又名《西溪叢話》,已板行。	《直齋書録解題》卷一一
《曲洧舊聞》	朱弁	南宋中期	此本從宋槧影抄,每卷末皆有"臨安府太廟前尹家書籍鋪刊"字。又"惇"字避光宗諱,皆闕筆。	《四庫全書總目》卷一二一
《師友雜志》	吕本中	南宋中期	鄭寅刻之廬陵。	《郡齋讀書附志》卷上
《紫微雜説》	吕本中	南宋中期	鄭寅刻之廬陵。	《郡齋讀書附志》卷上

续表

書名	著者	刊印時代	刊印情況	史料出處
《涉世録》	徐彭年	南宋中期	竊怪近世刊行《涉世録》云云。	《考古質疑》卷三
《程氏雜説》	胡寅	南宋中期	韓元吉以己家所收藏之《師説》刊印於江東漕司。按:《程氏師説》即《程氏雜説》之别名。	
《象山語録》	傅子雲等	南宋中期	楊敬仲門人陳塤嘗鋟板貴溪象山書院。至治癸亥,金溪學者洪琳重刻於家。	《吴文正集》卷一七《象山先生語録·序》
《考古質疑》	葉大慶	寶慶間	寶慶初,葉大慶"分教於建,建素多士,競相傳寫(《考古質疑》),筆札不給。文之先生葉公爲鋟諸梓"。	《考古質疑附録》葉釋之《序》
《老學庵筆記》	陸游	紹定元年	陸子遹知嚴州,於"紹定戊子刻之桐江郡庠"。	《鐵琴銅劍樓藏書目録》卷一六
《人天寶鑒》	釋曇秀	紹定三年	紹定三年"刊其書,廣其説"。	《人天寶鑒》卷首《自序》
《吹劍録》	俞文豹	淳祐間	此編已刊行,板留書肆,不可復得,因刪舊添新,再與《續集》并刊。	《吹劍録全編》卷首作者序
《吹劍續録》	俞文豹	淳祐間	見上《吹劍録》條。	《吹劍録全編》卷首作者序
《東家雜記》	孔傳	淳祐間、咸淳元年	淳祐間"江西轉運司新刻《東家雜記》,尹梅津爲之跋"。咸淳元年,知信州馮夢得見"舊板多漫漶,乃取而重刻之"。	《東家雜記·孔子生年月日考异》及卷末馮夢得《跋》

续表

書名	著者	刊印時代	刊印情況	史料出處
《密齋筆記》	謝采伯	寶祐四年	寶祐乙卯，謝公知臨川，一日以《密齋筆記》授通判王宗旦云云，“越明年鋟梓郡齋，輒爲題其後”。	《密齋筆記》卷首王宗旦《序》
《師誨》	吴必大	理宗時	吴必大記録晦庵先生之語。朱鑒刻於興國。	《郡齋讀書附志》卷下
《西山讀書記》	真德秀	理宗時	《西山先生讀書記》，惟甲、乙、丁爲成書。甲、丁二記，近年三山學官已刊行。乙記上則《大學衍義》是也。	《讀書記》卷首湯漢《序》
《建炎以來朝野雜記》	李心傳	南宋後期	宋有成都辛氏刊本。	《四庫全書總目》卷八一
《賓退録》	趙與旹	南宋後期	有宋臨安陳宅經籍鋪本。	
《桯史》	岳珂	南宋後期	有宋嘉興刊本，存卷一至卷七。	
《四六餘話》	楊囦道	南宋後期	是編藏書家目録未見，此依宋刊本過録。	《四庫未收書提要》
《項氏家説》	項安世	南宋後期	辛克承刻於江陵郡齋，而爲之識。	《郡齋讀書附志》卷上
《東谷所見》	李之彦	咸淳間	余閒居兀坐，觸事動心，據所見隨録，友朋目之，屢請刊行，不可辭。	《説郛》卷七三下李之彦《自序》
《横渠語録》	吕大臨	咸淳間	卷末有“後學天台吴堅刊於福建漕治”一行。書中“敦”字闕筆，蓋光宗後刻本。	《四庫未收書目提要・續編》卷三
《龜山先生語録》	佚名	咸淳間	卷末有“後學天台吴堅刊於福建漕治”二行行款，與《張子語録》同，蓋同時刊本也。	《龜山先生語録》卷末張元濟《跋》

续表

書名	著者	刊印時代	刊印情況	史料出處
《燈下閒談》	佚名	南宋	有明馮舒抄本等，藏清常熟瞿氏，目後有"陳道人書籍鋪刊行"一行，蓋抄録自南宋本。	《四庫未收書目提要·續編》卷三
《釣磯立談》	史氏	南宋	葉林宗從錢曾家宋刻抄出，後題"臨安府太廟前尹家書籍鋪刊行"。	《四庫全書總目》卷六六
《聞見近録》	王鞏	南宋	有南宋刊本。	
《韓莊敏公遺事》	韓宗武	南宋	南宋後期建康府學嘗刊《莊敏遺事》三十二版。	《景定建康志》卷三三《書板》
《龍川略志》	蘇轍	南宋	有南宋劉信所刊《龍川略志》十卷本。	
《龍川别志》	蘇轍	南宋	有南宋劉信所刊《龍川别志》四卷本。	
《避暑録話》	葉夢得	南宋	毛晋《津逮秘書》跋云，得宋刻迥异坊本，亦作二卷。	《四庫全書總目》卷一二一
《容齋三筆》	洪邁	南宋	目録後記"臨安府鞔鼓橋南河西岸陳宅書籍鋪印"。	《天禄琳琅書目》卷二
《揮塵録》	王明清	南宋	南宋龍山書堂刊本。	
《經鋤堂雜志》	倪思	南宋	卷末有"臨安府棚北大街睦親坊巷口陳解元宅書籍鋪刊行"一行。	《文禄堂訪書記》卷三

上表所收録者皆爲有史料記載明確者，僅限於兩宋時期所刊印之筆記。分析上表所載，可知：

1.上表所載宋代刊印之宋人筆記合計爲85種，但部分宋人筆記尤其是南宋後期或入元著者所撰的筆記，刊印於元代。如《師友雅言》，據元魏文彝至正二十四年(1364)序稱"近吴郡金伯祥父即文彝所藏《雅言》，命子鏐繕寫鋟刻諸梓，以廣其傳，俾宗族鄉黨咸與觀焉”[1]。南宋初陳曄撰《瑣碎録》，據明都穆云：“觀陳氏《自序》云：‘尚書郎温革子皮嘗著《瑣碎録》，凡四百餘事。曄每有所見，效而筆之，然將十倍，名曰《續瑣碎録》。’子皮之書，今不復見。元至大間環溪書院刻陳氏本，概以《瑣碎》目之，則與《序》矛盾，而非古人著書之意矣。”[2]又如宋末元初人俞德鄰撰有《佩韋齋輯聞》四卷，“紫陽方公回、建安熊先生禾爲之序引，板行於世”[3]。

宋代不少筆記乃附刊於其他著述，而未見單行之本。如：李畋《張乖崖語録》載録於張詠《乖崖集》卷一二；歐陽修《奏事録》載録於《歐陽修全集》卷一一九，《于役志》載録於卷一二五，《筆説》《私記》載録於卷一二九，《歐陽文忠公試筆》載録於卷一三〇；趙抃《御試官日記》載録於劉昌詩《蘆浦筆記》卷五；司馬光《日録》三卷、《手録》五卷收載於《增廣司馬温公全集》中；程頤《家世舊事》載録於《二程文集》卷一三；張舜民《郴行録》載録於其《畫墁集》卷七、卷八；吕希績《正旦接送伴語録》載録於《宋會要輯稿·職官》三六；趙鼎臣《游山録》收載於《竹隱畸士集》卷二〇等。

此外，還有數量不少的宋人筆記因被收載於彙集雜録之著，如朱勝非《紺珠集》、曾慥《類説》及叢書《百川學海》《説郛》等，纔得以傳存至今。但由於上述著作在收載諸書時，大多對原書予以删節，故使得此類筆記已非完本，甚至僅存三五條而已。如：鄭熊《番禺雜録》未見單行本，《類説》卷四載録二十三條，《説郛》卷六一下載録八條；張君房《乘异記》，《紺珠集》卷一一載録四條，《類説》卷八載録十一條，《説郛》卷一一八上載録四條；畢仲詢《幕府燕閒録》，《紺珠集》卷一二載録六條，《類説》卷一九載録十三條，《説郛》卷四一下載録七條等。

2.雖然上表所統計之宋代筆記刊印數據遠欠全面完整，但結合其他史料所載，可推知宋人筆記大多以稿本或抄本形式流傳。雖然兩宋時期刊印技術較前代大爲發展和普及，且時人也深諳刊印便於書籍播廣傳後，故有不少筆記成書

1　〔明〕周復俊：《全蜀藝文志》卷三一魏文彝《鶴山雅言序》，上海古籍出版社《文淵閣四庫全書》本，第1381册，第341頁。

2　〔明〕都穆：《南濠居士文跋》卷一，北京圖書館出版社2002年《國家圖書館藏古籍題跋叢刊》本，第1册，第36頁。

3　〔元〕俞希魯：《至順鎮江志》卷一九《隱逸》，江蘇古籍出版社1999年版，第797頁。

之初即擬刊印流傳，如錢易撰有《南部新書》，其子錢明逸"浚涸事休，閲繹家集，因以《新書》次爲門類，繕寫净木，致於鄉曲，以圖刊鏤"[1]。南宋中期天台僧人道融成《叢林盛事》，"將呈鄮峰佛照老人，見而悦之，謂侍僧道權曰：'此真吾門盛事也，胡不刊木以傳後世？'因以《叢林盛事》目之"[2]，但仍有頗多筆記終因種種問題而未果。如"《蔣魏公逸史》二十卷，穎叔所著也，多紀當時典章文物，云舊有數百册，兵火間盡失之。其曾孫芾始捃摭遺稿而成此書，將以奏御，以其副上之太史，且板行之傳之天下後世。既而不果"[3]。其中重要原因推測當在於刊印成本上，即使抄録書籍，也頗爲不易。如北宋王鞏撰有《聞見近録》《甲申雜記》《隨手雜録》三書，兩宋之際張邦基跋《隨手雜録》云：

> 余在高郵時，友人張由儀彦則以王定國所記雜事三編見借，一曰《甲申録》，二曰《聞見録》，三曰《隨手録》。彦則云："頃因其父嘉父遣從定國檢方書，定國出敝篋付彦則銓擇，乃得此三書，皆定國手寫點竄之者。"余因得藏焉。靖康初，翟公巽自北扉出牧會稽，過維揚見之，盡携去，後訪此書，竟不可得。辛亥歲(1131)，余寓吴郡胡茂老館，復見前二書，意怳然若舊識也。時無筆力，乃令翟仲永傳之。明年秋，余來海鹽，始從仲永取本以抄，尚恨無《隨手》一録也。初，余得此書，嘗以《隨手録》副本寄子安，又明年始遣人取之於子安，始復合三書。因再抄之，而以先寫二書并歸子安，以備復遺失也。時寓天寧僧坊，甲寅(1134)五月十四日。

而王從謹亦云"隆興改元(1163)，始得先生《雜記》三篇於向氏，乃令二子淹、涵各録一卷，且手抄末篇，合爲一帙而藏之"[4]。此當也是宋人筆記雜録大多未能流傳至今的重要原因。

3.據上表，確定爲北宋時期所刊印的宋人筆記僅有5種，此雖與史料不足有關，但亦反映出北宋刊印筆記雜著之數量遠少於南宋的實際情況。兩宋時期，

---

1 〔宋〕錢易：《南部新書》卷首《序》，中華書局2002年版，第1頁。

2 〔宋〕釋道融：《叢林盛事》卷首《序》，第104頁。

3 《容齋隨筆·四筆》卷九《蔣魏公逸史》，第713頁。按：穎叔，乃徽宗初宰相蔣之奇字。

4 〔宋〕王鞏：《隨手雜録》卷末張邦基跋，《全宋筆記》第二編六，大象出版社2006年版，第67頁。

作爲中央教育機構的國子監,同時還是國家主要刻書機構,監本書籍在宋代出版史上有着重要地位。雖然宋代國子監刻書範圍較廣,然爲配合朝廷推行之文教政策,其所刻印書籍主要爲儒經、正史以及"欽定"之書。據王國維《五代兩宋監本考》統計,兩宋時期監本約有 187 種 9440 卷(其中 29 種不計卷),詳見下表。

種類	北宋	南宋	小計
經部書	40 種/700 卷	41 種/545 卷	81 種/1245 卷
正史	19 種/1889 卷	22 種/2039 卷	41 種/3928 卷
諸子書	5 種/54 卷	6 種/30 卷	11 種/84 卷
醫書	24 種/477 卷		24 種/477 卷
律法、兵書、算經	20 種/73 卷		20 種/73 卷
類書	7 種/3531 卷		7 種/3531 卷
其他書	3 種/102 卷		3 種/102 卷
小計	118 種/6826 卷	69 種/2614 卷	187 種/9440 卷

注:北宋諸子書多爲道家著作。本表據顧宏義《宋代國子監刻書考論》(載《古籍整理研究學刊》2003 年第 4 期)統計數據編製。

由於筆記雜録屬叢瑣小道,故國子監刻書中基本未見此類著述。而因戰火之餘,僅保有半壁江山的南宋政權無力大規模刊印書籍,故所謂南宋監本書籍,多是委托臨安府,以及江浙州軍雕造,或直接將江浙州軍所藏書板收歸國子監印刷書籍,即監本書籍,"國家艱難以來,固未暇及。(紹興)九年九月,張彦實待制爲尚書郎,請下詔諸道州學取舊監本書籍,鏤板頒行,從之。然所取諸多殘缺,故胄監刊《六經》無《禮記》,正史無《漢》《唐》"。此後令國子監"中所闕之書,亦令次第鏤板",至紹興末稍得完備。[1] 故而南宋監本相較北宋,其數量、種類、卷帙皆有頗大差距。因此,各地州縣官刻書籍便成爲南宋書籍出版的重要構成,而地方官府刻書範圍雖仍然以反映朝廷正統思想的儒經、正史占有甚大比例,但總體而言,其相關限制要較國子監爲寬,故而也在正經、正史等以外刊印了一些筆記。如《景定建康志》卷三三《書板》載録建康府(今江蘇南京)學即

1 〔宋〕李心傳:《建炎以來朝野雜記》甲集卷四《監本書籍》,中華書局 2000 年版,第 114~115 頁。

藏之建康官府所刊之書版，有筆記《文昌雜録》九十二版、《莊敏遺事》三十二版、《松漠紀聞》四十五版。上表所載兩宋刊印筆記之史料也顯示了此一現象。

4.兩宋時期以刊印書籍聞名者有浙江、福建、西蜀等地，兩宋之際葉夢得《石林燕語》曾評論云："今天下印書，以杭州爲上，蜀本次之，福建最下。京師比歲印板，殆不減杭州，但紙不佳。"[1]此雖屬北宋時情況，但其評論各地刊書優劣，仍大體符合南宋的實際，即刊書數量以福建建州爲最，然訛誤較多，所謂麻沙本是也；而刻書品質乃以兩浙之杭州稱最。據上表所載統計，南宋各地刊印地點有明確記載的筆記情況如下表（按：因北宋僅5條，且有1條出版地不詳，故此處僅統計南宋情況；又，部分筆記在宋代曾多次刊印於不同地區，故分别計算其每次刊印情況）。

地區	安徽	福建	湖北	湖南	江蘇	江西	四川	浙江
數量	6	11	5	3	9	15	4	19

下表統計了南宋時期刊印筆記3種以上的州府。

州府	安徽 徽州	福建 建州	江蘇 建康府	江西 撫州	江西 贛州	江西 吉州	浙江 臨安府	浙江 紹興府	浙江 婺州
數量	4	6	5	4	5	3	9	3	3

比較上述二表，可知：其一，南宋刊書數量最多之州府分布，與所處地區的分布大體相一致，即浙江之杭州、福建之建州仍爲刊書重鎮。其二，四川地區刊印筆記數僅有4種，此與文獻記載不足有關，但此也與南宋中後期四川地區長期處於蒙古軍進攻之下，戰火頻仍而社會不穩、經濟凋敝的情况密切相關。其三，江西地區异軍特起，撫州、吉州、贛州成爲新的地區刊印中心，而與葉夢得所云北宋情况有异。此與建康府、徽州成爲地區刊書重鎮一樣，乃是宋廷南渡以後，社會經濟、文化發生新的發展之結果。

5.宋代刻書大體分爲官刻本、私刻本和坊刻本三類，其刊印筆記的相關數據見下表。

1 《石林燕語》卷八，第116頁。

刻書性質	官刻本	私刻本	坊刻本	其他
數量	36	15	14	3

其中“其他”項乃指寺院刻書，所刊印者爲僧人所撰之筆記。分析上表數據，可知：其一，官刻本的種數多於私刻本、坊刻本的總數，此與宋代士人應舉入仕、出守州郡之際，刊印自己、父祖、師友或鄉賢等的筆記著述密切相關。如：張君房“平生喜著書，如《雲笈七籤》《乘异記》《麗情集》《科名分定録》《潮説》《脞説》之類甚衆。知杭州錢唐，多刊作大字板携歸，印行於世”[1]。趙彦衛撰“《擁鑪閒紀》十卷，近刊於漢東學宫，頗有索觀者，無以應其求。承乏來此，適有見版，并後五卷，刻諸郡齋”[2]，是爲《雲麓漫鈔》。此乃刊印自己之著述。陳襄《國信語録》，乾道元年，其玄侄孫陳輝刊刻於章貢郡齋，至慶元三年，陳曄又刊於臨江郡齋，附《古靈集》後。[3] 淳熙六年，知筠州蘇詡將其父蘇籀“《雙溪集》，并所記《欒城公遺言》一卷，因鏤板於筠之公帑”[4]。陸游《老學庵筆記》，其子陸子遹知嚴州時，於“紹定戊子刻之桐江郡庠”[5]。此爲子孫刊印父祖之著述。慶元六年，知黄州陳升因右史張耒“凡三至黄，詩文載諸郡志多矣。及觀《明道雜志》，其間紀黄事尤詳，因刻板道院，亦以補郡志之闕”。[6]《龜山先生語録》卷末有“後學天台吴堅刊於福建漕治”[7]二行行款，刊於咸淳年間。此爲後學刊印前輩鄉賢之著述。

其二，與坊刻本筆記主要刊印於臨安府、建州不同，官刻本的刊印地區分布於宋境各地。此與宋代路分州縣官署，内設公使庫之制度有着密切之關係。李心傳嘗云：

1 〔宋〕王銍：《默記》卷下，中華書局 1981 年版，第 52 頁。

2 〔宋〕趙彦衛：《雲麓漫鈔》卷首《序》，古典文學出版社 1957 年版，第 2 頁。按：漢東學宫指隨州州學；“承乏來此”指其來知徽州。

3 《四庫未收書目提要續編》卷二，第 58～59 頁。

4 〔宋〕蘇籀：《雙溪集》卷末蘇詡《雙溪集後跋》，上海古籍出版社《文淵閣四庫全書》本，第 1136 册，第 281 頁。

5 〔清〕瞿鏞：《鐵琴銅劍樓藏書目録》卷一六，上海古籍出版社 2000 年版，第 424 頁。

6 《説郛》卷四三下陳升《跋》，第 878 册，第 378 頁。

7 〔宋〕楊時：《龜山先生語録》卷末張元濟跋，上海商務印書館《四部叢刊續編》本，第 1 頁上。

公使庫者，諸道監、帥司及州軍、邊縣與戎帥皆有之。蓋祖宗時，以前代牧伯皆斂於民，以佐厨傳，是以制公使錢以給其費，懼及民也。然正賜錢不多，而著令許收遺利，以此州郡得自恣。若帥、憲等司，則又有撫養、備邊等庫，開抵當，賣熱藥，無所不爲，其實以助公使耳。[1]

即公使庫兼營商業，籌集錢款以補經費不足。因宋時印本書籍售價不低，利潤可觀，故主持公使庫的地方長吏甚爲重視刊印、出售書籍以牟利。[2] 如嘉祐中，王琪以知制誥知蘇州，"始大修設廳，規模宏壯，假省庫錢數千緡。廳既成，漕司不肯除破。時方貴《杜集》，人間苦無全書，琪家藏本讎校素精，即俾公使庫鏤版印萬本，每部爲直千錢，士人争買之，富室或買十許部。既償省庫，羨餘以給公厨"[3]。由此使得公使庫成爲宋代地方官府刻書的重要處所，據李致忠《宋代刻書述略》統計，兩宋地方官府刻書有州（府軍監）縣刻書，安撫司、轉運司（漕司、計司）、提刑司、茶鹽司等刻書，因這些地方官府内大多設置公使庫，地方長吏又多支用公使庫錢款刊印書籍，故此類官府刻書，往往與公使庫刻書不易區别。

同時，宋代州（府軍監）縣刻書也多有在州縣官學中進行的。宋代州縣官學教育甚盛，如歐陽修所言："慶曆中，詔天下大興學校，東南多學者，而湖、杭尤盛。"[4] 此後經熙豐、崇寧兩次興學，使宋境内"雖荒服郡縣必有學"[5]。爲保障州縣官學之教學經費，宋廷主要通過調撥官田爲州縣學學田，同時州縣長吏還通過其他途徑來籌集經費，使州縣學之經費相對較爲充裕。這自籌經費中，即包括州縣官學刊印書籍一途。據《宋史・職官志五》載，宋代國子監所刻書，除用"以備朝廷宣索賜予之用"外，還"出鬻而收其直以上於官"。而各地州縣官學刻書，除作爲教材之用外，同樣還用於"出鬻"，爲學校教學提供可觀的經費。蘇軾於《乞賜州學書板狀》中明言："前知州熊本曾奏乞用廢罷市易務書板，賜與州學，印賃收錢，以助學糧。"[6] 又哲宗紹聖年間，慕容彦逢爲越州州學教授，"繕治

1 《建炎以來朝野雜記》甲集卷一七《公使庫》，第 394 頁。

2 參見顧宏義：《宋朝公使庫與公使庫刻書》，載《四川圖書館學報》1989 年第 1 期。

3 《吴郡志》卷六《官宇》，第 51~52 頁。

4 《歐陽修全集・居士集》卷二五《集賢校理丁君墓表》，第 391 頁。

5 《全宋文》卷一九六八蘇軾《南安軍學記》，第 413 頁。

6 蘇軾：《乞賜州學書板狀》，《全宋文》卷一八七三，第 333 頁。

糞舍，刊印《三史》，讎校精審，遂爲善書，四方士大夫購求之，鬻以養士，迨今（徽宗宣和年間）蒙利焉"[1]。宋代州（府軍監）縣官學，又稱"學宫""郡（縣）齋""郡（縣）庠"等。上述宋代刊印官刻筆記有 36 種，其中刻印於州縣官學的達到 17 種，地域遍布各地，可證當時州縣官學刻書之普及。

與使用"公帑"刻書不同，南宋劉昌詩撰《蘆浦筆記》，於嘉定"乙亥秋，輟清俸鋟梓於六峰縣齋"[2]。又，周庭筠於紹熙五年"來吏桐鄉"，得李如篪《東園叢説》，遂"輟俸以刊諸梓，其於學者亦有助云"。[3] 此類用己俸所刻之書，不屬官刻本。

其三，正因筆記乃屬叢脞雜録，與正經、正史不同，故宋人於刊印筆記，往往做一些新的嘗試。如周必大在紹熙四年《與曹檢法彦約》中有云："近書坊刻《玉堂雜記》，漫往一觀，别有兩本，煩納二使者。"[4] 又同年《與程元成給事》中再云："近用沈存中法，以膠泥銅板移换摹印，今日偶成《玉堂雜記》二十八事，首恩台覽，尚有十數事，俟追記補緞續衲。"[5] 所謂"沈存中法"，即指沈括《夢溪筆談》中記載的膠泥活字印刷術。此爲南宋應用膠泥活字印刷書籍的唯一記載。

1　〔宋〕慕容彦逢：《摛文堂集》附録蔣瑎《慕容彦逢墓志銘》，上海古籍出版社《文淵閣四庫全書》本，第 1123 册，第 487 頁。

2　《蘆浦筆記》卷末《跋》，第 83 頁。

3　《東園叢説》卷首周庭筠《題記》，第 186 頁。

4　周必大：《文忠集》卷一八八《與曹檢法彦約》，第 53 册，第 15 頁。

5　周必大：《文忠集》卷一九八《與程元成給事》，第 53 册，第 118 頁。

第三章 宋代筆記的著者探析

宋人筆記總數逾千,著者人數甚衆,且其所涉及之社會、政治、文化、學術背景亦頗複雜多樣。但由於相關史料頗爲零散且時有缺失等原因,故迄今尚未見有相關之研究。爲此,以下據《宋代筆記録考》所載,就宋人筆記之著者情況,如其年代、地理分布及其家族背景、學術師承等作一較爲全面的探析。

一、宋代筆記的著者及地域分布

上文已載宋代筆記著者之姓名可考者有 695 人,去除當時所托名撰作者,實爲 687 人。爲便於統計分析,故將上述兩宋筆記著者,依據其主要入仕或活動年代,大體分爲北宋前期、北宋後期、南宋前期、南宋後期四個階段。北宋前期大體包括太祖、太宗、真宗、仁宗、英宗五朝,北宋後期包括神宗、哲宗、徽宗、欽宗四朝,南宋前期包括高宗、孝宗、光宗三朝及寧宗初期,南宋後期即自寧宗中後期至宋亡,包括那些由宋入元之著者。依此統計宋代筆記著者,北宋前期大體有 81 人(占總著者數之 11.79%),北宋後期計有 160 人(占 23.29%),南宋前期爲 274 人(占 39.88%),南宋後期計 172 人(占 25.04%)。以下就這些宋代筆記著者的身份及其地域分布分别探析之。

(一)宋代筆記著者的身份

宋代筆記著述種類繁雜,卷帙浩大,其著者亦人數甚衆,身份各异,幾乎遍及社會諸階層。下面即就宋代筆記著者之相關身份背景等情況作一探究,詳見下表。

	文官	進士	太學生	武官	平民	僧道	未詳
北宋前期	58			4	2	1	16
北宋後期	124		1	7	3	3	22
南宋前期	189	6	2	7	15	4	51
南宋後期	100	8	3		21	3	37
總計	471	14	6	18	41	11	126

［注］單位：人。

分析上表數據，可知有如下特點：其一，屬於官方身份或有官方背景的前四項合計有 508 人，占著者總數的 73.94%，其中北宋前期占當期著者總數的 76.54%，北宋後期占 82.50%，南宋前期占 74.45%，南宋後期占 64.53%。宋代平民著者中雖有頗多力學不倦、不事科舉、潛心經學、杜門著書者，[1]但不少人乃是因爲應舉落第而不得入仕。[2] 宋時此類情況甚爲普遍，乃與世人"學優則仕"之風尚直接相關。對此，宋人即感嘆不已："今誠有道德之雋，經綸之彦，不由科舉，則無以進仕於朝廷。"[3]故"士雖有聖賢之資，倘非俯首時文，無自奮之路"[4]。於是"天下學士淪於流俗，以聖人書爲發策决科之具，父教其子，兄詔其弟，師傳其徒，莫不一出於此"[5]。於是志欲"致君堯舜"的理學家們如張載、程顥、朱熹、

1 如：《京口耆舊傳》卷三載陳輔"少負俊才，不屑事科舉，文辭雄偉，不蹈故常。尤工於詩，自號南郭子"，撰有《陳輔之詩話》。又，《新安文獻志》卷八七稱婺源人李繒撰《山窗業書》，"厭科舉之習，卜築雲山間爲隱居計，名其山曰鍾山，牓其室曰中林"。

2 如：建昌南城人吕南公撰有《灌園記》，據《宋史》卷四四四本傳，其"於書無所不讀，於文不肯綴緝陳言。熙寧中，士方推崇馬融、王肅、許慎之業，剽掠補拆，臨摹之藝大行。南公度不能逐時好，一試禮闈不偶，退築室灌園，不復以進取爲意。益著書，且借史筆以褒善貶惡，遂以衮斧名所居齋"。元祐初，中書舍人曾肇等上疏薦之，欲命以官，未及而卒。又，《獨醒雜志》附録樊仁遠《浮雲居士曾公行狀》稱曾敏行志氣不群，刻意學問，有意當世，"前言往行，多所記録，有《獨醒雜志》十卷"，然因疾不事科舉。而據《四庫全書總目》卷一二七所載，俞成著《螢雪叢説》，其"自序稱年四十後即不應科舉，優游黄卷"。

3 ［宋］趙汝愚：《宋朝諸臣奏議》卷八〇孫覺《上神宗論取士之弊宜有改更》，上海古籍出版社 1999 年版，第 868 頁。

4 ［宋］文天祥：《文山集》卷一四《跋李龍庚殿策》，上海古籍出版社《文淵閣四庫全書》本，第 1184 册，第 609 頁。

5 ［宋］周行己：《浮沚集》卷七《鄧子同墓志》，上海古籍出版社《文淵閣四庫全書》本，第 1123 册，第 673 頁。

吕祖謙等人紛紛通過科舉入仕,而科舉之路未通的程頤也於哲宗初年因宰執舉薦而任崇政殿説書,成爲"帝王師"。同時,爲使"野無遺賢",宋廷還采取薦舉、徵召等多種措施授予社會賢達、經師騷人以官,將其拉入仕途。於是普通士子自然奔走於科舉應試途中。由此,宋代筆記之著者大多具有官員身份,也就不難理解了。

上表南宋前期"進士"一項中包括"特奏名"兩人,其中王日休"早爲太學諸生,傳注經子數十萬言,然不利於場屋。晚以特奏名廷試,不用條對式,但如科舉答策,坐是竟不得官"[1],布衣而終。另一爲泉州人吕榮義,紹興十二年(1142)壬戌陳誠之榜特奏名出身,撰《上庠録》,餘不詳。而"太學生"一項,兩人乃北宋末靖康年間困處東京開封圍城者;兩人爲南宋末人,一因宋亡而不仕,一入元以後出仕。[2] 其他諸人未見其拜官,或屬史料有缺使然。

其二,"文官"一項中,有一人身份特殊,即宋高宗,撰《翰墨志》一卷。此外宋代筆記之官員著者,其身份也高低殊异。故下表即分爲高層官員、中層官員和下層官員三類進行書籍統計分析。高層官員指尚書、侍郎以上之官員,中層官員大抵指正郎、員外郎及路分長官、知州(府)等,其餘爲下層官員。

	北宋前期	北宋後期	南宋前期	南宋後期	小計
高層官員	25	39	48	21	133
中層官員	15	52	75	20	162
下層官員	18	33	65	59	175
小計	58	124	188	100	470

[注]單位:人。

1 《梁溪漫志》卷一〇《王虚中》,第117頁。

2 按:《對床夜語》撰者范晞文,字景文,號藥莊,錢塘(今浙江杭州)人。《四庫全書總目》卷一九五稱咸淳丙寅(1266),太學生范晞文"同葉李、蕭規等上書劾賈似道。似道文致其泥金飾齋匾事,竄瓊州。元世祖時,程鉅夫薦晞文及趙孟頫於朝。孟頫應詔即出,晞文迄不受職,流寓無錫以終"。按:清館臣所云不確。元張伯淳《養蒙文集》卷二有《送范藥莊序》,云:"長興爲湖大邑,素號難治,然令丞得人,治固不難也。錢塘范君,提鄉郡學事且三年,行臺遵近制,上其姓名于朝,將拔擢焉。君廉於取,姑丞是邑。"元程文海《雪樓集》卷一四《送范晋教授江陵序》亦云:"至元丁亥(1287),余以侍御史奉詔求賢,馳驛至杭,衆言范君晞文之賢,余因薦於朝。……余既入奏,范君由是連佐憲府。"是知范晞文入元後嘗出仕,任江浙儒學提舉,改長興縣丞。

其中高層官員、中層官員和下層官員三類之數，分别占當期之官員著者總數的比例如下表：

	北宋前期	北宋後期	南宋前期	南宋後期
高層官員	43.10%	31.45%	25.53%	21%
中層官員	25.86%	41.94%	39.89%	20%
下層官員	31.04%	26.61%	34.58%	59%
小計	100%	100%	100%	100%

又，高層官員、中層官員和下層官員人數，在北宋前期、北宋後期、南宋前期和南宋後期四個時期所占的比例如下表：

	北宋前期	北宋後期	南宋前期	南宋後期	小計
高層官員	18.80%	29.32%	36.09%	15.79%	100%
中層官員	9.26%	32.10%	46.30%	12.34%	100%
下層官員	10.29%	18.86%	37.14%	33.71%	100%

通過探討上述二表所載内容，可見筆記著者中，高層官員所占比例於四個時期内呈現遞減趨勢，中層官員之比例以北宋後期、南宋前期爲高，而下層官員之比例則呈現漸增趨勢。在百官中以宰相爲最尊，而文學之臣又以翰林學士之地位最爲尊貴，故此下分别統計四個時期筆記著者中官至宰相、執政和嘗官翰林學士（直學士院）者的人數如下表（其中翰林學士與宰相、執政之人數有重叠）：

	北宋前期	北宋後期	南宋前期	南宋後期
宰相	7	11	8	2
執政	6	13	12	5
翰林學士	18	20	16	2

又據《宋史·宰輔表》統計，北宋前期有宰相 40 人（衹計初次拜相者，不計兩次或以上拜相者。下同），北宋後期計 31 人，南宋前期計 33 人，南宋後期計 29 人。可見在宰執尤其是翰林學士中，嘗撰作筆記者比例不低，而南宋後期之比例頗低，當與南宋後期國運危急、風雨飄摇，故高官無心撰作筆記有關。當也由此原因，南宋後期撰作筆記的下層官員之比例激增。此外，那些身份情況不詳者，大多也當屬於平民或下層官員。考慮到南宋時期尤其是南宋後期平民著者

數的增多，凸顯因兩宋時期文化、學術之普及、平民化，故下層官員與平民身份者所占之比例大增。

其三，武官身份的著者有 18 人，内中多人所撰文字乃屬其冒險犯難出使邊陲或他國外交折衝而予以記載的行程録，如王延德《西州使程記》、辛怡顯《至道雲南録》、李遠《青唐録》、高永年《元祐隴右録》、王易《燕北録》、楊應誠《建炎假道高麗録》、王繪《紹興甲寅通和録》等。其他如撰有《燕北雜録》的武珪乃自契丹南歸的歸正人。撰有"《括异志》數萬言，《倦游録》八卷"[1]的武臣張師正，雖人稱其"晚學益深，經史沿革，講摩縱横，文章詩歌，舉筆則就"，然據載其"本進士及第，换武爲遥郡防禦使"[2]。撰有《侯鯖録》的趙令畤，據《宋史・宗室傳》，其乃燕懿王玄孫，襲封安定郡王，尋遷寧遠軍承宣使、同知行在大宗正事。撰有《北狩見聞録》的曹勛，"宣和五年進士。南渡後官至昭信軍節度使"[3]，身份較爲特殊。雖然宋人稱許"本朝武人多能詩"[4]，但由上可知，其撰作筆記之武臣人數頗少，成就不高。

此外，宋人吴處厚指出："近世釋子多務吟咏，唯國初贊寧獨以著書立言尊崇儒術爲佛事，故所著《駁董仲舒繁露》二篇、《難王充論衡》三篇、《證蔡邕獨斷》四篇、《斥顔師古正俗》七篇、《非史通》六篇、《答雜斥諸史》五篇、《折海潮論兼明録》二篇、《抑春秋無賢臣論》一篇，極爲王禹偁所激賞。"[5]其意乃爲證儒、佛、道"三家一致"，然隨着宋代理學闢佛之説的精緻與深化，此類企圖屢遭當時學者駁斥，而宋世"釋子多務吟咏"以及南宗禪之盛行，似也減弱其對注釋儒典之關注，更無論筆記雜録了。因此，除個别僧人如文瑩撰作《湘山野録》《玉壺野史》外，少有影響者。

（二）宋代筆記著者的地域分布

兩宋時期，宋境内各地區之經濟、文化發展水平相差甚大，宋人對此多有議

---

1 《玉壺清話》卷五，第 54 頁。

2 〔宋〕胡仔：《苕溪漁隱叢話》前集卷五五引《隱居詩話》，上海商務印書館《萬有文庫》本，第 372 頁。

3 《四庫全書總目》卷五一《北狩見聞録》，第 464 頁。

4 《苕溪漁隱叢話》前集卷五五引《隱居詩話》，第 372 頁。

5 《青箱雜記》卷六，第 61 頁。

論,此對學術發展(包括筆記的撰作)等都影響重大。北宋嘉祐年間吴孝宗於《餘干縣學記》中指出:

古者江南不能與中土等,宋受天命,然後七閩、二浙與江之西東,冠帶《詩》《書》,翕然大肆,人才之盛,遂甲於天下。[1]

又南宋人山堂先生亦稱:

有宋之興,東南民物康寧豐泰,遂爲九圍重地,奪往古西北之美而盡有之。是以鄒、魯多儒,古所同也。至於宋朝,則移在閩、浙之間,而洙泗寂然矣。關輔饒穀,古所同也。至於宋朝,則移在江、浙之間,而雍土荒凉矣。[2]

從而出現"東南多文士,西北饒武夫"之説。[3] 即隨着社會經濟的迅速發展,文化風俗之南北地域差异發生了明顯的改變,即至兩宋時期,東南地區已替代關中或中原地區,成爲經濟文化的中心,造成"奪往古西北之美而盡有之"的局面。南宋人葉適亦云:"今吴、越、閩、蜀,家能著書,人知挾册,以輔人主取貴仕,而江、漢蓋鮮稱焉。"[4] 此一地域之間的差异及其變化,在有關宋代筆記著者的地域分布上也有着頗爲明顯的反映(相關數據詳見下表)。

兩宋路名	北宋前期	北宋後期	南宋前期	南宋後期	小計
開封府界		6	9		15
京東路	7	19	15		41
京西路	6	11	10	2	29
河北路	9	7	5	1	22
河東路	2	3	2		7
陝西路	2	9	3	1	15
淮南路	3	12	20	1	36
兩浙路	5	22	68	72	167

1 《容齋隨筆·四筆》卷五《饒州風俗》,第665頁。

2 〔明〕王瓚、蔡芳:《弘治温州府志》卷一《風俗》,上海社會科學出版社2006年版,第11頁。

3 〔宋〕黄公度:《知稼翁集》卷下《送鄭少齊赴官嚴州序》,上海古籍出版社《文淵閣四庫全書》本,第1139册,第602頁。

4 〔宋〕葉適:《葉適集·水心文集》卷九《漢陽軍新修學記》,中華書局1961年版,第140頁。

续表

兩宋路名	北宋前期	北宋後期	南宋前期	南宋後期	小計
江南路	7	17	41	31	96
福建路	3	13	36	19	71
廣南路	1	1	1	1	4
荆湖路	9	1	8	3	21
四川	10	15	13	9	47
宗室		1	5		6
地域不詳	17	24	38	32	111
小計	81	161	274	172	688

[注]單位:人。上表“陝西路”合陝西四路而言;“宗室”,乃指史籍中未載明其落籍何地者,若已明確記載其落籍州縣者,則歸於相應之地區。

又據有關筆記著者按其所在之州(府軍監)統計數據,將著者數居前之十個州(府軍監)情况列表如下:

序號	北宋前期	北宋後期	南宋前期	南宋後期	兩宋合計
1	成都府(益州)4	成都府 11	泉州 11	婺州 11	臨安府(杭州)23
2	大名府 3 安州 3	開封府 7	徽州 10	慶元府 10	泉州 21
3		杭州 6	開封府 9 臨安府(杭州)9	台州 9	慶元府(明州)18 湖州 18 福州 18 成都府(益州)18
4	梓州 2 應天府(宋州)2 青州 2 深州 2 杭州 2 撫州 2	河南府 5		湖州 7	

序號	北宋前期	北宋後期	南宋前期	南宋後期	兩宋合計
5		壽州 4 臨江軍 4 洪州 4 建昌軍 4 福州 4 大名府 4	蘇州(平江府)8 慶元府(明州)8 湖州 8 福州 8 建州(建寧府)8	温州 6 臨安府 6 徽州 6 福州 6 泉州 6	
6					婺州 17
7					平江府(蘇州)16 開封府 16 建寧府(建州)16 徽州 16
8					
9	邠州 1		紹興府(越州)6 饒州 6 吉州 6	平江府 5	

[注](1)州(府軍監)名後之數字,指該地之著者人數。(2)北宋前期有邠州、蔡州等 36 州(府軍監)亦皆爲 1 人。

分析上述兩表數據可知:其一,南、北地區人數差距頗大。即屬於北方的開封府界、京東路、京西路、河北路、河東路、陝西路諸地區的著者,北宋前期合計 26 人,北宋後期合計 55 人(因南宋時北方已淪陷,其時歸屬於北宋地區者,乃是祖籍或出生於北方而已南渡居住南方者,故此處僅討論北宋時期),而屬於南方地區的淮南、兩浙、江南、福建、廣南、荆湖、四川諸路的著者,北宋前期合計有 38 人,北宋後期合計 81 人。則在北宋後期,南北地區的著者數之差要大於北宋前期。若以著者數據前十之州(府軍監)而計,在北宋前期,屬於北方的有大名府、應天府、青州、深州等,而至北宋後期僅有開封府、河南府、大名府三處,而此三地分别爲北宋之東京、西京和北京,地位特殊。即在北宋前期,南、北地區之著者數比例尚可算平衡,此後兩者之差距漸趨懸殊。

其二，同時在南方各地區之間，其著者數亦相差甚大，且多聚集於東南之浙江、江南、福建等地，而位列著者數最多的十個州（府軍監）亦多在此三地，尤其在南宋後期，僅徽州、福州、泉州三州不屬兩浙路。此外，東京開封府地位特殊，而四川地區，於南宋後期著者之數不增反減，乃與當時蒙古軍多年南侵，四川戰禍頻仍密切相關。

此一現象的出現，雖與南方史料尤其是江南、閩浙地區保存兩宋時期文獻較爲豐富、完備有相當關係，與各地區經濟發展之不平衡有關，但也大體符合兩宋時期文化學術重心自北向南移動，并聚集於東南地區的歷史狀況。此亦與整個兩宋時期的學者地域分布情況相符合，如以《宋元學案》所載爲例，兩宋學者的地域分布如下表：[1]

	北宋時期	南宋時期	小計
開封府	7	12	19
河北路	20		20
河東路	8	3	11
陝西路	20	5	25
京東路	28	8	36
京西路	43	30	73
淮南路	11	8	19
兩浙路	106	621	727
江南路	50	308	358
福建路	67	282	349
荆湖路	4	47	51
四川	31	99	130
廣南路	2	9	11
其他		4	4
總計	397	1436	1833

［注］單位：人。

同時，此一現象的出現，還與南、北學風之异密切相關。北宋晁以道《儒

1 參見顧宏義：《教育政策與宋代兩浙教育》，第60頁。

言·南北之學》曾言：

> 南方之學，异乎北方之學，古人辨之屢矣。大抵出於晋、魏分據之後，其在隋、唐間猶云爾者，不惟其地，而惟其人也。蓋南方、北方之强與夫商人、齊人之音，其來遠矣，今亦不可誣也。師先儒者，北方之學也。主新説者，南方之學也。[1]

此説當然非晁以道首創，如《隋書·儒林傳》即有言"大抵南人約簡，得其英華；北人深蕪，窮其枝葉"[2]。但儒學發展至宋初，已在反思崇尚章句的傳統儒學而形成疑古變古之社會思潮，"先後出現了疑傳派、疑經派，北方學者以疑傳派爲多，南方學者則大膽激進，以疑經派爲多"[3]。即北方學風相對保守，於是爲學"約簡"。崇尚文辭而喜"主新學"之南方學者，於"疑經"之餘，在筆記中探析經義、評論詩文、記載己説，自然就較爲學"深蕪"而"窮其枝葉"之北方學者來得更爲普遍。

二、宋代筆記著者的家族及師承

宋代筆記内容，有關朝廷政治、人事、典章制度，以及儒林傳承、家門清譽等方面乃是其重要之構成，而此與筆記的撰述者之家族背景、師門傳承等有着密切的聯繫。

（一）宋代筆記著者的家族背景

經過唐末五代時期的長期戰亂，前代之門閥士族，在宋代已蕩然無存，然士人家族依然廣泛存在，且成爲宋代社會之中堅，部分士人家族在宋朝文化、政治方面産生了巨大影響。據南宋王明清《揮麈前録》卷二所載：北宋時期"蟬聯珪組，世爲顯著"之族，當以真定韓氏爲首，其次有安陽韓氏、東萊吕氏、河内向氏、兩浙錢氏、巨野晁氏、三槐王氏、青州王氏、春明宋氏、安陸宋氏、南豐曾氏、眉州

---

1 〔宋〕晁以道：《儒言》，上海古籍出版社《文淵閣四庫全書》本，第698册，第506頁。

2 《隋書》卷七五《儒林傳》，第1706頁。

3 程民生：《宋代地域文化》，河南大學出版社1997年版，第318頁。

蘇氏、華陽范氏等。故宋人頗有記録連世顯宦之家族者，如李心傳《建炎以來朝野雜記》甲集卷九《國朝父子祖孫兄弟宰執數》載自宋初至南宋前期之“父子宰相二家”“祖孫宰相一家”“兄弟宰相一家”“父子執政十三家”“祖孫執政八家”“兄弟執政十一家”“叔侄執政四家”“三世宰相一家”“三世執政二家”“四世執政一家”，又《父子兄弟入院數》載自宋初至南宋前期之累世拜翰林學士者有“父子入院者”五家、“兄弟入院者”十二家，又《父子兄弟祖孫狀元父子兄弟賢良》載北宋時期“父子狀元三家”“祖孫狀元一家”“兄弟狀元二家”“父子賢良一家”“兄弟賢良二家”。如此數世相承的世家大族，“詩書傳家”，往往形成獨具特色之家學與家風。如浙東明州地區，宋時“富家大族皆訓子弟以詩書，故其俗以儒素相先，不務驕奢。士之貧者，雖儲無擔石，而衣冠楚楚”[1]。又如《宋元學案》載録東萊吕氏一族學者多達17人，被譽爲“中原文獻之家”，[2]即是其中一大典型。此在分析宋代筆記著者的身份情況時，也可發現類同之現象，現據《宋代筆記録考》例舉如下：

蔡絛、蔡鞗兄弟：宰相蔡京之子。蔡絛撰有《西清詩話》《國史後補》《鐵圍山叢談》；蔡鞗尚茂德帝姬（宋徽宗女），撰有《北狩行録》。

曾氏：南豐曾鞏（撰《南豐雜識》），曾布（曾鞏弟，徽宗初宰相，撰《曾子宣日録》《曾相手記》）；曾紆（曾布第四子，撰《南游記舊》《三朝正論》）；曾氏（曾鞏弟曾宰孫，撰《雪浪齋日記》）；曾季貍（曾宰曾孫，撰有《艇齋雜著》《艇齋詩話》）。晋江曾氏（神宗初宰相曾公亮孫，撰《曾公南游記》）；曾恬（曾公亮曾孫，與胡安國合撰《上蔡語録》）；曾慥（曾公亮子曾孝寬之曾孫，撰有《高齋漫録》《高齋詩話》）。

范氏：大名范質（宋初宰相，撰《范魯公雜録》）；范旻（范質子，撰《邕管雜記》）。吴郡范正思（范仲淹孫、元祐宰相范純仁之子，撰《范忠宣言行録》）；范公偁（范仲淹玄孫，撰《過庭録》）。華陽范鎮（神宗初年官翰林學士，范祖禹叔祖，撰《國朝事始》《本朝蒙求》《東齋記事》）；范祖禹（元祐間翰林學士，撰《范太史日記》《手記》）；范冲（范祖禹子，撰《范太史遺事》），范温（范冲幼弟，撰《潜

1　〔宋〕羅濬等：《寶慶四明志》卷一四《叙縣・風俗》，中華書局《宋元方志叢刊》本，第5177頁。

2　參見何新所：《昭德晁氏家族研究》，上海古籍出版社2006年版，第9頁。

溪詩眼》);范仲熊(范冲子,撰《北記》)。

高氏:四明高文虎(官翰林學士,南宋初禮部侍郎高閌從子,撰《蓼花洲閒録》),其子高似孫(撰《緯略》《剡溪詩話》)。

龔氏:歷陽龔相(北宋兵部侍郎龔原孫,撰《復齋閒記》),其子龔頤正(撰《續釋常談》《芥隱筆記》)。吴郡龔明之(撰《中吴紀聞》),其子龔昱(撰《樂庵語録》)。

韓氏:開封韓宗武(仁宗時參知政事韓億孫、韓縝子,撰《韓莊敏公遺事》);韓瓘(韓億曾孫,撰《劉先生談録》);韓元吉(韓億子韓維四世孫,撰《朔行日記》《桐陰舊話》);韓淲(韓元吉子,撰《澗泉日記》)。

洪氏:鄱陽洪皓(撰《金國文具録》《松漠紀聞》);洪遵(孝宗時執政,洪皓子,撰《翰苑遺事》),洪邁(洪遵弟,撰《夷堅志》《容齋隨筆》等)。

胡氏:徽州胡舜陟(高宗時徽猷閣待制,撰《三山老人語録》),胡舜申(胡舜陟弟,撰《乙巳泗州録》《己酉避亂録》);胡仔(胡舜陟子,撰《苕溪漁隱叢話》)。

李氏:饒陽李昉(太宗時宰相,撰《南行記》),其子李宗諤(撰《先公談録》《翰林雜記》)。徐州李復圭(仁宗時翰林學士李淑子,撰《紀聞》),李德芻(李復圭弟,撰《欬歔子》)。上虞李光(高宗時執政,撰《小史》),其子李孟傳(撰《雜志》《記善録》《記异録》)。

劉氏:臨江劉敞(仁宗時翰林侍讀學士,撰《使北語録》),劉攽(劉敞弟,撰《中山詩話》《三异記》);劉延世(劉敞猶子,撰《孫公談圃》)。東光劉摯(元祐時宰相,撰《日記》《劉忠肅行年記》),其子劉跂(撰《暇日記》)。

陸氏:山陰陸佃(徽宗初執政,撰《使遼語録》);陸游(陸佃孫,撰《入蜀記》《家世舊聞》《老學庵筆記》《避暑漫抄》等)。

吕氏:壽州吕公著(元祐時宰相,撰《吕申公掌記》);吕希哲(吕公著子,撰《歲時雜記》《吕氏家塾記》《吕氏雜記》等),吕希績(吕公著子,撰《正旦接送伴語録》),吕希純(吕公著子,撰《栖畝志》);吕本中(吕公著曾孫、吕好問子,撰《痛定録》《師友雜志》《紫微雜説》《紫微詩話》《軒渠録》);吕大麟(吕好問孫,撰《見聞録》);吕祖謙(吕大麟侄,撰《入越録》《入閩録》《卧游録》《庚子辛丑日記》等)。藍田吕大忠(元祐宰相吕大防兄,撰《吕氏雜説》),吕大臨(吕大防弟,撰《横渠語録》)。齊州吕頤浩(南宋初宰相,撰《燕魏録》),其後裔吕氏(撰《吕忠穆公遺事》)。

倪氏:湖州倪思(寧宗時尚書,撰《重明節館伴語録》《北征録》《經鉏堂雜志》),其子倪祖常(撰《倪文節言行録》)。

潘氏:洪州潘汝士(真宗時諫議大夫潘慎修子、宰相丁謂婿,撰《丁晋公談録》);潘淳(潘慎修玄孫、潘興嗣孫,撰《潘子真詩話》)。

錢氏:錢塘錢惟演(吴越王錢俶子,撰《家王故事》《玉堂逢辰録》《金坡遺事》《錢文僖筆録》),錢易(錢俶侄,撰《南部新書》《洞微志》);錢明逸(錢易子,撰《衣冠盛事》)。

秦氏:高郵秦觀(撰《秦少游詩話》等),其子秦湛(撰《回天録》)。

邵氏:洛陽邵伯温(邵雍子,撰《邵氏聞見録》),其子邵博(撰《邵氏聞見後録》)。

宋氏:安陸宋庠(仁宗時宰相,撰《掖垣叢志》《楊文公談苑》),其弟宋祁(撰《宋景文公筆記》《鷄跖集》)。

蘇氏:梓州蘇易簡(太宗時執政,撰《續翰林志》),其子蘇耆(撰《次續翰林志》《閒談録》)。眉山蘇軾(撰《東坡志林》《仇池筆記》等),其弟蘇轍(撰《龍川略志》《龍川别志》);蘇籀(蘇轍孫,撰《欒城遺言》)。

王氏:大名王素(真宗宰相王旦季子,撰《王文正公遺事》);王鞏(王素子,撰《聞見近録》《甲申雜記》《隨手雜録》);王古(王素侄孫,撰《道院集要》);其後裔王從(南宋初人,撰《清虚雜著補闕》)。青州王曾(仁宗初宰相,撰《王文正筆録》《契丹志》),其弟王皥(撰《百一紀》《王沂公言行録》)。華陽王珪(神宗時宰相,撰《王禹玉詩話》);王仲甫(王珪猶子,撰《王明之詩話》)。汝陰王銍(撰《默記》《續清夜録》《四六話》等),其子王明清(撰《投轄録》《摭青雜記》《揮麈録》《玉照新志》等)。廬江王灊(光宗時執政王藺兄,撰《北山記事》);王栐(王藺猶子,撰《燕翼詒謀録》)。吴郡王大成(王楙父,撰《野老紀聞》),其子王楙(撰《野客叢書》)。

姚氏:嵊縣姚寬(撰《西溪叢語》),其弟姚憲(撰《乾道奉使録》)。

葉氏:吴縣葉夢得(南宋初執政,撰《玉澗雜書》《石林燕語》《避暑録話》等),其子葉模(撰《石林過庭録》)。

趙氏:衡山趙葵(理宗時宰相,撰《行營雜録》),其子趙溍(撰《養痾漫筆》)。

鄭氏：永嘉鄭伯熊（撰《𧬃語》《記聞》），其從子鄭時中（撰《影響録》）。

於此之外，宋代尚有不少筆記著者，雖其本人官職或不顯，然其或爲宰執大臣之子弟，或聯姻於貴戚顯宦，而頗具不一般之家族背景（詳見下表，然不含宗室之著者）。

姓名	事迹	家族情况	著述
蔡惇	萊州膠水人。南渡後卒於涪陵。	仁宗時參政蔡齊侄孫，翰林學士蔡延慶子。	《夔州直筆》
蔡居厚	杭州人。官至户部侍郎。	熙寧間御史蔡延禧子。	《蔡寬夫詩史》《蔡寬夫詩話》
常詵孫	嘉興府人。累辟不就。	紹興間御史中丞常同之孫。	《天閑雜著》《櫟齋筆記》
陳恬	陽翟人。除校書郎、直秘閣。	仁宗時樞密使陳堯叟裔孫。	《手記》
陳淵	南劍州沙縣人。官宗正少卿。	徽宗初右司員外郎陳瓘猶子，南宋初工部侍郎兼侍讀楊時之婿。	《龜山語録》
何薳	建安人。未仕。	神宗元豐武學博士何去非中子。	《春渚紀聞》
侯仲良	華陰人。未仕。	二程先生内弟。	《侯子雅言》
許采	事迹未詳。	宣和末燕山府守臣蔡靖之妻兄。	《陷燕録》
黄伯思	邵武人。官秘書郎。	執政黄履之孫。	《石渠録》
江端禮	開封陳留人。太學生。	刑部郎中江休復孫。	《節孝語録》
黎良能	廣安人。	英宗時直講黎錞之孫。	《讀書日録》
廉布	山陽人。官左從事郎。	宰相張邦昌婿。	《清尊録》
劉汝進	潤州金壇人。	理宗時直顯謨閣劉宰幼子。	《劉漫塘語録》
毛幵	衢州人。自宛陵罷官歸，號樵隱居士。	尚書毛友龍之子。	《優古堂詩話》

续表

姓名	事迹	家族情况	著述
龐元英	單州武城人。官鴻臚少卿。	仁宗時丞相龐籍子。	《文昌雜録》《南齋雜録》
沈作喆	湖州人。爲江西漕司幹官。	孝宗初丞相沈該侄。	《寓簡》
史守之	鄞縣人。官通直郎。	南宋宰相史浩孫,宰相史彌遠侄。	《升聞録》
宋敏求	趙州人。官龍圖閣直學士、知制誥。	仁宗初參知政事宋綬子。	《三川官下記》《諱行後録》《入番録》《春明退朝録》
蘇象先	泉州人。官至朝請大夫。	元祐宰相蘇頌長孫。	《蘇魏公譚訓》
王伯庠	齊州人。官侍御史。	紹興間參知政事王次翁子。	《王次翁叙紀》
王讜	永興軍人。官少府監丞。	元祐時宰相吕大防婿。	《唐語林》
王直方	開封人。以宗女夫入仕,官承奉郎。	中書舍人王棫之子。其高祖王顯嘗事晋邸,至樞密使。	《歸叟詩話》
魏泰	襄陽人。未仕。	徽宗初宰相曾布妻弟。	《東軒筆録》《書可記》《臨漢隱居詩話》等
魏文翁	邛州人。叙州知州。	理宗初執政魏了翁從弟。	《讀書日記》
鮮于綽	閬州人。	元祐間左諫議大夫鮮于侁第四子。	《傳信録》
谢伋	上蔡人。官太常少卿。	南宋初執政謝克家子。	《四六談塵》
謝采伯	台州人。知徽州。	南宋後期宰相謝深甫子。	《密齋筆記》
邢繹	鄭州人。知興國軍。	哲宗時御史中丞邢恕孫。	《邢恕言行録》
徐度	應天府人。官吏部侍郎。	北宋末丞相徐處仁子。	《却掃編》《南窗記談》

续表

姓名	事迹	家族情况	著述
楊伯嵒	臨安府人。官工部郎。	南宋初和王楊存中曾孫。宋末周密之外舅。	《臆乘》
楊迥	将樂人。	南宋初名臣楊時次子。	《庭闈稿録》
于恕	諸城人。官昌國縣主簿。	孝宗時名臣張九成之甥。	《横浦語録》
岳珂	湯陰人。官户部侍郎。	岳飛孫。	《桯史》《愧郯録》
章氏	浦城人。	仁宗時宰相章得象侄。	《延漏録》
章淵	浦城人。官承議郎。	哲宗時宰相章惇之後。	《稿簡贅筆》
張栻	綿竹人。知江陵府、荆湖北路安撫使。	南宋初丞相張浚子。	《私記》
張知甫	襄陽人。嘗官於京師。	哲宗時給事中張問孫。	《可書》
張鎡	秦州成紀人。官奉議郎、直秘閣。	紹興間循王張俊之孫。	《仕學規範》《四并集》
趙演	洛陽人。任宫教。	哲宗時御史中丞趙君錫子,宰相吕公著孫婿。	《趙君錫遺事》《韓魏公事實》
朱彧	湖州人。未仕。	神宗時中書舍人朱服子。	《萍洲可談》
宗氏	婺州義烏人。	南宋初開封留守宗澤之後。	《宗忠簡遺事》

通過分析上述記載,可知:其一,宋代數量衆多的身任顯宦貴官或爲大臣子弟的筆記著者,頗多記録其所見所聞之朝廷政軍重事、官場逸聞等内容,前者著名者如司馬光《涑水記聞》、曾布《曾子宣日録》等,後者著名者如龐元英(仁宗時丞相龐籍子)《文昌雜録》、宋敏求《春明退朝録》、蔡絛《鐵圍山叢談》等。故此類筆記所記多有及宫闈秘事者,如王鞏《聞見近録》載其父王素(真宗時宰相王旦子)諫勸仁宗事,曰:

先公爲諫官,論王德用進女口,仁宗初詰之曰:"此宫禁事,卿何從知?"先公曰:"臣職在風聞,有之則陛下當改;無之則爲妄傳,何至詰其從來也?"仁宗笑曰:"朕,真宗子,卿,王某子,與他人不同,自有世契。

德用所進女口實有之，在朕左右，亦甚親近，且留之如何？"先公曰："若在疏遠，雖留可也。臣之所論，正恐親近。"仁宗色動，呼近璫曰："王德用所進女口，各支錢三百貫，即今令出内東門，了，急來奏。"遂涕下。先公曰："陛下既以臣奏爲然，亦不須如此之遽，且入禁中，徐遣之。"上曰："朕雖爲帝王，然人情同耳。苟見其泣涕不忍去，則恐朕亦不能出之。卿且留此以待報。"先公曰："陛下從諫，古之哲王所未有，天下社稷幸甚。"久之，中使奏宫女已出東門，上復動容而起。[1]

其二，宋代科舉取士制度完善，故父訓其子、兄勉其弟，家詩户書，以取功名。於是其子弟後嗣往往記載祖輩父兄往行嘉言，以爲家族增光，以爲後生典型，從而留下衆多筆記著述（詳見下表）。

著者名	筆記名	内容
盧載	《范陽家志》	"叙其祖多遜行事之詳。"按：盧多遜，太宗初期宰相。
李宗諤	《先公談録》	記録其父李昉（太宗時宰相）生前之言談。
錢惟演	《家王故事》	記其父（吴越王錢俶）遺事二十二事。
潘汝士	《丁晋公談録》	皆述丁謂所談當代故事。按：潘汝士，真宗末宰相丁謂之婿。
王皞	《王沂公言行録》	王曾"相仁宗，其弟皞録其平生言行，凡六十七事"。
王素	《王文正公遺事》	王旦"相真宗，其子素録遺事凡百餘條，分四卷"。
王欽臣	《王原叔談録》	王洙（字原叔）子。爲"翰林學士南京王洙之子録其父所言"。
程頤	《家世舊事》	録其父程珦、其叔程琉、其兄明道程顥諸人遺事。
韓宗武	《韓莊敏公遺事》	"記其父丞相縝玉汝事。"按：韓縝，神宗末宰相。
杜師益	《杜公談録》	録其父杜滋之言。
趙演	《趙君錫遺事》	録其父趙君錫遺事。
范冲	《范太史遺事》	編録其父范祖禹之言行。
范正思	《范忠宣言行録》	記録其父元祐宰相范純仁之言行。

1 〔宋〕王鞏：《聞見近録》，《全宋筆記》第二編六，大象出版社 2006 年版，第 15 頁。

续表

著者名	筆記名	内容
蘇象先	《蘇魏公譚訓》	“述其祖魏公頌子容遺訓。”按:蘇頌,元祐宰相。
邢繹	《邢恕言行録》	記其祖邢恕之言行。
陳淵	《龜山語録》	“録楊時中立語。”按:陳淵,楊時之婿。
傅氏	《傅公嘉話》	元祐時執政傅堯俞之子孫記堯俞之言行,凡四十餘章。
蘇籀	《欒城遺言》	記其祖蘇轍遺言百餘條。
程氏	《河南雅言》	二程諸孫所編修二程先生講論之言。
楊迥	《庭闈稿録》	録其父楊時言談。
孔傳	《東家雜記》	記“歷代追崇先聖故事及孔林古迹”及“其家舊聞逸事”。
韓膺冑	《五雲次舊聞録》	韓琦曾孫。記其家族舊聞逸事。
錢世昭	《錢氏私志》	記其叔父太尉“在帝左右,銜命出疆,凡耳目之所接,事出一時,語流千載者”。
范公偁	《過庭録》	范仲淹玄孫。“其書多述祖德,皆紹興丁卯、戊辰間聞之其父,故命曰‘過庭’。”
葉模	《石林過庭録》	“葉夢得與諸子講説者,其中子模編輯之。”
吕氏	《吕忠穆公遺事》	記建炎丞相吕頤浩元直事。按:吕頤浩之後所撰。
王伯庠	《王次翁叙紀》	記紹興中其父王次翁助高宗、秦檜收張俊、韓世忠、岳飛三大將兵權事等。
韓元吉	《桐陰舊話》	“記其家世舊事。”按:韓元吉,神宗時執政韓維四世孫。
宗氏	《宗忠簡遺事》	“録留守開封宗澤汝霖事。亦其家子孫所爲也。”
陸游	《家世舊聞》	“上卷記祖父以上事,下則述其先君及其外祖舅家事。”
倪祖常	《倪文節言行録》	輯其父尚書倪思遺事。
劉汝進	《劉漫塘語録》	“裒集家庭親友”所記其父劉宰之言談。

如上所録,此類記述祖輩父兄見聞言談的筆記頗衆,成爲兩宋筆記的特色之一。而通過分析此類筆記之内容,也可探究其家族事迹、家學淵源等,具有頗高之文獻價值。如《過庭録》著者范公偁,其事迹未詳,然此書内“稱(范)純禮

爲右丞、純粹爲五侍郎,則必非純禮、純粹二人之後。純粹惟一子曰正臣,官太常寺太祝,與所言祖光禄者不合,則亦非純仁之後。考《純仁傳》末稱二子正平、正思。此書皆稱爲伯祖,則并似非純仁後。惟《純仁傳》中有'没之日,幼子、五孫皆未官'語。《正平傳》中亦稱以遺澤官推與幼弟,後蔡京興僞造純仁行狀之獄,正思與正平争承。則純仁没時,正思已不年幼。知純仁尚有一幼子,光禄即所蔭之官。公偁之父,蓋即其子。書中稱其於純仁没後,未及釋服而卒,故後來不預行狀事。而史遂但稱純仁子二人耳。以是推之,知爲純仁之曾孫也",即范仲淹之玄孫。又此書"語不溢美,猶有淳實之遺風。惟純禮自政府出守潁昌,史以爲王詵之譖,此則以爲中官閻守忠之譖,則未知孰是也"[1]。故其内容對後人考證范氏家族事迹、研究北宋後期新舊黨争等情况,頗顯重要。

(二)宋代筆記著者的師承情况

宋代學人,家學傳授以外,尚四處問學求益,尤其是著名學者如吕祖謙、朱熹等門下,往往學生會聚一堂。於是當時不少筆記,乃由學生門人記載其師之日常講學、言談及其行事等而成。推尋此類筆記著述内容,大抵可分爲以下兩種情况:

其一,乃記録其師講學之言談議論,大多爲"語録"體。此體著述多見用於理學家(尤多見用於程朱學派學者),又在南宋時更爲普及(詳見下表)。

著者名	筆記名	内容
吕大臨	《横渠語録》	吕"學於程頤,與謝良佐、游酢、楊時在程門,號四先生"。而"《横渠語録》是吕與叔諸公隨日編",張載之語。
朱光庭	《伊川先生雜説》	所編其師伊川先生雜説。
江端禮	《節孝語録》	江學詩律於黄庭堅,論經行於徐積,故"録山陽徐積仲車語"。
羅從彦	《伊川先生語録》	羅"聞同郡楊時得河南程氏學,慨然慕之。及時爲蕭山令,遂徒步往學焉"。復至洛陽從程頤問學。
侯仲良	《侯子雅言》	侯乃二程先生内弟,從二程先生游,記其師説。

1 《四庫全書總目》卷一四一《過庭録》,第1196~1197頁。

续表

著者名	筆記名	内容
陳淵等	《龜山語録》	延平陳淵幾叟、羅從彦仲素、建安胡大原伯逢所録楊時中立語。
馬永卿	《元城語録》	馬官亳州永城縣主簿,從寓居劉安世學,"記其所聞之語"。
范季隨	《陵陽室中語》	范學詩於韓駒。"駒嘗在許下從蘇轍學,評其詩似儲光羲。"
曾恬、胡安國	《上蔡語録》	曾"少嘗尊事楊時、謝良佐、陳瓘、劉安世,得存心養性之學";胡"所與游者游酢、謝良佐、楊時,皆程門高弟"。
方疇	《稽山語録》	"趙鼎罷相居會稽",其門人方疇記其語。
羅博文	《延平先生語録》	延平先生李侗從羅從彦學。羅從彦從孫羅博文編録其語。
馮忠恕等	《尹和靖語録》	"馮忠恕、祁寬居之、吕堅中崇實所録尹焞彦明語。"
周憲	《震澤記善録》	編輯王蘋"平昔與門人答問辭"。
龔昱	《樂庵語録》	彙編其師李衡平日講學之語而成。
郎曄	《横浦日新》	録其師張九成之語。
蔣邁	《南軒語録》	"蔣邁所記張栻敬夫語。"
余大雅	《朱子語録》	"聞晦翁朱先生講道閩中,毅然登門"問學。
廖德明	《朱子語録》	受業朱熹。
童伯羽	《晦庵語録》	師事朱文公,"録其師説以爲《晦庵語録》"。
鄭可學	《朱子語録》	從學於朱熹。
吴必大	《師誨》	早事張栻、吕祖謙,晚師朱熹。
傅子雲等	《象山語録》	師從陸九淵。其書"分别由門人傅子雲季魯編録、門生嚴松松年所録、門人李伯敏敏求所録及黄元吉荆州日録等"。
梁瑑	《朱子語録》	從游朱子。"刻志勵學,所論爲學工夫及體氣魂魄鬼神之説,朱子多許可之。"
陳文蔚	《師訓拾遺》	朱熹門人。"講讀鉛山,著書立言,得其師旨趣。"
王力行	《文公語録》	游朱熹之門。
孫自修	《朱子語録》	從朱子游。
楊至	《考亭語録》	游文公之門。蔡元定奇之,妻以女。"記所聞於朱子者爲《語録》二卷。"
林武	《朱子語録》	朱熹講道武夷,林武徒步從之,受《中庸》之旨。輯平日所聞爲《語録》。

续表

著者名	筆記名	内容
林圓、蔡念成	《勉齋語録》	朱文公守南康時，講學於白鹿洞，蔡念成從之游。"文公没，心喪三年，又以事文公者事黄直卿，而卒業焉。"
税與權	《師友雅言》	魏了翁門人。魏卒後，其"用備録師言，揭諸篇端，以著先生之志"。

此類由學生門人所記學者之講學語録，雖往往隻言片語，但仍頗可見其學術思想淵源、特點等。如魏了翁（鶴山先生）門人税與權撰集其師友講學論説成一編，名《師友雅言》，游侣序曰：

> 鶴山公以高明俊偉之姿，刻意於學，不肯隨聲接響，躡陳駕虚，如求驪龍之珠，必下九淵而親攬之乃已，故其議論窮極根柢，多异乎人，匪求异人，實能得衆人之所未得也。尚憶嘉定十有四載，余方家居，公致之潼川郡齋，同諸友讀《易》，遍考舊説，切磋究之。一日，言前輩賦雪詩，欲爲人所未嘗道者。今觀其語，亦豈人説所不能道，若周濂溪無極太極，乃前無古人耳。余因及往歲侍後溪先生，先生謂劉侍郎招美勸閲注疏，以爲不先此而立論，恐徒高明而不實，公深然之。及公在渠陽，大肆其力於經，如注疏率三四讀，且抄成編，其是若非，博考詳説，所蓄既厚，厥見孔明。晚歲披幽抉微，掊妄扶正，一話之出，世竦未聞。税君巽父輯爲《雅言》，大略可睹。然公之再入，勸誦金華，嘗過余，語："今日進講至《易》之《泰》，吾從旁奏内君子、外小人固爲泰也，第在外而心腹是寄，不爲外；在内而情意不親，不爲内。"余擊節稱嘆，公亦自得。今巽父乃不及記，則其胸奇之藴，未暇遍以語人者亦多矣。嗚呼！使天假之年，而巽父輩終身左右，隨聞必録，則所以私淑後人者又可勝計哉。[1]

即此《師友雅言》所記鶴山講學語録雖已頗備，但因種種原因，其個人所記終有缺漏"不及記"者，致其有魏鶴山"其胸奇之藴，未暇遍以語人者亦多矣"之嘆。

1 《全蜀藝文志》卷三一游侣《鶴山師友雅言序》，上海古籍出版社《文淵閣四庫全書》本，第 1381 册，第 335~336 頁。

爲此，當時同門諸人往往分别記録其師講論之語，一爲存師之學，二爲自己得以時時温習師説。然此舉雖可彌補個人所記其師講説語録之缺漏，但也往往因各人所記之紛雜不一[1]，甚至内容前後矛盾而引起争議，或有與其師之學術觀點大相違戾者。如朱熹即針對《上蔡先生語録》的編纂成書過程指出：

（謝良佐）學於程夫子昆弟之門。篤志力行，於從游諸公間，所見最爲超越。有《論語説》行於世，而此書傳者蓋鮮焉。熹初得友人括蒼吴任寫本一篇（原注：題曰《上蔡先生語録》），後得吴中板本一篇（原注：題曰《逍遥先生語録》，陳留江讀之作序，云得之先生兄孫少卿伋及夫隱之子希元者）。二家之書，皆温陵曾恬天隱所記。最後得胡文定公家寫本二篇於公從子籍溪先生（原注：題曰《謝子雅言》）。凡書四篇，以相參校。胡氏上篇五十五章，記文定公問答，皆他書所無有，而提綱挈領、指示學者用力處，亦卓然非他書所及。下篇四十七章，與板本、吴氏本略同，然時有小异。蓋損益曾氏所記，而精約過之。輒因其舊，定著爲二篇，且著曾氏本語及吴氏之异同者於其下，以備參考。獨板本所增多，猶百餘章，然或失本指，雜他書，其尤者五十餘章，至詆程氏以助佛學，直以或者目程氏而以"予曰"自起其辭，皆荒浪無根，非先生所宜言，亦不類答問記述之體，意近世學佛者私竊爲之，以亢其術，偶出於曾氏雜記异聞之書，而傳者弗深考，遂附之於先生。傳之久遠，疑誤後學，使先生爲得辠於程夫子，而曾氏爲得罪於先生者，則必是書之爲也。故竊不自知其固陋，輒放而絶之，雖或被之以僭妄之罪，而不敢辭也。其餘所謂失本指、雜他書甚者，亦頗刊去，而得先生遺語三十餘章，别爲一篇。然記録不精，僅存仿佛，非復前篇比矣。凡所定者書三篇，已校定，可繕寫。因論其所以然之意，附見其後，以俟知言有道君子考而擇焉。[2]

1　如朱熹《晦庵集》卷七五《尹和静言行録序》有云："顧其記録之間，尚多抵牾，至於人名事迹亦或不同，然則其於精微之意豈得無可疑者。惜乎！其不得親見先生而面質之也。"又如《黄氏日抄》卷四三引《延平先生語録》云是書"羅仲素先生之從孫羅博文所編，本名《欽佩録》，然其所載多高深，間又造語，如諸子之立論者，視朱文公所編《答問》似不同"。

2　《晦庵集》卷七五《謝上蔡語録後序》，第3609～3610頁。

同時，因宋時黨争甚烈，且程朱學派學者往往捲入其中，其學或得天子賞識而盛行，時又因黨争而被禁，其内容或因避忌而有所不書，其文字或因聞聽未詳而時見駁雜。如二程先生之語録，據韓元吉《書師説後》曰：

二程先生講論答問之言，門弟子記之。舊日師説，厥後見於世，其號《河南雅言》，而分大、小程子者，程氏諸孫所修也；其號《伊川雜説》，自通言明大本而下名以爲十三篇者，胡明仲兄弟所輯也。《雅言》則潤色以文，間遺其意，復以章奏、書記交置其中，楊、謝諸公之語綴於後；而《雜説》者亦廣記而未下擇。此悉號《語録》，未知其誰定，尤混亂不可攷。明道先生蚤没，伊川先生復坐黨籍之謫，逮還伊闕，聞諸故老，蔡京至遣人伺察之，俾無敢著書，則當時私淑其徒所記亦略矣。靖康初，公道始開，楊龜山首闢王氏。建炎龍興，先生門弟子相繼有聞，《易》《春秋》《語》《孟》之學始行於天下。而趙丞相嘗官於洛，素知推敬其書，一時士君子靡然嚮之。及秦益公（秦檜）當國，諸賢零落殆盡。秦亦舊從洛學者也，晚乃謂人"爲其所惑蓋三十年"，且詆其説爲提先手。由是雖進士之文，亦不復道之矣。夫聖學之有本與儒術之有傳授，曾何計於時好，然天下之士惑於异端者、深溺於文辭者衆，不議而非之亦指而笑之。予家有《師説》，其編各有名氏。或者相勸傳之，以謂非且笑者顧何足恤？使傳而習焉，雖數十百年千萬而得一人，亦斯文之幸也。用釐爲十卷，刊置江東漕齋。間有异同，不敢悉去。而首以尹和靖之編者，得所先也。[1]

此外，此類語録所記録爲其師講授之語，故往往多有口語、方言，而别具價值與特色。如吕大臨所編《横渠語録》，朱熹便"因論方言難曉，如《横渠語録》是吕與叔諸公隨日編者，多陝西方言，全有不可曉者"[2]。因而多有對此語録加以分類整理彙編者，其著名者有《朱子語類》等。因此，此類學生門人所記之多種語録也便成爲瞭解、研究宋代學者尤其是理學家之學術思想的基本文獻資料。

---

1 〔宋〕韓元吉：《南澗甲乙稿》卷一六《書師説後》，上海古籍出版社《文淵閣四庫全書》本，第 1165 册，第 252—253 頁。

2 《朱子語類》卷五三，第 1285 頁。

其二，記録其師友之仕宦行迹、言談交游等，成爲後人瞭解其人、其事、其學、其世的重要資料。如陳造《題孫公談圃》云：

《談圃》所記，無非植名義、資見聞，爲益不貲，如爲言官時論張問、吕公績事，其危言磁論，此類必不一，無從考其詳矣。其詩法清麗嚴密，唐元白流亞，亦不得全編讀之，爲吾輩師法。公之不幸如此，然非劉公延世紀其緒餘，以示久遠，遂湮滅不聞耶！[1]

宋代此類筆記不少，其較著名者如：

著者名	筆記名	説明
李畋	《張乖崖語録》	少師任奉古。乃張詠門客。按：乖崖，張詠號。
黄鑑	《南陽談藪》	同郡楊億門下黄鑑"纂其异聞奇説，名《南陽談藪》"。
强至	《韓忠獻王遺事》	韓琦門人，嘗佐韓琦幕府。按：忠獻，韓琦謚號。
王巖叟	《韓忠獻公别録》	韓琦門人。王於韓琦卒後，"悉所聞見者，叙而次之，以爲公《别録》"。
李廌	《師友談記》	多記蘇子瞻、范純夫及四學士所談論，故曰"師友"。
劉延世	《孫公談圃》	劉從孫升游。孫卒，劉因其"辱公之知且久，而公之語亦嘗屬"之記録，"於是詳而述之，庶幾不爲負公者"。
韓瓘	《劉先生談録》	參知政事韓億曾孫，元城先生劉安世之友。
李朴	《豐清敏公遺事》	是書編次其師禮部尚書豐稷事迹，"所叙録，較史傳爲詳"。
馮忠恕	《涪陵紀善録》	馮師事尹焞和靖，輯録尹在涪州舊聞以成此編。
喻樗、方疇	《趙豐公逸事》	南宋初名相豐公趙鼎"門人喻樗、方疇諸人所記"。

此類著述所載，除學術以外，往往有關其師之政治傾向、黨争立場等，如《孫公談圃》記孫升身爲"元祐黨籍"中人，"多述時事。觀其記王安石見王雱冥中受報事，則不滿於安石。記蘇軾以司馬光薦將登政府，升言軾爲翰林學士，其任已極，不可以加。如用文章爲執政，則趙普、王旦、韓琦未嘗以文稱。王安石在翰林爲稱職，及居相位，天下多事。若以軾爲輔佐，願以安石爲戒。又記軾試館

1 〔宋〕陳造：《江湖長翁集》卷三一《題孫公談圃》，上海古籍出版社《文淵閣四庫全書》本，第 1166 册，第 398 頁。

職,策題論漢文帝、宣帝及仁宗、神宗,升率傅堯俞、王巖叟言,以文帝有弊則仁宗不爲無弊,以宣帝有失則神宗不爲無失。則又不滿於軾。記争吊司馬光事,亦不滿程子。殆於黨籍之中,又自行一意者歟?"[1]

上述兩類情况以外,宋人於筆記雜著中,往往記其師承淵源,或記其師言行學説,或續其師之著而撰作(詳見下表)。如宋初嘗師事徐鉉爲文的陳彭年撰有《江南别録》,"時湯悦、徐鉉等奉詔撰《江南録》,彭年是編蓋私相纂述,以補所未備,故以《别録》爲名"[2]。又如李廌《師友談記》"記蘇軾、范祖禹及黄庭堅、秦觀、晁説之、張耒所談,故曰'師友'。其人皆元祐勝流,而廌之學問文章亦足與相亞,能解諸人之所談,所載多名言格論,非小説瑣録之比"[3]。

著者名	筆記名	説明
陳彭年	《江南别録》《志异》	師事徐鉉爲文。時湯悦、徐鉉等奉詔撰《江南録》,彭年是編蓋私相纂述,以補所未備,故以《别録》爲名。
張逵	《蜀寇亂小録》	張詠門人。
莫君陳	《月河所聞集》	從安定先生胡瑗學。
陳貽範	《鄱陽遺事録》	爲密學陳襄、安定胡瑗高弟。
吕希哲	《歲時雜記》《吕氏雜記》等	少從焦千之、孫復、石介、胡瑗學,復從程顥、程頤、張載游,聞見由是益廣。
王鞏	《聞見近録》等	從蘇軾問學,能爲文章。
陳輔	《陳輔之詩話》	少負俊才,不屑事科舉,文辭雄偉,不蹈故常。尤工於詩。出入王安石之門,安石厚遇之。
張耒	《明道雜志》	初游學於陳,從學官蘇轍游。
李廌	《師友談記》	初謁蘇軾於黄州,贄文求知。
潘淳	《潘子真詩話》	師事黄庭堅,尤工詩。
黄朝英	《緗素雜記》	爲王安石之學。
陳長方	《步里客談》	其父陳侁嘗從游酢定夫學,其從王蘋學。

1 《四庫全書總目》卷一四〇《孫公談圃》,第 1192 頁。

2 《四庫全書總目》卷六六《江南别録》,第 585 頁。

3 《四庫全書總目》卷一二〇《師友談記》,第 1038 頁。

续表

著者名	筆記名	説明
韓元吉	《朔行日記》《桐陰舊話》	韓維四世孫。師尹焞,與朱熹友善。師傅淵源,儒林推重。
袁文	《甕牖閒評》	受教於李公大辯、莫公冠卿、吴公化鵬三先生。
曾季貍	《艇齋雜著》《艇齋詩話》	師事韓子蒼、吕居仁,又與朱晦翁、張南軒書問往復。
張順之	《練溪詩話》	學詩於金陵吴可。
程迥	《淳熙雜志》	受學於王葆、聞人茂德、喻樗。
張栻	《私記》	丞相張浚子。師從胡宏。
樓昉	《過庭録》	少從吕祖謙於婺。嘗編歷代文章爲一編,名《崇古文訣》。
方導	《覺齋見聞録》	師承張九成,又從林之奇游。
楊簡	《石魚偶記》	師事陸九淵。
傅伯成	《耄至》	少從朱熹學。
陳希點	《澹齋筆談》	從學於吕東萊。
葛洪	《涉史隨筆》	從吕祖謙學。
曾三异	《同話録》	屢從朱文公先生問辨。
喻南强	《梅隱筆談》	師從陳亮。爲文善馳騁,下筆輒數千言,不繩削而自合。
周南	《山房雜記》《書隖叢録》	從葉適學。
徐僑	《雜説》	蚤從學於吕祖謙門人葉邽。調上饒主簿,始登朱熹之門。
趙淦夫	《南坡筆録》	其父趙彦秬,師事吕祖謙。
劉禰邵	《讀書日記》	質經於陳公師復、評史於鄭公子敬,問《易》於蔡公伯静。
吴昌裔	《諸老記聞》	吴泳弟。聞漢陽守黄榦得熹之學,往從之。
真德秀	《西山讀書記》	生後於朱文公,而自謂受先生罔極之賜,資深守固,异説不能入。
吴子良	《荆溪林下偶談》	幼從陳耆卿游,長登葉適之門。適稱其文意特新,語特工,韵趣特高遠。
趙希循	《會心録》	受知於真西山、樓攻媿。
時少章	《日記》	父時瀾,爲東萊吕祖謙弟子。

续表

著者名	筆記名	説明
張端義	《貴耳録》	嘗拜平齋項先生於荆南,如慈湖、説齋、鶴山、菊坡、習庵皆從之游。
車若水	《脚氣集》	初師陳耆卿學古文,後從杜範游,遂潛心理學。
顧逢	《船窗夜話》《負暄雜録》	學詩於周弼。
黄超然	《筆談》	師事王柏。

宋代尚有一類僧人所撰之筆記,其中亦多有論及其師承宗門者。如《佛祖歷代通載》卷二〇載,南宋初僧人曉瑩於紹興乙亥(1155)撰成《雲卧紀談》《羅湖野録》。其序《羅湖野録》云:"愚以倦游,歸憩羅湖之上,杜門却掃,不與世接。因追繹疇昔出處叢林,其所聞見前言往行,不爲不多,或得於尊宿提唱、朋友談説,或得於斷碑殘碣、蠹簡陳編,歲月浸久,慮其湮墮,故不復料揀銓次,但以所得先後會稡成編,命曰《羅湖野録》。"[1] 又釋妙總跋云:"前哲入道機緣,禪書多不備具者,其過在當時俊英失於編次,是無衛宗弘法之心而然,遂致有見賢思齊者徒增太息耳。妙總窮居村落,不聞叢林勝事久矣。比者江西瑩仲温遠自雙徑來訪山舍,娓娓談前言往行,殊慰此懷。徐探囊中,遂得《羅湖野録》一編,所載皆命世宗師與賢士大夫言行之粹美,機鋒之酬酢,雄文可以輔宗明,教誨可以警後昆。於是詳覽熟思,不忍釋手,亦足以見仲温爲道爲學之要,其操心亦賢於人遠矣。"[2]

三、宋代筆記著者的生平學術之考述

被視爲"小道""叢雜"的筆記雜述,其著者情況時有不詳,甚或有未題著者姓名者。對此,因筆記中所記載的,多爲其著者所見、所聞、所學、所思者,故每可由其中探索、考尋其生平、學術等。

1 〔宋〕釋曉瑩:《羅湖野録》卷首《叙》,《全宋筆記》第五編一,大象出版社 2012 年版,第 208 頁。

2 《羅湖野録》卷末釋妙總《跋》,第 273 頁。

(一)著者之生平事迹考訂

此下即據相關史料，對兩宋部分筆記之著者生平事迹不詳者、佚名者以及誤題著者名者作一簡要之考訂。

首先，筆記之著者生平事迹不詳者之考訂。

1.蘇軾《艾子》

《艾子》一書，陳振孫以爲"相傳爲東坡作，未必然也"[1]。而南宋戴植《鼠璞》卷下《艾子》亦云："世傳《艾子》爲坡仙所作，皆一時戲語，亦有所本。其説一蟹不如一蟹，出《聖宋掇遺》。陶穀奉使吴越，因食蝤蛑，詢其族類，忠懿命自蝤蛑至蟹凡十餘種以進。穀曰：'真所謂一代不如一代也。'"故明人胡應麟《少室山房筆叢·四部正譌下》以爲出自僞托："《艾子》世傳蘇長公作，子瞻生平善俳謔，故此類率附之。宋人贊坡嬉笑怒駡皆成文章，豈筆之於書，淺俚若是乎？然此書已見《文獻通考》，蓋亦出於宋世，非後人所托也。"[2]然兩宋之際周紫芝有詩《夜讀艾子書其尾》曰："萬里投荒海一隅，八年蜑子與同居。可憐金殿鑾坡日，渾在蠻烟瘴雨餘。奇怪誰書方朔傳，滑稽空著子長書。不知平日經綸意，晚作兒曹一笑娱。"[3]即周紫芝以爲《艾子》乃蘇軾晚年"八年蜑子與同居"時所撰。而《艾子》中言"艾子行於海上""艾子行出邯鄲道上""艾子浮於海""艾子之鄰，皆齊之鄙人也""艾子好爲詩"之類，皆與蘇軾行迹等相合，周紫芝之説當屬可信。

2.楊彦齡《楊公筆録》

楊彦齡，一作"延齡"，事迹不詳。然其所著《楊公筆録》"書中自稱元豐中爲山陰尉，又曰任隰州司户，又曰元豐八年秋爲滏陽令，又曰爲虢倅，又曰自江寧上元移宰常州武進，而卷首題曰朝奉郎致仕。其始末亦略可見"[4]。又書中云其嘗問疑於王安石、過洛辭别程顥先生等，可略知其交游。又書中載"世所謂

---

1 《直齋書録解題》卷一一，第329頁。

2 《少室山房筆叢》卷三二《四部正譌下》，第421頁。

3 《太倉稊米集》卷七《夜讀艾子書其尾》，第1141册，第47頁。

4 《四庫全書總目》卷一二〇《楊公筆録》，第1038頁。

獨脚令者，惟‘三光日月星’以拘於物數，爲最不易酬答者。元祐三年夏，余待試興國西經藏院，夜夢一客舉此爲令，若欲相屈。余輒應聲答曰：‘四詩風雅頌。’客遂慚服而去”[1]。而岳珂《桯史》以爲以“四詩風雅頌”對“三光日月星”句乃“蘇軾事”，則“亦可以證小説多附會也”。[2] 又據書中有高麗“元符元年冬再遣使尹瓘等入貢”云云，則推知本書當撰於哲宗末或稍後。

3.袁褧《楓窗小牘》

此書宋元諸書目皆未著録。《四庫全書總目》卷一四一云本書“不著撰人名氏。前有明海鹽姚士粦序，以書中所載‘先三老’一條，證以洪适《隸釋・袁良碑》，知其姓袁。又有少長大梁及僑寓臨安語，可知其鄉貫。其名則終莫得詳。查慎行注蘇軾《來鶴亭》詩，引爲袁褧，未詳何據。褧實明人，疑慎行誤也。上卷記見崇寧間作大鬢方額，下卷言嘉泰二年月食事，即以崇寧末年而計，亦相距九十七年，舊本題百歲老人，不誣也”[3]。按：明方以智《物理小識》卷八“袁褧曰：‘韓蘄王黄天蕩用飛輪八檝踏車，槳回江面’。”又方氏《通雅》卷一九《稱謂》“袁褧曰：‘于慶改名丁宜禄，投丁謂，謂喜曰：‘吾大拜矣。’’”因上述兩條皆見載於《楓窗小牘》，則明方以智已稱之，非查慎行注蘇軾《來鶴亭》詩時始稱袁褧。然宋元文獻中未見載袁褧之事迹。而據書前姚士粦序云此書“不着撰人姓名，特檢所載‘先三老’一段，與《隸釋・袁良碑》對質，因知其人袁姓。而牘中東坡手書所云彦方者，即其大父贊善公也。但《文忠集》目衹云‘與人’而已。至稱其父，每曰家大夫，不知何官。曾爲艮岳、蕚緑、華臺作頌，定亦禁近班列。又云‘曾王大母得封縣君’，‘從祖嘗倅鄭’，‘子曰博士頤’，亦是汴中衣簪喬舊。惟此翁若無官，而留意當世者”。然今檢書中所載：如卷上有云“今上主户亦至一千一百七十萬五千六百有奇，生息之繁，視宣和已前僅減七百萬耳”，檢《玉海》卷二〇《寶元歷代户數》中云“孝宗乾道元年户一千一百七十萬五千六百六十二”[4]，卷下載“思陵神輿就祖道祭，陳設窮極工巧，百官奠哭，紙錢差小，官家不

1 〔宋〕楊彦齡：《楊公筆録》，《全宋筆記》第一編十，大象出版社 2003 年版，第 142 頁。

2 《四庫全書總目》卷一二〇《楊公筆録》，第 1038 頁。

3 《四庫全書總目》卷一四一《楓窗小牘》，第 1196 頁。

4 《玉海》卷二〇《寶元歷代户數》，第 406 頁。

喜。諫官以爲俗用紙錢,乃釋氏使人以過度其親者,恐非聖主所宜以奉賓天也。今上扺於地曰:'邵堯夫何如人,而祭先亦用紙錢,豈生人處世,如汝能日不用一錢否乎?'"據史載宋高宗崩於淳熙十四年(1187)十月,十六年三月"欑於會稽之永思陵"[1],又云"本朝曆凡十變,在建隆則曰應天,在太平興國則曰乾元,在咸平則曰儀天,在天聖曰崇天,在治平曰明天,在熙寧曰奉天,在元祐曰觀天,在崇寧曰占天,未幾又改曰紀元,在紹興曰統元";而《群書考索》卷五八《曆》有云"至於本朝,曆凡十變,在建隆則曰應天,在太平興國則曰乾元,在咸平則曰儀天,在天聖曰崇天,在治平曰明天,在熙寧曰奉天,在元祐曰觀天,在崇寧曰占天,未幾又改曰紀元,在紹興曰統元,在慶元曰會元,此其大略也"。《楓窗小牘》未言及慶元年間所編《會元曆》。故推知《楓窗小牘》撰成於孝宗末年。

至於《楓窗小牘》卷下所載"慶元四年九月朔,太史言日食於夜,而草澤言食在晝,驗視如草澤言。嘉泰二年日食五月朔,太史以爲午正,草澤趙大猷言午初三刻,食三分",《建炎以來朝野雜記》甲集卷四《統天曆》、《玉海》卷一〇《慶元統天曆》所載"太史言日食於夜"作"太史言月食於夜",其餘略同。而《續編兩朝綱目備要》卷五慶元四年九月作"是月詔造新曆。太史言月食於晝,而草澤言食於夜,驗視如草澤言,有旨改作";嘉泰二年日食事同《建炎以來朝野雜記》《玉海》。又《宋史全文》卷二九上亦云慶元四年九月"是月詔造新曆。先是太史言月食於晝,而草澤言月食於夜,詔秘書監楊子美測驗,如草澤言,有旨改作"。故《建炎以來朝野雜記》校記云"九月朔"當作"九月望","太史言日食於夜,而草澤言食在晝"當作"太史言日食於晝,而草澤言食在夜";并云《宋史》卷五二《天文志》、《文獻通考》卷二八五《象緯考》、《金史》卷二〇《天文志》皆稱慶元四年七月庚戌(十六日)月食。[2] 則推知《楓窗小牘》所載日食事,當爲後世抄録自他書而摻入是書,且誤"月食"爲"日食",而非《楓窗小牘》之本文。因此,清館臣"舊本題百歲老人,不誣也"云云,似不確。

1 《宋史》卷三二《高宗紀九》,第611頁。

2 《建炎以來朝野雜記》甲集卷四,第108、116頁。

4.吴枋《宜齋野乘》

吴枋,字木方,江陰(今屬江蘇)人。[1] 餘不詳。其云:"枋自四十歲以來,榮念已絶,獨於嗜書一事,如饑之於食,渴之於飲,未嘗一日忘情也。……凡耳之所聞,目之所見,口之所誦,心之所得,隨手抄記,目曰《野乘》,已積成十餘卷。壬午歲夏五月,錢塘金被橋遭畢方之禍,延燎數萬家。儲書寄留癸辛街楊和王府,盡爲劫灰。七月巧夕,於里仁坊舊地作小樓二間,以庇風雨,至八月落成,始能追記一二抄録之。……甲申八月,芙蓉城人吴枋書。"[2] 據周密《齊東野語》載:"楊和王居殿岩日,建第清湖洪福橋,規製甚廣,自居其中,旁列諸子四舍,皆極宏麗。……自此百餘年間,無復火灾;人皆神之。至辛巳歲,其家捨閤於佑聖觀,識者謂龜失其首,疑爲不祥。次年五月,竟毁延燎,潭潭數百楹,不數刻而盡。"[3] 按:辛巳歲爲嘉定十四年(1221),次年正壬午歲。又周密《癸辛雜識》記南宋後期湖州園林有趙氏園,云是"端肅和王之家,後臨顔魯公池,依城曲折,亂植拒霜,號芙蓉城。有善慶堂最勝"[4]。端肅和王,指宗室趙師禹,由保康軍節度使除開府儀同三司,襲封嗣秀王,嘉定十六年薨,贈太傅,追封和王,謚端肅。[5] 由此知吴枋當生於孝宗乾道、淳熙間,《宜齋野乘》一書成於嘉定十七年甲申歲(1224),則其卒年當在理宗時。《宜齋野乘》初稿嘗"寄留癸辛街楊和王府",則其行迹當與和王楊家有關聯,且其於大火後兩月即於臨安城内"里仁坊舊地作小樓二間",推知其似非布衣。又其自稱"芙蓉城人",則知其或嘗寓居湖州。

5.邢凱《坦齋通編》

此書"不著撰人名氏。《説郛》題曰宋邢凱撰",然亦"不詳其爵里時代",而其書中"所紀有淳熙中見冷世光論姓氏事,在孝宗時,又有慶元間高秉文命題京鏜攻中官王德謙二事,及近見楊誠齋《易傳》語,則是書成於寧宗以後。又紀乾

---

1 《四庫全書總目》卷一二七,第1094頁。

2 〔宋〕吴枋:《宜齋野乘》卷首《自序》,《全宋筆記》第七編二,大象出版社2016年版,第89頁。

3 《齊東野語》卷四《楊府水渠》,第68~69頁。

4 《癸辛雜識》前集《吴興園圃》,第10頁。

5 《宋史》卷二四四《宗室傳一》,第8690頁。

道辛卯王寧爲武寧宰，其家充里正，則武寧人也”[1]。據《南宋館閣續録》卷九載：邢凱字廷舉，隆興府武寧（今屬江西）人。嘉定七年（1214）袁甫榜進士出身。紹定二年（1229）四月召試館職，除秘書省正字，八月通判吉州。同上書卷八載：嘉熙二年（1238）十二月，邢凱以知江陰軍除著作佐郎，兼權司封郎官。與其書内所載頗相合，知“《説郛》題曰宋邢凱撰”非無所依據。

6.吴自牧《夢粱録》

吴自牧，錢塘（今浙江杭州）人。事迹不詳。“自牧自序云：‘緬懷往事，殆猶夢也，故名《夢粱録》。’末署甲戌歲中秋日。考甲戌爲宋度宗咸淳十年（1274），其時宋尚未亡，不應先作是語。意‘甲戌’字傳寫誤歟？”[2]然今人李裕民據書中卷一八所記唐至咸淳户口增長數、卷一七所記宋歷科狀元情况、卷八有“度廟”“度宗”之稱呼，考定此書當撰於咸淳十年（甲戌）七月九日度宗駕崩、八月六日定廟號爲度宗之後，及是年九月二十六日王龍澤爲狀元之前。吴氏《自序》署時“甲戌歲中秋日”，正與其期吻合。而《總目》以爲本書撰於宋亡之後，不確。又明徐氏《紅雨樓書目》卷四家集類有載：“《新安吴氏倡於篇》一卷。唐吴少微、吴鞏，宋吴自牧、自中。”故官桂銓以爲吴自牧原籍新安（今安徽歙縣），爲唐吴少微後裔，遷居錢塘。有弟名吴自中，亦能文。李裕民亦取其説。[3]然《新安文獻志》卷八七載有吕午《吴益謙自牧墓志銘》，稱吴自牧字益謙，號静庵，新安人。卒於嘉熙丁酉（1237）四月二十日，享年七十七。由此可證此新安人吴自牧，實非撰作《夢粱録》者。

其次，筆記之佚名者之考訂。

1.佚名《延漏録》

《直齋書録解題》卷一一著録《延漏録》一卷，云：“不著名氏。其間稱伯父郇公，知其爲章得象之侄也。後題此書，疑章望之作，然未敢必。望之者，字表民，用郇公蔭入官，歐陽公爲作《字説》者也。以宰相嫌，遂不仕。録中又記皇祐中與滕元發同試，滕首冠而己被黜。藉令非望之，亦當時場屋有聲者。章氏雋

---

1 《四庫全書總目》卷一一八，第1024頁。

2 《四庫全書總目》卷七〇《夢粱録》，第626頁。

3 李裕民：《四庫提要訂誤（增訂本）》，中華書局2005年版，第138頁。

才固多也。”按：章望之乃宰相章得象侄，以蔭爲秘書省校書郎、監杭州茶庫，“逾年辭疾去，求舉賢良方正，得象在相位，以嫌扼之”。丁母憂，服除，遂不復仕。後以光禄寺丞致仕。卒。《宋史》卷四四三有傳。又據《宋史·宰輔表二》，章得象於寶元元年(1038)至慶曆五年(1045)間爲宰相。然滕元發原名滕甫，皇祐五年(1060)鄭獬榜進士。[1] 而本書著者明言其“皇祐中與滕元發同試，滕首冠而己被黜”，則其亦屬章得象之侄輩，而非章望之。

2.佚名《道山清話》

《直齋書録解題》卷一一著録《道山清話》一卷，云：“不知何人。跋語稱大父國史在館閣久，多識前輩，著《館秘録》《曝書記》與此而三，兵火散失。近得此書於曾仲存家。末題朝奉大夫暐，亦不著姓。”此跋文載於《説郛》卷四五下《道山清話》卷末，然題王暐撰，未知何據。因書中有云：“元祐五年，先公爲契丹賀正使，遼主問：‘范純仁今在朝否？’先公曰：‘純仁去年六月以觀文殿學士知潁昌府。’又問：‘何故教出外？’先公云：‘純仁病足，不能拜，暫令補外養病爾。’……先公既北歸，不敢以是載於語録。嘗因便殿奏陳，上微語曰：‘因通書，説與純仁著。’未幾，先公捐舍。八年，純仁再入相，上首以此告之，且曰：‘曾令李某通書説。’純仁曰：‘不曾得書。’”則知朝奉大夫暐之大父當姓李，非姓王。“然考李燾《續資治通鑑長編》，是年八月庚戌，命吏部郎中蘇注、户部郎中劉昱爲正旦使，供備庫使郭宗顔、西京左藏庫副使畢可濟副之。後郭宗顔病，改遣西頭供奉官閤門陸孝立，無李姓者在其間。而所稱去年范純仁出守潁昌，吕公著卒於位事，考二人本傳，實均在元祐四年。則‘五年’字又不誤，不審其何故也，或‘蘇’字、‘劉’字傳寫訛爲‘李’歟？所記終於崇寧五年，則成書當在徽宗時。書中頗詆王安石之奸，於伊川程子及劉摯亦不甚滿。惟記蘇、黄、晁、張交際議論特詳。其爲蜀黨中人，固灼然可見矣。”[2] 又書中云及李之儀因草范純仁《遺表》，而“坐黨終身廢弃”。按：據《宋人生卒行年考》，李之儀卒於政和七年(1117)，則推知其書當撰於政和末、宣和間。

---

1 《吴郡志》卷二八，第405頁。

2 《四庫全書總目》卷一四一《道山清話》，第1195頁。

3.佚名《墨客揮犀》

《直齋書録解題》卷一一著録《墨客揮犀》《續墨客揮犀》各十卷,云"不知名氏"。[1]《宋志·小説類》著録二十卷,未著撰人名氏。宋人文獻中多有引録《墨客揮犀》者,亦未見載著者名氏。至明《文淵閣書目》卷二乃著録彭淵材《墨客揮犀》一部一册。此殆據《墨客揮犀》卷二有"彭淵材初見范文正公畫像,驚喜再拜前,磬折,稱'新昌布衣彭几幸獲拜謁'"[2]云云而定。則彭淵材名几字淵材。據《宋史·樂志四》載,大觀二年(1108),因"初,進士彭几進《樂書論五音》,言'本朝以火德王,而羽音不禁,徵調尚闕'。禮部員外郎吴時善其説,建言乞召几至樂府,朝廷從之"。又《張商英傳》言張商英爲宰相,前此"因僧德洪、客彭几與(郭天信)語言往來,事覺,鞫於開封府,御史中丞張克公疏擊之,以觀文殿大學士知河南府,旋貶崇信軍節度副使,衡州安置。天信亦斥死"[3]。而據《能改齋漫録》卷一二曰:"洪覺範本名德洪,俗姓彭,筠州人。始在峽州,以醫劉養娘識張天覺。大觀四年八月,覺範入京,而天覺已爲右揆,因乞得祠部一道爲僧。又因叔彭几在郭天信家作門客,遂識天信,因往來於張、郭二公之門。政和元年,張、郭得罪,而覺範決脊杖二十,刺配朱崖軍牢。後改名惠洪。"[4]《墨客揮犀》卷六稱"叔淵材好談兵,……嘗獻《樂書》,得協律郎,使余跋其書曰:'子落筆當公,不可以叔侄故溢美也。'"[5]即此人。按:《江西通志》卷一〇六有云:"彭攀龍字淵材,新昌人。工於樂律,獻《樂書》於朝,爲協律郎,饘粥不給,乃歸。"[6]其事同於彭几,故疑彭几因"張、郭得罪"而歸,且改名攀龍。然《墨客揮犀》中多處言及彭淵材,且嘗明稱"叔淵材",而據僧惠洪《冷齋夜話》,僧惠洪即彭几之侄,而《冷齋夜話》卷四亦嘗稱"叔淵材",則稱彭淵材撰《墨客揮

1　《直齋書録解題》卷一一,第331頁。按:此條下有盧氏校注云:"彭乘撰。"

2　〔宋〕彭氏:《墨客揮犀》卷二《淵材見文正公狄梁公畫像》,中華書局2002年版,第299頁。

3　《宋史》卷一二九《樂志四》,第3002頁;卷三五一《張商英傳》,第11097頁。

4　〔宋〕吴曾:《能改齋漫録》卷一二《洪覺範因張郭罪配朱崖》,上海古籍出版社1979年新1版,第371頁。

5　《墨客揮犀》卷六《淵材開井禁蛇》,第349~350頁。

6　〔清〕謝旻等:《江西通志》卷一〇六《方技·瑞州府》,上海古籍出版社《文淵閣四庫全書》本,第516册,第512頁。

犀》者誤。

元末《説郛》收録《墨客揮犀》,題彭乘撰。明商濬編刊《稗海》,亦收《墨客揮犀》,於"卷首直題彭乘姓名",故清館臣以爲"蓋以書中所自稱名爲據"[1],其説不確。因北宋彭乘字利建,華陽(今四川成都)人,真宗時進士,仁宗官至翰林學士,《宋史》卷二九八有傳。與本書中所述内容之時間不合,故明人陸粲《題墨客揮犀録本》有云:"是書吾鄉人沈生所藏。沈有題識,援邱翰林語,以爲彭乘撰。按陳振孫《書録解題》稱《墨客揮犀》十卷、《續》十卷,不知作者名氏。而邱公云然,蓋必有據。然余考彭乘者,蜀華陽人,大中祥符五年登第,仁宗朝爲翰林學士、群牧使,卒官。與熙、豐諸公自不同時。今此本於涑水、半山、六一皆稱爵謚,且及東坡海外歸事,則建中靖國初也,距乘卒時遠矣。"又云:"彭乘蜀人,淵材江西新昌人,元非同族,亦非同時。此本所記淵材事,皆僧惠洪《冷齋夜話》中語也。淵材名攀龍,於惠洪爲叔父云。"[2]清館臣襲其説,以爲"北宋有兩彭乘,一爲華陽人。官翰林學士",而"其作此書者則筠州高安人,史不載其仕履,故始末無可考見。書中稱嘗爲中書檢正,又稱至和中赴任邕州,而不言其爲何官,又自稱嘗至儋耳。其所議論,大抵推重蘇、黄,疑亦蜀黨中人也"[3]。然此説亦不確,因爲:其一,宋人無稱本書著者爲彭乘者;其二,其"嘗爲中書檢正"者見是書卷六"余在中書檢正時閲雷州奏牘"云云,然此條録出自《夢溪筆談》卷二一;其三,"至和中赴任邕州"云云見是書卷五,然書中記事下至徽宗大觀年間,上距仁宗至和年已有五十年左右,顯非著者所歷之事,乃抄録他書而來,故所謂"其所議論,大抵推重蘇、黄,疑亦蜀黨中人也"云云,大抵無據。故近人王國維指出"此書係兩宋間人采輯諸書所成,故宋時傳本,不題撰人姓名,非彭乘所撰,則無自疑爲贋作矣。所采諸書,以魏泰《東軒筆録》、沈括《夢溪筆談》、惠洪《冷齋夜話》、陳正敏《遯齋閑覽》爲多"[4]。由此可證,《墨客揮犀·點校説明》稱本書"實出自惠洪族人彭姓某人之手,其目的之一,或爲宣揚

1 《四庫全書總目》卷一四一《墨客揮犀》,第 1196 頁。

2 〔明〕陸粲:《陸子餘集》卷七《題墨客揮犀録本》《又題》,上海古籍出版社《文淵閣四庫全書》本,第 1274 册,第 677 頁。

3 《四庫全書總目》卷一四一《墨客揮犀》,第 1195 頁。

4 《墨客揮犀》附録王國維《跋三則》其三,第 530 頁。

彭几(淵材)”之説,其依據顯然不足。又,《中國文言小説總目提要》第三編“志人類”以爲“《類説》《説郛》所收,均有今本未載者,説明今本已非原貌。據此疑原書確爲彭乘所作,後有脱佚,南北宋間人雜采諸書竄入,以成今本之狀”[1]。其理由亦欠充分。

(二)著者之學術述論

宋人筆記中相當數量屬學術筆記,而在雜記往事瑣聞之類筆記中,也多有反映其著者之學術及其師承趨向等的文字。如吕希哲“少從焦千之、孫復、石介學,又從二程子、張子及王安石父子游,故其學問亦出入於數家之中,醇疵互見”,故“《朱子語録》稱其學於程氏,意欲直造聖人,盡其平生之力,乃反見佛與聖人合”。其所撰有《吕氏雜記》,而“今觀此書,喜言禪理,每混儒、墨而一之,誠不免如朱子所言”。又據“《宋史》載王安石欲薦希哲爲講官,希哲辭曰:‘辱與公相知久,萬一從仕,將不免异同,則疇昔相與之意盡。’安石乃止。故所記安石父子事,亦無譏訶之詞。然其記顧臨使北之對,則謂爲世教者當重儒,又謂祖孔宗孟,學之正也,苟异於此,皆學之不正。又記司馬光辟佛之語,又斥老子剖斗折衡之説,而深辨孔子非師老子。又極論禮樂之不可廢。則其所見特如蘇軾、蘇轍之流,時時出入二氏,固未可盡以异學斥。至於直載劉經《太學頌》,以見過尊安石,直載程公遜賀待制詩,以見過諛王雱,則於荆舒父子亦有微詞,非竟相黨附者矣。其他所記家世舊聞、朝廷掌故,多可與史傳相參考。中如‘杞柳湍水’一條,‘喜怒哀樂’一條,‘耕莘釣渭’一條,今皆誤入《程氏遺書》中,殆以詞旨相近,故不及辨别耶?”[2]

又如休寧人吴箕,進士及第,嘗“主仁和簿,分教臨川,與象山諸公講明義理”[3]。著有《常談》,“大抵皆評騭史事,而間及於考證”。其“在臨川也,與陸九淵游,相與講明義理,蓋深有得於金溪之學。今以此書與九淵《文集》互勘,如九淵《經德堂記》論漢高祖爲義帝討項羽一事,謂新城三老深知天下大計,而箕亦

1 《中國文言小説總目提要》第三編“志人類”,第191頁。

2 《四庫全書提要》卷一二〇《吕氏雜記》,第1038頁。

3 〔明〕凌迪知:《萬姓統譜》卷一〇,上海古籍出版社《文淵閣四庫全書》本,第956册,第218頁。

謂新城老人獨知而言之，漢有天下，遂定於此。又九淵《語録》論曹參相漢，謂其能師蓋公，用黄老術，漢家之治，血脉在此；而箕亦謂參得安静之體，蓋公清心之言，有以先入之。其旨趣往往相合，似乎墨守不變者。及觀其論汲黯一條，九淵《集》中稱黯仗節守義，雖曰未學，必謂之學，而箕乃以謂黯之直諫，本於氣質，非學而得，故昧於大道。其説又如枘鑿之不相入。可見箕之學術雖本陸氏，而亦不爲苟同，與輔廣《詩童子問》一字一句堅持門户者，其心術之公私，相去遠矣。觀尤袤與箕同時，而所輯《遂初堂書目》已列有《常談》之名，則當日即珍重其書也”[1]。

至南宋後期，雖然朱熹理學被定爲“官學”，然宗朱、宗陸之争議并未平息，而在筆記中有關爲學趨向的記録更見普遍與顯明。如宋末黄震“每閲經史、文集，輒疏其精要辯論，曰《日抄》若干卷”[2]。其書第六十八卷以前乃抄録經、史、理學諸儒書、諸子書、唐宋諸大家文等，第六十九卷以後“則其所自著奏札、申明、公移、講義、策問、書記、序、題跋、啓、祝文、祭文、行狀、墓志銘。其爲言一主濂洛關閩之説，多所發明，蓋巋然一正學老儒也”[3]。故清館臣以爲“（黄）震與楊簡同鄉里，簡爲陸氏學，震則自爲朱氏學，不相附和”，所撰《黄氏日抄》，“以所讀諸書隨筆札記，而斷以己意。有僅摘切要數語者，有不摘一語而但存標目者，并有不存標目而采録一兩字者。大旨於學問排佛老，由陸九淵、張九成以上溯楊時、謝良佐，皆議其雜禪。雖朱子校正《陰符經》《參同契》，亦不能無疑。於治術排功利，詆王安石甚力。雖朱子謂周禮可致太平，亦不敢遽信。其他解説經義，或引諸家以翼朱子，或捨朱子而取諸家，亦不堅持門户之見。蓋震之學朱，一如朱之學程，反復發明，務求其是，非中無所得而徒假借聲價者也”[4]。且《清溪暇筆》又云：“五經朱子於《春秋》《禮記》無成書，慈溪黄東發震取二經全爲之集解，其義甚精，備朱子之未備，附於《日抄》中。其後程端學有《春秋本義》、東匯陳澔有《禮記集説》，皆未能有以過之也。永樂初，修《五經大全》，諸

1 《四庫全書總目》卷一二一《常談》，第 1044 頁。

2 〔元〕袁桷：《延祐四明志》卷五《黄震》，中華書局《宋元方志叢刊》本，第 6216 頁。

3 《水東日記》卷二一《黄氏日抄》，第 212 頁。

4 《四庫全書總目》卷九二《黄氏日抄》，第 786—787 頁。

儒皆未見《日抄》,故一無所取。”[1]頗可證黄震之學術趨向及其學術特徵。

又如史繩祖撰《學齋佔畢》,其門人郭囦跋云其“曰土王於季夏,曰無極而太極,曰逸詩句,曰孟、荀、揚言性,曰飲食衣服變古,曰屈原《橘頌》,曰日隨天左旋,曰三數乘四,曰《中庸》心性,曰不徹薑食,曰守令愛民,一以紫陽夫子之書爲證。先生學紫陽者也”,指出“學者其即是書而求先生之心,因先生而求紫陽之心”。[2] 而葉紹翁“與真德秀游,故其學一以朱子爲宗”,於其所撰之《四朝聞見録》多有顯現。[3]

由於宋代黨争頗劇,朝政與朋黨相雜糅,政治影響學術趨向,故於宋人筆記中或顯或晦有所反映。如陳善撰《捫虱新話》,其“持論尤多踳駁。大旨以佛氏爲正道,以王安石爲宗主。故於宋人詆歐陽修,詆楊時,詆陳東,詆歐陽澈,而詆蘇洵、蘇軾、蘇轍尤力,甚至議轍比神宗於曹操。於古人詆韓愈,詆孟子誤讀《論語》,甚至謂江西馬師在孔子上。而於周邦彦諛頌蔡京之詩,所謂‘化行《禹貢》山川外,人在周公禮樂中’者,則無譏焉”,故清館臣推斷陳善“必紹述餘黨之子孫,不得志而著書者也”[4],即其爲學傾向王安石“新學”,遂對洛學、蜀學多所批評。而施德操撰《北窗炙輠録》,“德操與張九成友善,……其學問則九成純耽禪悦。德操多稱道二程,雖間一及蘇氏,而不甚鄭重。其第一條即言王氏新法由於激成,以闡明程子之意,則宗洛而不宗蜀,其微意固可概見”[5]。

而宋人對《孟子》一書的議論評價之褒貶紛雜,更可見學術因政治(黨争)而分門别派。宋代以前,《孟子》僅作爲諸子書傳世,雖然唐中葉韓愈始“推尊孟氏,以爲功不在禹下”[6],《孟子》漸爲世人所重視,但在北宋初,《孟子》依然被列於子部。直至北宋中期,因王安石、二程的大力稱揚,《孟子》日益爲宋人所尊奉,并在王安石當政期間,《孟子》得以升格爲經,與《論語》并列;隨後於元豐七

1 《(雍正)浙江通志》卷二七九《清溪暇筆》,第 526 册,第 634 頁。

2 《學齋佔畢》卷末郭囦《跋》,第 17 頁下。

3 《四庫全書總目》卷一四一《四朝聞見録》,第 1201 頁。

4 《四庫全書總目》卷一二七《捫虱新話》,第 1093 頁。

5 《四庫全書總目》卷一四一《北窗炙輠録》,第 1199 頁。

6 〔唐〕韓愈撰,馬其昶校注,馬茂元整理:《韓昌黎文集校注》卷三《與孟尚書書》,上海古籍出版社 1986 年版,第 214 頁。

年(1084)五月,“詔自今春秋釋奠,以鄒國公孟軻配食文宣王,設位於兖國公之次”,即將孟子神位供奉於孔子廟中,“配食”於“顔子之列”。[1] 由此基本奠定了孟子“崇高”的“亞聖”地位。[2]

然於宗孟思潮盛行之同時,宋代始終存在一股“疑孟”甚至“非孟”之思潮,并因反對王安石“新學”而紛争加劇。邵博《邵氏聞見後録》卷十一至卷十三引録有《荀子・非十二子》、東漢王充《刺孟》和宋司馬光《疑孟》、李覯《常語》、陳次公《述常語》、傅野《述常語》、劉敞《明舜》、張俞《論韓愈稱孟子功不在禹下》、劉恕《資治通鑑外紀》、晁説之《奏審皇太子讀孟子》等十家“疑孟”“非孟”之説。[3] 又余允文《尊孟辨》引録有司馬光《疑孟》、李覯《常語》、鄭厚《藝圃折衷》以及王充《論衡・刺孟》、蘇軾《論語説》“中與孟子异者”。[4] 其中除《荀子》《刺孟》二家外,皆爲宋人。但其中“疑孟”“非孟”之動機各异,程度不一。如司馬光主要基於學術辨析,乃依據“疑古”觀而質疑孟子之説,即“光疑《孟子》書有非軻之言,著論是正之,凡十一篇。光論性,不以軻道性善爲然”[5]。李覯主要從尊王强國的政治角度,推崇維繫“君君臣臣”社會秩序的“孔子之道”,而斥“人皆可以爲君也”的“孟子之道”;然晁説之却是因惡王安石而對孟子産生反感。[6]

司馬光作《疑孟》,“元白珽《湛淵静語》謂爲王安石而發”。清館臣以爲“考《孟子》之表章爲經,實自王安石始。或意見相激,務與相反,亦事理所有。疑珽必有所受之,亦可存以備一説也”[7]。據《湛淵静語》卷二:“或問文節倪公思曰:‘司馬温公乃著《疑孟》,何也?’答曰:‘蓋有爲也。當是時王安石假孟子大有爲之説,欲人主師尊之,變亂法度,是以温公致疑於孟子,以爲安石之言未可盡信也。’”[8] 又《四庫全書總目・湛淵静語提要》云:“其説爲從來所未及。按:晁公

1 《長編》卷三四五“元豐七年五月壬戌”條,第 8291 頁。

2 參見顧宏義:《宋代〈四書〉文獻研究》,上海古籍出版社 2014 年版,第 29—31 頁。

3 《邵氏聞見後録》卷十一、卷十二、卷十三,第 81—106 頁。

4 《直齋書録解題》卷九《尊孟辨》,第 283 頁。

5 《郡齋讀書志校證》卷一〇《疑孟》,第 421 頁。

6 參見陳寒鳴:《宋儒孟子觀述論》,載《中國哲學史》1997 年第 1 期。

7 《四庫全書總目》卷一五二《傳家集》,第 1315 頁。

8 〔元〕白珽:《湛淵静語》卷二,上海古籍出版社《文淵閣四庫全書》本,第 866 册,第 309 頁。

武《讀書志》稱王安石喜《孟子》,自爲之解,其子雱與其門人許允成皆有注釋。蓋唐以前《孟子》皆入儒家,至宋乃尊爲經。元豐末遂追封鄒國公,建廟鄒縣,亦安石所爲。則謂光《疑孟》,實由安石异議相激而成,不爲無見,必以爲但因大有爲二語,則似又出於牽合,非確論也。"[1] 然按《傳家集》卷七三《疑孟》下諸條下所注之撰寫日期,上自元豐五年正月二十七日,下至元豐八年,可證所謂"异議相激而成"之説,確非無因。而《宋史・曾孝寬傳》稱曾孝寬知鄆州,"鄆有孟子廟,孝寬請於朝,得封鄒國公,配享孔子"[2]。據《九朝編年備要》卷二一,其時正在元豐六年(1083)十月。司馬光"相激而成"《疑孟》之直接原因,當正在於此。宋末周密以爲"人各有好惡,於書亦然。……王充作《刺孟》,馮休著《删孟》,司馬公作《疑孟》,李泰伯作《非孟》,晁以道作《詆孟》,黄次伋作《評孟》,若酸鹹嗜好,亦各自有所喜"[3]。其"人各有好惡"之説不確。

因司馬光被譽爲元祐賢相,故《疑孟》一書影響甚大,除晁説之(號景迂生)《詆孟》、黄次伋《評孟》、鄭厚《藝圃折衷》等外,在當時筆記中對此争議也多有記載。如前述《邵氏聞見後録》,再如李蓍撰《楚澤叢語》"專闢孟子,紹興中撰進。大意以爲王氏之學出於孟氏。然王氏信有罪矣,孟氏何與焉? 此論殆得於晁景迂之微意"[4]。

但此"疑孟""非孟"思潮,不但始終遭受"宗孟"學派的批評和抵制,如南宋初汪應辰嘗云:"自孟子時,固已言諸侯惡其害己,皆去其籍矣。則後世所傳,或非全書,但在慎擇之耳,不可盡廢以爲不然也。晁以道力闢王安石,因安石之尊孟子也,并孟子而非之,不亦過乎?"[5] 而且"非孟"之説還遭到了宋朝君王的堅决打壓。如指斥王安石言行"豈不害名教"[6] 而宣稱"最愛元祐"[7] 的宋高宗,待徽猷閣待制、提舉杭州洞霄宫晁説之"告老"時,即指示曰:"是嘗著論非孟子者。

---

1 《四庫全書總目》卷一二二《湛淵静語》,第 1050 頁。

2 《宋史》卷三一二《曾孝寬傳》,第 10234 頁。

3 《齊東野語》卷一六《性所不喜》,第 303 頁。

4 《直齋書録解題》卷一〇《楚澤叢語》,第 312 頁。

5 〔宋〕汪應辰:《文定集》卷一六《又與吕逢吉》,上海古籍出版社《文淵閣四庫全書》本,第 1138 册,第 746 頁。

6 《建炎以來繫年要録》卷八七"紹興五月三月庚子"條,第 2 册,第 231 頁。

7 《建炎以來繫年要録》卷七九"紹興四年八月戊寅朔"條,第 2 册,第 100 頁。

孟子發明正道,説之何人,乃敢非之! 可進一官致仕。”[1] 此後鄭厚也因“作《藝圃折衷》詆孟子,有‘賣仁義’等語。臣僚論列,特降指揮不得與學官、試官差遣,仍下所屬劈版,所以杜訕上之萌也”[2]。但“疑孟”“非孟”之説并未絶迹,在宋人私家筆記雜著中不時出現。如宋末俞文豹《吹劍録》,其“議論實多紕繆,於古人多所詆訶。如貶武王則拾蘇軾之緒論,詆孟子則循李覯之謬詞”[3]。

其實因黨争、學派之争而致學術觀點、風尚之异的,并不限於新舊學之間。如晁説之《晁氏客語》所論議“其説或參雜儒禪,則自晁迥以來家學相傳,其習尚如是,所與游之蘇軾、黄庭堅等友朋所講,其議論亦如是。此蜀黨之學,所以迥异於洛黨,亦毋庸執一格相繩”,然其書中“解經好爲异説,如以孟子所稱巨擘爲即蚓之大者。以‘既入其苙’之‘苙’爲香白芷,云豚之所甘,皆有意穿鑿,與王氏《新經義》何异?”[4] 又如沈作喆“與葉夢得相善,然夢得之學宗王安石,作喆之學則出於蘇軾,非惟才辨縱横與軾相似,即菲薄王安石,抵牾伊川程子,以及談養生、耽禪悦,亦一一皆軾之緒餘”[5],皆載於其所撰之《寓簡》。而施德操撰《北窗炙輠録》,“多稱道二程,雖間一及蘇氏,而不甚鄭重。其第一條即言王氏新法由於激成,以闡明程子之意,則宗洛而不宗蜀,其微意固可概見。……又解《孟子》‘萬物皆備’一條,尤近荀卿性惡之旨。其横浦之學偶相漸染,故立是异説歟?”[6] 可證。

此類私家筆記叙述,或顯或晦顯示了著者的學術及政治傾向,爲後人之研究提供了甚有價值的史料。

然而因筆記體裁等原因,一個著者的筆記内容往往與其所撰的其他著述之趨向、宗旨頗有距離。如南宋前期人李元綱撰有《聖門事業圖》一卷,“凡分十圖,曰傳道正統,曰大本達道,曰進修倫類,曰爲學之序,曰存心要法,曰求仁捷徑,曰聚散常理,曰傳心密旨,曰一氣通感,曰帥氣良方,曰心性本體。前有自

1 《建炎以來繫年要録》卷一九“建炎三年正月戊戌”條,第 1 册,第 296 頁。

2 《宋會要輯稿 · 選舉》一一之四一,第 4446 頁。

3 《四庫全書總目》卷一二七《吹劍録》,第 1094 頁。

4 《四庫全書總目》卷一二〇《晁氏客語》,第 1037—1038 頁。

5 《四庫全書總目》卷一二一《寓簡》,第 1043 頁。

6 《四庫全書總目》卷一四一《北窗炙輠録》,第 1199 頁。

序，後有自跋。其大旨以存心爲主，以謹獨爲要，而以窮理爲用力之始。大抵皆儒生習見之説"[1]。李元綱又撰《近世厚德録》四卷，"録盛陳果報，兼以神怪。如言張孝基以還産爲山神，及福州張生捐資救縊遇鍾離權得道事，不一而足，殊非儒者立言之道。與《聖門事業圖》如出兩手，不可解也"[2]。對此，《中國文言小説總目提要》第三編"厚德録"條以爲清館臣不知《厚德録》與《聖門事業圖》"二書性質，不能同日而語"[3]，而有"不可解也"之疑。

此外，一個著者若撰有一部以上筆記，其不同筆記之關係，一則以編纂時間爲别，如王明清《揮麈録》《揮麈後録》《揮麈第三録》《揮麈餘話》；二則與著者經歷相關，如范成大《攬轡録》《驂鸞録》《桂海虞衡志》《吴船録》等；三則與筆記内容、編纂宗旨有關，如洪邁《容齋隨筆》自是學術筆記之翹楚，而其《夷堅志》乃屬志异著述。屬於第三類的宋人筆記尚有：北宋初鄭文寶於南唐亡後，"有志於國史，搜采舊聞，排纂叙次，以朝廷大政入《江表志》，至大中祥符三年乃成。其餘叢談瑣事，别爲緝綴，先成此編。一爲史體，一爲小説體也"[4]。

沈括晚年卜居京口夢溪，撰有《夢溪筆談》，又撰《忘懷録》三卷，"皆飲食器用之式、種藝之方，可以資山居之樂者"[5]，"自謂今可忘於懷矣，故名《忘懷録》"[6]。據南宋初周紫芝《書夢溪丈人忘懷録後》，沈括"休居夢溪之上，自號夢溪丈人，作《忘懷録》，所記皆林下幽事，《筆談》之所不載者"[7]。

宋末周密撰有筆記多種，"其《癸辛雜識》《齊東野語》皆記宋末元初之事，《雲烟過眼録》皆記書畫古器，……其《澄懷録》《續録》則輯清談，《志雅堂雜鈔》則博涉瑣事。……《千頃堂書目》載密所著尚有《志雅堂耳目鈔》及此書，而藏弆之家并無傳本，惟此書散見《永樂大典》中。其書體類説部，所載實皆詩文評"[8]。

1 《四庫全書總目》卷九五《聖門事業圖》，第 805 頁。

2 《四庫全書總目》卷一二四《厚德録》，第 1066 頁。

3 《中國文言小説總目提要》第三編"志怪類"，第 139 頁。

4 《四庫全書總目》卷一四〇《南唐近事》，第 1188 頁。

5 《郡齋讀書志校證》卷一二，第 541 頁。

6 《直齋書録解題》卷一〇，第 297 頁。

7 《太倉稊米集》卷六七《書夢溪丈人忘懷録後》。

8 《四庫全書總目》卷一九五《浩然齋雅談》，第 1790 頁。

第四章

宋代筆記的價值與缺失

筆記因其爲撰者所親聞親見、内容龐雜而又豐富之特點，而具有重要的文獻價值，并廣爲時人及後世所重視。然筆記此一“於寬閒寂寞之濱，窮勝樂時之暇，時時捉筆據几，隨所趣而志之”，而“意到即就”[1]的著述之法，雖因其隨意而就、信筆雜記而爲士人所喜，但也由此帶來張冠李戴、道聽途説、以訛傳訛等缺失。以下就此兩方面分述之。

一、宋代筆記的文獻價值

筆記的文獻價值，宋人即已有充分之認識。如李獻民《雲齋廣録》序有云："夫小説之行世也多矣。國朝楊文公以《談苑》行，歐陽文忠公亦以《歸田録》行。其次則存中之《筆談》，師聃之《雜記》，類皆摭一時之事，書之簡册，用傳於世。此亦古人多愛不忍之義也。其論次有紀，辭事相稱，品章不紊。非良史之才，曷以臻此哉！"[2]對於宋人筆記的價值與作用，歷來諸相關研究論著已有頗多闡發。如張暉《宋代筆記研究》即從"史學價值"與"文學價值"兩方面來辨析之，而古代史學家往往將有關政治、經濟、軍事、外交等國家大政列入正史，且將大量"瑣事叢談"另行輯綴，故而卷帙繁多的宋人筆記雜述往往可補正史之不足，甚至有不少筆記内容直接爲史籍所取材。[3] 同時，筆記内容多爲記述撰者"一耳一目之所親聞睹"[4]，且其中頗有"不虚美，不隱惡"秉筆直書者，故其内容往往有宋廷不願記載甚至刻意避諱者，從而成爲後世進行相關研究所不可或缺

1 《容齋隨筆·三筆序》，第417頁。

2 〔宋〕李獻民：《雲齋廣録》卷首《序》，中華書局1997年版，第1頁。

3 張暉：《宋代筆記研究》，第56頁。

4 〔晉〕干寶：《搜神記》卷首《序》，中華書局1979年版，第2頁。

的史料依據。因此，以下擬主要從筆記與宋廷所刻意諱飾的宫廷秘事、筆記所載述之“瑣事叢談”的文獻價值及筆記與宋代國史之關係等方面來闡述筆記之價值與作用。

（一）筆記與宋代宫禁秘事

對於宋廷欲竭力加以諱飾的宫廷紛争與禁中秘事，宋代士大夫有如沈括所言，其撰《夢溪筆談》，於“聖謨國政，及事近宫省，皆不敢私紀”[1]；然士人大抵“各信所傳，不考諸實録、正史，紛錯難信，如建隆、開寶之禪授，涪陵、岐、魏之遷殁，景德、慶曆之盟誓，曩宵、諒祚之叛服，嘉祐之立子，治平之復辟，熙寧之更新，元祐之圖舊，此最大事，家自爲説”[2]。所謂“各信所傳”之“家自爲説”，大體指屬於私家著述之筆記雜史等。而其中“建隆、開寶之禪授，涪陵、岐、魏之遷殁”“嘉祐之立子，治平之復辟”，即屬宋時即已衆論紛紛無定説的宫闈秘事。對此，以下即據宋人筆記所載，以宋初諸政治疑案爲例述論之。

1.關於陳橋兵變中之韓通被殺

五代顯德七年（960）初，殿前都點檢趙匡胤於陳橋驛發動兵變，創建了趙宋王朝，是爲宋太祖。在陳橋兵變中，甚得周世宗信任、有“爲明君之心腹，作聖代之爪牙”[3]之譽的侍衛親軍副都指揮使兼在京巡檢韓通，是唯一被殺的後周大臣。然對韓通的死因，宋代官私史籍中記載紛雜不一。

其一説韓通聞知兵變，自朝堂倉皇歸家，爲軍校王彦升所追殺。如《宋史·韓通傳》稱陳橋兵變之後，“通在殿閣，聞有變，惶遽而歸。軍校王彦升遇通於路，策馬逐之，通馳入其第，未及闔門，爲彦升所害，妻子皆死”。《宋史·王彦升傳》稱：兵變後，“彦升以所部先入京，遇韓通於路，逐至第殺之”。《隆平集》卷一六、《東都事略·王彦升傳》及筆記《涑水記聞》卷一所云略同。

其二説韓通謀率兵抵抗而不成，爲王彦升所殺。《宋史·太祖紀一》稱當時“副都指揮使韓通謀禦之，王彦升遽殺通於其第”。《長編》卷一亦稱韓通“自内

---

1 〔宋〕沈括撰，胡道静校注：《新校正夢溪筆談》卷首《自序》，中華書局1957年版，第20頁。

2 《文獻通考》卷一九三《續通鑑長編舉要》引“巽岩李氏進《長編》奏狀”，第5611頁。

3 《全宋文》卷四一陳保衡《贈中書令韓公墓志》，第3册，第48頁。

廷惶遽奔歸,將率衆備禦",而王彦升"遇通於路,躍馬逐之,至其第,第門不及掩,遂殺之,并其妻子"。取其説的兩宋文獻頗多,如《九朝編年備要》卷一、《宋史全文》卷一、《太平治迹統類》卷一、《宋大事記講義》卷二等。

其三説韓通嘗率兵戰闕下而敗死,持此説者主要爲宋人筆記。如王鞏《聞見近録》稱太祖自"陳橋欣戴,入御曹門,以待將相之至。時伏弩右掖門外,通出,死矢下。石守信實守右掖,開關以迎王師"[1]。《野老紀聞》載"陳橋兵變,歸戴永昌。通擐甲誓師,出抗而死"[2]。蘇轍《龍川别志》卷上也云趙匡胤兵變後"入城,韓通以親衛戰於闕下,敗死"[3]。

上述説法一,顯然掩飾過重。當時太祖爲收後周舊臣之心,即詔贈韓通中書令,云"易姓受命,王者所以應期;臨難不苟,人臣所以全節"[4],正可説明韓通實非倉皇歸家、爲王彦升所擅殺。且在兵變之後,趙匡胤已先遣親校潘美入京城"見執政諭意",然後再率三軍自陳橋驛回京。又據《隨隱漫録》稱,當時守衛陳橋門的"長入祗候班喬、陸二卒長率衆"閉門拒之,[5]迫使兵變將士繞到城北封丘門始得入城。由此,若韓通當時自皇宫直接歸家,則如何會於歸家途中遇到率軍入城的王彦升?又王彦升怎會無端違背趙匡胤的約束而追殺韓通?其第二説、第三説的區别在於韓通是否與兵變以後入城之軍"交鋒"。李燾因爲《龍川别志》所云"與《國史》及《飛龍記》、司馬光《記聞》《朔記》等所載都不合",故特加注云"韓通倉卒被殺,未嘗交鋒",[6]此似不確。然上述《聞見近録》云云亦有誤,因據《長編》等記載,石守信實守衛在左掖門附近的殿前都點檢公署,而韓通與其家人乃被王彦升所殺。故可證在韓通被殺一事上,相較於頗有諱飾的宋朝正史以及源出官史的史籍,筆記所載雖存在傳訛之處,但當更接近於史實,即韓通當時實嘗組織士卒進行抵抗,不幸失敗而被殺。

---

1 《聞見近録》,第5頁。

2 〔宋〕王楙:《野客叢書》附録《野老紀聞》,上海古籍出版社1991年版,第448頁。

3 《龍川别志》卷上,第71頁。

4 《宋史》卷四八四《周三臣·韓通傳》,第13970頁。

5 〔宋〕陳世崇:《隨隱漫録》卷二,中華書局2010年版,第17頁。

6 《長編》卷一"建隆元年正月甲辰條"注,第4頁。

2.關於杯酒釋兵權

宋初建隆二年(961)中,太祖接受謀臣趙普建議,設宴招待統領禁軍之大將,勸諭其主動交出兵權,多買良田美宅、歌兒舞女以終天年,此即所謂"杯酒釋兵權"。此事宋朝國史、實録皆未有記載,僅見録於宋人筆記。現存最早記載"杯酒釋兵權"者,乃撰成於北宋前期的《丁晋公談録》和《王文正公筆録》。《丁晋公談録》記録太祖與趙普關於罷免禁軍統帥之對話,[1]但僅稱罷去石守信、王審琦兩人兵權,并無設宴請客之事。而《王文正公筆録》則云因宰相趙普"屢以爲言",故太祖遂召石守信等"曲宴,道舊相樂",席間勸諸將"自擇善地,各守外藩,勿議除替,賦租之入,足以自奉,優游卒歲",并承諾"後宫中有諸女,當約婚,以示無間",而宴諸將皆"頓首稱謝"。[2] 至北宋中期司馬光《涑水記聞》,所載太祖設宴"道舊"之事更詳,并稱宴會之次日,諸禁軍將帥"皆稱疾,請解軍權。上許之,皆以散官就第"[3]。南宋李燾認爲"杯酒釋兵權""此事最大,而國史、實録皆略之,甚可惜也,今追書";并指出"按司馬光《記聞》,云守信等皆以散官就第,誤矣。王曾《筆録》皆得其實,今從之。文辭則多取《記聞》,稍增益以丁謂《談録》。太祖與趙普之意,但不欲守信等典禁軍耳,豈不令守信等各居方鎮邪?太祖云爲天子不若爲節度使樂,是欲守信等出爲節度使也。及開寶三年冬十月,乃罷王彦超等節度使,蓋《記聞》誤并二事爲一耳。邵伯温《聞見録》又云王審琦坐擅入禁中救火故罷。不知同時罷者凡四人,初不緣入禁中救火也,今不取"。故特編纂此事於《長編》中,云:

> 初,上既誅李筠及重進,一日,召趙普問曰:"天下自唐季以來,數十年間,帝王凡易八姓,戰鬥不息,生民塗炭,其何故也?吾欲息天下之兵,爲國家長久計,其道何如?"普曰:"陛下言及此,天地人神之福也。此非他故,方鎮太重,君弱臣强而已。今所以治之,亦無他奇巧,惟稍奪其權,制其錢穀,收其精兵,則天下自安矣。"語未畢,上曰:"卿無復言,吾已喻矣。"

---

1 〔宋〕潘汝士:《丁晋公談録》,中華書局 2012 年版,第 22 頁。

2 《王文正公筆録》,第 267~268 頁。

3 〔宋〕司馬光:《涑水記聞》卷一,中華書局 1989 年版,第 11~12 頁。

時石守信、王審琦等皆上故人，各典禁衛。普數言於上，請授以他職，上不許。普乘間即言之，上曰："彼等必不吾叛，卿何憂?"普曰："臣亦不憂其叛也。然熟觀數人者，皆非統禦才，恐不能制伏其下。苟不能制伏其下，則軍伍間萬一有作孽者，彼臨時亦不得自由耳。"上悟，於是召守信等飲，酒酣，屏左右謂曰："我非爾曹之力，不得至此，念爾曹之德，無有窮盡。然天子亦大艱難，殊不若爲節度使之樂，吾終夕未嘗敢安枕而卧也。"守信等皆曰："何故?"上曰："是不難知矣，居此位者，誰不欲爲之。"守信等皆頓首曰："陛下何爲出此言? 今天命已定，誰敢復有异心。"上曰："不然。汝曹雖無异心，其如麾下之人欲富貴者，一旦以黄袍加汝之身，汝雖欲不爲，其可得乎?"皆頓首涕泣曰："臣等愚不及此，惟陛下哀矜，指示可生之途。"上曰："人生如白馬之過隙，所謂好富貴者，不過欲多積金錢，厚自娱樂，使子孫無貧乏耳。爾曹何不釋去兵權，出守大藩，擇便好田宅市之，爲子孫立永遠不可動之業，多置歌兒舞女，日飲酒相歡以終其天年。我且與爾曹約爲婚姻，君臣之間，兩無猜疑，上下相安，不亦善乎!"皆拜謝曰："陛下念臣等至此，所謂生死而肉骨也。"明日，皆稱疾請罷，上喜，所以慰撫賜賚之甚厚。

故於建隆二年七月庚午，以侍衛親軍都指揮使、歸德節度使石守信爲天平節度使，殿前副都點檢、忠武節度使高懷德爲歸德節度使，殿前都指揮使、義成節度使王審琦爲忠正節度使，侍衛都虞候、鎮安節度使張令鐸爲鎮寧節度使，"皆罷軍職。獨守信兼侍衛都指揮使如故，其實兵權不在也"[1]。也即李燾據《涑水記聞》《丁晋公談録》和《王文正公筆録》等筆記所載編輯"杯酒釋兵權"一事而修補入《長編》。然因爲此事未載於宋朝國史及元修《宋史》，故今有學者頗質疑其真實性，認爲其"全來自傳聞，不足置信"[2]；或認爲此事"出處不明，疑點甚多"[3]。然也有學者指出"杯酒釋兵權"是"實有其事"[4]的。歸納而言，其主要

1 《長編》卷二"建隆二年七月庚午"條，第49~50頁。

2 參見丁則良：《杯酒釋兵權考》，載《人文科學學報》第1卷第3期，1945年9月。

3 參見方建新、徐規：《"杯酒釋兵權"説獻疑》，載《文史》第14輯，1982年7月。

4 參見柳立言：《杯酒釋兵權新説質疑》，載臺灣《大陸雜志》第80卷第6期，1990年6月。

疑點有三：其一，建隆二年七月正在"國喪"期間，不當會宴飲酒；其二，《丁晋公談録》《王文正公筆録》和《涑水記聞》等所載内容頗多抵牾，甚至一書中所記也存在前後矛盾；其三，作爲宋初一件大事，國史、實録對"杯酒釋兵權"不著點墨，而主要根據《太祖實録》《三朝國史》等編成的《宋史·太祖紀》也未見一字涉及此事，故斷言其僞，屬子虛烏有之事。然上述質疑，似頗有商榷處。

首先，《涑水記聞》《長編》雖都稱酒宴之"明日，皆稱疾請罷"，但諸書云頒布罷免諸將軍職之時在庚午日，却皆未明言太祖設宴是在庚午之前一日。《長編》所云"杯酒釋兵權"一事，乃屬李燾追書而"失其時日"，遂係於七月庚午日而已，然而"於是世以爲杯酒釋兵權在（建隆）二年七月"。[1] 而所謂"國喪"，乃指太祖母杜太后之喪。按古代喪期依死者身份、生者與死者的親疏，有三年、期年、九月和三月喪之别，但實際執行時有"以日易月"之説，即一天等於一月，三年喪期可僅爲二十四天者。據《宋會要輯稿·禮》三一之一載杜太后遺囑要求皇帝"成服，三日聽政，以日易月，一依舊制"，而在京文武百官十三天可釋喪服，地方官吏三天可釋喪服，且"釋服之後，勿禁作樂"。《宋史·禮志》也稱杜太后六月二日去世，"三日，百官入臨。明日大斂，攢於滋福宫，百官成服。……九日，帝見百官於紫宸門。太常禮院言：'皇后、燕國長公主高氏、皇弟泰寧軍節度使光義、嘉州防禦使光美并服齊衰三年。準故事，合隨皇帝以日易月之制，二十五日釋服。二十七日禫除畢，服吉，心喪終制。'從之"。至"十月十六日葬安陵，十一月四日神主祔太廟宣祖室"。[2] 因此，嚴格意義上之喪期，至是年六月二十五日已完結；若寬泛而言，其喪期則至太后入土、"神主祔太廟"即十一月間完結。故《宋會要輯稿·禮》四五之一即有"（建隆）二年正月二十日宴近臣於廣政殿，……七月十九日、十月十二日、十二月二十四日并宴廣政殿"之記載。因此，認爲七月初乃在"國喪"期間之説，顯然没有依據。自六月二十五日至七月初，太祖完全可以舉行"那種帶有君臣叙舊性質的私宴"。[3]

---

1 蔣復璁：《宋代一個國策的檢討》，載氏著《宋史新探》，臺灣正中書局 1966 年版，第 23 頁。

2 《宋史》卷一二三《禮志二十六·皇后園陵》，第 2867～2868 頁。

3 參見王育濟：《論"杯酒釋兵權"》，載《中國史研究》1996 年第 3 期。

其次，當時“宋太祖之‘杯酒釋兵權’，即罷宿將典禁兵，與罷藩鎮乃截然二事”[1]，而且罷免宿將典領禁軍之舉也非一次完成，[2]祇是此次“杯酒釋兵權”的對象乃是太祖的心腹“佐命”將領（石守信、王審琦爲“義社兄弟”，高懷德爲太祖妹夫），故反響甚巨。然而“杯酒釋兵權”之後出掌禁軍兵權的韓重贇、劉光義仍爲“義社兄弟”，此原因當與司馬光所説的“更置易制者，使主親軍”[3]有關。至開寶初，太祖又多次宴請地方節度使，勸其罷鎮改官，削去其權。然《涑水記聞》云云，如李燾所云，乃“誤并（“杯酒釋兵權”與“收藩鎮之權”）二事爲一耳”，故而造成内容前後抵牾。

再次，據李燾所言，知《太祖實録》和《三朝國史》皆未記載“杯酒釋兵權”一事。又此事未載於《宋史・太祖紀》，但却記録於《石守信傳》：

> 乾德初，帝因晚朝與守信等飲酒，酒酣，帝曰：“我非爾曹不及此，然吾爲天子，殊不若爲節度使之樂，吾終夕未嘗安枕而卧。”守信等頓首曰：“今天命已定，誰復敢有异心，陛下何爲出此言耶？”帝曰：“人孰不欲富貴，一旦有以黄袍加汝之身，雖欲不爲，其可得乎？”守信等謝曰：“臣愚不及此，惟陛下哀矜之。”帝曰：“人生駒過隙爾，不如多積金、市田宅以遺子孫，歌兒舞女以終天年，君臣之間無所猜嫌，不亦善乎！”守信謝曰：“陛下念及此，所謂生死而肉骨也。”明日，皆稱病，乞解兵權，帝從之，皆以散官就第，賞賚甚厚。[4]

比勘《宋史・石守信傳》與《涑水記聞》《長編》等相關文字，可知《石守信傳》云云實取材於《涑水記聞》。至於宋國史中未載“杯酒釋兵權”的原因，大概與趙光義自殿前都虞候改任開封尹而被罷去兵權一事有關。[5]

1　參見聶崇岐：《論宋太祖收兵權》，載《燕京學報》第34期，1948年。又載氏著《宋史叢考》，中華書局1980年版。

2　參見張其凡：《趙普評傳》，北京出版社1991年版，第62頁。

3　《涑水記聞》卷一，第12頁。按：如《宋史・韓重贇傳》言韓“信奉釋氏”，《張瓊傳》稱張“性暴無機”，《崔彦進傳》稱崔“頻立戰功，然好聚財貨，所至無善政”等。

4　《宋史》卷二五〇《石守信傳》，第8810頁。

5　參見顧宏義：《宋初政治研究——以皇位授受爲中心》，華東師範大學出版社2010年版，第169～170頁。

由上可見,李燾以上述《丁晋公談録》《王文正公筆録》和《涑水記聞》三種筆記所載"杯酒釋兵權"文字爲據,删修之而收入《長編》,以補宋朝"國史""實録"之缺,實有其理,而非如後世史家質疑者所稱之"不足置信"。

3.關於"金匱之盟"

所謂"金匱之盟",據《宋史》,乃指建隆二年六月初,太祖之母杜太后死前,召太祖與趙普,以後周幼主失國爲鑒,立下盟誓,要太祖日後傳位其弟。因此份"盟誓"秘藏宫内"金匱",故稱"金匱之盟"。對此盟誓之真僞及太祖是傳位其弟趙光義,還是傳位給其二弟光義、廷美後,再回傳其子德昭等,在北宋之國史與私家筆記的記載中便頗有差异,當代史界也對此疑案聚訟紛紜,莫衷一是。[1]

對於"金匱之盟",據李燾《長編》卷二建隆二年六月甲午日注文,《太祖舊録》《太宗實録》并未記載,而《太祖新録》、《正史》(即《三朝國史》)載録杜太后、太祖、趙普"金匱之盟"事,且"稱太宗亦入受顧命",而李燾辨析《涑水記聞》等所載,認爲《太祖新録》《正史》云云非是,即"《正史》《新録》别加删修,遂失事實耳";而所謂杜太后"欲傳位二弟"之"二弟",實指第二子趙光義,即"太后顧命,獨指太宗"。故李燾據《新録》《正史》及《涑水記聞》删修者,載於"皇太后崩"條下,云:

> 后聰明有智度,嘗與太祖參决大政,……尤愛皇弟光義,然未嘗假以顔色。……及寢疾,上侍藥餌不離左右。疾革,召(趙)普入受遺命。后問上曰:"汝自知所以得天下乎?"上嗚咽不能對。后曰:"吾自老死,哭無益也,吾方語汝以大事,而但哭耶?"問之如初。上曰:"此皆祖考與太后之餘慶也。"后曰:"不然。政由柴氏使幼兒主天下,群心不附故耳。若周有長君,汝安得至此?汝與光義皆我所生,汝後當傳位汝弟。四海至廣,能立長君,社稷之福也。"上頓首泣曰:"敢不如太后教!"因謂普曰:"汝同記吾言,不可違也。"普即就榻前爲誓書,於紙尾署曰"臣普記"。上藏其書金匱,命謹密宫人掌之。[2]

---

1 參見許振興:《宋紀受終考研究》,香港瑞榮企業2005年版,第46~91頁。

2 《長編》卷二"建隆二年六月甲午"條,第46~47頁。

從南宋相關文獻上看，李燾的此一説法基本代表了南宋官史的觀點，元修《宋史》中有關“金匱之盟”的説法也大略以此爲旨。但作爲私家筆記的《涑水記聞》所載，實與李燾《長編》云云頗有异同，主要在於《長編》之“汝與光義皆我所生，汝後當傳位汝弟”，而《涑水記聞》之“汝萬歲後，當以次傳之二弟，則并汝之子亦獲安耳”，[1]其“二弟”乃指趙光義、廷美兩位兄弟，并又述及太祖之子。

由於有關記載在一些關鍵文字上存在出入，使後人對“金匱之盟”真相如何而争議不息，其主要爲：宋初是否存在有“金匱之盟”；“金匱之盟”是僅單傳趙光義，還是“以次傳之”光義、廷美“二弟”及太祖子德昭；“金匱之盟”訂立時趙光義是否在場；等等。至近世，有學者認爲宋初并不存在“傳弟”的“金匱之盟”，所謂“盟約”全然出於後人的僞造。[2] 然以爲宋朝國史如《太祖新録》所載之“金匱之盟”爲僞，無疑甚有道理，然如張蔭麟斷言《涑水記聞》所載“金匱之盟”之事“蓋又僞中出僞也”，并進而斷定宋初并無傳弟之盟約，却顯與宋代不少文獻記載不符。如史載：

> 初，武功郡王德昭從征幽州，軍中嘗夜驚，不知上（太宗）所在，或有謀立王者，會知上處，乃止。上微聞其事，不悦。及歸，以北征不利，久不行太原之賞，議者皆謂不可，於是德昭乘間入言，上大怒曰：“待汝自爲之，賞未晚也！”德昭惶恐，還宫，……取割果刀自刎。[3]

此處太宗所言雖爲怨語，然也由此表明，在太宗心目中，德昭日後是要繼位爲天子的。此想法不僅太宗有，軍中將士同樣也有，故於北征軍中，一旦“不知上所

1 《涑水記聞》卷一，第 9~10 頁。

2 如吴天墀：《燭影斧聲傳疑》，載《史學季刊》第 1 卷第 2 期，1941 年 3 月。鄧廣銘：《宋太祖太宗授受辨》，載《真理雜志》第 1 卷第 2 期，1944 年 3—4 月；後稍作修訂，題名《宋太祖太宗皇位授受問題辨析》，收入《鄧廣銘全集》（河北教育出版社 2005 年版）第七卷，第 251~276 頁。吴文之第五部分“論所謂‘金匱之盟’的可疑”中，認爲所謂“金匱之盟”衹是“趙普所玩的玄虚，不一定是事實”。鄧文於第一部分“辨杜太后榻前遺命之説”中否認有太后“榻前遺命”，所謂“金匱之盟”，乃至道三年史官修《太宗實録》時，“史官們極想體會着太宗的遺意”，爲其“承統事件找出一種根據”，然又實在并無“這等事項”，於是“造出了太后顧命之説”。而張蔭麟《宋太宗繼統考實》（載《文史雜志》第 1 卷第 8 期，1941 年 7 月）更以杜太后年壽、盟約訂立後秘藏不宣等“五大破綻”，考證出所謂“金匱之盟”爲僞。

3 《長編》卷二〇“太平興國四年八月甲戌”條，第 460 頁。《宋史》卷二四四《宗室傳一》（第 8676 頁）所載略同。

在”，即欲擁立德昭爲帝。而也正因爲德昭有此特殊身份，故軍中將士欲擁立德昭，在古代實屬“大逆”之舉，但太宗并未深究嚴懲，僅僅心中“不悦”而已。又《長編》卷一七載太宗繼位後，即以“皇弟”廷美爲開封尹、封齊王，“皇子”德昭封武功郡王；不久又“詔齊王廷美、武功郡王德昭位宰相上”。[1] 此舉與太宗在太祖時所享受的殊遇相同。而南宋陸游即指出五代宋初之開封尹皆“陰爲儲副之位”[2]。又《宋史·宗室傳一》載：

或謂昭憲（杜太后）及太祖本意，蓋欲太宗傳之廷美，而廷美復傳之德昭。故太宗既立，即令廷美尹開封，德昭實稱皇子。德昭不得其死，德芳相繼夭絶，廷美始不自安。……他日，太宗嘗以傳國之意訪之趙普，普曰：“太祖已誤，陛下豈容再誤邪？”於是廷美遂得罪。[3]

趙普此處所言太祖之誤當在於傳弟不傳子，而太宗傳子不傳弟，自然不“再誤”。從歷史經驗教訓上看，嫡長子繼位制度，在皇位傳承過程中，要比兄終弟及制更易平穩過渡，以減少政局動蕩之可能。由此而言，太祖傳弟不傳子之做法，確爲一大失誤。然而太宗不能以嫡長子繼位的傳統做法來傳位，反以“傳國之意”詢之趙普，顯有讓其不能自作主張之因素存在。因此，德昭之不得其死，廷美之不自安，太宗之所詢，趙普之所答，都昭顯着這樣一個史實，即廷美確有繼位的資格，從而亦證實了宋初確有太祖傳位太宗，再順序傳位廷美、德昭的約定。[4]

在司馬光之前論及“金匱之盟”者有王禹偁《建隆遺事》。但王禹偁所述“金匱之盟”事却與《涑水記聞》頗有不同。《建隆遺事》久佚，今唯見《長編》卷二二太平興國六年九月辛亥日注引王禹偁《建隆遺事》中述及“金匱之盟”，云：

太祖孝於太后，友愛兄弟，曠古未有。萬機之暇，召晋王、秦王。秦王，上弟，宣祖第三子，名廷美，亦杜后所生。今本傳言王是太宗乳母王氏所生，非也。其有旨哉。及皇子南陽王德昭、東平王德芳，皆上

---

1 《長編》卷一七“開寶九年十月庚申”條、“十一月丁卯”條，第382、384頁。

2 《全宋文》卷四九四五陸游《記太子親王尹京故事》，第224册，第146頁。

3 《宋史》卷二四四《宗室傳一》，第8669頁。按：《長編》卷二二“太平興國六年九月辛亥”條（第501頁）所記同。

4 參見顧宏義：《宋初政治研究——以皇位授受爲中心》，第128~138頁。

子也。及皇侄、公主等共宴太后閣中。酒酣，上白太后曰："臣百年後傳位於晋王，令晋王百年後傳位於秦王。"后大喜曰："吾久有此意而不欲言之，吾欲萬世之下聞一婦人生三天子，不謂天生孝子以成吾之志。"令晋王、秦王起謝之。既而后謂二王曰："陛下自布衣事周室，常以力戰圖功，萬死而遇一生，方致身爲節度使。及受天命，將逾一紀，無日不征，無月不戰，歷盡艱危，方成帝業。汝輩無勞，安坐而承丕緒，豈不知幸乎！久後，各不得負陛下。吾不知秦王百年後將付何人？"秦王曰："願立南陽王德昭。"后又喜曰："是矣！是矣！然則陛下有此意，吾料之亦天意也。他日各不得渝，渝者罪同大逆，天必殛之。"上又令皇子德昭謝太后。太后又謂上曰："可與吾呼趙普來，令以今日之約作誓書，與汝兄弟傳而收之，仍令擇日告天地宗廟，陛下可以行之否？"上即時如太后旨，召趙普入宫，令制文，普辭以素不能爲文，遂召陶穀爲文。别日，令普告天地宗廟，而以誓書宣付晋王收之。上崩，興國初，今上（太宗）以書付秦王收之。後秦王謀不軌，王幽死，書後入禁中，不知所之。上子南陽王，尋亦坐事，逼令自殺，傳襲之約絶矣。

李燾認爲"（王）禹偁《遺事》既與《國史》不同，要不可信"，并考辨曰：其"所云趙普請使陶穀草誓書轉以相付，則必不然，今不取。又云秦王既幽死，誓書收入禁中，南陽王尋以坐事，逼令自殺，此尤誤。不知德昭自殺乃太平興國四年八月，德芳死乃六年三月，而廷美七年三月始罷開封尹也"。又辨駁《建隆遺事》所云廷美爲"太宗母弟"即杜太后第三子之説，稱："大抵《遺事》言多鄙近，不似禹偁所爲，或出於怨家仇人，肆口謗訕，托名禹偁，故不可遽信，然亦不可全弃也。"[1]提供了"金匱之盟"另一種説法的《建隆遺事》所云内容確有不少訛誤，但并非如李燾所言"要不可信"。辨析前述相關文獻記載，可知李燾此説之理由并不充分。

《建隆遺事》所載之"金匱之盟"，其與諸記載所不同者大致爲：（1）約盟之時間、場所不同；（2）盟約由何人提議訂立；（3）訂立盟約時何人在場；（4）關於盟約所定之傳位次序；（5）趙普對盟約之態度。正由於此，故兩宋之際即被人指

1　《長編》卷二二"太平興國六年九月辛亥"條注，第501～502頁。

爲托名王禹偁之僞作。如邵伯温以爲《建隆遺事》乃王禹偁所撰,"一曰《篋中記》,自叙甚秘,蓋曰:'吾太祖皇帝諸生也,一代之事皆目所見者,考於國史或有不同。……王内翰,前輩諸公識與不識,皆尊師之,曰:'古之遺直也。'伯温晚生,得其私書於海内兵火之餘,取可傳者列之"[1]。晁公武嘗云:"淳化中,王禹偁作《篋中記》,叙云:太祖神聖文武,曠世無倫,自受命之後,功德日新,皆禹偁所聞見,今爲史臣多有諱忌而不書,又上近取實録入禁中,親筆削之。禹偁恐歲月浸久,遺落不傳,因編次十餘事。"然又云:"按太祖開寶九年十月癸丑崩於萬歲殿。先是,趙普以六年罷爲河陽節度使,盧多遜至太平興國元年始除平章事,太祖崩時,宰臣蓋薛居正、沈倫也。今此云:'上將晏駕,前一日,召宰臣趙普、盧多遜入宫。'其繆甚矣。世多以其所記爲然,恐不足信也。"[2]乃疑信相間。而《長編》卷一七"開寶九年十月壬子"條注云其中部分文字爲他人"托名禹偁,竄寄"書中,又云"世傳王禹偁所記《建隆遺事》十三章,考其章句,大抵不類禹偁平日之文。其七章、十三章,鄙悖益可駭,幸而史官弗信,然學士大夫不習朝廷之故者,猶以禹偁所作私信之。余常反復證驗,力排其誣,決知其不出於禹偁矣"[3]。然《長編》卷一七"開寶九年四月甲辰"條引録王禹偁《建隆遺事》一條,説明李燾認爲除"其七章、十三章,鄙悖益可駭"外,其餘部分當屬王禹偁所撰,遂信其可信者。而王明清即認定此書屬他人托名王禹偁之僞作。[4] 故陳振孫云"其記陳橋驛前戒誓諸將事元出熙陵,而序文云近取實録入禁中,親自筆削。然則此書之作,誠有謂也。《邵氏聞見録》亦嘗表而出之,而或者亦辨此書之僞,是見於王明清《揮麈録》者尤有據,當考"[5]。仍疑信摻雜。然後世學者大都持"托名"之説。[6]

其質疑《建隆遺事》者,大都針對其第七章記杜太后與太祖兄弟訂立"金匱之盟"事、十三章記太祖駕崩前夕召見宰相事,然細考辨此兩章文字,亦非憑空

1 《邵氏聞見録》卷七,第 64、66 頁。

2 《郡齋讀書志校證》卷六《太祖實録》,第 226 頁;《建隆遺事》,第 262 頁。

3 《文獻通考》卷一九六《建隆遺事》引"巽岩李氏曰",第 5675 頁。

4 《揮麈録・前録》卷三,第 38 頁。

5 《直齋書録解題》卷五,第 150 頁。

6 參見徐規:《王禹偁事迹著作編年》,中國社會科學出版社 1982 年版,第 177 頁。

虛構,而頗有可與其他文獻記載引證者,如南宋趙彦衛《雲麓漫鈔》嘗云"見孫仲益尚書説東都秘閣《建隆遺事》,載藝祖(太祖)囑趙韓王(趙普)事,在前三二年寢疾時,明日着灸乃省,因賜器幣,非是上仙時。或移向後,非元本"[1],則知李燾、王明清據以批評之《建隆遺事》已遭後人竄亂,已非北宋原本;趙普第一次罷相確在太祖駕崩前二三年之開寶六年,其罷相原因正爲建議太祖傳子莫傳弟,但未爲太祖所接受,而不得不罷官出京;因太祖"寢疾時,明日着灸乃省",病情危殆,故有趙普關於"儲嗣"之提議;開寶六年,盧多遜雖非宰相,但官翰林學士,雖與趙普有隙,却頗得太祖信任,而起草詔敕正是翰林學士之責,故如《建隆遺事》所云,其得與宰相趙普同召入宫受命,而知曉趙普之建議,并得以於日後向太宗告密,否則當日趙普與太祖之秘議,盧多遜又何從而知?又如《建隆遺事》所載"金匱之盟"乃依次傳太宗、廷美而至德昭,也與上述司馬光《涑水記聞》之内容相符。故綜上而言,《建隆遺事》記事雖存有部分訛誤,且有後人羼入之文字,但可基本論定其著者即宋初王禹偁,其所記之"金匱之盟"并非"要不可信",而實具有相當之史料研究價值。[2]

4.關於"斧聲燭影"

開寶九年(976)十月二十夜,太祖猝然逝世。對其死因,宋朝國史亦無記載,但野史筆記裏却有一些頗爲離奇的説法,其中以文瑩《續湘山野録》的記載最有影響,云:

> 祖宗潛耀日,嘗與一道士游於關河,無定姓名,自稱混沌,或又曰真無。每有乏則探囊金,愈探愈出。三人者每劇飲爛醉。生善歌《步虚》爲戲,……時或一二句,隨天風飄下,惟祖宗聞之,曰:"金猴虎頭四,真龍得真位。"至醒詰之,則曰:"醉夢語,豈足憑耶?"至膺圖受禪之日,乃庚申正月初四也。自御極不再見,……後十六載,乃開寶乙亥歲也,上巳祓禊,駕幸西沼,生醉坐於岸木陰下,笑揖太祖曰:"别來喜安。"上大喜,亟遣中人密引至後掖,……上謂生曰:"我久欲見汝决尅

---

1 《雲麓漫鈔》卷一〇,第176頁。

2 參見顧宏義:《王禹偁〈建隆遺事〉考——兼論宋初"金匱之盟"之真僞》,載《中華文史論叢》(第九十五輯)。

一事，無他，我壽還得幾多在？”生曰：“但今年十月廿日夜，晴，則可延一紀，不爾，則當速措置。”上酷留之，俾泊後苑。……帝切切記其語，至所期之夕，上御登太清閣四望氣。是夕果晴，星斗明燦，上心方喜。俄而陰霾四起，天氣陡變，雪雹驟降，移杖下閣。急傳宫鑰開端門，召開封王，即太宗也。延入大寢，酌酒對飲。宦官、宫妾悉避之，但遥見燭影下，太宗時或避席，有不可勝之狀。飲訖，禁漏三鼓，殿雪已數寸，帝引柱斧戳雪，顧太宗曰：“好做，好做！”遂解帶就寢，鼻息如雷霆。是夕，太宗留宿禁内，將五鼓，周廬者寂無所聞，帝已崩矣。太宗受遺詔於柩前即位。逮曉登明堂，宣遺詔罷，聲慟，引近臣環玉衣以瞻聖體，玉色温瑩如出湯沐。[1]

《續湘山野録》所記頗有訛誤，如開寶乙亥歲爲開寶八年，非太祖猝死之開寶九年，且其語氣隱約，文辭閃爍。然由於此段文字即是所謂“斧聲燭影”的最初文本，宋代流傳甚廣，故李燾撰《長編》時，雖認爲此傳聞“未必然”，却也不得不摘録在書中。又《涑水記聞》卷一載録了太祖死後，趙光義繼位之經過：

太祖初晏駕，時已四鼓，孝章宋后使内侍都知王繼隆召秦王德芳，繼隆以太祖傳位晋王之志素定，乃不詣德芳，而以親事一人徑趨開封府召晋王。見醫官賈德玄先坐於府門，問其故，德玄曰：“去夜二鼓，有呼我門者，曰‘晋王召’，出視則無人，如是者三。吾恐晋王有疾，故來。”繼隆异之，乃告以故，叩門，與之俱入見王，且召之。王大驚，猶豫不敢行，曰：“吾當與家人議之。”入久不出，繼隆趣之，曰：“事久將爲他人有矣。”遂與王雪中步行至宫門，呼而入。繼隆使王且止直廬，曰：“王且待於此，繼隆當先入言之。”德玄曰：“便應直前，何待之有？”遂與俱進。至寢殿，宋后聞繼隆至，問曰：“德芳來邪？”繼隆曰：“晋王至矣。”后見王，愕然，遽呼“官家”，曰：“吾母子之命，皆托官家。”王泣曰：“共保富貴，無憂也。”德玄後爲班行，性貪，故官不甚達，然太宗亦優容之。[2]

1 〔宋〕文瑩：《續湘山野録》，中華書局1984年版，第74頁。

2 《涑水記聞》卷一，第18~19頁。

《涑水記聞》所載亦有誤，李燾《長編》中有所考訂，并彙總多種記載加以辨析考證，而載録於《長編》，以試圖詳備地叙述太祖、太宗“授受”過程，但其中仍留有不少疑竇。即對於“斧聲燭影”之有無，以及宋太祖之死因等，同樣自宋以來聚訟紛紜，甚至可以説是争議最大者，成爲宋初另一宗著名政治疑案。

由於宋朝國史未記載“斧聲燭影”，而宋人筆記野史所載大都隱約其辭，故自元代以降，即對“斧聲燭影”的考辨便觀點兩立，紛争不絶。明人程敏政甚至認爲“太祖、太宗授受之際，所以致後世之疑者”，乃是因爲“李燾删潤《續湘山野録》而啓之，陳桱附會《涑水記聞》而成之，不深考者以爲實然耳”，即：

> 夫燾之所以啓之者何也？曰燾爲《長編》，以太祖顧命，《實録》《正史》不載，而删潤《野録》之事附其下，初意本以備闕文，然《野録》謂太祖、太宗對飲燭影下，時見太宗有不可勝之狀，而燾改“不可勝”爲“遜避”，“太祖下階戳雪，顧太宗曰：‘好做！好做！’”而燾改“戳雪”爲“戳地”，“好做”爲“好爲之”，又加“大聲”二字。《野録》出於僧文瑩之傳聞，固不足據，就其中考之，如所載“太宗慟引群臣環瞻聖體，玉色瑩然”等語，則亦初無毫髮可疑之隙，而燾略加删潤，遂不免有畫蛇添足之病。夫燾既删潤之以爲正文矣，而又細辨其非者何也？曰《實録》《正史》皆謂太祖有疾，命内侍就建隆觀設醮，而《野録》以爲無疾，方且登閣望氣，下階戳雪。《紀聞》謂癸丑帝崩，王繼恩始召晋王入宫，而《野録》以爲太祖壬子夜召晋王，屬以後事，遂宿禁中。故燾反覆致詰於太祖之病否，太宗之出入時日之先後，本以爲删潤之地，而不自知其删潤之語未瑩，反以啓後世之疑也。[1]

此後清人畢沅《續資治通鑑》力主此説，清乾隆皇帝於《通鑑輯覽》中更指斥《長編》所載實爲誣陷太宗。其實，程敏政之説實屬倒果爲因，李燾以前記載太祖、太宗授受之際的筆記野史并不僅限於《續湘山野録》《涑水記聞》。故李燾雖以宋人筆記所載補宋《正史》《實録》相關記事之缺，但其於史料取捨之間，頗爲太宗開脱之。

1　〔明〕程敏政：《篁墩文集》卷一一《宋太祖太宗授受辨》，上海古籍出版社《文淵閣四庫全書》本，第1252册，第194~195頁。

其一，李燾於《長編》卷一七“開寶九年十月壬子”條、“癸丑”條、“甲寅”條中記載太祖駕崩前後三日之事，其於“命内侍王繼恩就建隆觀設黄籙醮，令（張）守真降神，神言：‘天上宫闕已成，玉鎖開。晋王有仁心。’言訖不復降。”下注云：“此據《國史·符瑞志》，稍增以楊億《談苑》。《談苑》又云：‘太祖聞守真言以爲妖，將加誅，會宴駕。’恐不然也，今不取。”可證宋《國史·符瑞志》所言頗有虚飾。而《國史·符瑞志》所言乃取材於真宗撰《序》、王欽若編纂的《翊聖保德真君傳》，其中明言趙光義於乾德年間即與道士張守真交往，[1]而太祖對此頗不以爲然。因此，“獨守真能曉之”的神語，其實特爲趙光義所發耳，而“太祖聞守真言以爲妖，將加誅”云云，即證神語所謂“晋王有仁心”，并《長編》所載“上聞其言，即夜召晋王，屬以後事”等語爲虚妄，從而與太宗欲以證明自己繼位上符天意、下遵太祖之命的説法發生衝突，故爲李燾所不取。

其二，《長編》於注文引録《續湘山野録》以補宋國史之缺後，又云：“太祖英武，其達生知命，蓋有如此者。文瑩宜不妄，故特著於此。然文瑩所言道士，不得姓名，豈即張守真耶？或復一道士也。恐文瑩得之傳聞，故不審，如云‘於西沼木陰下笑揖太祖’，‘止宿後苑鳥巢中’，言‘十月二十日夜晴，則聖壽可延一紀’，疑皆好事者飾説，未必然也。又云‘太宗留宿禁内’，此亦謬誤。太祖既不豫，寧復自登閣，且至殿庭戳雪乎？今略加删潤，更俟考詳。”可見李燾對《續湘山野録》所記有取有删：以“好事者飾説”爲由删除荒誕不經者，但對神言“晋王有仁心”之語却照録不疑；因其所云“太宗留宿禁内”與其他史料不符而删之；對可能引起世人猜疑之語却不予采録，如以“太祖既不豫”爲由，而未載“御太清閣以望氣”“酌酒對飲”諸事，并改“戳雪”爲“戳地”，改太祖大聲囑咐趙光義“好做，好做”爲“好爲之”等。將原文中“好做”改成“好爲之”，應屬一重要改動，即其雖衹是一字之差，但兩者語義却頗有异同：“好做”有“好好做”與“做的好事”兩義，其後者語含指責；而“好爲之”三字并聯繫上文，却衹有“好好做”之義。如此，太祖對趙光義所言衹有叮囑之意，而不容作他想矣。

其三，辨析《建隆遺事》第十一章載“太祖宴駕，前一日，遣中使急召宰相趙

---

1 〔宋〕張君房：《雲笈七籤》卷一〇三王欽若《翊聖保德真君傳》（中華書局2003年版，第2222頁）云：“乾德中，太宗皇帝方在晋邸，頗聞靈應，乃遣近侍，賫信幣香燭，就宫致醮。”

普、盧多遜入宫”之誤，認定此“蓋（趙）普之仇人（盧）多遜親黨所爲，欲肆其詆毁”，“實非（王）禹偁作也”，而不予采納。又針對蔡惇《直筆》所云“太祖召陳摶入朝，宣問壽數”，李燾據“《摶本傳》及《談苑》并稱摶終太祖朝未嘗入見”，故辨蔡惇乃誤“張守真”爲“陳摶”。

其四，對《涑水記聞》所載太祖駕崩以後趙光義的行爲，李燾因《涑水記聞》所載與《國史·程德玄傳》相同而采用之，而未取《國史·方技傳》所載馬韶預知“晋王利見之辰”事，以坐實趙光義并未前知太祖之駕崩之期。

而且太宗繼位後，嘗通過干預國史編修，而泯滅了相關史料，故王禹偁有《建隆遺事》之作。但隻手畢竟不能遮天，在國史之外的私家野史筆記中，還是留下了有關“斧聲燭影”的零星記録，如上述《續湘山野録》《涑水記聞》等。而據王明清《揮塵録餘話》卷一載，終北宋之世，民間始終流傳着“太祖之後，當再有天下”的説法，此實爲世人對太宗非正常繼位的一種曲折反抗。而也因爲此，李燾通過“删潤”諸筆記文字，在相當程度上劃一了有關“斧聲燭影”各種相异甚至對立的記載，以證明太宗繼位乃上符天意、下遵太祖之命，從而否認太宗有篡奪太祖皇位即所謂“斧聲燭影”之事，并得太祖之後孝宗的首肯。[1]

在中國古代史書編撰上，“書法無隱”爲其基本原則之一，也是史家提倡的史學批評之優良傳統和精神境界，及世人評價史家優劣之一大標準。如北周史家柳虯稱“南史抗節，表崔杼之罪；董狐書法，明趙盾之愆。是知直筆於朝，其來久矣”[2]。所謂“直筆”，即在於“書法無隱”。所謂書法，是史家記事的法度；無隱，是指秉筆直書而不加隱諱。與此相對者，即是“曲筆”。唐代劉知幾《史通·曲筆》曰：“故令史臣得愛憎由己，高下在心，進不憚於公憲，退無愧於私室，欲求實録，不亦難乎？”[3]而所謂“實録”之史，當如司馬遷《史記》，“其文直，其事核，不虚美，不隱惡”[4]。但“爲尊者諱”“爲長者諱”，也是古代史書編撰上的基本原則之一，故劉知幾在《史通》中又言“夫臣子所書，君父是黨，雖事乖正直，而理合

1　參見顧宏義：《“晋王有仁心”説辨析——兼及宋初“斧聲燭影”事件若干疑問之考證》，載《杭州師範大學學報》（社會科學版）2015年第2期。

2　〔唐〕令狐德棻：《周書》卷三八《柳虯傳》，中華書局1971年版，第681頁。

3　《史通通釋》卷七《曲筆》，第199頁。

4　《漢書》卷六二《司馬遷傳》，第2737頁。

名教”,“史氏有事涉君親,必言多隱諱,雖直道不足,而名教存焉”。[1] 因此,從某種意義上説,中國古代能秉筆直書即“書法無隱”的史書甚爲罕見。唐代以前,天子一般不得閲覽國史,以便史官直書君主善惡無隱。但隨着宋朝中央集權專制程度的强化,宋初君王即已深入干涉國史編撰,規定其宗旨、書法,明確其體例等,以完全反映出天子之意願。由此,宋朝國史往往一修再修,成爲宋代官修史書的一大特徵,從而引得宋人生出“國史凡幾修,是非凡幾易”的感嘆。[2] 由此之故,經反復竄改、修飾的宋初國史,已使後人無從明瞭當時皇位傳承之争的真面目,於是,作爲私家著述的筆記野史,因其著者“藏諸名山”之心,故往往敢於書中留下隻言片語,留下有關這些宫廷疑案的不少蛛絲馬迹,雖由於宫禁之秘,外人難以窺知,加上宋廷有意隱諱等原因,而記事頗有抵牾、錯訛觸處可見,或夾雜有荒誕之言,但後人還是能從此有别於國史記載的筆記野史記載中,抽絲剥繭、去僞存真,從而凸顯其學術價值。

(二)筆記與宋代官史編纂

宋朝編纂國史、實録等,宋人筆記野史也爲其重要史源之一。但宋人對官修史籍之“真”實有所保留。如王明清嘗云:

> 丘明、子長、班、范、陳壽之書,不經它手,故議論歸一。自唐太宗脩《晋書》,置局設官,雖房玄齡、褚遂良受詔,而許敬宗、李義府之徒厠迹其間,文字交錯,約史自此失矣。劉煦之《唐書》,薛居正之《五代史》,號爲二氏,而職長監修,未始措辭。嘉祐重命大儒再新《唐史》,歐陽文忠、宋景文各析紀傳,故《直筆》《糾繆》之書出。國朝《三朝史》爲大典之冠,而進呈於天聖垂簾之際,名臣大節,無所叙録居多;或有一事見之數傳,褒貶异同。自建隆抵於元符,信史屢更。[3]

故宋人私家撰史盛行,蔚爲大觀,而其中著名者如李燾《長編》、王稱《東都事略》等也同樣多取筆記野史以成編。《東都事略》“特掇取《五朝史》傳及《四朝

---

1 《史通通釋》卷一四《惑經》,第 405 頁;卷七《曲筆》,第 196 頁。

2 《齊東野語》卷首《自序》,第 4 頁。

3 《揮麈前録》卷末《自跋》,第 53 頁。

實録》附傳，而微以野史附益之”[1]。而《長編》乃以北宋諸朝實録、國史爲根據，“旁采异聞”爲注文考异，以“補實録、正史之闕略，參求真是，破巧説僞辨之紛紜，益以昭明祖宗之豐功盛德”，故正文記載詳贍，注文史料充實、考辨嚴密，“錯綜銓次，皆有依憑”。[2] 故宋人以爲“野史雜録尚矣，疑傳疑，信傳信，爲史者網羅散失，率多取焉，否則參稽互質焉”，如：

> 《續長編》號爲謹嚴，乃以《湘山語録》附見開寶之末，建、紹以後，曾布《日録》、蔡條《後補》，初不以人廢；而《秀水閒居》之類，《繫年要録》亦頗及之。然皆隨事考析，或爲疑詞，故不足以累其書。昔《名臣言行録》之始出，東萊貽書晦翁，以爲尚多考訂商略者，願相與討論，大抵皆此意。或謂《建隆遺事》《涑水記聞》《邵氏聞見録》、馬永年《元城語録》等書，若有所去取其間，則前輩嘉言善行之在人耳口相傳，以習者所存殆無幾，是又不可不知也。[3]

而宋末周密亦記其父之語曰：“其世俗之言殊，傳訛也；國史之論异，私意也。”又曰：“定、哀多微詞，有所辟也。牛、李有异議，有所黨也。愛憎一衰，論議乃公。國史凡幾修，是非凡幾易，而吾家乘不可删也。”[4] 因此，不少宋人於撰作筆記之時，即存在補史之想，如：

王禹偁《五代史闕文》記十七事，乃“録五代史筆避嫌漏略者，以備闕文”[5]。故其篇幅以爲“僅一卷，而辨證精嚴，足正史官之謬。如辨‘司空圖清直大節’一段，尤萬古公論所繫，非眇小也。如敘‘莊宗三矢告廟’一段，文字淋漓慷慨，足爲武皇父子寫生。歐陽《五代史・伶官傳》全用之，遂成絶調。惟以張全義爲亂世賊臣，深合《春秋》之義，而歐陽不取，於《全義傳》略無貶詞。蓋即舊史以成

---

1 《建炎以來朝野雜記》甲集卷四《續資治通鑑長編》，第 113～114 頁。按：《五朝史》爲太祖、太宗、真宗《三朝國史》和仁宗、英宗《兩朝國史》之合稱。

2 《文獻通考》卷一九三《續通鑑長編舉要》，第 5611～5612 頁。

3 〔宋〕牟巘：《牟氏陵陽集》卷一二《周公謹齊東野語序》，上海古籍出版社《文淵閣四庫全書》本，第 1188 册，第 103 頁。

4 《齊東野語》卷首《自序》，第 4 頁。

5 《郡齋讀書志校證》卷六，第 255 頁。

文耳，終當以元之爲定論也”[1]。

張齊賢《洛陽搢紳舊聞記》“所録張全義治洛事甚詳也”[2]。雖説其“書中多據傳説之詞，約載事實以爲勸誡”，然其“自稱凡與正史差异者，并存而録之，亦别傳外傳之比”[3]。

歐靖《聖宋掇遺》乃“記國初至仁宗君臣美事，以備史闕”[4]。

王闢之撰《澠水燕談録》，乃其於紹聖間退居澠水，“閒接賢士大夫談議，有可取者輒記之，久而得三百六十餘事，編次之爲十卷”，而時人滿中行述其志云“前人記賓朋燕語以補史氏者多矣，豈特屑屑以爲談助而已哉”。[5]

朱弁《曲洧舊聞》，清館臣云其書“皆追述北宋遺事”，而“《通考》列之小説家。今考其書惟神怪諧謔數條不脱小説之體，其餘則多記當時祖宗盛德及諸名臣言行，而於王安石之變法，蔡京之紹述，分朋角立之故，言之尤詳。蓋意在申明北宋一代興衰治亂之由，深於史事有補，實非小説家流也”。[6]

王明清《揮麈前録》所記“多國史中未見事。自跋謂‘記憶殘闕，以補《册府》之遺’是也”[7]。故時人譽稱“他日任筆削者，儻有取”於是書，當“能補史氏之缺而發其所諱”。[8]

周去非《嶺外代答》“記廣右二十五郡疆埸之事，經國之具，荒忽誕漫之俗，瑰詭譎怪之産，耳目所洽，與得諸學士大夫之緒談者四百條云”[9]，後人譽爲“《邊帥》《法制》《財計》諸門，實足補正史所未備，不但紀土風、物産，徒爲談助已也”。[10] 故其也稱雖因“應酬倦矣”而撰此書以答問，然也有“异時訓方氏，其

1 〔清〕王士禛：《香祖筆記》卷四，上海古籍出版社 1982 年版，第 81～82 頁。

2 《直齋書録解題》卷一一，第 325 頁。

3 《四庫全書總目》卷一四〇《洛陽搢紳舊聞記》，第 1188 頁。

4 《郡齋讀書志校證》卷六，第 264 頁。按：“歐靖”原誤作“歐陽靖”。

5 《澠水燕談録》卷首《序》，第 3 頁。

6 《四庫全書總目》卷一二一《曲洧舊聞》，第 1039 頁。

7 《四庫全書總目》卷一四一《揮麈前録》，第 1197 頁。

8 《牟氏陵陽集》卷一二《周公謹齊東野語序》，第 1188 册，第 104 頁。

9 《郡齋讀書志校證·附志》卷下，第 1235 頁。

10 《四庫全書總目》卷七〇《嶺外代答》，第 625 頁。

將有考於斯”[1]之意在焉。

雖然筆記被人視爲“瑣事叢談”，但不少宋人撰作筆記，尤其是撰作學術類、時政類筆記的態度還是甚爲慎重、認真者。如王明清“嘗以聞見漫緝小帙，曰《揮麈録》”，雖“始者乏思慮，筆之簡編，傳信之際，或招怨尤”，但仍然將“平昔以來，父祖談訓，親交話言，中心藏之”者，於“朝謁之暇，濡毫紀之，總一百七十條，無一事一字無所從來”，名之曰《揮麈後録》。[2] 此後王明清“隨手濡毫，又獲數十事，不覺盈帙，漫名曰《揮麈第三録》”，然“凡所聞見，若來歷尚晦，本末未詳，姑且置之，以待乞靈於博洽之君子，然後敢書”。[3] 因此，《揮麈第三録》“記宋高宗東狩事甚詳，如劉希范責鄒志全書、婁陟明上高宗書、秦檜之陳議狀、王幼安草檄、曾空青辨謗録云云，俱可備史官采擇。其餘閒情小趣，正所謂鷄肋之餘味爾”[4]，甚得佳譽。

由是之故，宋人評價内容涉及國計民生、時局制度之筆記優劣的重要標準之一，即看其是否有補於史傳。如：

王鞏《甲申雜記》《聞見近録》《隨手雜録》“皆紀東都舊聞”，雖“三書皆間涉神怪，稍近稗官，故列之小説類中。然而所記朝廷大事爲多，一切賢奸進退、典故沿革，多爲史傳所未詳，實非盡小説家言也”。[5]

晁説之《晁氏客語》“乃其札記雜論，兼及朝野見聞，蓋亦語録之流”，然而“其中議論多有關於立身行己之大端，所載熙、豐間名流遺事，大都得自目擊，與史傳亦可互相參證”。[6]

高晦叟《珍席放談》“於朝廷典章制度沿革損益及士大夫言行可爲法鑒者，隨所聞見，分條録載。如王旦之友悌，吕夷簡之識度，富弼之避嫌，韓琦之折佞，其事皆本傳所未詳，可補史文之闕”[7]。

1 《嶺外代答》卷首《序》，第 1 頁。

2 《揮麈後録》卷末《自跋》，第 233 頁。

3 《揮麈第三録》卷末《自跋》，第 282 頁。

4 〔明〕毛晉：《汲古閣書跋·揮麈三録》，上海古籍出版社 2005 年版，第 9 頁。

5 《四庫全書總目》卷一四〇《甲申雜記》，第 1193 頁。

6 《四庫全書總目》卷一二〇《晁氏客語》，第 1037 頁。

7 《四庫全書總目》卷一四一《珍席放談》，第 1194 頁。

岳珂《桯史》"載南、北宋雜事",而"其間雖多俳優詼謔之詞,然惟金華士人、看命司諸條,不出小説習氣,爲自穢其書耳。餘則大旨主於寓褒刺,明是非,借物論以明時事,非他書所載徒資嘲戲者比。所記遺事,惟張邦昌、劉豫二册文可以不存。又康與之題徽宗畫一條,爲張端義《貴耳集》所駁,敍陶孫譏韓侂胄詩一條,與葉紹翁《四朝聞見録》互异,亦偶然失實。至於石城堡塞、汴京故城諸條,皆有關於攻取形勢。他如湯岐公罷相、施宜生、趙希先節概、葉少藴内制、乾道受書禮、范石湖一言悟主,紫宸廊食、燕山先見、大散論賞書、秦檜死報、鄭少融遷除,任元受啓、陳了翁始末、開禧北征、二將失律、愛莫助之圖、慶元公議、黄潛善諸條,皆比正史爲詳備。所録詩文,亦多足以旁資考證。在宋人説部之中,亦王明清之亞也"[1]。又岳珂《愧郯録》"多記宋代制度,參證舊典之异同",如"其中記魚袋頒賜及章飾之始末,公主之改稱帝姬,辯論甚確。同二品之起於五代,金帶之有六種,金塗帶之有九種,皆史志所未備。至叙《尚書》之名,引戰國時已有尚冠、尚衣之屬,皆杜氏《通典》職官所未及者。其徵引可云博洽,與《石林燕語》諸書亦如驂有靳矣",故有"大致考據典贍,於史家、禮家均爲有裨,不可謂非中原文獻之遺也"之譽。[2]

葉紹翁《四朝聞見録》"雜叙高、孝、光、寧四朝逸事",有稱"南渡以後,諸野史足補史傳之闕者,惟李心傳之《建炎以來朝野雜記》號爲精核,次則紹翁是書"。[3]

周密《齊東野語》,因書中"頗考正古義,皆極典核。而所記南宋舊事爲多,如張浚三戰本末、紹熙内禪、誅韓本末、端平入洛、端平襄州本末、胡明仲本末、李全本末、朱漢章本末、鄧友龍開邊、安丙矯詔、淳紹歲幣、岳飛逸事、巴陵本末、曲壯閔本末、詩道否泰、景定公田、景定彗星、朱唐交奏、趙葵辭相、二張援襄、嘉定寶璽、慶元開禧六士、張仲孚反間諸條,皆足以補史傳之闕"[4]。

反之,如宋初周羽冲《三楚新録》"論次"長沙馬殷、武陵周行逢、江陵高季

---

1 《四庫全書總目》卷一四一《桯史》,第1200頁。

2 《四庫全書總目》卷一二一《愧郯録》,第1046頁。

3 《四庫全書總目》卷一四一《四朝聞見録》,第1201頁。

4 《四庫全書總目》卷一二一《齊東野語》,第1049頁。

興之“興廢本末”，雖其間“所聞逸事，爲史所不載者，亦多可采”，可“備讀五代史者參考焉”，然“其中與史抵牾不合者甚多。……蓋羽翀未睹國史，僅據故老所傳述纂録成書，故不能盡歸精審”。[1] 於是宋人筆記所載，時有直接摘録自官修史籍者。如南宋張鎡《仕學規範》“統載宋名臣事狀，并徵引原文，各著出典。若所采《九朝名臣傳》諸書，俱爲修史者所據依，故多與史合，且可補其遺闕”，其中所載“如所録范仲淹鎮青社時，設法免青民輦置之苦，青民至爲立祠。又趙抃治越州，歲荒，令貯米者反增價糶之，而其後更賤，民胥全活。均云出《四科事實》。又張方平知昆山縣，收餘賦以給貧民，而止民數十年侵越之訟。云出《哲宗名臣傳》。今其書皆不傳，而三人本傳亦未載。此類頗多，均可以資考證”，故後人譽其書“蓋與朱子《名臣言行録》體例雖殊，而其爲一代文獻之徵則一也”。[2]

由於筆記内容多有耳聞之辭，故其所載文字時有與官修史傳异同不一，但也頗具史料價值。如方勺《青溪寇軌》叙睦州青溪方臘作亂始末，其“所述睦州之陷，及譚稹之爲兩浙制置使，劉延慶、王禀、王涣、楊維忠之功，皆與《宋史》不合，蓋傳聞异詞”，然書内所述“韓世忠時爲王淵裨將，潛行溪谷，問野婦得徑，即挺身直前，度險數重，搗其穴，格殺數十人，擒臘以出。……《宋史·韓世忠傳》載其平青溪之功，與此所載合，當即據此載入也”。[3] 又如成材《朝野雜編》，《長編》卷四二至道三年十二月甲寅日載西夏李繼遷入貢事，其宋廷所賜“制辭據《朝野雜編》，與《實録》所載差异，疑史官或加潤色耳”[4]。故其書所記雖時有訛謬，却仍有正“官史”之用。

爲此，宋人徐度有謂“《新唐書》載事倍於《舊書》，皆取小説。本朝小説尤少，士夫縱有私家所記，多不肯輕出之。度謂史官欲廣异聞者，當擇人叙録所聞見，如《段太尉逸事狀》《鄴侯家傳》之類，上之史官，則庶幾無所遺矣”[5]。此説

1 《四庫全書總目》卷六六《三楚新録》，第586頁。

2 《四庫全書總目》卷一二三《仕學規範》，第1061頁。

3 《四庫全書總目》卷五二《青溪寇軌》，第468頁。

4 《長編》卷四二“至道三年十二月甲寅”條注，第896頁。

5 《揮麈後録》卷一，第89頁。

雖被清館臣斥爲“失之泛溢”[1]，但兩宋官史取材於筆記雜著者不少。如：

北宋夷門君玉《國老談苑》“所紀乃宋太祖、太宗、真宗三朝雜事，於當時士大夫頗有所毁譽，尤推重田錫而貶斥陶穀，其餘如馮拯諸人，俱不免於微詞。雖間或抑揚過情，而大致猶據實可信。如范質不受賂遺，竇儀議令皇弟開封尹署敕，趙普請從征上黨，曹彬平蜀回囊中惟圖書諸條，《宋史》皆采入本傳中。他亦多叙述詳贍，足與史文相參考”[2]。

南宋初石茂良《避戎夜話》“載靖康元年十一月，金人陷汴京事。蓋親在圍城之内，記所見聞。其中多言都統制姚友仲守禦東、南兩壁之功。史不爲友仲立傳，然《欽宗本紀》頗采用之”[3]。

李正民《己酉航海記》載南宋初“建炎三年(1129)己酉七月，高宗在金陵，聞金兵深入，遂趨平江，歷越州、明州，十二月乘舟航海，避兵台、温之間。正民時以中書舍人從行，按日記駐蹕之所”。王明清嘗稱“尤袤謂高宗東狩四明數月之間，排日不可稽考。後於茂苑得此書，所記頗備。蓋當日國史實藉此書考定矣”[4]。

佚名撰《禦侮録》“紀宋南渡後與金人構兵及和議之事”，其中“於金人初起事迹，記載頗略。至於紹興三十二年金海陵王南侵，及孝宗初年張浚出兵撓敗始末，則節目具詳。自乾道元年魏杞使回，和議既成以後，則不復具載。前後皆繫日編次，於朝廷拜罷、禋祀諸大事，亦間及焉。似從日曆、國史諸書節采而成”。[5]

費衮《梁溪漫志》十卷，“首二卷及第三卷首入閣一條言朝廷典故，自元祐黨人一條以下，則多説雜事。而卷末王鞏一條及第四卷，則全述蘇軾事。五卷以下多考證史傳，品定詩文。末卷乃頗涉神怪。蓋雜家者流，不盡爲史事作也。惟其持論具有根柢，舊典遺文往往而在”，故開禧二年國史實録院牒稱“編修高

1 《四庫全書總目》卷一二一《却掃編》，第 1041 頁。

2 《四庫全書總目》卷一四一《國老談苑》，第 1195 頁。

3 《四庫全書總目》卷五二《避戎夜話》，第 469 頁。

4 《四庫全書總目》卷五二《己酉航海記》，第 470 頁。

5 《四庫全書總目》卷五二《禦侮録》，第 471 頁。

宗、孝宗、光宗三朝正史,取是書以備參考”。[1]

趙汝适於提舉福建市舶時撰《諸蕃志》二卷,“記諸蕃國及物貨所出”[2]。因“是書所記,皆得諸見聞,親爲詢訪。宜其叙述詳核,爲史家之所依據矣”,故其“所言皆海國之事,《宋史·外國列傳》實引用之。核其叙次事類、歲月皆合。但《宋史》詳事迹而略於風土、物産,此則詳風土、物産而略於事迹。蓋一則史傳,一則雜志,體各有宜,不以偏舉爲病也”。[3]

不僅如此,歐陽修、司馬光修撰《新唐書》《新五代史》《資治通鑑》也多取材於筆記野史。如王禹偁《五代史闕文》載十七事(包括《梁史》三事、《後唐史》七事、《晋史》一事、《漢史》二事、《周史》四事),而“今考《五代史》,於朱全昱、張承業、王淑妃、許王從益、周世宗符皇后諸條,亦多采此書。而《新唐書·司空圖傳》即全據禹偁之説。則雖篇帙寥寥,當時固以信史視之矣”[4]。又如陶岳有鑒於五代時“史書漏落尤甚”,故據其“侍長者之座,接通人之談,至於諸國竊據,累朝創業,其間事迹,頗曾尋究,因書其所聞”而成《五代史補》五卷。[5] 其書雖記事“不免疏失,然當《薛史》既出之後,能綱羅散失,裨益闕遺,於史學要不爲無助也”;又其書“雖頗近小説,然叙事首尾詳具,率得其實。故歐陽修《新五代史》、司馬光《通鑑》多采用之”。[6]

司馬光不但於編纂《資治通鑑》中多取筆記雜史,而且還撰有多種筆記以爲他日編纂本朝史之用。如司馬光於“當時朝廷政事、公卿士大夫議論、賓客游從道路傳聞之語,莫不記録。有身見者,有得於人者。得於人者,注其名字。皆細書連粘,綴集成卷”[7],而撰成《涑水記聞》。故李燾有言:“文正公(司馬光)初與劉道原共議取實録、正史,旁采异聞,作《資治通鑑後紀》。屬道原早死,文正起相,元祐後終,卒不果成。今世所傳《記聞》及《日記》并《朔記》,皆《後紀》之具

1 《四庫全書總目》卷一二一《梁溪漫志》,第1045頁。

2 《直齋書録解題》卷八,第268頁。

3 《四庫全書總目》卷七一《諸蕃志》,第631頁。

4 《四庫全書總目》卷五一《五代史闕文》,第464頁。

5 〔宋〕陶岳:《五代史補》卷首《自序》,上海古籍出版社《文淵閣四庫全書》本,第407册,第643頁。

6 《四庫全書總目》卷五一《五代史補》,第464頁。

7 《建炎以來繫年要録》卷一〇四“紹興六年八月己亥”條,第2册,第428頁。

也。自嘉祐以前，甲子不詳，則號《記聞》；嘉祐以後，乃名《日記》；若《朔記》，則書略成編矣。"[1] 又史載司馬光《涑水記聞》爲宋廷編纂《神宗實録》的重要史源之一：

元祐初修《神宗實録》，秉筆者極天下之文人，如黄、秦、晁、張是也。故詞采粲然，高出前代。紹聖初，鄧聖求、蔡元長上章，指以爲謗史，乞行重修。蓋舊文多取司馬文正公《涑水記聞》，如韓、富、歐陽諸公傳，及叙劉永年家世載徐德占母事，王文公之詆永年、常山，吕正獻之評曾南豐，邵安簡借書多不還，陳秀公母賤之類，所引甚多。至新史，於是《裕陵實録》皆以朱筆抹之，且究問前日史臣，悉行遷斥，盡取王荆公《日録》無遺，以删修焉，號"朱墨本"。[2]

所謂"王荆公《日録》"，即王安石《熙寧奏對日録》，又名《鍾山日録》《王文公日録》等。

因宋朝國史久已亡佚，僅可從李燾《長編》注文等記載，以窺見宋"國史"徵引宋人筆記之大概。但在今存之《宋史》中，通過比對文字，還是可以發現其取材於宋人筆記之例。其中有宋廷編纂國史時取材自筆記，而元人取國史文字編修入《宋史》者；另爲元人編纂《宋史》時，直接自宋人筆記中徵引者。

後者如上文所述，《宋史・張永德傳》所載"杯酒釋兵權"一事，實取材於《涑水記聞》。又如《宋史》所述"金匱之盟"事，《后妃傳上》載：

建隆二年，太后不豫，太祖侍藥餌不離左右。疾亟，召趙普入受遺命。太后因問太祖曰："汝知所以得天下乎？"太祖嗚噎不能對。太后固問之，太祖曰："臣所以得天下者，皆祖考及太后之積慶也。"太后曰："不然，正由周世宗使幼兒主天下耳。使周氏有長君，天下豈爲汝有乎？汝百歲後當傳位汝弟。四海至廣，萬幾至衆，能立長君，社稷之福也。"太祖頓首泣曰："敢不如教。"太后顧謂趙普曰："爾同記吾言，不可違也。"命普於榻前爲約誓書，普於紙尾書"臣普書"。藏之金匱，命

1　《文獻通考》卷一九七"温公日記"條引"巽岩李氏曰"，第 5683 頁。

2　《玉照新志》卷一，第 2 頁。

謹密宫人掌之。[1]

而《宗室傳一》又載：

初，昭憲太后不豫，命太祖傳位太宗，因顧謂趙普曰："爾同記吾言，不可違也。"命普於榻前爲約誓書，普於紙尾書云："臣普書。"藏之金匱，命謹密宫人掌之。或謂昭憲及太祖本意，蓋欲太宗傳之廷美，而廷美復傳之德昭。……[2]

比勘相關文獻，可知《宋史》云云實源出《長編》，而據李燾《長編》注，知《長編》云云，乃實綜合、删修《新録》《三朝國史》《涑水記聞》三書文字而成。[3] 然《宋史·后妃傳上》也有所删修，如將《長編》"汝與光義皆我所生，汝後當傳位汝弟"之句删減改爲"汝百歲後當傳位汝弟"，當是元代史臣有鑒於"金匱之盟"内容有傳位趙光義及"以次傳之二弟"的差异，故而含糊其詞。而《宗室傳一》云云當皆取材於《長編》，故與《后妃傳上》所載有所不同。

與司馬光撰修《涑水記聞》之時後於宋《三朝國史》不同，《宋史·張方平傳》所載王安石事，當是取材自南宋紹興年間重修之《神宗實録》：

（張方平）守宋都日，富弼自亳移汝，過見之，曰："人固難知也。"方平曰："謂王安石乎？亦豈難知者！方平頃知皇祐貢舉，或稱其文學，辟以考校。既入院，凡院中之事，皆欲紛更。方平惡其人，檄使出，自是未嘗與語也。"弼有愧色，蓋弼素亦善安石云。[4]

上述文字頗有訛誤，[5] 但通過比勘相關文獻，可證其實源出於兩宋之際邵伯温的《邵氏聞見録》。

（三）筆記所載"瑣事叢談"之價值

筆記記録"瑣事叢談"的編纂特點，注定其内容五花八門，涉及社會生活諸

1 《宋史》卷二四二《后妃傳上》，第 8607 頁。

2 《宋史》卷二四四《宗室傳一》，第 8669 頁。

3 《長編》卷二"建隆二年六月甲午"條，第 46~47 頁。

4 《宋史》卷三一八《張方平傳》，第 10359 頁。

5 參見顧宏義：《〈邵氏聞見録〉有關王安石若干史料辨誤》，載《河北大學學報》（哲學社會科學版）1998 年第 3 期。

層面，紛雜瑣細，多爲“正史”關注不及或不屑於記載者。而此正是筆記雜著之價值所在。對此，前人已多有論述，故此下擬從記人、記事、記物、記制度、記社會風俗、記域外風物以及記逸詩遺文等方面叙述那些不載於或不詳載於“正史”的内容之價值。

1.記人

大體就名人逸事逸聞與名不見經傳之“小人物”之事迹等分别介紹之。

其一，如前所述，筆記乃著者記録其“一耳一目之所親聞睹”者，即記録其尊長、師友、僚屬、同學等的逸事趣聞，故每每有不易爲外人之知聞者。如《道山清話》所載李覯之趣事：

> 李覯字泰伯，盱江人。賢而有文章，蘇子瞻諸公極推重之。素不喜佛，不喜孟子。好飲酒作文，古文彌佳。一日，有達官送酒數斗，泰伯家釀亦熟，然性介僻，不與人往還。一士人知其富有酒，然無計得飲，乃作詩數首罵孟子，其一云：“完廪捐階未可知，孟軻深信亦還痴。丈人尚自爲天子，女婿如何弟殺之？”李見詩大喜，留連數日，所與談莫非罵孟子也。無何酒盡，乃辭去。既而又有寄酒者，士人聞之再往，作《仁義正論》三篇，大率皆詆釋氏。李覽之，笑云：“公文采甚奇，但前次被公吃了酒後，極索寞。今次不敢相留，留此酒以自遣懷。”聞者莫不絶倒。[1]

李覯乃北宋中期知名學者，以不喜孟子而聞名。故此士人投其所好以賺酒喝，可謂“雅騙”。

又《涑水記聞》記王安石欲開發梁山泊事，也頗令人深省：

> 集賢校理劉攽貢父好滑稽，嘗造介甫（王安石），值一客在座，獻策曰：“梁山泊决而涸之，可得良田萬餘頃，但未擇得便利之地貯其水耳。”介甫傾首沉思，曰：“然。安得處所貯許多水乎？”貢父抗聲曰：“此甚不難。”介甫欣然以爲有策，遽問之。貢父曰：“别穿一梁山泊，則足以貯此水矣。”介甫大笑，遂止。[2]

---

1 〔宋〕佚名：《道山清話》，《全宋筆記》第二編一，大象出版社 2006 年版，第 116 頁。

2 《涑水記聞》卷一五，第 300 頁。

而宋代筆記的撰者多爲知名士，此就爲研究這些人之生活、履歷等留下了不可替代的珍貴史料。如歐陽修《于役志》，後人就曾據以考訂歐陽修之生平。南宋周必大云：

> 乃如《年譜》皆説六一先生是景德四年六月二十六日丙辰生。前日搜訪得《于役志》一卷，乃是自館閣貶夷陵時再行日記，止到公安。其間於六月二十一日説"予生日爲壽"。尋取《真宗實録》及《長編》再三契勘，果是丙辰乃六月二十一日，得戊申月節氣。然則諸家考證容或未詳。[1]

明人楊士奇也考證道：

> 按《于役志》：九月壬辰，安道貶筠州；甲午，師魯貶郢州；丁酉，余貶夷陵。《與高若訥書》云："昨日安道貶官，師魯待罪。"則余、尹被貶在公之先明甚。公諸子述《事迹》及韓魏公作《墓志》，皆以爲公之貶在余、尹之先。魏公偶出一時之悮，或但據其子所述書之。而爲子職者不密於考據如此，雖非大關涉，可以率略乎？[2]

宋人筆記之文獻價值，由此可見一斑。

其二，筆記的著述特點，使其所記多有事迹不記載於史傳的"小人物"，或者是一些史傳所記甚爲簡略者。如《宋史·忠義傳三》載龍圖閣待制、知徐州王復，於"建炎三年金人自襲慶府引兵圍徐州，復與男倚同守城，率軍民力戰，外援不至，城陷，復堅坐聽事不去，謂粘罕曰：'死守者我也，監郡而次無預焉，願殺我而捨僚吏百姓。'粘罕欲降之，復謾罵求死，闔門百口皆被殺。巡檢楊彭年亦死焉。事聞，贈復資政殿學士，謚壯節，立廟楚州，號忠烈，官其家五人"[3]。而劉昌詩《蘆浦筆記》卷八《資政壯節王公家傳》載其事迹甚詳。

1　周必大：《文忠集》卷一八八《孫彦撝謙益(紹熙五年)》，第 53 册，第 17 頁。

2　〔明〕楊士奇：《東里文集》卷一〇《題歐陽文忠公事迹》，上海古籍出版社《文淵閣四庫全書》本，第 1238 册，第 113 頁。

3　《宋史》卷四四八《忠義傳三》，第 13216 頁。

王復字景仁,淄州淄川縣人。“以門蔭補官,試大法中選,授大理評事,[1]遷本寺丞。……久之,除京東輦運,遷京東路轉運判官”,三年,除兩浙轉運副使,因平方臘功擢徽猷閣待制,遷都轉運使。改知陜州,擢龍圖閣直學士,“以公事忤宰相王黼,降充龍圖閣待制,移知成都府”。高宗登基,“詔公知徐州。明年,胡兵犯順,粘罕以衆數萬寇徐,徐城孤勢危。公領兵合戰,數不利”,城陷被害,“闔門百口俱遇害。時建炎三年正月二十九日也。……卒時年五十二”云云。且稱“右傳得於公之玄孫默,將以備太史氏之采録”。故清王士禛《池北偶談》稱“宋壯節王公復守徐州,闔門死節,《宋史》僅附書《趙立傳》,亦不詳何許人。一日,讀劉昌詩興伯《蘆浦筆記》,乃知公爲吾鄉人,傳載世系官階始末甚悉”。[2]實可補《宋史》之闕。

2.記事

因限於體例,“正史”往往不載或不詳載諸般瑣細之事,而此方面恰爲筆記之特色。如宋代文人雅集“九老會”,如《宋史・文彦博傳》所載“其在洛也,……與富弼、司馬光等十三人,用白居易九老會故事,置酒賦詩相樂,序齒不序官,爲堂,繪像其中,謂之‘洛陽耆英會’,好事者莫不慕之”。[3] 所記不詳,而據王闢之《澠水燕談録》,乃云:

富韓公,熙寧四年以司空歸洛,時年六十八。是年,司馬端明不拜

1 “試大法中選,授大理評事”,《蘆浦筆記》卷八《資政壯節王公家傳》作“試大觀中,選授大理評事”,校點者并出校記曰:“‘大觀’原作‘大法’。按:北宋無‘大法’年號,以王復的經歷推之,應爲大觀,徑改。”按:“試大法”乃宋時科舉用詞。如《宋史全文》(上海古籍出版社《文淵閣四庫全書》本)卷二六下載淳熙七年六月“壬寅,進呈秘書郎李巘奏:‘竊觀國朝太平興國元年詔學究兼習律令,而廢明法科。至雍熙二年復設明法科,以三小經附。則知祖宗之意未嘗不使經生明法,亦未嘗不使法吏通經也。謂宜略仿祖宗舊制,使試大法者兼習一經,及小經義共三道爲一場。’”又楊時《龜山集》(上海古籍出版社《文淵閣四庫全書》本)卷三四《孫龍圖墓志銘》稱孫譓“既冠,登進士第,授池州司法參軍。……故令就學律,明年試大法中第一”。熊克《中興小紀》(福建人民出版社1985年版,第223頁)卷一八紹興五年閏二月“庚午,宰執奏中書舍人劉大中繳大理評事李洪試大法改官事。趙鼎曰:‘法以弼教,宜崇獎之。’上曰:‘不崇獎之,其學將絶。’沈與求曰:‘法家雖别一科,人命所繫,亦宜重其選也。’”故《朱子語類》卷八七載朱熹嘗云“如今刑法官,祇用試大法人做”。由上可知,原作“大法”不誤,校點者妄改。

2 〔清〕王士禛:《池北偶談》卷八《壯節王公傳》,中華書局1982年版,第169頁。

3 《宋史》卷三一三《文彦博傳》,第10263~10264頁。

樞密副使，求判西臺，時年五十三。二公安居沖默，不交世務。後十一年，當元豐五年，文潞公留守西京，慕唐白樂天"九老會"，於是悉聚洛中士大夫賢而老自逸者，於韓公第置酒相樂，凡十二人。即又命鄭奐圖形妙覺僧舍，各賦詩一首，時人呼之曰"洛陽耆英會"，而司馬爲之序。其相聚也，用洛中舊俗，叙齒不尚官。時韓公年七十九，潞公與司封郎中席汝言皆七十七，朝議大夫王尚恭七十六，太常卿趙丙、秘書監劉几、衛州防禦使馮行已皆七十五，天章閣待制楚建中七十三，朝議大夫王慎言七十二，大中大夫張問、龍圖閣直學士張燾皆七十，司馬六十四，故潞公詩云："當筵尚齒尤多幸，十二人中第二人。"韓公《贈潞公詩》云："顧我年齡雖第一，在公勛德自無雙。"潞公《再答韓公詩》云："惟公福禄并功德，合是人間第一流。"是時，宣徽使王公拱辰年七十，留守大名，貽詩二公，願預其數，凡十三人也。[1]

邵伯温《邵氏聞見録》卷十所載略同而加詳：

元豐五年，文潞公以太尉留守西都，時富韓公以司徒致仕，潞公慕唐白樂天"九老會"，乃集洛中公卿大夫年德高者爲耆英會。以洛中風俗尚齒不尚官，就資勝院建大厦曰耆英堂，命閩人鄭奐繪像其中。時富韓公年七十九，文潞公與司封郎中席汝言皆七十七，朝議大夫王尚恭年七十六，太常少卿趙丙、秘書監劉几、衛州防禦使馮行已皆年七十五，天章閣待制楚建中、朝議大夫王慎言皆七十二，大中大夫張問、龍圖閣直學士張燾皆年七十。時宣徽使王公拱辰留守北京，貽書潞公，願預其會，年七十一。獨司馬温公年未七十，潞公素重其人，用唐九老狄兼謩故事，請入會。温公辭以晚進，不敢班富、文二公之後。潞公不從，令鄭奐自幕後傳温公像，又至北京傳王公像，於是預其會者凡十三人。潞公以地主攜妓樂就富公宅作第一會。至富公會，送羊酒不出；餘皆次爲會。洛陽多名園古刹，有水竹林亭之勝，諸老鬚眉皓白，衣冠甚偉，每宴集，都人隨觀之。潞公又爲同甲會，司馬朝議旦、程太常珦、席司封汝言皆丙午人也，亦繪像資勝院。其後司馬公與數公又爲真率

1　《澠水燕談録》卷四《高逸》，第49頁。

會，有約：酒不過五行，食不過五味，惟菜無限。楚正議違約增飲食之數，罰一會。皆洛陽太平盛事也。洛之士庶又生祠潞公於資勝院，温公取神宗送潞公河南詩，隸書於榜曰“竚瞻堂”，塑公像其中，冠劍偉然，都人事之甚肅。初，温公自以晚輩不敢預富、文二公之會，潞公謂温公曰：“某留守北京，遣人入大遼偵事回，云見虜主大宴群臣，伶人劇戲，作衣冠者，見物必攫取懷之，有從其後以挺撲之者，曰：‘司馬端明耶？’君實清名在夷狄如此。”温公愧謝。[1]

此時正是熙豐變法時，聚居洛陽參與耆英會之諸老，皆是對“新法”持异議者。因此，今人不但可自上述洛陽耆英會探尋北宋士大夫日常文化生活與交游，同時也可研究熙豐時期之政治文化諸層面。

此外，宋代尚文之風甚盛，故退居之士大夫們多有仰慕唐詩人白居易“九老會”之舉者，屢有仿效而行者。如葛立方《韵語陽秋》所載：

白樂天居洛陽履道里，與胡景、吉旼、鄭據、劉真、盧真、張渾、狄兼謨、盧貞燕集，皆高年不事事者，人慕之，繪爲《九老圖》。至本朝李昉再入相，以司空致仕，慕樂天之爲，得宋琪等八人，年七十餘，將爲九老會，未果而卒。自後洛中諸公，圖形普明僧舍。文潞公留守西都，富鄭公納政居里第，與席汝言、王尚恭、趙丙、劉几、馮行已、楚建中、王慎言、王拱辰、張問、張燾、司馬光共十三人，置酒相樂，謂之耆英會。劉几詩所謂“制舉省元推二相，龍頭昔日屬宣猷。人間盛事并遐算，一席幾盈九百籌”是也。後潞公與程伯温、司馬伯康、席君從之又作同甲會，潞公詩所謂“四人三百十二歲，况是同生丙午年。招得梁園同賦客，合成商嶺采芝仙”是也。潞公又與范鎮、張宗益、張周、史招爲五老會，公詩所謂“四箇老兒三百歲，當時此會已離倫。如今白髮游河叟，半是清朝解紱人”是也。潞公以勛德享大耋，功成名遂，優游臯壤，日與賢士大夫譙笑，而飲食起居，端類少壯，非天畀全福，疇能若是。司馬温公在洛作真率會，杜祁公在睢陽作五老會，趙閲道在三衢作三老

1 《邵氏聞見録》卷一〇，第104~105頁。

會，各有詩咏傳焉。[1]

又據龔明之《中吴紀聞》，北宋中期元絳"以太子少保致仕，歸吴中。公既還鄉，與程光禄諸公爲九老會，日以詩酒自娱，年七十餘卒"。又云："徐師閔字聖徒，仕至朝議大夫，退老於家，日治園亭，以文酒自娱樂。時太子少保元公絳、正議大夫程公師孟、朝議大夫閭丘公孝終亦以安車歸老，因相與繼會昌洛中故事，作九老會。章岵爲郡守，大置酒合樂，會諸老於廣化寺。又有朝請大夫王琉、承議郎通判蘇湜與焉。公賦詩爲倡，諸公皆屬而和之，以爲吴門盛事。"[2]則據諸筆記所載，高年退居鄉里的士大夫結耆英會之類詩文雅集，乃宋時較普遍之現象。

而有些史事，正史中全無記載，僅據筆記而稍得知其被官方所隱蔽之真相。如太平興國四年(979)宋太宗高梁河之敗，宋代官史所記大都閃爍其辭，李燾《長編》卷二〇雖記録此戰經過，并對各種記載中的訛誤、缺漏作了考辨、補充，但對其中關鍵敏感之處仍然頗有諱避：是年七月癸未(六日)，太宗"幸城西北隅，督諸將攻城"。甲申(七日)，"上以幽州城踰旬不下，士卒疲頓，轉輸回遠，復恐契丹來救，遂詔班師。御駕夕發，命諸將整軍徐還"。然李燾又注曰："江休復《雜志》：太宗自并幸幽，乘敵無備。契丹主方獵，遁歸牙帳，議弃燕薊，以兵守松亭、虎北口而已。于越時爲舍利郎君，契丹國中，親近無職事者呼爲舍利郎君，請兵十萬救幽州。并西山，薄幽陵，人夜持兩炬，朝舉兩旗。選精騎三萬，夜從他道，自官軍南，席捲而北。又先以弱兵五千守幽州，望風遁去。我師遏之不得去，遂堅守。及我師已退，或勸襲之，于越曰：'受命救幽薊，已得之矣。'遂不甚争利。今附見，當考。"[3]

《長編》此處記事，基本以宋《三朝國史》《太宗實録》爲主，故完全未記載宋軍高梁河之敗。然宋人筆記所載却頗有不同，如上述《長編》注文所引録之江休復《雜志》外，王鞏《聞見近録》云當時"虜空山後遁，王師據幽州，虜甘心沙漠矣。有赦例郎君於越者，小羌也，請得五千騎以嘗王師，不成退處未晚，虜從之。乃騎持一幟，由間道邀我歸路，周環往來，晝夜不絶。帝疑救兵大至，宵歸定州。

1 〔宋〕葛立方：《韵語陽秋》卷一九，中華書局1981年《歷代詩話》本，第638~639頁。

2 《中吴紀聞》卷四《元少保》，第85頁；《徐朝議》，第93頁。

3 《長編》卷二〇"太平興國四年七月癸未"條、"甲午"條，第457頁。

王師多没虜者”[1]。《涑水記聞》卷二即稱當時“軍中夜驚,不知上所在”[2]。《默記》亦稱當時宋軍將士“以平晋不賞,又使之平幽,遂軍變。太宗與所親厚夜遁”得脱;又云“太宗自燕京城下軍潰,北虜追之,僅得脱。凡行在服御寶器盡爲所奪,從人宫嬪盡陷没。股上中兩箭,歲歲必發。其弃天下竟以箭瘡發云”。[3] 又《能改齋漫録》亦載:“太宗親征北狄,直抵幽州,圍其城。俄一夕大風,軍中震驚,南北兵皆潰散。而諸將多不知車駕所在,唯節度使高公瓊隨駕。”[4]

據宋人筆記所記,并參考《遼史》之《景宗紀下》及《耶律隆運傳》《耶律休哥傳》《耶律斜軫傳》《耶律沙傳》等所載,大體知高梁河一戰經過,知當日宋太宗親至城下督諸將攻燕京城,與來援的遼軍耶律沙、耶律休哥、耶律斜軫諸部激戰於城外高梁河畔,宋軍不支而潰,宋太宗也身中兩箭。但遼軍亦損失慘重,主將耶律休哥也“被三創”。於是宋、遼兩軍各自收兵歸營。當夜,軍心浮動的宋營中因“大風,軍中虚驚”,遂發生軍變。倉猝之間,身負箭傷的太宗與親信數人中夜南遁。次日,遼軍出戰,宋軍將士無心戀戰,競相南奔,在遼軍追擊下潰敗,損失慘重,連宋帝的服御寶器及隨行宫嬪等也皆落入遼人之手。至元人修《宋史》時,因已參取宋人筆記及遼方文獻,故明言宋軍“班師”原因:“帝督諸軍及契丹大戰於高梁河,敗績。”[5]

又如葉紹翁《四朝聞見録》記述南宋高、孝、光、寧四朝逸事,其中述韓侂胄之事尤詳。其丙集《虎符》條記載韓侂胄被誅經過,首末備具,謂殿帥夏震遣其部下在六部橋攔截韓侂胄坐車,以鐵鞭擊殺於玉津園夾墻。并稱“誅韓之計甚疏”,事幾不成。[6] 他書所述,無此詳備。又《宋史・韓侂胄傳》采録此書文字頗多,如謂韓侂胄鑿山爲園、下瞰宗廟、窮奢極侈,僭擬宫闈,以及寵愛四夫人諸事,即出自《四朝聞見録》戊集内。

1 《聞見近録》,第 6 頁。

2 《涑水記聞》卷二,第 36 頁。

3 《默記》卷上,第 5 頁;卷中,第 20 頁。

4 《能改齋漫録》卷一二《高氏出太皇太后以有陰德之助》,第 364 頁。

5 《宋史》卷四《太宗紀一》,第 62 頁。

6 〔宋〕葉紹翁:《四朝聞見録》丙集《虎符》,中華書局 1989 年版,第 91~92 頁。

3.記物

有關各地物品、土産，以及新奇之物等的記録，乃宋人筆記的重要内容。屬前者如范成大《桂海虞衡志》，乃記録其知静江府（今廣西桂林）時所聞見之當地“風物土宜，方志所未載者”，共十三篇，其中“《志金石》凖《本草》之例，僅取方藥所須者。……《志香》多及海南，以世稱二廣出香，而不知廣東香自舶上來，廣右香産海北者皆凡品。《志器》兼及外蠻兵甲之制，以爲司邊鎮者所宜知，故不嫌旁涉。諸篇皆叙述簡雅，無誇飾土風、附會古事之習。其論辰砂、宜砂，地脉不殊，均生白石床上，訂《本草》分别之訛。邕州出砂，融州實不出砂，證圖經同音之誤。零陵香産宜、融諸州，非永州之零陵。……亦頗有考證”。[1] 又南宋中期朱輔《溪蠻叢笑》“手録溪蠻事，識其所産所習之异”[2]，其所謂“溪蠻”，乃即《後漢書》所謂五溪蠻，“章懷太子注，稱武陵有雄溪、樠溪、西溪、潕溪、辰溪，悉是蠻夷所居，故謂五溪蠻”。朱輔嘗爲官“其地，故據所見聞，作爲是書。所記諸蠻風土、物産頗備，如闌干布之傳於漢代，三脊茅之出於包茅山，數典亦爲詳贍。至其俗尚之异，種類之别，曲折纖悉，臚列明晰。事雖鄙而詞頗雅，可謂工於叙述。用資考證，多益見聞，固不容以瑣屑廢焉”。[3]

宋人筆記中也頗爲注意記録新奇或稀見的物品，其中甚爲著名者如沈括《夢溪筆談》。其中所記載者最爲世人所知的有石油與活字印刷、指南針等：

> 鄜、延境内有石油，舊説“高奴縣出脂水”，即此也。生於水際，沙石與泉水相雜，惘惘而出，土人以雉尾裛之，乃采入缶中，頗似淳漆，然之如麻，但烟甚濃，所沾幄幕皆黑。予疑其烟可用，試掃其煤以爲墨，黑光如漆，松墨不及也，遂大爲之。其識文爲“延州石液”者是也。此物後必大行於世。自予始爲之，蓋石油至多，生於地中無窮，不若松木有時而竭，今齊魯間松林盡矣，漸至太行、京西、江南，松山大半皆童矣。造煤人蓋未知石烟之利也。[4]

---

1 《四庫全書總目》卷七〇《桂海虞衡志》，第625頁。

2 《説郛》卷六七下朱輔《溪蠻叢笑》葉錢《序》。

3 《四庫全書總目》卷七一《溪蠻叢笑》，第631頁。

4 《新校正夢溪筆談》卷二四《雜志一》，第233~234頁。

板印書籍，唐人尚未盛爲之。自馮瀛王始印五經，已後典籍皆爲板本。慶曆中，有布衣畢昇又爲活板。其法用膠泥刻字，薄如錢唇，每字爲一印，火燒令堅。先設一鐵板，其上以松脂臘和紙灰之類冒之，欲印則以一鐵範置鐵板上，乃密布字印，滿鐵範爲一板，待就火煬之，藥稍鎔，則以一平板按其面，則字平如砥。若止印三二本，未爲簡易；若印數十百千本，則極爲神速。常作二鐵板，一板印刷，一板已自布字，此印者纔畢，則第二板已具。更互用之，瞬息可就。每一字皆有數印，如“之”“也”等字，每字有二十餘印，以備一板内有重複者。不用則以紙貼之，每韵爲一貼，木格貯之。有奇字素無備者，旋刻之，以草火燒，瞬息可成。不以木爲之者，木理有疏密，沾水則高下不平，兼與藥相粘，不可取，不若燔土，用訖再火令藥鎔，以手拂之，其印自落，終不沾污。昇死後，其印爲予群從所得，至今寶藏。[1]

方家以磁石磨針鋒，則能指南，然常微偏東，不全南也。水浮多蕩摇。指爪及盌唇上皆可爲之，運轉尤速，但堅滑易墜，不若縷懸爲最善。其法取新纊中獨繭縷，以芥子許蠟，綴於針腰，無風處懸之，則針常指南。其中有磨而指北者。予家指南、北者皆有之。磁石之指南，猶柏之指西，莫可原其理。[2]

此外，宋人尚雅，故於筆記雜著中記録頗多的書畫古玩之物，如宋末周密撰有《雲烟過眼録》專記書畫古器，而范成大《吴船録》記録范氏自成都東下吴地之行程，却也記載其“所見蜀中古畫，如伏虎觀孫太古畫李冰父子像，青城山丈人觀孫太古畫黄帝及三十二仙真，長生觀孫太古畫龍虎，及玩丹石寺唐畫羅漢一版，皆可補黄休復《益州名畫記》所未及。又杜甫《戎州詩》‘重碧拈春酒’句，印本‘拈’或作‘酤’，而成大謂叙州有碑本乃作‘粘’字，是亦注杜集者所宜引據也”[3]。

1　《新校正夢溪筆談》卷一八《技藝》，第184頁。

2　《新校正夢溪筆談》卷二四《雜志一》，第240頁。按：沈括《補筆談》卷下又曰：“以磁石磨針鋒，則鋭處常指南，亦有指北者，恐石性亦不同。如夏至鹿角解，冬至麋角解。南北相反，理應有异，未深考耳。”

3　《四庫全書總目》卷五八《吴船録》，第529頁。

宋人筆記中所載録的各地土産物品、文玩古董及新奇之物,已成爲今世研究宋時物質文明的重要文獻依據。

4.記制度

中國古代有專門史籍記録有關國家各項典章制度,稱之"政書",但宋人筆記中依然記載了大量的有關典章制度等内容,雖然其與政書記載相比,不如政書系統完備,顯得頗爲瑣雜零散,然其往往記録有政書中所未及的細節,這些細節成爲後人相關研究的重要史源之一。如曾慥《高齋漫録》一卷,"上自朝廷典章,下及士大夫事迹,以至文評、詩話,詼諧、嘲笑之屬,隨所見聞,咸登記録",故"其徵引叢雜,不無瑣屑,要其可取者多",其中"如給舍之當服赬帶,不歷轉運使之不得爲知制誥,皆可補史志所未備"。[1] 又如葉夢得《石林燕語》,因葉氏"爲紹聖舊人,徽宗時嘗司綸誥,於朝章國典,夙所究心,故是書纂述舊聞,皆有關當時掌故。於官制科目,言之尤詳,頗足以補史傳之闕,與宋敏求《春明退朝録》,徐度《却掃編》可相表裏"[2]。

與上述零散記録者不同,不少以内容分類編排的宋人筆記中,還專設有記録朝廷典章制度的門類,如:程大昌《演繁露》,"其書正編不分類,續編分制度、文類、詩事、談助四門"[3]。而沈括《夢溪筆談》,其"故事""官政"兩類專言典制,而其他"辨證""樂律""人事""雜志"等類中也時有涉及。

同時,宋代還有不少專述朝廷典章制度的筆記雜著。其一爲專叙某一官職者,如:宋庠《掖垣叢志》三卷,據稱"景祐中,李宗諤始取國初掌誥名氏,刻之於石,自爲紀序,庠因之成此書。王禹玉頗譏其疏略。裴廷裕載舍人上事,知印宰相壓角,至今傳之爲故事,而庠書闕焉"[4]。乃叙北宋前期中書舍人之故事。

又如:蘇易簡《翰林續志》二卷,乃"録(唐)元和以後至國朝翰林故事";錢惟演《金坡遺事》三卷,"載國朝禁林雜儀式事迹并學士名氏。文元公述真宗禮待儒臣三事,附於卷末"。[5] 專叙翰林學士故事。至南宋前期,周必大撰《玉堂

---

1 《四庫全書總目》卷一四一《高齋漫録》,第1197頁。

2 《四庫全書總目》卷一二一《石林燕語》,第1040頁。

3 《四庫全書總目》卷一一八《演繁露》,第1020頁。

4 《郡齋讀書志校證》卷七,第323頁。

5 《郡齋讀書志校證》卷七,第313頁。

雜記》三卷，其“宋代掌制，最號重職，往往由此致位二府。必大受知孝宗，兩入翰苑，自權直院至學士承旨，皆遍爲之。凡鑾坡制度沿革，及一時宣召奏對之事，隨筆記録，集爲此編。所紀如奉表德壽署名、賜安南國王嗣子詔書之類，皆能援引古義，合於典禮。其他瑣聞遺事，亦多可資談柄。洪遵《翰院群書》所録，皆唐代及汴都故帙。程俱《麟臺故事》，亦成於紹興間。其隆興以後翰林故實，惟稍見於《館閣續録》及洪邁《容齋隨筆》中。得必大此書，互相稽考，南渡後玉堂舊典亦庶幾乎厘然具矣”[1]。

其二乃總述宋廷典章制度的筆記雜著，著名者如：李攸《宋朝事實》，載録“祖宗世次、登極紀元詔書、聖學、御製、郊廟、道釋、玉牒、公主、官職、爵邑、勋臣配享、宰執拜罷、科目儀注、兵刑律曆、籍田財用、削平僭僞、升降州縣、經略夷狄之類，具載本末。又如聖德頌、旌忠碑之類皆載之”[2]。

李心傳《建炎以來朝野雜記》甲、乙集共四十卷，其甲集《自序》云：“心傳年十四五時，侍先君子官行都，頗得竊窺玉牒所藏金匱石室之副，退而過庭，則獲剽聞名卿才大夫之議論。每念渡江以來，紀載未備，使明君、良臣、名儒、猛將之行事猶鬱而未彰，至於七十年間，兵戎財賦之源流，禮樂制度之因革，有司之傳，往往失墜，甚可惜也。乃緝建炎至今朝野所聞之事，凡有涉一時之利害與諸人之得失者，分門著録，起丁未（1127），迄壬戌（1202），以類相從，凡六百有五事，勒爲二十卷”。[3] 其書“上自帝系、帝德、朝政、國典，下及見聞瑣碎，皆録之。蓋南渡以後野史之最詳者”[4]。即李心傳“取南渡以後事迹，分門編類。甲集二十卷，分“上德”“郊廟”“典禮”“製作”“朝事”“時事”“故事”“雜事”“官制”“取士”“財賦”“兵馬”“邊防”十三門。乙集二十卷，少“郊廟”一門，而末卷别出“邊事”，亦十三門。每門各分子目。雖以《雜記》爲名，其體例實同《會要》。蓋與《建炎以來繫年要録》互相經緯者也”[5]。

趙升《朝野類要》五卷，“作於理宗端平三年（1236），徵引當時朝廷故事，以

---

1 《四庫全書提要》卷七九《玉堂雜記》，第 683～684 頁。

2 《郡齋讀書志校證・讀書附志》卷上，第 1154 頁。

3 《建炎以來朝野雜記》，第 3 頁。

4 《直齋書録解題》卷五，第 158 頁。

5 《四庫全書總目》卷八一《建炎以來朝野雜記》，第 695 頁。

類相從。……宋至今五六百年,其一時吏牘之文,與縉紳沿習之語,多與今殊,如朝儀有把見、科舉有混試之類,驟讀其文,殆不可曉。是書逐條解釋,開卷厘然,誠爲有功於考證”[1]。即此書將涉及朝廷典制之資料,按二十類排比之,各條各標小題,一一證釋。故而後人不詳之宋代公牘文字與士人之部分習用語詞,皆能由此得知解釋。如卷二“舉業”類下稱“天下士人,不限有無學籍,皆得赴試本經一場,中者入上庠”,此即名“混補”;又卷三“入仕”類下稱“后妃親屬該恩得官者”,名“捧香恩例”;卷四“法令”類下稱“刑部定法斷獄奏呈”即謂“進擬”等者皆是。

此外,宋廷爲穩固統治基礎的需要,擴大了科舉取士的規模,而士子也以讀書應舉入仕爲正途。而面對有限的進士名額,數量日趨增多的舉子,使得科舉考試的競争十分激烈,由此宋人筆記中有關科試制度、故事等的記録頗爲繁多,顯示文人士大夫對這一與己關係密切的科舉取士制度十分關注。

5.記社會風俗

宋人筆記中多記當時社會風俗、市井生活等,如北宋後期吕希哲《歲時雜記》一書,專記宋時四方民間歲時節日“風俗之舊”,[2]而“考陸游《渭南集》有《歲時雜記跋》,稱‘太平無事之日,故都節物及中州風俗,人人知之,若不必記。自喪亂來七十餘年,遺老凋落無在者,然後知此書之不可闕’。則當如《夢華録》之韵。又周必大《平園集》有《歲時雜記序》,稱《上元》一門多至五十餘條,則分門輯類之書”[3]。然更爲普遍的是在筆記中雜記社會風俗,如朱彧《萍洲可談》,除“朝章國典”,其“所記土俗民風”,也“皆頗足以資考證”。[4] 而筆記中著名者當屬叙述一地風物的,如孟元老《東京夢華録》叙述北宋汴京開封“輦轂之下,太平日久,人物繁阜”之盛況,其“時節相次,各有觀賞。燈宵月夕,雪際花時,乞巧登高,教池游苑。舉目則青樓畫閣,綉户珠簾,雕車競駐於天街,寶馬争馳於御路,金翠耀目,羅綺飄香”[5],多及“里巷風俗”。而趙師俠跋其書所記“事關宮禁

1 《四庫全書總目》卷一一八《朝野類要》,第1024頁。

2 《直齋書録解題》卷六,第192頁。

3 《四庫全書總目》卷一二〇《吕氏雜記》,第1038頁。

4 《四庫全書總目》卷一四一《萍洲可談》,第1197頁。

5 〔宋〕孟元老撰,伊永文箋注:《東京夢華録》卷首《夢華録序》,中華書局2006年版,第1頁。

典禮,得之傳聞者,不無謬誤。若市井游觀,歲時物貨,民風俗尚,則見聞習熟,皆得其真"[1]。

此後仿效《東京夢華録》而叙述南宋臨安風光者有吴自牧《夢粱録》、耐得翁《都城紀勝》、周密《武林舊事》等。如《都城紀勝》"皆紀杭州瑣事,分十四門:曰市井,曰諸行,曰酒肆,曰食店,曰茶坊,曰四司六局,曰瓦舍衆伎,曰社會,曰園苑,曰舟船,曰鋪席,曰坊苑,曰閒人,曰三教外地。叙述頗詳,可以見南渡以後土俗民風之大略"[2]。

又如題金盈之所撰《醉翁談録》,"分名公佳製、榮貴要覽、京城風俗記、瑣闥异聞、禪林叢録、平康巷陌記六目,通載七十事"[3]。其"第三、四卷則爲京城風俗記,備載宋室全盛時汴京風物繁華之盛,凡所見聞,案月搜記,如四時風俗好尚,無不畢載。第五卷瑣闥記聞,載唐時遺事爲多。書中所載詩文雜事,雖屬瑣碎,然博聞洽見,足資談助,可與《夢華》《夢粱》等録并傳也"[4]。

其他記録有一地土風民俗者如南宋龔明之《中吴紀聞》,乃叙述蘇州地區往迹土風者,即"吴中風土人文"。范成大《吴郡志》"無餘憾矣",而龔明之"又考新舊《圖經》及地志不載者"而成《中吴紀聞》,内中"可以稽考往迹,資助談柄"者頗多,故"二百年後,武寧盧熊修《蘇州府志》,輒取材焉"。[5]

在宋人筆記所載各地風俗中,有一類現象頗值得關注,即宋人因科舉及第與否,往往與個人及其家族之榮辱、興衰密切相關,而宋時應科試者人數衆多,競争激烈,故舉子往往求神問卜,以祈求高中,由此在應舉的士人中頗爲盛行一種"祈夢"的占卜法。即士子在應考前到神廟中祈求神靈夜賜一夢,然後根據夢中言行及所遇見之人物、物品等,推求其吉凶。如張淏《雲谷雜紀》卷三載"袁州仰山有二王神祠,其靈甚著。士大夫往來者,多祈夢於祠下"[6]。陸游《老學庵筆記》卷二載"李知幾少時,祈夢於梓潼神。是夕,夢至成都天寧觀,有道士指織

1 《東京夢華録》卷末《跋》,第963頁。

2 《四庫全書總目》卷七〇《都城紀勝》,第625頁。

3 《百川書志》卷八,第121頁。

4 〔清〕阮元:《四庫未收書提要》卷一,上海古籍出版社《續修四庫全書》本,第19頁。

5 《汲古閣書跋·中吴紀聞》,第12頁。

6 《雲谷雜紀》卷三《祈夢》,第40頁。

女支機石曰:'以是爲名字,則及第矣。'李遂改名石,字知幾。是舉過省"[1]。又洪邁《夷堅志》中記有士子上京應試前的"祈夢"之舉,如《夷堅志》支甲卷五"龔輿夢""湯省元"和支乙卷二"王茂升"三條皆明確述及諸應試士子在袁州仰山廟祈夢而最終應驗之事。此類資料對於今人研究宋代士大夫的心態、士風等甚有幫助。

6.記域外風物

宋人筆記多有記録域外風情异珍,其一爲滿足世人對域外或海外之奇异稀聞之事物的好奇之心,二爲宋廷與其他政權之外交或海外交往之需要。因此,記録此類内容的筆記著者,主要爲出使域外或海外之使者,與域外或海外人士有交涉的官吏等,此外則爲據耳聞或傳言而記録於筆記者。

此外所言域外,乃指宋境以外的遼、金、西夏、蒙古等政權所治之地區。此類出使者所撰寫的筆記,較爲著名者有武珪《燕北雜記》、《通志》卷六六《藝文略》、《宋史·藝文志·傳記類》皆有著録,然未著撰人名氏。陳振孫稱"思卿武珪記。嘉祐六年,宫苑使知雄州趙進於朝。珪自契丹逃歸,事見《國史傳》"[2]。據程大昌云:

> 《燕北雜録》載契丹興宗重熙年間衣制、儀衛、打圍、射鹿、鈎魚等事,於景祐五年(1038)十月撰進,不書撰人姓名,而著其所從聞曰:"思鄉人武珪在遼十餘年,以善歌隸帳下,故能習遼事詳悉。凡其所録皆珪語也。"達魯河鈎牛魚,遼中盛禮,意慕中國賞花釣魚,然非釣也,鈎也。此之所記,於遼爲道宗清寧四年,其甲子則戊戌正月也。達魯河東與海接,歲正月方凍,至四月而泮。其鈎是魚也,遼主與其母皆設次冰上,先使人於河上下十里間,以毛網截魚,令不得散逸,又從而驅之,使集冰帳。其床前預開冰竅四,名爲冰眼,中眼透水,旁三眼環之不透,第斫减令薄而已。薄者所以候魚,而透者將以施鈎也。魚雖水中之物,若久閉於冰,遇可出水之處,亦必伸首吐氣。故透水一眼必可以致魚,而薄不透水者將以伺眎也。魚之將至,伺者以告,遼主即遂於斫

1 〔宋〕陸游:《老學庵筆記》卷二,中華書局1979年版,第18頁。

2 《直齋書録解題》卷五,第139頁。

透眼中用繩鈎擲之，無不中者。既中，遂縱繩令去，久魚倦，即曳繩出之，謂之得頭魚。頭魚既得，遂相與出冰帳，於别帳作樂上壽。[1]

此即聞名於史的契丹天子春捺鉢鈎"頭魚"之事。

又有趙志忠（亦作趙至忠，仕遼爲中書舍人，因得罪遼帝而南投）撰《虜庭雜記》，其"能述虜中君臣世次、山川風物甚詳"[2]。洪皓出使金國被留十五年，紹興十三年（1145）南歸，撰《金國文具録》一卷，記録其在金之所見所聞，以及金之典制法規等。南宋後期宋淮東都統司計議官趙珙出使河北蒙古軍前議事，記録其出使途中及抵燕京期間之所見所聞，成《蒙韃備録》一卷，有"立國""韃主始起""國號年號""太子諸王""諸將功臣""任相""軍政""馬政"諸條。又京湖制置使參議官鄒伸之出使蒙古時撰《使韃日録》，"載彼風俗地理及使節行迹爲詳"。[3] 而徽宗時從使高麗的王雲，"既歸，捃輯其會見之禮，聘問之辭，類分爲八門"[4]。

而宋廷爲便於與海外貿易以及管理來宋之海外商人，特於廣州、泉州、明州等港口設置市舶司。南宋嘉定十七年（1224），趙汝适提舉福建路市舶，因"蠻夷通財於中國久矣，繇漢而後，貢珍不絶。至唐市舶有使招徠，懋遷之道自是益廣"，至宋"以仁儉爲寶，聲教所暨，累譯奉琛，於是置官於泉、廣，以司互市，蓋欲寬民力而助國朝"，於是其莅職以來，"暇日閲諸蕃圖，有所謂石床、長沙之險，交洋、竺嶼之限，問其至則無有焉。乃詢諸賈胡，俾列其國名，道其風土，與夫道里之聯屬，山澤之蓄産，譯以華言，删其穢渫，存其事實，名曰《諸蕃志》。海外環水而國者以萬數，南金象犀珠香瑇瑁珍异之産，市於中國者，大略見於此矣"。[5] 其上卷志國計五十有八，東自今日本，東南至菲律賓，南抵印度尼西亞諸島，西達非洲及意大利西西里島、西亞，西北及中亞等，所述地域之廣，爲同時諸同類

1 〔宋〕程大昌：《演繁露》卷之三《契丹於達魯河鈎魚》，《全宋筆記》第四編八，大象出版社2008年版，第179—180頁。按：據《演繁露》所記，知《直齋書録解題》所云"思卿武珪"當爲"思鄉人武珪"之誤。

2 《歸田録》卷二，第22頁。

3 《百川書志》卷五，第67頁。

4 《郡齋讀書志校證》卷七，第292頁。

5 《諸蕃志校釋》卷首趙汝适《序》，第1頁。

著作所不及。下卷志各國之物計四十七種，另附記海南島地理與物産，多有他書所未及者。雖然其書内容有雜録舊籍如《嶺外代答》者，但大多爲趙汝适"得諸見聞，親爲詢訪。宜其叙述詳核，爲史家之所依據矣"[1]，而影響深遠。

此外，不少宋人筆記中還雜記有一些涉及海外的内容。如范成大《吴船録》，其卷上記載宋初僧人繼業，"乾德二年(964)，詔沙門三百人入天竺求舍利及貝多葉書，業預遣中。至開寶九年(976)始歸寺。所藏《涅盤經》一函，四十二卷。業於每卷後分記西域行程，雖不甚詳，然地里大略可考，世所罕見"，故范成大特録於《吴船録》中，"以備國史之闕"。[2] 其不但"頗足以廣异聞"，也成爲今人瞭解十世紀中自中原西去天竺之路程的重要史料。

7.記逸詩遺文

宋人尚文，故筆記中也多記涉及詩文評議之論，除詩話之類著述以外，還時將某些别具意義之詩文録載於筆記雜著中。以下即據《四庫全書總目》，分述部分宋人筆記中所録而未爲其他文獻所載之詩文等。

吕希哲《吕氏雜記》二卷，"其中所載詩話，如王逵贈蔡襄作，元絳賀王安石作，吕公弼游東園作諸篇，厲鶚《宋詩紀事》皆未采入"[3]。

李攸《宋朝事實》二十卷，其"所載歷朝登極、南郊、大赦詔令，太宗親製《趙普碑銘》《西京崇福宫記》《景靈西宫記》《大晟樂記》，往往爲《宋文鑒》《名臣碑傳琬琰集》《播芳大全》諸書所闕漏"[4]。

費衮《梁溪漫志》十卷，其所載詩文"他如蘇舜欽《與歐陽修辨謗書》爲本集所不收，陳東《茶録跋》爲今本所未載，蘇軾《乞校正陸贄奏議上進札子》《獵鬼章告裕陵文》，具録其塗注增删之稿，尤論蘇文者所未及，皆足以廣异聞"[5]。

王明清《玉照新志》六卷，其"如王堯臣《諫取燕雲疏》，李長民《廣汴都賦》，姚平仲《擬劫寨破敵露布》，皆載其全文，足資參證。又如載曾布、馮燕《水調歌頭》排遍七章，爲詞譜之所未載，亦足以見宋時大曲之式。蓋明清博物洽聞，兼

---

1 《四庫全書總目》卷七一《諸蕃志》，第631頁。

2 〔宋〕范成大:《吴船録》卷上，《范成大筆記六種》，中華書局2002年版，第204頁。

3 《四庫全書提要》卷一二〇《吕氏雜記》，第1038頁。

4 《四庫全書總目》卷八一《宋朝事實》，第695頁。

5 《四庫全書總目》卷一二一《梁溪漫志》，第1045頁。

嫻掌故,故隨筆記録,皆有裨見聞也"[1]。

劉昌詩《蘆浦筆記》十卷,"其論泥軾、屏星、金根車、諸葛亮表脱句、孫叔敖碑舛訛、歐陽修誤題《多心經》、杜甫詩錯簡,皆有特識。又張栻《慤齋銘》,本集不載,黄庭堅咏藕詩實胡藏之作,皆足以資考據"[2]。

宋人筆記中所載録之此類詩文既是後世詩文輯佚的重要來源,也成爲後人進行相關研究的重要依據。如鄭文寶《江表志》"全録韓熙載《歸國狀》、張佖《諫疏》各一首";而"如《江南江北舊家鄉》一詩,文寶以爲吴讓皇楊溥所作,而馬令《南唐書》則直以爲後主作。然文寶親事後主,所聞當得其真,是亦可以訂馬書之誤也"。[3] 可證。

此外,宋人筆記所録載之詩文,因與其詩文之作者時代相近,故頗具校勘價值。如蘇軾《念奴嬌·赤壁懷古》詞中"羽扇綸巾,談笑間,强虜灰飛烟滅"句,王楙《野客叢書》稱:"淮東將領王智夫言:嘗見東坡親染所製《水調》詞,其間謂'羽扇綸巾,談笑處,檣櫓灰飛烟滅'。知後人訛爲'强虜'。僕考《周瑜傳》,黄蓋燒曹公船,時風猛,悉延燒岸上營落,烟熖漲天,知'檣櫓'爲信然。"[4] 又秦觀《踏莎行》"可堪孤館閉春寒,杜鵑聲裏斜陽暮"句,南宋佚名《草堂詩餘》卷一秦少游《春旅》注引范元實《詩眼》:"余誦淮海小詞云:'杜鵑聲裏斜陽暮。'山谷云:'此詞高絶,但既云"斜陽",又曰"暮",即重出也。'欲改'斜陽'爲'簾櫳'。余曰:'既言"孤館閉春寒",似無簾櫳。'山谷曰:'亭傳雖未必有簾櫳,有亦無害。'余曰:'此詞本模寫牢落之狀,若曰簾櫳,恐損初意。'山谷曰:'極難得好字,當徐思之。'"[5] 然據王楙《野客叢書》"辨'暮'字不誤似矣,復謂當作'斜陽曙',以避英宗廟諱而改"。清館臣以爲不然:"夫斜陽豈可云曙耶?"[6] 據項安世考證:

1 《四庫全書總目》卷一四一《玉照新志》,第 1198 頁。

2 《四庫全書總目》卷一一八《蘆浦筆記》,第 1021 頁。

3 《四庫全書總目》卷六六《江表志》,第 586 頁。

4 《野客叢書》卷二四《東坡水調》,第 350~351 頁。

5 〔宋〕佚名:《草堂詩餘》卷一秦少游《春旅》,上海古籍出版社《文淵閣四庫全書》本,第 1489 册,第 534 頁。

6 《野客叢書》卷二〇《少游斜陽暮》,第 290 頁。

歌者多因諱避輒改古詞本文，後來者不知其由，因以疵議前作者多矣。如蘇詞"亂石崩空"，因諱"崩"字，改爲"穿空"。秦詞"杜鵑聲裹斜陽樹"，因諱"樹"字，改爲"斜陽暮"，遂不成文。"滿庭霜"以"霜"爲慘，遂改爲"芳"；"照不眠"以"不"爲入聲，遂改爲"無"，或改爲"孤"，而不知樂府中以入與平爲一聲也。[1]

即因避宋英宗趙曙諱，"樹""曙"音同，故改"樹"作"暮"。對此，元人黄溍特地指出：

寶祐間，外舅王君仲芳隨宦至郴陽，親見其石刻，乃"杜鵑聲裹斜陽樹"。一時傳録者以"樹"字與英宗廟諱同音，故易以"暮"耳。蓋其詞一經元祐名公品題，雖有知者，莫敢改也。外舅每爲人言，而爲之永慨。或曰：傳録者既以廟諱同音而爲之諱，少游安得不諱乎？是不然。陸放翁引《北史》齊神武相魏時法曹辛子炎讀"署"爲"樹"，神武怒其犯諱，杖之。則二字本不同音，今皆諱避，則以爲一音矣。由是言之，則"樹"字本不必避，《禮部韵略》諱而不收者，失於不考也。况當時諸公詩篇中所用"樹"字不一，姑以大蘇集中所載而言，則"庭下梧桐樹"及"樹頭初日掛銅鉦""暗風驚樹罷琅玕""孤城吹角烟樹裹""清風欲發鴉翻樹"等句，作於熙寧、元祐、紹聖、元符間，未嘗以爲諱，何獨疑少游之不避耶？[2]

此外，張端義《貴耳集》稱"山谷詞'杯行到手莫留殘，不到月斜人散'，詩話謂或作'莫留連'，意思殊短。又嘗見山谷真迹，乃是'更留殘'，詞意便有斡旋也"[3]。因筆記著者親見上述詩詞之真迹或石刻文字，故具有很高的校勘價值，爲世人所重視。

1　〔宋〕項安世：《項氏家説》卷八《因諱改字》，上海古籍出版社《文淵閣四庫全書》本，第 706 册，第 546 頁。

2　〔元〕黄溍：《文獻集》卷七下《雜辨十三則》，上海古籍出版社《文淵閣四庫全書》本，第 1209 册，第 465 頁。

3　《貴耳集》卷下，第 344 頁。

二、宋代筆記内容的缺失及原因

筆記在中國古代文史哲及其他領域的研究上發揮着重要的作用，但筆記之體裁及著者撰述之態度、個人學識等原因，加上受到個人恩怨、學派紛争，以及朝廷黨争激烈等影響，從而在書中留下諸種類型之錯訛缺失。即宋人筆記中瑕瑜互見，精華與糟粕共存。如清館臣之論析王楙《野客叢書》云：

是書皆考證典籍异同，……蓋刻意自成一家之言，故書中頗譏洪邁《容齋隨筆》不免蹈襲。然如和嶠千丈松一條，周顗阿奴火攻一條，皆黄朝英《緗素雜記》之説。灰釘一條，自云後見《藝苑雌黄》亦引此辨，與余暗合，蓋删除尚有未盡也。其間引據既繁，亦不免小有疏舛。如歐陽修《詩本義》謂毛萇以前無以騶虞爲獸者，楙引《六韜》以駁之；趙岐《孟子》題詞謂孟子無字，楙引《孔叢子》以駁之；顔師古《漢書注》謂玉樹在甘泉，而楙引《漢武故事》以駁之；傅奕《請正佛法表》謂佛漢明帝時入中國，楙引劉向《列仙傳序》以駁之；杜甫詩"筆架沾窗雨"句本咏實景，而楙改"沾"爲"占"，引《開元天寶遺事》以證之。不知是皆晚出僞書，不足爲據也。庾信《哀江南賦》"晋、鄭靡依，魯、衛不睦"句，本反用《左傳》語，而楙謂非其本義。黄庭堅詩注引烏孫公主琵琶事，本出傅玄《琵琶賦序》，其石崇《王明君詞》乃因烏孫公主之例，想其亦必如是，而楙轉據明君事以駁烏孫公主事。秦觀詞"杜鵑聲裏斜陽暮"，楙辨"暮"字不誤，是矣。復謂當作"斜陽曙"，以避英宗廟諱而改，夫斜陽豈可云曙耶？張祜寧王之詩自屬追咏，而楙以爲目擊。又以與祜詩年代不符，則造爲祜身歷十一朝，年一百二十餘歲之説。然則李商隱有九成宫詩，壽更永矣。他如茅盈見《史記·秦本紀》注，而楙沿梁孫文韜碑，以爲漢人，譏其以廟諱爲名。非《鶡冠子》者柳宗元，而楙云韓愈。作《盤中詩》者蘇伯玉妻，而楙以爲傅玄。"買石得雲饒"句，本姚合《武功縣詩》，而楙以爲王建。"餘糧棲畝"本《淮南子》語，而楙以爲始於左思。以"準"作"准"，始於吕忱《字林》，而泛舉唐碑。皆千慮一失，不必曲爲之諱。其餘則多考辨精核，位置於《夢溪筆談》《緗素雜記》《容齋隨筆》之間無愧色也。[1]

又邵伯温《邵氏聞見録》一書，有稱其"藉邵子之緒，猶及見元祐諸耆舊，故於當時朝政，具悉端委。……而於王安石新法始末，及一時同异之論，載之尤詳。其論洛、蜀、朔三黨相攻，惜其各立門户，授小人以間，又引程子之言，以爲變法由於激成，皆平心之論。其記燈籠錦事出文彦，於事理較近。其記韓、富之隙由撤簾不由定策，亦足以訂强至《家傳》之訛"，然而周必大却於"跋吕獻可墓志，謂伯温是書，頗多荒唐，凡所書人及其歲月，鮮不差誤"。[2] 評價之優劣不一，由此可見。故而宋人洪邁有"野史不可信"之慨：

野史雜説，多有得之傳聞及好事者緣飾，故類多失實，雖前輩不能免，而士大夫頗信之。姑摭真宗朝三事於左。

魏泰《東軒録》云："真宗次澶淵，語寇萊公曰：'虜騎未退，何人可守天雄軍？'公言參知政事王欽若。退即召王於行府，諭以上意，授敕俾行。王未及有言，公遽酌大白飲之，命曰'上馬杯'，且曰：'參政勉之，回日即爲同列也。'王馳騎入魏，越十一日虜退，召爲同中書門下平章事。或云王公數進疑詞於上前，故萊公因事出之。"予案澶淵之役乃景德元年九月，是時萊公爲次相，欽若爲參政。閏九月，欽若判天雄，二年四月罷政，三年萊公罷相，欽若復知樞密院，至天禧元年始拜相，距景德初元凡十四年。

其二事者，沈括《筆談》云："向文簡拜右僕射，真宗謂學士李昌武曰：'朕自即位以來，未嘗除僕射，敏中應甚喜。'昌武退朝，往候之，門闌悄然。明日再對，上笑曰：'向敏中大耐官職。'"存中自注云："向公拜僕射，年月未曾考於國史，因見中書記，是天禧元年八月，而是年二月王欽若亦加僕射。"予按真宗朝自敏中之前拜僕射者六人：吕端、李沆、王旦皆自宰相轉，陳堯叟以罷樞密使拜，張齊賢以故相拜，王欽若自樞密使轉。及敏中轉右僕射，與欽若加左僕射同日降制，是時李昌武死四年矣。昌武者，宗諤也。

---

1 《四庫全書總目》卷一一八《野客叢書》，第1021～1022頁。

2 《四庫全書總目》卷一四一《聞見前録》，第1198頁。

其三事者,存中《筆談》又云:"時丁晋公從真宗巡幸,禮成,詔賜輔臣玉帶。時輔臣八人,行在祗候庫止有七帶,尚衣有帶,謂之'比玉',價直數百萬,上欲以足其數。公心欲之,而位在七人之下,度必不及己,乃諭有司:'某自有小私帶可服,候還京别賜可也。'既各受賜,而晋公一帶僅如指闊,上顧近侍速易之,遂得尚衣御帶。"予按:景德元年,真宗巡幸西京,大中祥符元年巡幸泰山,四年幸河中,丁謂皆爲行在三司使,未登政府。七年幸亳州,謂始以參知政事從。時輔臣六人,王旦、向敏中爲宰相,王欽若、陳堯叟爲樞密使,皆在謂上,謂之下尚有樞密副使馬知節,即不與此説合。且既爲玉帶,而又名"比玉",尤可笑。魏泰無足論,沈存中不應爾也。[1]

然洪邁《容齋隨筆》本身也同樣存在此類問題。[2]

(一)因著者學識及著述態度而形成的缺失

筆記内容的舛訛缺失,既與筆記之"述傳聞、録瑣事"體裁、其著者之學識高低相關,亦與其因此而於著述時以輕鬆隨便之態度信筆雜記等原因有關,如洪邁自稱其撰《容齋隨筆·容齋三筆》,"時時捉筆據几,隨所趣而志之,雖無甚奇論,然意到即就"[3];而周煇據稱亦以"筆端游戲語"撰成《清波雜志》。[4] 甚至部分筆記乃由著者口授而他人録抄者,且未經核對修訂,故而使得不少筆記中舛誤頗多。故此下即就因著者之學識及其著述態度而形成的宋人筆記内容缺失分類述之。

1 《容齋隨筆》卷四《野史不可信》,第52~54頁。

2 如《四庫全書總目》卷一一八《容齋隨筆》(第1020頁)洪邁"尤熟於宋代掌故,如以宋自翰林學士入相者非止向敏中一人,駁沈括《筆談》之誤,又引《國史·梁顥傳》證陳正敏《遯齋閑覽》所記八十二歲及第之説爲不實,皆極審核。惟自序稱作《一筆》首尾十八年,《二筆》十三年,《三筆》五年,《四筆》不費一歲。蓋其晚年撰《夷堅志》,於此書不甚關意,草創促速,未免少有抵牾。如謂劉昭注《後漢書》五十八卷,補志當在其中,而不知所注乃司馬彪《續漢書志》,章懷太子以《後漢書》無志,移補其闕。又駁《宣和博古圖》釋雲雷磬所引臧文仲以玉磬告糴之文,謂《左傳》并無其説,而不知出自《國語》中,頗爲失檢。又如史家本末及小學字體,皆無所發明,而綴爲一條,徒取速成,不復别擇"。

3 《容齋隨筆·容齋三筆》卷首《序》,第417頁。

4 《清波雜志校注》卷末張元濟跋,第553頁。

1.信筆誤書,引證隨意

因筆記著述隨意,信筆而書,而引録詩文、史料且又往往未仔細核對原文,故其内容文字頗多錯訛之處,如錯書人名、地名、書名、年號及誤引詩文等。

其一,誤書人名。

誤書前朝人名。如《東坡志林》卷四《裴頠對武帝》中之"裴頠",[1]然據《晋書》卷三五《裴秀傳》,裴頠乃裴秀子,裴楷爲裴秀從弟,"諂對武帝"者乃裴楷,非裴頠。蘇軾實爲讀書不細而誤記之。又如龔頤正《芥隱筆記》"考證博洽,具有根柢,而舛謬處亦時有之。如韓愈'馬上誰家白面郎'詩,誤以爲杜甫詩;《公羊傳》'孔父義形於色',誤以爲《左傳》孔子語;王昌齡'夢中唤作梨花雪'詩,誤以爲王建"[2]之類。

誤書當朝人名。如"誰傳佳句到幽都"一詩,"乃蘇轍使遼時寄其兄軾之作",王闢之《澠水燕談録》乃"誤以爲張舜民"。[3] 又如陳櫄《負暄野録》中"所載《鼠須筆》詩一首,《宋文鑑》題爲蘇過作。其時《斜川集》尚存,必無舛誤。而櫄稱'昨見邵道豫賦鼠須筆,殊有風度,今載於此'云云,則失考之甚矣"。按:宋人詩話如胡仔《苕溪漁隱叢話》前集卷四一《東坡四》、阮閱《詩話總龜》後集卷四九《器用門》、魏慶之《詩人玉屑》卷十七《蘇過詩》及類書《錦綉萬花谷》前集卷三二《筆》、祝穆《古今事文類聚》别集卷十四《文房四友部》皆作蘇過詩。

其二,誤書地名。

如張舜民《畫墁録》云:"神宗自潁明川郡王即位。熙寧初,升潁川爲順昌。久知其軍謬,遂升許州爲潁昌府。"[4]程大昌《演繁露》續集卷一遂辨張舜民之誤曰:"神宗初爲忠武軍節度、淮陽郡王,後封潁王。按:忠武軍即許州也,故元豐三年升許州爲潁昌府者,以嘗領節忠武也。後封真王,而國於潁,則潁州也,故元豐二年升潁州爲順昌軍者,爲王封之舊也。軍後升府,即順昌府也。張舜民言'熙寧初,升潁州爲順昌軍,久知其誤,遂升許州爲潁昌府。'《長編》辨其誤。

1 〔宋〕蘇軾:《東坡志林》卷四《裴頠對武帝》,《全宋筆記》第一編九,大象出版社2003年版,第98頁。

2 《四庫全書總目》卷一一八《芥隱筆記》,第1021頁。

3 《四庫全書總目》卷一四〇《澠水燕談録》,第1190頁。

4 〔宋〕張舜民:《畫墁録》,《全宋筆記》第二編一,大象出版社2006年版,第218頁。

蓋升穎州爲順昌府，在元豐二年，不在熙寧；而神宗之爲郡王，乃淮陽郡，亦非穎州也。舜民兩説皆誤也。”[1]

其三，誤稱書名。

如《嘉祐雜志》“象膽隨四時”條，誤以唐人《酉陽雜俎》爲《山海經》；《東坡志林》卷四“劉凝之沈麟士”條稱《梁史》所記劉凝之、沈麟士得履失履之事，然檢考《梁書》實未載劉、沈二人此事，劉凝之事載《宋書》卷九三，沈麟士事載《南齊書》卷五四；《賓退録》卷三引“木稼曾聞大官怕”詩，云出《漢書・天文志》，然實爲《漢書・五行志》之文。[2]

其四，誤書年號。

在宋人文獻中，諸如“紹聖”與“紹興”“紹熙”，“淳熙”與“淳祐”等年號往往存在誤書，此在筆記野史中更爲多見。如李如篪《東園叢説》，清館臣因“是書自序作於壬子爲紹興元年。周庭筠刊書跋作於甲寅爲紹興三年。而‘記時事’一條，記紹興六年楊幺、李成事；‘憸佞’一條，記紹興二十四年秦塤登第事；以‘少敗衆’一條，記紹興三十一年兩淮失守事；且有稱高宗廟號者，則書當成於孝宗時，年月殊不相應。且《語孟説》一門，《語》《孟》合稱，不似南宋初語；所辨‘北辰不動’一條，與明陳士元《論語類考》之説同，似乎曾見《集注》，故有此説，亦不似朱子以前語；其天文歷數説，謂今之渾天，實蓋天之法，亦似歐羅巴書既入中國之語；宋以前，即推步之家未明此理，無論儒生”，故疑此書“或近時好事者因如篪書名捃摭舊文，益以所見，僞爲此帙歟”。[3] 按：檢《東園叢説》卷下“坡詞”條有云：“王子家諱俊明，官至中大夫、直秘閣，與先人道此語時，在紹興三年(1133)寓居於婺州蘭溪縣之西安寺。王公時已年七十餘，蘇子由之婿也，有文章，書字與東坡相似。先人嘗謂其字法傳於東坡，王公云東坡本學徐浩書，某亦學徐浩書，偶相似耳。其言三蘇故事甚多，愚幼小不能記也。”同上“以少敗衆”條有云“辛巳(1161)兩淮失守，劉錡之罪也”。又同上“記時事”條有云：“秦檜在北庭時，已熟知金人之情，既自北中脱歸，居中參預朝政，於是力主講和之議。

---

1 《演繁露》續集卷一《穎昌府順昌軍》，第 170 頁。

2 張暉：《宋代筆記研究》，第 147～148 頁。

3 《四庫全書總目》卷一二一《東園叢説》，第 1043 頁。

自後南北安靖，北邊無烽火之警者垂三十載，人皆歸功於檜，而不知檜之所賴以濟和議之成者，乃高宗神武而諸帥攘袂徇國之功居多也。"故而推知李如篪《自序》所云"紹興壬子"當爲"紹熙壬子(1192)"之訛，周庭筠《跋》所書"紹興甲寅"當爲"紹熙甲寅(1194)"之誤。

又如岳珂《愧郯録》，"其間偶爾舛訛，如論金太祖建元始於天輔，而以收國爲遼帝年號"即是。[1]

其五，誤引詩文。

如袁文《瓮牖閒評》"又謂古人'日暮倚修竹，佳人殊未來'，所稱佳人乃賢人。考'日暮倚修竹'乃杜甫《佳人》詩，云非婦人已謬；'佳人殊未來'乃江淹《擬休上人怨别》詩，合爲一篇尤非"[2]。葉紹翁《四朝聞見録》，"陳郁《藏一話腴》嘗摘其誤以劉禹錫題壽安甘棠驛詩爲趙仲湜游天竺詩一條"[3]。檢《藏一話腴》云："中山劉賓客題壽安甘棠館云：'公館似仙家，池清竹徑斜。山禽忽驚起，衝落半岩花。'然觀《四朝聞見録》第一條，以此詩乃恭孝儀王仲湜游天竺所作，豈偶忘之耶？"[4]又有云方勺《泊宅編》載"秦觀贈妓陶心詞一條，條下注曰'此乃誤記東坡詞'云云。皆似非勺之自注。然詳其詞氣，當亦宋人筆也"[5]。檢《泊宅編》卷上有云："秦觀字少游，嘗眷蔡州一妓陶心者，作《浣溪紗》詞中二句，'缺月向人舒窈窕，三星當户照綢繆。'缺月三星，蓋'心'字。"其下有注曰："此乃誤記東坡詞耳。少游詞云'一鉤殘月帶三星'也。"[6]

其六，擅改文意，謬舉文獻。

擅節語句，妄改文意。如袁文《瓮牖閒評》卷七云"本朝自仁宗以後始拜佛，見吕原明《侍講雜記》"[7]。然檢《吕氏雜記》卷上，乃作："主上詣寺觀，至佛天尊像前皆拜。問之耆舊，云：'自仁宗至今四世如此，其前不知也。'"[8]可見兩者文

---

1 《四庫全書總目》卷一二一《愧郯録》，第1046頁。

2 《四庫全書總目》卷一一八《瓮牖閒評》，第1021頁。

3 《四庫全書總目》卷一四一《四朝聞見録》，第1201頁。

4 〔宋〕陳郁：《藏一話腴》内編卷上，上海古籍出版社《文淵閣四庫全書》本，第865册，第545頁。

5 《四庫全書總目》卷一四一《泊宅編》，第1194頁。

6 〔宋〕方勺：《泊宅編》卷上，中華書局1983年版，第68頁。

7 〔宋〕袁文：《瓮牖閒評》卷七，上海古籍出版社1985年版，第66頁。

8 〔宋〕吕希哲：《吕氏雜記》卷上，《全宋筆記》第一編十，大象出版社2008年版，第273頁。

義頗有出入。

轉引他書，謬舉文獻。如佚名《道山清話》"所記'陳彭年對真宗墨智墨允出《春秋少陽》事，稱上令秘閣取此書，既至，彭年令於第幾版尋檢，果得之'云云，其説頗誣。按：《春秋少陽》篇，隋、唐《志》已不著録，彭年安得見之？宋秘閣又何自有之？今考皇侃《論語疏》、陸德明《經典釋文》、邢昺《論語疏》皆引《春秋少陽》此條，其時尚未有昺疏，彭年所舉非陸氏書，則皇氏書耳。是則傳聞者失實，此書因而誤載也"[1]。又如曾鞏撰有《南豐雜職》，張淏《雲谷雜紀》卷四云："吴曾《能改齋漫録》載王安國夢游靈芝宫。予按：此事本曾子固所記，後來魏泰《東軒雜録》全用子固之文，但於末後添太常丞曾阜夢平甫一節爾。又《冷齋夜話》亦記之，而略於二書。子固文見於《南豐雜識》中。蓋吴曾未嘗見此書也。《雲齋廣録》乃政和中李獻民所作，其載平甫此事，乃合曾、魏二書并爲一段。是吴曾非但不見《南豐雜識》，於《東軒雜録》亦未嘗見也。"[2]

2.記事錯訛，道聽途説

筆記之特點在於其内容大都屬著者"一耳一目之所親聞睹"，故而難免《春秋公羊傳》"隱公元年"所説之現象："所見异辭，所聞异辭。"雖然其"异辭"有時頗利於後人據此探尋歷史之真相，但"异辭"中的相當部分其實衹是因著者隨意記録其"道聽途説"而造成的，從而使得筆記内容頗有錯雜訛誤。如：

張齊賢《洛陽搢紳舊聞記》所載："'衡陽周令妻報應''洛陽染工見冤鬼''焦生見亡妻'諸條，俱不免涉於語怪。又如'李少師賢妻'一條，稱契丹降王東丹，朝廷密害之，非命而死，契丹已知之，李肅奉命護喪柩送歸，憂沮不知其計云云。按：《通鑑》《五代史》，東丹即遼太祖長子、太宗之兄，奔唐爲昭信節度使，賜名贊華。因太宗助石晋起兵，潞王遣宦者秦繼旻、皇城使李彦紳殺之於其第。是東丹之死，實緣潞王以兵敗遑忿，旋即滅亡。晋高祖後爲之備禮送歸。時隔兩朝，在晋人本無密害之事，又何所疑嫌而遽形憂沮？此事殆出傳聞之訛，殊不可信。"[3]

---

1 《四庫全書總目》卷一四一《道山清話》，第1195頁。

2 《雲谷雜紀》卷四《游靈芝宫》，第60頁。

3 《四庫全書總目》卷一四〇《洛陽搢紳舊聞記》，第1188~1189頁。

題夷門君玉所撰之《國老談苑》,其"惟記太祖清流關之戰,謂臨陣親斬僞驍將皇甫暉,不知暉兵敗見擒,送壽州行在,周世宗尚賜以金帶鞍馬,因創甚不肯治而死,并非戮之陣前。又謂是時環滁僧寺皆鳴鐘,遂爲定制。按:滁人一日五時鳴鐘,乃後人感暉之義,以資追薦,亦非爲太祖助戰而起。此則傳聞之訛异,未可概從。至謂太宗嚮用老成,寇準欲求速進,遂餌地黄、蘆菔以求白髮,恐準亦未必至是也"。[1]

佚名《道山清話》,"其書皆記當代雜事",然其載"張先,京師人,有文章,尤長於詩詞。其詩有'浮萍破處見山影,小艇歸時聞草聲'之句,膾炙人口。又有'雲破月來花弄影''隔墻送過鞦韆影'之詞,人目爲'張三影'。先字子野,其祖母宋氏孝章皇后親妹也。祖遜,因是而貴,太宗朝爲樞密副使。子野生貴家,刻苦過於寒儒,取高科。甫改秩爲鹿邑縣以殂。歐陽永叔雅敬重之,嘗言與其同飲,酒酣,衆客或歌或呼起舞,子野獨退然其間,不動聲氣。當時皆稱爲長者,今人乃以'張三影'呼之,哀哉!歐公爲其墓銘"[2]。對此,明人王士禎《居易録》"嘗譏其誤以兩張先爲一",清館臣乃稱"今考《歐陽修集·張子野墓志銘》《蘇軾集·張子野詩集跋》及《定風波引》,士禎之説信然"。[3] 然宋人王明清《玉照新志》、周密《齊東野語》皆嘗辨析之。王明清云:"本朝有兩張先,皆字子野。一則樞密副使遜之孫,與歐陽文忠同在洛陽幕府,其後文忠爲作墓志銘,稱其志守端方,臨事敢決者。一與東坡先生游,東坡推爲前輩,詩中所謂'詩人老去鶯鶯在,公子歸來燕燕忙',能爲樂府,號'張三影'者。"[4]

陳師道《後山談叢》,洪邁稱其書"高簡有筆力,然所載國朝事失於不考究,多爽其實,漫析數端於此",如云吕許公(夷簡)惡韓琦、富弼、范仲淹,欲廢之而不能,乃建議使行邊;丁文簡(度)因杜祁公(衍)一語之戲,而陷蘇子美(舜欽)以撼祁公;丁晋公(謂)以白金賂中使,尼張乖崖(詠)之進;張乖崖聞逐萊公(寇準),而買田宅以自污。考之諸公出處日月皆不合。"兹四者所係不細,乃誕漫

1 《四庫全書總目》卷一四一《國老談苑》,第 1195 頁。

2 《道山清話》,第 113~114 頁。

3 《四庫全書總目》卷一四一《道山清話》,第 1195 頁。

4 《玉照新志》卷一,第 8 頁。

如此。蓋前輩不家藏國史，好事者肆意飾説爲美聽，疑若可信，故誤人紀述。”[1]

方勺《泊宅編》記北宋末“六賊”之一、宰相王黼曾從欽宗“幸龍德宫獻詩，識者指以爲讖事”，然“袁文《瓮牖閒評》據《欽宗實録》，知欽宗即位之日，王黼入賀，已敕閤門使勿納，即貶崇信軍節度使，賜死於路”，則方勺所“記載亦或失實”。[2]

又孔平仲所撰之《孔氏野史》《孔氏談苑》，皆有隨意詆毁當時賢達之文字，而後人疑其乃“好事者”托名之作。洪邁指出：“世傳孔毅甫《野史》一卷，凡四十事，……所載趙清獻爲青城宰，挈散樂妓以歸，爲邑尉追還，大慟且怒，又因與妻忿争，由此惑志。文潞公守太原，辟司馬温公爲通判，夫人生日，温公獻小詞，爲都漕唐子方峻責。歐陽永叔、謝希深、田元鈞、尹師魯在河南，携官妓游龍門，半月不返，留守錢思公作簡招之，亦不答。范文正與京東人石曼卿、劉潛之類相結以取名，服中上萬言書，甚非言不文之義。蘇子瞻被命作《儲祥宫記》，大貂陳衍幹當宫事，得旨置酒與蘇高會，蘇陰使人發，御史董敦逸即有章疏，遂墮計中。又云子瞻四六表章不成文字。其他如潞公、范忠宣、吕汲公、吴冲卿、傅獻簡諸公，皆不免譏議。予謂決非毅甫所作，蓋魏泰《碧雲騢》之流耳。温公自用龐潁公辟，不與潞公、子方同時，其謬妄不待攻也。”[3]而《孔氏談苑》“多録當時瑣事，而頗病叢雜”，趙與旹《賓退録》“嘗駁其記吕夷節、張士遜事，謂以宰相押麻不合當時體制，疑爲不知典故者所爲，必非孔氏真本。今考其所載，往往與他書相出入。如“梁灝八十二爲狀元”一條，見於《遯齋閑覽》；“錢俶進寶帶”一條，“王禹玉上元應制”一條，見於《錢氏私志》；“宰相早朝上殿”一條，見於《王文正筆録》；“上元燃燈”一條，“詔敕用黄紙”一條，見於《春明退朝録》；“寇萊公守北門”一條，見於《國老談苑》。其書或在平仲前，或與平仲同時，似亦摭拾成編之一證。至於王雱才辨傲狠，新法之行，雱實有力，而稱之爲不慧，殊非事實。至張士遜死入地獄等事，尤誕幻無稽，不可爲訓。與旹所論，未可謂之無因”。[4]南宋朱熹亦云：“又世傳孔書有《珩璜新論》者，多是類集古今事實之近似者。而

---

1 《容齋隨筆》卷八《談叢失實》，第 100~102 頁。

2 《四庫全書總目》卷一四一《泊宅編》，第 1194 頁。

3 《容齋隨筆》卷一五《孔氏野史》，第 195 頁。

4 《四庫全書總目》卷一四〇《孔氏談苑》，第 1192 頁。按：余嘉錫《四庫提要辨證》卷一七（第 1063~1068 頁）以爲此“稱之爲不慧”之“王雱”，實“王旁”之訛。王旁，王安石次子。

一本附記近世見聞數十事,自趙獻公以下無不遭其詆毁。嘗細考之筆勢,不甚相似,或好事者附益之,惑亂後生,甚可惡也。”[1]

對此類“多與史傳相出入”之誤記,後人多歸之於“野史傳聞,不能盡確”[2],或因其“多失輕信,頗類齊東野人語”,以爲“蓋小説極難信”[3]。對造成其訛誤之原因,宋人也頗有加以分析者。其中朱熹所言頗中肯綮:“若(陳師道)《談叢》之書,則其記事固有得於一時傳聞之誤者,然而此病在古雖遷、固之博,近世則温公之誠,皆所不免,况於後山,雖頗及見前輩,然其平生踪迹多在田野,則其見聞之間不能盡得事實宜必有之,恐亦未可以此便謂非其所著也。”[4]

至於劉斧《青瑣摭遺》,南宋吴曾有云:“近世小説尤可笑者,莫如劉斧《摭遺集》,所載《烏衣傳》引劉禹錫詩:‘朱雀橋邊野草花,烏衣巷口夕陽斜。舊時王謝堂前燕,飛入尋常百姓家。’遂以唐朝金陵人姓王名謝,因海舶入燕子國。其意以爲烏衣爲燕子國也。其説甚詳,殊不知王者王導等人也,謝者謝鯤之徒也。余按《世説》諸王、諸謝世居烏衣巷。……《摭遺》之小説,抑何謬耶?”[5]此已非是記事,實屬文學創作耳。

3.考證疏舛,以訛傳訛

宋人筆記中頗有以考證見聞於世者,如程大昌《演繁露》即是。朱熹嘗稱譽其書雖“其零碎小小議論,亦多可取,如辨罘罳之類是也。某頃因看《筆談》中辨某人誤以屏爲反坫,後看《説文》坫字下乃注云:‘屏也。’因疑存中所辨未審。後舉以問泰之,泰之曰:‘存中辨是,然不是某人誤,乃《説文》誤耳。’”[6]然周密有云:“著書之難尚矣。近世諸公多作考异、證誤、糾謬等書,以雌黄前輩,該贍可喜,而亦互有得失。”[7]故如袁文《瓮牖閒評》,雖世稱“其書專以考訂爲主,於經史皆有辨論,條析同异,多所發明,而音韵之學尤多精審。凡偏旁點畫,反切

1 《晦庵集》卷八四《跋孔毅夫談苑》,第 3951 頁。

2 《四庫全書總目》卷一四〇《澠水燕談録》,第 1190 頁。

3 周必大:《文忠集》卷一八八《吕子約寺丞》《汪季路司業》,第 53 册,第 20 頁。

4 《晦庵集》卷三八《答周益公》,第 1689 頁。

5 《能改齋漫録》卷四《王謝燕》,第 81 頁。

6 《朱子語類》卷一三八,第 3278 頁。

7 《齊東野語》卷一九《著書之難》,第 351 頁。

訓詁，悉能剖别於毫厘疑似之間”。然而“徵引既繁，不無小誤，如謂《漢書・叙傳》稱袁盎爲子絲，疑傳中字絲爲脱文，不知《叙傳》以四言爲句，故加子字以成文。如《史記・項羽本紀》稱字羽，而《自叙》亦作子羽，是其例也。……至於不知‘腹猶果然’出《莊子》，不知鼠姑爲牡丹，不知屠蒯、杜蒯乃聲之轉，如包胥之爲勃蘇，亦均失之眉睫之前”，[1]可謂其例。

又如朱翌《猗覺寮雜記》“上卷皆詩話，止於考證典據，而不評文字之工拙，下卷雜論文章，兼及史事”，“其引據精鑿者不可殫數，在宋人説部中，不失爲《容齋隨筆》之亞”，故洪邁爲作序“稱其窮經考古，上擇《騷》《雅》，旁弋史傳。劉克莊《後村集》中亦極稱其考證之功”。然其書仍有“如杜甫《已上人茅齋》詩‘天棘蔓青絲’句，據《本草》改爲‘顛棘’，未免穿鑿。蘇軾詩‘宜矚使爾繭如瓮’句，事出《列仙傳》，而引僞托之《述异記》。韓愈《謝自然詩》，實屬唐人，乃云出《風俗通》。杜甫《李潮八分小篆歌》，諸本皆作‘苦縣光和尚骨立’，乃誤作‘骨力’，引《南史》張融事爲證。鵲填河事見《顔氏家訓》及庾肩吾詩，又見白居易《六帖》，乃與‘親家’等字一概謂之俗説。（原注：按：馬縞《中華古今注》亦以鵲填河爲出俗説，然《俗説》乃沈約所著書名，見《隋志》）蘇轍《詩傳》仍存《小序》首一句，乃屢謂之廢序。唐、虞自是國號，乃云堯姓唐，舜姓虞。皆不免於疏舛。至於雷琴一條，引元稹詩注證爲蜀匠；又賀若一條，引《唐書・王涯傳》證爲賀若夷。不知段安節《樂府雜録》稱‘貞元中，成都雷生善鑿琴，其業精妙，天下無比，彈者亦衆焉。太和中有賀若夷尤能，後爲待詔，對文宗彈一調，上嘉之，賜朱衣，至今爲賜緋調’云云，固俱有明文，不須旁證，亦未爲能究根柢”。[2]

一代學風所尚，宋時非以考證知名的學者如“講學家”，也往往在其所撰筆記中記有考證文字。如羅璧“蓋傳朱子之學者”，撰有《識遺》十卷，“其論養老之制，謂《禮記》‘袒而割牲、執醬而饋、執爵而酳’數語爲委巷之談，排詆經文，殊無忌憚。謂公羊高、穀梁俶皆姓姜，亦屬杜撰。謂班史原於劉歆，引葛洪《西京雜記》後序爲證，不知洪序謂劉子駿有《漢書》一百卷者，自漢、魏以來絶無是説，乃輕信僞書，尤爲疏舛”；然而書中“他爬梳鉤索，徵據舊文，尚頗可采，不獨

1 《四庫全書總目》卷一一八《瓮牖閒評》，第1021頁。

2 《四庫全書總目》卷一一八《猗覺寮雜記》，第1018頁。

錢曾《讀書敏求記》所舉孔子生卒年月一條爲足資考證也。在講學之家,猶可稱言有根柢矣"。[1] 又如張端義《貴耳録》,清館臣雖指摘其書所論多有訛誤,然仍云:"觀其三集,大抵本江湖詩派中人,而負氣好議論,故引據非其所長,往往顛舛如此。然所載頗有軼聞,足資考證,其論詩、論文、論時事皆往往可取,所長固亦不可没焉。"[2]

雖説"考證之學,大抵後密於前"[3],宋人筆記中之考證文字還是如上述周密所言頗有"雌黄前輩,該贍可喜,而亦互有得失"者,且時有因著者學識等原因,而以訛傳訛者。如筆記所載范仲淹《懷慶朔堂》詩之本事即是一典型之例。南宋初姚寬《西溪叢語》卷下有載:

> 范文正守鄱陽,喜樂籍,未幾召還,作詩寄後政云:"慶朔堂前花自栽,爲移官去未曾開。年年憶着成離恨,祇托春風管領來。"到京,以綿胭脂寄其人,題詩云:"江南有美人,别後長相憶。何以慰相思,贈汝好顔色。"至今墨迹在鄱陽士大夫家。[4]

撰成於紹興末的吴曾《能改齋漫録》卷十一《文正公屬意小鬟妓》所記稍异,云:

> 范文正公守番陽郡,創慶朔堂。而妓籍中有小鬟妓,尚幼,公頗屬意。既去,而以詩寄魏介曰:"慶朔堂前花自栽,便移官去未曾開。年年長有别離恨,已托東風幹當來。"介因鬻以惠公。今州治有石刻。[5]

其他如俞文豹《吹劍録》等南宋筆記所記也略同。[6] 對此,徐度《却掃編》爲之辯白,稱春風乃是一名嘗與范仲淹詩歌唱和的饒州道士之名而已,并無"綺事"。[7] 而明人馮時可於《雨航雜録》中更斥《西溪叢語》云云乃"當時小人妒娼者爲之",以爲:

---

1 《四庫全書總目》卷一一八《識遺》,第 1024 頁。

2 《四庫全書總目》卷一二一《貴耳集》,第 1047 頁。

3 《四庫全書總目》卷一一八《靖康緗素雜記》,第 1018 頁。

4 〔宋〕姚寬:《西溪叢語》卷下,中華書局 1993 年版,第 93 頁。

5 《能改齋漫録》卷一一《文正公屬意小鬟妓》,第 307 頁。

6 按:宋、元時類書如《古今合璧事類備要前集》卷五三、《古今事文類聚後集》卷十七之《屬意小鬟》也載此事,文字同《西溪叢語》,却皆云引録自《泊宅編》。據查《泊宅編》未録此事,當是《古今合璧事類備要前集》二書誤"西溪叢語"爲"泊宅編"。

7 〔宋〕徐度:《却掃編》卷下,《全宋筆記》第三編十,大象出版社 2008 年版,第 156 頁。

文子悱謂范公决無此事,當時小人妒娼者爲之,西溪不察,而遂筆之也。大都小人之謗君子,不能以財利污之,必以聲色污之。二詩鄙淺,决非公筆。昔李贊皇門徒之傾牛奇章,至代爲《周秦行紀》,何論詩也![1]

此則韵事究竟真相如何?按:范仲淹《懷慶朔堂》詩見載於《范文正公集》卷四,云:

慶朔堂前花自栽,便移官去未曾開。
年年憶着成離恨,衹托春風管句來。[2]

至於《江南有美人》一詩,范仲淹《集》中未載。

對於饒州慶朔堂及此《懷慶朔堂》詩,天台陳貽範撰於紹聖乙亥(1095)的《范文正公鄱陽遺事録》記載頗詳:

慶朔堂,公之所創也,在州圃之北偏。左瞰蜀錦,右連流杯,前古(今按:疑爲"占"字之訛)春香、虚静,傍對湖光,四望直見,清心退思,以正設廳,儀門之道,基平而棟隆,勢巍而氣壯,公之意,非所以示游玩也,將以承宣天子風教,而發施於政令。儀乎,古諸侯藏朔焉,所以題之曰慶朔,而且親植花卉,欄爲二壇。公既移潤,是以作詩而紀之,云:"慶朔堂前花自栽,便移官去未曾開。(原注:公景祐三年八月三日到任,五年正月十三日移潤州)年年憶着成離恨,衹托春風管勾來。"後之人觀公之堂,思公之政,及公詩之來而争和之,以刊於石壁。度支員外郎、提點鑄錢魏兼:"史(今按:"使"字之訛)君去後堪思處,慶朔堂前獨到來。桃李無言争不怨,滿園紅白爲誰開?"職方員外郎、知饒州畢京:"花木還依舊徑栽,春園不惜爲時開。幾多民俗熙熙樂,似到老聃臺上來。"祠部郎中、提點江東路刑獄公事陳希亮:"弱柳奇花遞間栽,紅芳緑翠對時開。主人當日辜真賞,魂夢還應屢到來。"供備庫副使、同提點江東刑獄公事曹涇:"池館名花舊日栽,幾番零落又春開。誰人

1 〔明〕馮時可:《雨航雜録》卷上,上海古籍出版社《文淵閣四庫全書》本,第867册,第337頁。

2 〔宋〕范仲淹:《范文正公集》卷四《懷慶朔堂》,北京圖書館出版社2006年中華再造善本,第2册,第9頁按:"春風",《文淵閣四庫全書》本《范文正集》作"清風","管句"作"管勾",并注曰:"《拾遺》'勾'作'幹'。"因南宋人避宋高宗諱,故改"管句(管勾)"爲"管幹",而《西溪叢語》改作"管領",《能改齋漫録》又改作"幹當"。

解識紅芳意,猶有多情五馬來。"噫!世之人常以絳之園亭爲最,而鄧之百花洲抑爲其冠,若錢塘有美、烏程碧瀾、琅琅(今按:"琅琊"二字之訛)醉翁、貴池弄水,率爲士大夫之所矜愛者,然以公之慶朔名著乎建康、廣信,雖愚夫稚子,莫不知尚頌念之,非公之仁德惠澤,流播於風俗間,安及於此哉?[1]

與此相關,南宋王十朋《州宅十二咏·慶朔堂》詩云:"昔日栽花者,官移花未開。舊花今豈在,猶説范公栽。"詩題下原注:"范文正公建。"[2] 又《途中寄何德獻》詩曰:"邂逅江湖兩白頭,公方東駕我西游。韓張呼酒情雖重,孔李通家好未修。慶朔詩高魏提點,秋香賦愧范饒州。驛筒從此相來往,别後何妨却倡酬。"詩下原注:"范文正公守饒時,魏郎中兼作提點,二公甚相得。文正改知潤州,魏作《慶朔堂栽花》詩寄之。文公嘗爲魏作《秋香亭賦》。"[3] 王十朋《慶朔堂》詩前二句"昔日栽花者,官移花未開"即指范仲淹詩"慶朔堂前花自栽,便移官去未曾開"而言,而從《途中寄何德獻》詩注文可知,范仲淹《懷慶朔堂》乃是對魏兼所寄之詩的應和之作。而《鄱陽遺事録》所載魏兼、畢京、陳希亮、曹涇四詩,其中畢、陳、曹三詩皆爲步韵之作,與魏兼詩不同。而范仲淹"年年憶着成離恨,衹托春風管勾來"之句,似也爲答魏兼"桃李無言争不怨,滿園紅白爲誰開"之問。故魏兼詩,《宋詩紀事》題作《和范公希文懷慶朔堂》者似不確。[4] 據《范文正公集》附《年譜》,景祐三年(1036),范仲淹因上書言事,宰相吕夷簡以"越職言事,薦引朋黨,離間君臣"之名,貶范仲淹知饒州(今江西鄱陽)。八月,至饒州任所。四年十二月,改知潤州(今江蘇鎮江)。五年正月赴潤州任所。范仲淹在饒州時,其同年魏兼也在饒州任職。[5]

1 《范文正公集》附陳貽範《范文正公鄱陽遺事録·慶朔堂》,第14册,第5~6頁。

2 〔宋〕王十朋:《王十朋全集·詩集》卷一八《州宅十二咏·慶朔堂》,上海古籍出版社1998年版,第303頁。

3 《王十朋全集·詩集》卷一九《途中寄何德獻》,第318頁。按:《秋香亭賦》載《范文正公集》卷一。

4 《宋詩紀事》卷一二《魏兼》,第319頁。

5 按:魏兼,《宋史》無傳。《范文正公集》中多首詩作涉及其人,如卷二有《滕子京魏介之二同年相訪丹陽郡》,卷四有《同年魏介之會上作》《送魏介之江西提點》,别集卷一有《依韵和魏介之同游玉仙壇》《依韵和介之未開菊》。可證魏兼字介之,與范仲淹、滕宗諒(字子京)爲同年,曾官江西提點。故諸筆記中稱作"魏介"者,實奪一"之"字。

據《長編》，景祐二年八月，"初命朝臣爲江、浙、荆湖、福建、廣南等路提點銀銅坑冶鑄錢公事"，徙知楚州、屯田員外郎魏兼爲之。[1] 慶曆元年(1041)正月，"遣使體量安撫諸路"，其中"度支判官魏兼兩浙路"。[2] 據蔡襄《乞罷魏兼館職》云"風聞前淮南轉運使魏兼，先自兩浙安撫回來，以有旨候令任滿之日與直史館者"[3]。又《輿地紀勝》卷二三載，都大提點坑冶司治所在饒州，於景祐二年"始專置江、浙、荆、廣、福建等路都大提點坑冶鑄錢一員，以魏兼爲之"。[4]《玉海》也稱"咸平三年(998)五月庚申，馮亮以江南運副兼都大提點鑄錢。景祐二年八月己卯，置提點坑冶鑄錢官。(原注：初命魏兼。既罷發運使，故别置官。十月乙丑，詔俸賜同提刑)寶元元年(1038)八月丁卯，復置發運使、提點鑄錢事"[5]。又《長編》載寶元元年八月，"復置淮南、江、浙、荆湖制置發運使，以兵部郎中直史館楊日嚴、度支郎中楊告爲之"[6]。綜上，則知魏兼較范仲淹早一年至饒州，任都大提點坑冶鑄錢公事，約於復置發運使之後離職。又由此知范仲淹寄魏兼詩當在寶元元年(是年十一月改景祐五年爲寶元元年)内。故《西溪叢語》卷下云范仲淹"作詩寄後政"者不確。

又據《范文正公鄱陽遺事録》所載，與范仲淹此詩有關係者，除"慶朔堂"條外，尚有"蜀錦海棠"條"公《慶朔堂》詩云：'慶朔堂前花自栽。'今堂之東南隅有海棠二樹(原注：東西各一)，夾植於小徑兩傍，説者皆曰公之所栽也，得無詩之謂哉？公去饒殆六十載，度其高已丈餘，而蟠結之陰復四五尋，春陽之布，如錦綉然。"又"郡齋"條注曰："郡有提點鑄錢司廨宇，廳之傍有一亭，盡種菊。時提點魏兼與公劇相得，其亭名秋香，公爲之作《秋香亭賦》。""春香虚静亭"條曰："春香、虚静分峙慶朔之前，與二花檻并列，傳云乃公之所建也。慶朔之舊，常爲宴賓之憩焉。樂既作於庭，而卉木環抱，得二亭掩映，真娱樂之趣也。"

綜上可證，范仲淹爲饒州知州時，創置慶朔堂以爲"宴賓之憩"，又於堂前栽

---

1 《長編》卷一一七"景祐二年八月己卯"條，第2754頁。

2 《長編》卷一三〇"慶曆元年正月壬戌"條，第3083頁。

3 〔宋〕蔡襄：《蔡襄集》卷一八《乞罷魏兼館職》，上海古籍出版社1996年版，第331頁。

4 〔宋〕王象之：《輿地紀勝》卷二三《饒州》，四川大學出版社2005年版，第1084頁。

5 《玉海》卷一八〇《咸平鑄錢使》，第3313頁。

6 《長編》卷一二二"寶元元年八月丁卯"條，第2876頁。

下海棠兩株，然未及花開而移知潤州而去。至春深花繁時節，提點鑄錢魏兼“作《慶朔堂栽花》詩寄之”，而范仲淹和以《懷慶朔堂》，於是在饒州的新知州畢京、提點江東刑獄陳希亮、同提點江東刑獄曹涇皆步韵和詩。此乃屬宋代士大夫間甚爲平常的詩歌唱酬之雅事，但因范仲淹《懷慶朔堂》詩句頗爲“綺麗濃情”，故漸漸附會有范仲淹寄情幼妓的“故事”，并載録於筆記中。

分析陳貽範《鄱陽遺事録》所載，可知至哲宗紹聖年間，當尚未有范仲淹“屬意小鬟”的故事流傳。[1] 但至遲在兩宋之際，附會於《懷慶朔堂》詩上的“綺事”已在士大夫間流傳頗廣。不過所述故事顯然尚未及“同一”，而存在着不同的“版本”：《西溪叢語》是云范仲淹在饒州“喜樂籍，未幾召還，作詩寄後政”，并云其“至京，以綿胭脂寄其人，題詩云‘江南有美人’”云云，且言之鑿鑿：“至今墨迹在鄱陽士大夫家。”按：范仲淹離饒州後并非北上入京城，而是去潤州，故所謂“召還”“至京”云云，顯屬傳誤。而《能改齋漫録》所述却稍有不同：范在饒州，“而妓籍中有小鬟妓，尚幼，公頗屬意。既去，而以詩寄魏介”，而“介因鬻以惠公”，也有實物爲證：“今州治有石刻。”然成書於南宋初年的徐度《却掃編》，爲范仲淹辯誣道：

> 范文正公自京尹謫守鄱陽，作堂於後圃，名曰“慶朔”。未幾，易守丹陽，有詩曰：“慶朔堂前花自栽，便移官去未曾開。如今憶着成離恨，祇托春風管句來。”予昔官江東，嘗至其處，龕詩壁間，郡人猶有能道當時事者，云：春風，天慶觀道士也，其所居之室曰“春風軒”，因以自名。公在郡時，與之游。詩蓋以寄道士云。[2]

所謂饒州道士名春風之説，清人馬曰璐即認爲“按范公詩自懷慶朔堂栽花作，讀四和詩，可以辨《西溪叢語》眷憶樂籍之誣，并《却掃編》春風爲道士名，亦近附會矣”[3]。然而徐度如此説法，顯然是爲破除范詩乃“眷憶樂籍”之誣，故附會出春風道士來。此後嘗爲知饒州的王十朋於自己詩作中特加注説明范公事，似也

1　按：吴處厚《青箱雜記》卷八引《吹劍録》載范仲淹離饒州，“以詩寄魏介”事。然《吹劍録》爲南宋後期俞文豹所撰，而吴處厚爲北宋神宗、哲宗時人，故《青箱雜記》所引之《吹劍録》，顯爲後世摻入，非《青箱雜記》原文。

2　《却掃編》卷下，第156頁。

3　《宋詩紀事》卷一二《曹經》，第319頁。

别有意味。但從有關記載上看,對於范仲淹《懷慶朔堂》詩背後之“綺事”,是傳信者恒信,以訛傳訛,并據己意横加發揮;而不信者爲能辯誣,甚至不惜也附會“故事”以爲力證。

前者如南宋後期俞文豹《吹劍録》曰:“范文正公守饒,善妓籍一小鬟,既去,以詩寄魏介曰:‘慶朔堂前花自栽,便移官去未曾開。年年長□别離恨,已托春風幹當來。’介買送公。王衍曰:‘情之所鍾,正在我輩。’以范公而不能免。”[1]俞文豹顯然是在《能改齋漫録》記事基礎上予以發揮。又清人鄭方坤《全閩詩話》引《餘冬序録》有云:“東坡與客論事難在去欲,客曰:‘蘇子卿齧雪啖氈,縮背出血,無一語少屈,可謂了死生之際矣,然猶不免納婦生子。窮居海上且爾,况洞房綺疏之下乎?乃知此事不易消除。’……以是觀之,退之中秋夜琵琶箏,見於張籍之詩;范文正慶朔堂前花,著於鄱陽之石刻者,概其平生,其可勿信矣。”[2]而歷代爲范仲淹辯誣者除如前文已述者外,又如清人陳焯《宋元詩會》卷八《慶朔堂》注云:“按志:公曾植九松於堂前,間以雜卉。未幾,即移潤州,故作此詩。所謂芝産三莖、松栽百尺者是也。而稗史謂公别有屬意,豈其然乎!”[3]此處所謂“按志”之“志”者,當指《明一統志》,其有云慶朔堂乃“宋守范仲淹建取古諸侯藏朔之義,堂前有手植九松”[4]。按:據南宋末人林希逸《正月郡圃偶成》詩有“慶朔堂前詩一首,舊碑元是後來書”,并注曰:“范文正公有慶朔堂詩,手植七松,今存者四。”[5]然《范文正公鄱陽遺事録》記載范仲淹在饒州逸聞逸事十三件,其間并無植松郡圃之事,也未見其他史料曾有記載,故所謂“手植七松”一説來歷不明,多半出自附會,而至《明一統志》中已增作“堂前有手植九松”,陳焯又據以立説辯誣。以附會辯駁附會,此大概也是范仲淹《懷慶朔堂》詩之本事不明以及其附着之“綺事”屢澄而不清的原因之一。

---

1 《吹劍録全編·吹劍四録》,第107頁。

2 〔清〕鄭方坤:《全閩詩話》卷四,上海古籍出版社《文淵閣四庫全書》本,第1486册,第165頁。

3 〔清〕陳焯:《宋元詩會》卷八《慶朔堂》,上海古籍出版社《文淵閣四庫全書》本,第1463册,第118頁。

4 〔明〕李賢:《明一統志》卷五〇《饒州府·宫室·慶朔堂》,上海古籍出版社《文淵閣四庫全書》本,第473册,第40頁。

5 〔宋〕陳思編,〔元〕陳世隆補:《兩宋名賢小集》卷三〇二林希逸《竹溪十一稿詩選》,上海古籍出版社《文淵閣四庫全書》本,第1363册,第414頁。

4.學識有缺,評判失當

宋人筆記中的不少失誤,乃因其著者學識不足却又妄加評判而造成。如吴垧《五總志》"皆紀所聞見雜事,間亦考證舊説",然"其引述故事,得失互見。如謂《千字文》敕散騎員外郎周興嗣次韵,'敕'字當作'梁',當時帝王命令,尚未稱敕,不知'敕'字漢時已有。又謂漢高據厠見大將軍,不冠不見丞相,不知乃漢武帝事。疏舛亦未能免。又《唐詩紀事》稱駱賓王從徐敬業起兵,事敗爲僧靈隱寺,爲宋之問續桂子天香之句,其説已舛駁不合,而此書乃云賓王未顯時,庸作杭州梵天寺,一老僧苦吟不已,賓王爲足成之,更不知其何據"。[1] 姚寬《西溪叢語》"多考證典籍之异同",頗有"精審"者,然"至考《感甄賦》之始末,不辨其非,謂陶潜詩中之田子春即《漢書·劉澤傳》之田生,謂杜甫詩中之黄衫少年爲《霍小玉傳》之黄衫客,又謂甫'俊逸鮑參軍'句爲譏李白,皆失之穿鑿附會。注劉禹錫詩'翁仲'字,不知其不作於洛陽,注李白詩'唾井'字,不知其出於《玉臺新咏》。王宋詩引秦嘉贈婦詩,誤以第一首爲徐淑作,引《詩品》誤改寶釵字,皆爲疏舛"。[2] 又陳郁《藏一話諛》"多記南北宋雜事,間及詩話,亦或自抒議論",岳珂爲作序稱其"出入經史,研究本末,具有法度。而風月夢怪、嘲戲詭誕、淫麗氣習净洗無遺",然而探究其所載,其考證、評述頗有失當、舛誤者,"如謂周子《游廬山大林寺》詩'水色含雲白,禽聲應谷清'一聯,前句是明,後句是誠,附會迂謬,殆可笑噱。惠洪解杜甫'老妻畫紙爲棋局,稚子敲針作釣鈎'一聯,以老妻比臣,以稚子比君,固爲妄誕。郁必謂上句比君子之直道事君,下句比小人之以直爲曲,亦穿鑿無理。所録諸詩,亦皆不工。其持論如謂孔子不當作《世家》,豫讓不當入《刺客傳》,斥《史記》不醇,頗涉庸膚。謂李虚中以年月日時推命,而不知韓愈作虚中墓志,其推命實不用時,尤失考證。"[3]

又如倪思撰有《經鉏堂雜志》一書,因"其學雜出於釋老,務爲恬退高曠之説",故其書中"如謂妻子無論賢不肖,皆當以冤家視之,害理殊甚",而"又議論空疏,多無根據"。如"顔斶生王死士之論,與安步晚食之語,同出一時,而思引

1 《四庫全書總目》卷一二一《五總志》,第1042頁。

2 《四庫全書總目》卷一一八《西溪叢語》,第1019頁。

3 《四庫全書總目》卷一二一《藏一話腴》,第1048頁。

矚前王前一段，附論其下曰："此即晚食以當肉，安步以當車"之顔矚耶，抑別一人耶？是并《戰國策》未讀也。賈誼謫長沙王傅，作《鵩賦》之後，年餘而死。而思謂賈誼陳治安之策，乃在於《鵩賦》之後，豈其涉歷世故，於事理講明，尤更深究耶？是并《漢書》《史記》亦未詳考也"。[1] 議論之空疏，於此可見。而葛洪《涉史隨筆》，乃其丁憂家居時"取歷代史温繹以自遣，間有所見，與夫或得於前脩之説、師友之傳，則隨而筆之"，[2] 其間論議頗有"所言殊鑿然有理"而"持論和平"者，然又有"'論申屠嘉'一條，反覆明相權之宜重。然宋之宰執，實無奄豎擅權以掣其肘，與漢、唐事勢截然不同。如王安石，如蔡京、章惇，如秦檜、韓侂胄、史彌遠、賈似道，皆患其事權太重，故至於盡鋤善類，斫喪國家。洪所云云，是徒知防宦官之弊，而不知防奸臣之弊，未免失之一偏矣"。[3] 又施德操《北窗炙輠録》中議論，"惟林靈素妖妄蠱惑，實方士中桀黠之雄，而德操稱其有活人之心，未免好爲异論"[4]。是爲議論失當者。

此外，宋人筆記中還誤信僞書而據以立論或譏評前哲時賢者。

5.貪多務得，敷衍成篇

筆記因其體裁之特點，故其人著述時有貪多務得、敷衍成篇而疑誤相間、漫無考辨者。對此，宋人即已指出其弊，如劉董於《芥隱筆記跋》中有云："士非博學之難，能審思明辨之爲難。古人固有耽玩典籍，涉獵書記，窮年皓首，貪多務得者矣，然履常蹈故，誦書綴文，趣了目前，不求甚解，疑誤相傳，莫通倫類，漫無所考按也。"[5] 然宋人筆記中貪多務得、敷衍成篇依然存在，如李獻民《雲齋廣録》"所載皆一時艷异雜事，文既冗遝，語尤猥褻"，其中"首稱皇祐中，中稱嘉祐五年，皆仁宗年號，與獻民時代不相及。則傳中所謂余者乃别一人，而佚其名，非獻民自稱也"。[6] 則知此書乃漫抄録前人之作而成。又如孫奕所撰《示兒編》，清館臣即指出：

1 《四庫全書總目》卷一二四《經鉏堂雜志》，第 1065～1066 頁。

2 〔宋〕葛洪：《涉史隨筆》卷首《自序》，《全宋筆記》第六編九，大象出版社 2013 年版，第 29 頁。

3 《四庫全書總目》卷八八《涉史隨筆》，第 753 頁。

4 《四庫全書總目》卷一四一《北窗炙輠録》，第 1199 頁。

5 《芥隱筆記》卷末劉董《跋》，第 121 頁。

6 《四庫全書總目》卷一四四《雲齋廣録》，第 1228 頁。

其書雜引衆説，往往曼衍，又徵據既繁，時有筆誤。如經説類中以《廣雅》《博雅》并言，而皆云張揖作；詩説類中以杜甫襲用白居易詩；雜記類中謂唐太宗納巢剌王妃爲妻嫂；字説類中謂《詩》有陳佗（原注：按，陳佗之名見於《詩序》，奕以爲《詩》則非），皆失於考訂。以至"荆舒是懲"句，經説類中反覆論僖公無此事，故孟子歸之周公；正誤類中又謂僖公之事，孟子誤以爲周公。王安石《字説》"霸"字條下，稱其學務穿鑿無定論；"藝苑雌黄"一條，又稱熙、豐間定有成書，是正舛謬，學者不能深考，類以穿鑿嗤之，亦間或自相矛盾。文説類中契丹空紙祭文一事，尤委巷不根之談。[1]

而著述繁富的洪邁，其所撰之《隨筆五集》七十四卷、《夷堅志》四百二十卷，其内容即多有敷衍成篇者。如《容齋隨筆》先成"十六卷，刻於婺州。淳熙間傳入禁中，孝宗稱其有議論。邁因重編爲《續筆》《三筆》《四筆》《五筆》"，其中"自經史諸子百家以及醫卜星算之屬，凡意有所得，即隨手札記，辨證考據，頗爲精確"，然因"其晚年撰《夷堅志》，於此書不甚關意，草創促速，未免少有抵牾"。[2] 而《夷堅志》卷帙繁富如此，陳振孫嘗斥洪邁"謬用其心"，世傳宋初"徐鉉喜言怪，賓客之不能自通與失意而見斥絶者，皆詭言以求合。今邁亦然。晚歲急於成書，妄人多取《廣記》中舊事，改竄首尾，别爲名字以投之，至有數卷者，亦不復删潤，徑以入録。雖叙事猥釀，屬辭鄙俚，不恤也"[3]。對此，洪邁亦自不諱，坦然自承其敷衍成篇之失。如《夷堅支志庚》十卷，洪邁云其"起良月庚午，至臘癸丑，越四十四日，而《夷堅支庚》成，凡百三十有五事。稚子捧玩，躍如以喜，雖予亦自駭其敏也。蓋每聞客語，登輒記録，或在酒間不暇，則以翼日追書之，仍亟示其人，必使始末無差戾乃止。既所聞不失亡，而信可傳。又從吕德卿處得二十説，鄉士吴潦伯秦出其乃公時軒居士昔年所著筆記，剽取三之一爲三卷，以足此篇，故能捷疾如此。聊表篇首，以自詑云"[4]。其又云："稗官小説家

1 《四庫全書總目》卷一二一《示兒編》，第 1044~1045 頁。

2 《四庫全書總目》卷一一八《容齋隨筆》，第 1020 頁。

3 《直齋書録解題》卷一一，第 336 頁。

4 《夷堅志・夷堅支庚序》，第 1135 頁。

言不必信,固也。信以傳信,疑以傳疑。……《夷堅》諸志,皆得之傳聞,苟以其説至,斯受之而已矣,聱牙畔奂,予蓋自知之。《支丁》既成,姑摭其數端以證异,如合州吴庚擢紹興丁丑科,襄陽劉過擢淳熙乙未科,考之《登科記》,則非也。永嘉張愿得海山一巨竹,而蕃商與錢五千緡,上饒朱氏得一水精石,而苑匠與錢九千緡,明州王生證果寺所遇,乃與嵊縣山庵事相類。蜀僧智則代趙安化之死,世安有死而可代者? 蘄州四祖塔石碣爲郭景純所志,而景純亡於東晋之初,距是時二百餘歲矣。凡此諸事,實爲可議。予既悉書之,而約略表其説於下,愛奇之過,一至於此。讀者曲而暢之,勿以辭害意可也。"[1] 雖自揭其誤,然依然照録不疑,以成其篇。

此外,宋代筆記在刊印傳播時,也會因種種原因而出現貪多務得的現象。如南宋魏了翁撰有《古今考》一卷,其《自序》"稱即《漢紀》隨文辨理,作《古今考》"。然傳本"惟有二十餘頁,摘《漢書・高帝紀》中名物稱謂字義音釋,略爲辨論,與序相應。自東坡《胡麻賦》以下,皆雜記他事,注曰以下雜識諸條附。考方回所補了翁《古今考》,仍以原書爲第一卷,無此諸條。知爲後人以篇頁寥寥,不盈卷軸,竄入他文以足之。陳繼儒《秘笈》所載,大抵此類也"。[2] 即爲後世書賈所增。

(二)因政治及黨派之争而造成的缺失

與前述宋人筆記因著述態度、撰者學識等原因而致内容有訛誤者不同,此下乃論析因國家政策、黨争激化等政治原因或因撰者個人恩怨所造成的筆記内容之缺失。

1.宋廷禁書及其對筆記著述之影響

雖與此後明、清諸朝相比,宋代"文字獄"顯然較少較輕,但仍然時因政治與道德教化等原因而頒行禁書之政令,從而往往給予在書中評議朝政、臧否人物的私家筆記著述以深刻之影響。

宋初孫光憲除撰《北夢瑣言》外,"又撰《續通歷》,紀事頗失實,太平興國初

1 《夷堅志・夷堅支丁序》,第967頁。
2 《四庫全書總目》卷一二六《古今考》,第1087頁。

詔毁之"[1]。按:《郡齋讀書志》卷五稱"太祖朝詔毁其書,以其所紀多非實也"[2]。然《宋史·藝文志二》及《通志·藝文略第三》《遂初堂書目》《直齋書録解題》等宋代書目皆著録孫光憲此書,可證其時禁書力度不强。

至北宋後期,因王安石變法而來的新舊黨争激化,故徽宗時禁元祐之學,如崇寧二年(1103)四月乙亥,即詔"毁《東坡文集》《唐鑑》《馮子才文集》《秦學士》《豫章》《三蘇文集》《東齋記事》《豫章書簡》《湘山録》《眉山集》《别集》《坡詞》《劉貢父詩話》《晁》《張》《黄先生文集》《秦學士文》"[3]。至宣和六年(1124)"冬十月庚午,詔有收藏習用蘇、黄之文者,并令焚毁,犯者以大不恭論"[4]。故范鎮《東齋記事》(亦作《東齋記》),據晁公武云"崇、觀間,以其及國朝故事,禁之"[5]。對此,清館臣辨析道:"王得臣《麈史》載是書爲鎮退居時作,故所記蜀事較夥。晁公武《讀書志》稱崇、觀間以其多及先朝故事,禁之。今觀其書多宋代祖宗美政,無所謂誹訕君父、得罪名教之語,特以所記諸事皆與熙寧新法隱然相反,殆有寓意於其間。故鎮入黨籍,而是書亦與蘇、黄文字同時禁絶。迨南渡以後,黨禁既解,其書復行。是直蔡京以王安石之故,惡其异議耳,非真得罪於朝廷也。"[6]於是吴敏於"宣和間著《中橋見聞録》,記當時事,不敢斥言,大抵多爲廋語。其稱'安'者謂蔡攸,蓋攸字居安;'實'者謂童貫;'才'者謂林靈素或朱勔也。他皆類是"[7]。隨着欽宗繼位,黨禁稍開,故如司馬光所撰《温公日記》,因黨争而其"子孫藏其書祖廟謹甚,黨禍既解,乃稍出之"[8]。但不久即發生更爲嚴厲的禁書之事。

南宋紹興年間,宋廷與金媾和,偏安東南,遭到朝野的激烈反對,爲此高宗、秦檜便在嚴酷清理持异論的官員同時,大興文字獄,以鉗制輿論。紹興十四年

1 《宋史》卷四八三《孫光憲傳》,第13956頁。

2 《郡齋讀書志校證》卷五,第203頁。

3 《宋史全文》卷一四。

4 《宋史》卷二二《徽宗紀四》,第414頁。

5 《郡齋讀書志校證》卷一三,第578頁。

6 《四庫全書總目》卷一四〇《東齋記事》,第1191頁。

7 《梁溪漫志》卷六《吴丞相著書》,第65頁。

8 《文獻通考》卷一九七"温公日記"條引"巽岩李氏曰",第5683頁。

(1144)四月“丁亥,初禁野史”[1]。而其時“秦檜奏乞禁野史”的理由,即高宗所稱:“此尤爲害事,如靖康以來私記極不足信。上皇有帝堯之心,禪位淵聖,實出神斷,而一時私傳以爲事由蔡攸、吴敏。上皇曾諭宰執,謂:‘當時若非朕意,誰敢建言,必有族滅之禍。’”[2]於是次年七月,司馬光曾孫司馬伋“言:‘建安近刊行一書,曰《司馬温公記聞》,其間頗關前朝故事。緣曾祖平日論著即無上件文字,顯是妄借名字,售其私説。伏望降旨禁絶,庶幾不惑群聽。’詔委建州守臣將不合開板文字盡行毁弃。……初,范冲在史館,上出光《記聞》,命冲編類進入。冲言:‘此書雖未可盡信,其有補治道亦多。’乃繕寫成十册上之。至是秦檜數請禁野史,伋懼罪,遂諱其書。然其書卒行於世”[3]。《宋史・秦檜傳》亦載“檜先禁私史,七月又對帝言私史害正道。時司馬伋遂言《涑水記聞》非其曾祖光論著之書,其後李光家亦舉光所藏書萬卷焚之”[4]。此《司馬温公記聞》即《涑水記聞》,史載司馬光孫稹“不肖,其書籍生産皆蕩覆之。有得光《記聞》者,上命趙鼎諭(范)冲令編類進入。冲言:‘光平生記録文字甚多,自兵興以來,所存無幾。當時朝廷政事、公卿士大夫議論、賓客游從道路傳聞之語,莫不記録,有身見者,有得於人者,得於人者注其名字,皆細書連粘,綴集成卷。即未暇照據年月先後、是非虚實,姑記之而已,非成書也。故自光至其子康、其孫稹,皆不以示人,誠未可傳也。臣既奉詔旨,即欲略加删修以進。又念此書已散落於世,今士大夫多有之,删之適足以增疑。臣雖不敢私其能必人以爲無意哉,不若不删之爲愈也。輒據所録,疑者傳疑,可正者正之,闕者從闕,可補者補之,事雖叠書,而文有不同者,兩存之。要之,此書雖不可盡信,其有補治道亦多矣。’於是冲裒爲十册上之。其書今行於世。上因覽冲奏,謂鼎曰:‘光字畫端勁,如其爲人。朕恨生太晚,不及識其風采耳。’”[5]可證司馬伋否認《涑水記聞》爲司馬光所撰,既是“懼罪”,亦爲迎合秦檜,故當時人對其“上章乞毁板”之舉,“識者以爲譏”。[6]

1 《宋史》卷三〇《高宗紀七》,第560頁。

2 《建炎以來繫年要録》卷一五一“紹興十四年四月丁亥”條,第3册,第108頁。

3 《建炎以來繫年要録》卷一五四“紹興十五年七月丙午”條,第3册,第143頁。

4 《宋史》卷四七三《秦檜傳》,第13760頁。

5 《建炎以來繫年要録》卷一〇四“紹興六年八月己亥”條,第2册,第428頁。

6 《直齋書録解題》卷五,第150頁。

此後紹興十七年“言者論會稽士大夫家藏野史,以謗時政。於是李光家藏書萬餘卷,其家皆焚之”[1]。然至十九年十二月,又下詔“禁私作野史,許人告”[2]。隨即次年正月,“兩浙轉運判官曹泳言右承務郎李孟堅省記父光所作《小史》,語涉譏謗,詔送大理寺。初,光在貶所,常作私史。孟堅間爲所親左奉議郎、新諸王宮大小學教授陸升之言之。升之訐其事,遂命泳究實申省。及是進呈”。三月“詔責授建寧軍節度副使、昌化軍安置李光永不檢舉,右承務郎李孟堅特除名,峽州編管。先是孟堅以《小史》事繫獄,至是獄成。光坐主和議反覆,後在貶所常出怨言,妄著私史,譏謗朝廷,意在播揚,僥倖復用,及與趙士㒟於罷政後往來交結。孟堅亦爲父兄被罪責降,怨望朝廷,記念所撰《小史》,對人揚說,故有是命。於是前從官及朝士連坐者八人”。[3]

秦檜針對李光《小史》等所興之文字獄,對當時筆記野史的著述影響甚巨。如南宋初,王銍藏書甚豐,著述亦多,“既卒,秦熺方恃其父氣焰熏灼,手書移郡將欲取其所藏書”,爲王銍長子所拒。[4] 王銍子王明清有云:“丁卯歲(1147),秦檜之擅國,言者論會稽士大夫家藏野史,以謗時政,初未知爲李泰發家設也。是時,明清從舅氏曾宏父守京口,老母懼焉,凡前人所記本朝典故與夫先人所述史稿雜記之類,悉付之回禄。每一思之,痛心疾首。”[5] 又云:“先人弃世,野史之禁興,告訐之風熾,薦紳重足而立。明清兄弟居蓬衣白,亡所掩匿手澤,不復敢留,悉化爲烟霧。”[6]

又如洪皓出使金國被留,以“耳目所接,隨筆纂録”。後爲南歸,“創艾而火其書,禿節來歸”,而又“因語言得罪柄臣,諸子佩三緘之戒,循陔侍膝,不敢以北方事置齒牙間”。後黜居“炎荒”,其子相從,“視膳餘日,稍亦談及遠事。凡不涉今日强弱利害者,因操牘記其一二。未幾,復有私史之禁,先君亦枕末疾,遂廢不録。及柄臣蓋棺,弛語言之律,而先君已賫恨泉下。鳩拾殘編,僅得數十

1 《建炎以來繫年要録》卷一五六,第 3 册,第 2548 頁。

2 《宋史》卷四七三《秦檜傳》,第 13761 頁。

3 《建炎以來繫年要録》卷一六一“紹興二十年正月丙午”條、“三月丙申”條,第 3 册,第 243、245 頁。

4 《老學庵筆記》卷之二,第 20 頁。

5 《揮麈後録》卷六七,第 182 頁。按:泰發,李光字。

6 《揮麈前録》卷末《自跋》,第 53 頁。

事，反袂拭面，不復彙次”，遂成《松漠紀聞》。[1] 而洪龜朋於紹興九年(1139)“祗謁陵寢”時所筆録之《鞏洛行記》一卷，然因岳飛被冤殺之事，故其中“在武昌所抄多竄定不盡存，其赴岳軍燕設與岳帥致饋間亦多塗抹，偶其字畫濃淡尚餘仿佛。……惜乎，劫於告密羅織之威，雖奧渫寒士篋牘私小文字，家人所不可得而見者，亦畏避删除而不敢盡存”。[2]

此後於慶元黨禁時期，權臣韓侂胄爲鉗制言論，再次祭出禁私史之策。嘉泰二年(1202)二月“癸巳，禁行私史。初，秦檜既成和議，始有私史之禁。時李光嘗以此重得罪。檜死，遂弛語言律。近歲私史益多，郡國皆鋟本，人競傳之。至是言者因奏禁私史，且請取李燾《續通鑑長編》、王偁《東都事略》、熊克《九朝通略》、李丙《丁未録》及語録、家傳等書下史官考訂，或有裨於公議，即乞存留，不許刊行，自餘悉皆禁絶，違者坐之”。是年秋，“商人戴十六者私持克所著《中興小曆》及《通略》《事略》等欲渡淮，盱眙軍以聞，遂命諸道帥憲司察郡邑書坊所鬻書，凡事干國體者，悉令毁弃”。[3] 數年後，韓侂胄被殺，禁書之令遂弛。并隨着南宋國勢日弱，外敵日迫，其控制有所減弱，因此有關記録朝廷政令、人事的筆記野史又復增多。

此外，如吴曾《能改齋漫録》“甫鋟木，以有不應言者，旋被旨毁板，士大夫多先得墨本”[4]，遂改名《復齋漫録》，流傳於時。即其在“孝宗朝，麻城縣鄭顯文遣男之翰，經御史臺論吴曾所著《漫録》事涉謗訕。臣僚奏吴曾不合以此等言語印行，然鄭之翰告訐不可長。上曰：‘告訐之風豈可長？’令并行遣，吴曾、鄭顯文可各降兩官，之翰送興國軍聽讀。……後京相仲遠愛其書，遂版行於世”[5]。京鏜(字仲遠)《能改齋漫録序》稱吴曾“以胸中萬卷之書，游戲筆端，裒爲此集。往時仇家摘其中有一二不合載事，謂非所宜言，遂閟不傳。然狐裘而羔袖，袖則羔矣，其如裘之美何？今削去其不合載者，而存其所不當廢者，刊諸成都郡齋，既

1 《盤洲文集》卷六二《題松漠紀聞》，第403～404頁。

2 《山房集》卷五《跋鞏洛行記後》，第1169册，第60頁。

3 〔宋〕佚名：《續編兩朝綱目備要》卷七，中華書局1995年版，第125～126頁。

4 〔宋〕周煇：《清波别志》卷三，上海古籍出版社《文淵閣四庫全書》本，第1039册，第120頁。

5 〔元〕盛如梓：《庶齋老學叢談》卷下，上海古籍出版社《文淵閣四庫全書》本，第866册，第549～550頁。

以廣好事之傳,且以志公之博也"[1]。則京鏜刊本乃屬删存之本。而據趙彦衛云:"《能改齋漫録》記問亦博矣。……又言:'秦益公生日,蜀人李善詩云:"無窮基有無窮聞,第一人爲第一官。"其後,言者以爲過,有旨禁之,仍著令。然前輩類多有之,如荆公、東坡皆有曾魯公、張文定《生日詩》。'又載:曾郎中《獻秦十絶》,'裴度祇今稱聖相'之句解云:'李義山《韓碑詩》"帝得聖相相曰度",蓋取《晏子春秋》"仲尼,魯之聖相也"意。'以禁生日詩爲非,聖相爲可稱,其它詆訾前賢爲不少。"而吴曾其人於"秦益公(檜)當軸時,上所業得官。紹興癸酉(1153)自敕局改右承奉郎,主奉常簿,爲玉牒檢討官。秦薨,不敢出。其第十九卷自稱不樂京局,且不能委曲時好,恐以罪去,以此惑後人。蓋癸酉歲正是秦興大獄,追治賢士大夫時,則必有以取媚,致身清要。宜乎取聖相,而以禁生日爲非"。[2] 則《能改齋漫録》被禁而毀板,實因其書中"以荀彧爲漢之忠臣,以馮道爲大人,其是非甚爲乖刺。又如孫仲鼇賀秦檜詩,曾惇上秦檜《書事十絶句》,皆臚載無遺,是其黨附權奸,昭然可見。并其書遭人攻擊,蓋由於此"[3]。與前述朝廷"禁野史""禁行私史"之原因有不同。

2.因黨派、學派之争而造成筆記内容之缺失

宋代黨争激烈,因熙寧王安石變法而形成新黨、舊黨之争,而在舊黨中又有洛、蜀、朔三黨之争等;同時,宋代學術繁榮,諸家學説、觀點多有异同,爲争一高下,使得各家學派之間産生或暗或明的紛争。且此類學術門派之争,往往與日趨激化的黨争夾雜,而勢若水火,從而給筆記之著述造成頗大影響。

宋代文人多有鑒於黨争激化而旋進又退、榮辱不常,甚至家族爲之困厄危險,而謹言慎行者,如葉夢得即自稱"念掛冠以來,口固未嘗言世務",然又嘗言積習難移,因"親友往來,兒輩環繞,耳目所及,何能自苦至於不言?亦任之耳。時時或自記録,因目之爲《岩下放言》云"[4]。而歐陽修所撰《歸田録》之遭遇,更可證激烈的黨派之争對筆記著述的影響之甚。

---

1 《能改齋漫録》卷首京鏜《能改齋漫録序》,第 1 頁。

2 《雲麓漫鈔》卷一〇,第 164~165 頁。

3 《四庫全書總目》卷一一八《能改齋漫録》,第 1018 頁。

4 《岩下放言》卷首《序》,第 319 頁。

歐陽修自序《歸田録》曰：

《歸田録》者，朝廷之遺事，史官之所不記，與夫士大夫笑談之餘而可録者，録之以備閒居之覽也。有聞而誚余者曰："何其迂哉！子之所學者，修仁義以爲業，誦六經以爲言，其自待者宜如何？而幸蒙人主之知，備位朝廷，與聞國論者，蓋八年於兹矣。既不能因時奮身，遇事發憤，有所建明以爲補益，又不能依阿取容，以徇世俗。使怨嫉謗怒，叢于一身，以受侮于群小。當其驚風駭浪，卒然起於不測之淵，而蛟鰐黿鼉之怪，方駢首而闖伺，乃措身其間，以蹈必死之禍。賴天子仁聖，惻然哀憐，脱於垂涎之口而活之，以賜其餘生之命，曾不聞吐珠銜環，效蛇雀之報。蓋方其壯也，猶無所爲，今既老且病矣，是終負人主之恩，而徒久費大農之錢，爲太倉之鼠也。爲子計者，謂宜乞身於朝，退避榮寵，而優游田畝，盡其天年，猶足竊知止之賢名。而乃裴回俯仰，久之不决，此而不思，尚何歸田之録乎？"余起而謝曰："凡子之責我者皆是也，吾其歸哉，子姑待。"[1]

時在治平四年（1067）九月乙未。序中所謂"使怨嫉謗怒，叢于一身，以受侮于群小"云云，乃指治平年間濮議之事及神宗即位初之御史之攻訐。故朱弁有云：

歐陽公《歸田録》初成未出，而序先傳，神宗見之，遽命中使宣取。時公已致仕在潁川，以其間所紀述有未欲廣者，因盡删去之，又惡其太少，則雜記戲笑不急之事以充滿其卷帙，既繕寫進入，而舊本亦不敢存，今世之所有皆進本，而元書蓋未嘗出之於世，至今其子孫猶謹守之。[2]

周煇《清波雜志》卷八亦認爲《歸田録》"元本未嘗出。《廬陵集》所載上下纔兩卷，乃進本也"[3]。故歐陽修《歸田録後記》曰："唐李肇《國史補序》云：'言報應，叙鬼神，述夢卜，近帷箔，悉去之；紀事實，探物理，辨疑惑，示勸誡，采風俗，

1 《歸田録》卷首《序》，第 3 頁。

2 〔宋〕朱弁：《曲洧舊聞》卷九《歐陽公歸田録舊本未出於世》，中華書局 2002 年版，第 217 頁。按：吕友仁《歸田録佚文初探》（載《歸田録》附録二）以爲《曲洧舊聞》所云"舊本亦不敢存"之"存"字，疑當作"出"字。又，王明清《揮麈後録》卷一所載同《曲洧舊聞》。

3 《清波雜志校注》卷八《唐詩選》，第 350~351 頁。

助談笑，則書之。'余之所録，大抵以肇爲法，而小异於肇者，不書人之過惡。以謂職非史官，而掩惡揚善者，君子之志也。覽者詳之。"[1] 乃屬其進本時所撰。而清館臣遂以爲："大抵初稿爲一本，宣進者又一本，實有此事。其旋爲之説與删除之説，則傳聞异詞耳。"故其"多記朝廷逸事及士大夫談諧之言。……惟修歸潁上在神宗時，而録中稱'仁宗立今上爲皇子'，則似英宗時語。或平時札記，歸田後乃排纂成之，偶忘追改歟？"[2]

由於王安石變法而引起激烈的新舊黨争，且日趨激化，於是當時及其後，宋人筆記中涉及於此者甚衆，并往往以此作爲攻訐政敵的"武器"，而其中大抵以邵伯温《邵氏聞見録》爲典型。

邵伯温爲北宋中期理學名家邵雍之子，其所撰之《邵氏聞見録》二十卷。邵伯温自言其"蚤以先君子之故，親接前輩，與夫侍家庭，居鄉黨，游宦學，得前言往行爲多"，因"老景侵尋，偶負後死者之責，類之爲書，曰《聞見録》"。[3] 故後世因此以爲其書雖"十八卷至二十卷皆記邵子之言行，而殤女轉生，黑猿感孕，意欲神奇其父，轉涉妖誣。又記邵子之言，謂老子得《易》之體，孟子得《易》之用，文中子以佛爲西方聖人，亦不以爲非，似乎附會"，然而"伯温藉邵子之緒，猶及見元祐諸耆舊，故於當時朝政，具悉端委"，即其"前十六卷記太祖以來故事，而於王安石新法始末，及一時同异之論，載之尤詳。其論洛、蜀、朔三黨相攻，惜其各立門户，授小人以間，又引程子之言，以爲變法由於激成，皆平心之論。其記燈籠錦事出文彦博之妻，於事理較近。其記韓、富之隙由撤簾不由定策，亦足以訂强至《家傳》之訛。周必大《跋吕獻可墓志》，謂伯温是書，頗多荒唐，凡所書人及其歲月，鮮不差誤。殆好惡已甚之詞，不盡然也"。[4] 按周必大論《聞見録》語，見其《題吕獻可墓志》，略云：

> 吕公獻可以熙寧四年五月卒，八月葬。時王荆公正在相位，司馬文正公志銘，不斥其名，不没其實，荆公見之，亦無所發其怒。前謂樞

1 《歸田録》卷二末《後記》，第 36~37 頁。

2 《四庫全書總目》卷一四〇《歸田録》，第 1190 頁。

3 《邵氏聞見録》卷首《序》，第 1 頁。

4 《四庫全書總目》卷一四一《聞見前録》，第 1198 頁。

密副使者,陳丞相暘叔也,方以憂去,牽聯潛其姓名,可謂深得史法矣。是時太僕卿劉仲通自請書丹,而命其子忠定公器之秉筆。斯文既出,其誰不知?邵伯温乃謂仲通初雖有請,見文復遲回不敢,器之代父書之。仲通又勸吕氏諸子勿摸本,恐非三家之福。按《國史》,仲通剛方人也。押伴夏人,折正其章服;奉使却秉常寶貨,歸論不宜輕用兵。因旱陳新政不便者五事,又上書論人主不可輕失天下心,是豈徇時畏禍者哉!設有前却之意,器之亦安得强其父而陷之罪也?大抵邵氏《聞見録》頗多荒唐,凡所書人及其歲月,鮮不差誤。因是略爲之辨。[1]

其實邵氏此書,對王安石之記載,更見其"所書人及其歲月,鮮不差誤"者。此處略加辨析如下。

其一,關於王安石誤食魚餌事。《邵氏聞見録》卷二載:

仁宗皇帝朝,王安石爲知制誥。一日,賞花釣魚宴,内侍各以金碟盛魚餌藥置几上,安石食之盡。明日,帝謂宰輔曰:"王安石詐人也。使誤食釣餌,一粒則止矣;食之盡,不情也。"帝不樂之。[2]

此即宋人詬病、攻擊王安石"食犬彘之食""不近人情"之語出處,但此記載之真實性值得懷疑。

史載宋仁宗於嘉祐初年得大病,病愈後却不良於言行,如邵伯温亦記載云:"仁宗皇帝至和間不豫,昏不知人者三日。……帝自此御朝,即拱嘿不言。大臣奏事,可即首肯,不即摇首。"[3]出外活動甚少。檢《長編》等文獻,嘉祐年間開賞花釣魚宴僅六年(1061)春一次:"三月,幸後苑賞花釣魚,遂宴太清樓。出御制詩一章,命從臣屬和以進。"[4]《西清詩話》稱:"嘉祐間,開賞花釣魚宴,介甫(王安石)以知制誥預末座。"并云:"帝出詩示群臣,次第屬和。傳至介甫,日將夕矣,亟欲奏御,得'披香殿'字,未有對。時鄭毅夫獬接席,顧介甫曰:'宜對太液池。'故其詩有云:'披香殿上留朱輦,太液池邊送玉杯。'翌日,都下盛傳王舍人

1 周必大:《文忠集》卷四七《題吕獻可墓志》,第51册,第496頁。

2 《邵氏聞見録》卷二,第13~14頁。

3 《邵氏聞見録》卷二,第14~15頁。

4 《長編》卷一九三"嘉祐六年三月戊申"條,第4664頁。

竊柳詞‘太液波翻，披香簾卷’，介甫頗銜之。”[1]按《宋史·仁宗紀》，王安石於是年六月知制誥。[2] 則是年春開賞花釣魚宴時，王安石尚未知制誥。在真宗、仁宗時，一般每年於春季開賞花釣魚宴，君臣共娱，成爲故事。預此宴的官員甚衆，據《長編》記載，天聖三年(1025)三月，“幸後苑，賞花釣魚，遂宴太清樓，輔臣、宗室、兩制、雜學士、待制、三司副使、知雜御史、三司判官、開封府推官、館閣官、節度使至刺史皆預焉”[3]。其後，預宴官員情况大致相同。其中預宴文官中，官職低於知制誥(爲兩制官)者甚多，而以館閣官爲殿。考《宋史·王安石傳》，是時王安石爲三司度支判官、直集賢院，正是“預末座”的官銜。《邵氏聞見録》《西清詩話》言王安石時官知制誥者誤。

據載賞花釣魚宴，一般有賞花釣魚與君臣同宴兩個内容，如天聖八年三月，天子“幸後苑賞花釣魚，觀唐明皇山水字石於清輝殿，命從官皆賦詩，遂宴太清樓”[4]。可見賞花釣魚在先，地點在後苑，宴會在後，地點在太清樓。而“内侍各以金碟盛魚餌藥置几上”當在釣魚活動之前，因此王安石斷無不知此爲魚餌而誤食之并“食之盡”之理。據《涑水記聞》載，仁宗初，侍從官彭乘預釣魚宴時，左右服侍者頗多。[5] 如有人誤食魚餌而侍從們不加指出、阻止，亦無是理。况且仁宗以久病之軀，於衆多官員中獨見“預末座”的王安石將魚餌食之盡，并待次日方告知宰相，實屬不可能之事。

史載其宴席間君臣每每賦詩娱樂，“每歲賞花釣魚所賦詩，或預備，及是(指天聖八年)出不意，坐多窘者”[6]。而上引《西清詩話》亦云王安石嘗受窘於席間。即王詩之詩意、用字偶同柳永詞意，次日京城内便盛傳爲笑談。因此，若王安石曾於大庭廣衆間誤食魚餌，豈不即刻傳遍天下？又此事除《邵氏聞見録》外，不見當時其他人曾有記載。且熙寧二年(1069)，御史中丞吕誨彈劾王安石

1 〔宋〕蔡正孫：《詩林廣記》後集卷二引《西清詩話》，上海古籍出版社《文淵閣四庫全書》本，第1482册，第117頁。

2 《宋史》卷一二《仁宗紀四》，第247頁。

3 《長編》卷一〇三“天聖三年三月己卯”條，第2378頁。

4 《長編》卷一〇九“天聖八年三月壬申”條，第2537頁。

5 《涑水記聞》卷三，第54~55頁。

6 《長編》卷一〇九“天聖八年三月壬申”條，第2537頁。

十惡時,捃拾王安石於嘉祐年間所爲一小事作爲一惡,吹毛求疵,極盡攻擊之能事,然并未言及食魚餌事。若仁宗曾有"王安石詐人也"之評語,吕誨能不加引用以增其彈文之力度?是可證邵伯温所説王安石食魚餌事不可信。而賞花釣魚宴,仁宗以後鮮有舉行,故其制度,北宋末人也已不詳,故號稱"得前言往行爲多"的邵伯温誣稱王安石誤食魚餌,人們也不復詳察而信以爲真。

其二,關於張方平牒王安石出貢院事。《邵氏聞見録》卷九載:

> 熙寧二年,富公(弼)判亳州,以提舉常平倉趙濟言公沮革新法,落武寧節度及平章事,以左僕射判汝州。過南京,張公安道(方平)爲守,列迎謁騎從於庭,張公不出。或問公,公曰:"吾地主也。"已而富公來見,張公門下客私相謂:"二公天下偉人,其議論何如?"立屏後竊聽。張公接富公亦簡,相對屹然如山岳。富公徐曰:"人固難知也。"張公曰:"謂王安石乎?亦豈難知者!仁宗皇祐間,某知貢舉院,或薦安石有文學,宜辟以考校,姑從之。安石者既來,凡一院之事皆欲紛更之。某惡其人,檄以出,自此未嘗與之語也。"富公俯首有愧色。蓋富公素喜王安石,至得位亂天下,方知其奸云。[1]

此處且不論富弼曾兩拜宰相,爲熙寧初朝廷重臣,地位高於僅官參知政事的張方平許多,張方平當無如此慢待富弼之理,即是張方平、王安石曾同在貢院之事,以及富弼與張方平會見於南京之事,考諸史書,也均屬子虚烏有。

按《宋史·張方平傳》、王鞏《張方平行狀》記載,張方平於熙寧二年丁父憂,服闕入京師,判尚書都省;三年初,知陳州,後改判南京留司御史臺。據《長編》卷二二四、卷二二六記載,張方平判南京御史臺在熙寧四年(1071)八月戊寅。而富弼於是年六月落使相,以左僕射判汝州;九月戊戌,"左僕射、知汝州富弼許以西京養疾。弼至汝州,纔兩月,固稱疾求歸。詔聽之"。由此可知,富弼至遲於七月間已自亳州到汝州,而張方平八月方接新任命後纔自陳州去南京,因此,富弼不可能於此時途經南京拜會張方平。

其三,關於王安石終英宗朝不起之緣由。王安石自嘉祐八年丁母憂離京居金陵,終英宗朝屢召不起,直至治平四年(1067)神宗即位。對於王安石數年家

1 《邵氏聞見録》卷九,第93頁。

居不起的原因，王安石在仁宗末任知制誥、糾察在京刑獄之後，《宋史・王安石傳》稱：首以駁開封府失入爲御史舉奏，尋又以争舍人院申請除改文字語"侵執政，由是益與之忤"，遂"以母憂去，終英宗召不起"。時人司馬光乃指王安石是因與宰相韓琦有隙而家居金陵：王安石早在任職揚州時，便與時判揚州的韓琦不睦，"及介甫知制誥，言事復多爲韓公（時爲宰相）所沮。會遭母喪，服除，時韓公猶當國，介甫遂留金陵，不欲參"。[1] 宋人關於王安石與韓琦有隙的記載不少見，如《晁氏客語》即記有王安石與韓琦"議事不合"[2]之事。此當是王安石終英宗朝不朝參的原因所在，故至治平四年韓琦罷相，王安石始入京師爲翰林學士。然邵伯温却稱王安石不入朝另有緣故，《邵氏聞見録》卷三載：

> 王安石居金陵，初除母喪，英宗屢召不至。安石在仁宗時，論立英宗爲皇子與韓魏公（琦）不合，故不敢入朝。

又於卷九載：

> 熙寧二年，韓魏公自永興軍移判北京，過闕上殿。王荆公方用事，神宗問曰："卿與王安石議論不同，何也？"魏公曰："仁宗立先帝爲皇嗣時，安石有异議，與臣不同故也。"……然荆公終英宗之世，屢召不至，實自慊也。[3]

因英宗爲皇子，即皇位，皆倚靠韓琦的主持，故稱王安石與韓琦意見不同，其言下之意是指王安石反對立英宗爲太子，因而不敢入朝。此説僅見於《邵氏聞見録》，而與當時如司馬光等人所言截然不同。就連於熙寧初彈劾王安石"十惡"的吕誨，雖然攻擊王安石"服滿，托疾堅卧，累詔不起，終英宗朝不臣"爲"慢上無禮"之一惡，[4]但也未曾斥責王安石是因爲對立英宗爲太子有异議而不敢入朝者。顯見邵氏此説不實。

邵伯温又稱在立英宗爲太子一事上，"或云蔡襄亦有异議，英宗知之，襄不

1 《涑水記聞》卷一六，第311頁。

2 〔宋〕晁説之：《晁氏客語》，《全宋筆記》第一編十，大象出版社2003年版，第109頁。

3 《邵氏聞見録》卷三，第24頁；卷九，第95頁。

4 〔宋〕趙汝愚：《宋朝諸臣奏議》卷一〇九吕誨《上神宗論王安石奸詐十事》，上海古籍出版社1999年版，第1181頁。

自安,出知福州”[1]。據《長編》載,蔡襄僅因京城内有人飛語傳言其“常有异議”,爲英宗所忌恨,而於治平二年自三司使出知杭州(非邵氏所言“知福州”),[2]至四年病卒,未再蒙召入京。而王安石自治平二年七月服除後,屢得英宗趣召赴闕,爲此王安石連上三狀辭免。[3] 若王安石確嘗“有异議”,而與韓琦所議不同,則英宗不可能厚此薄彼,對并無實據的蔡襄嚴加黜責,却屢召王安石入京供職。由此又證《邵氏聞見録》所説實乃厚誣前賢,而不可相信。

其四,關於李師中議論王安石似王敦之事。《邵氏聞見録》卷一三載:

> 李承之(今按:“承”爲“誠”字之誤,李誠之名師中)待制,奇士,蘇子瞻所謂李六丈人豪也。爲童子時,論其父緯之功於朝,久不報,自詣漏舍以狀白丞相韓魏公。……承之在仁宗朝官州縣,因邸吏報包拯拜參政,或曰:“朝廷自此多事矣。”承之正色曰:“包公無能爲。今知鄞縣王安石者,眼多白,甚似王敦。他日亂天下者,此人也。”[4]

李師中議論王安石似王敦的文字也記載於《宋史·李師中傳》,然此説也似是而多誤。其一,包拯自嘉祐六年四月拜樞密副使,七年五月死於任上,終其一生未嘗爲參知政事,邵氏説“包拯拜參政”者誤。其二,據《王荆公年譜考略》,王安石自慶曆七年至皇祐二年知鄞縣,嘉祐六年包拯拜樞密副使時,王安石早已在京師任三司判官。邵説又誤。此外,李師中卒於神宗朝,終年六十六,其“爲童子時,論其父緯之功於朝”,據《宋史·李師中傳》知,當時宰相爲吕夷簡,非韓琦,韓琦於嘉祐三年始爲宰相。短短一段文字,人物姓名、年月、職官名稱却有多處錯誤,可見其云王安石似王敦,“他日亂天下者,此人也”之預言,也屬浮言而不可信。

《邵氏聞見録》中關於王安石割地七百里與遼、《辨奸論》等記載,也皆屬不

1 《邵氏聞見録》卷九,第95頁。

2 《長編》卷二〇四“治平二年二月辛丑”條,第4946頁。

3 〔宋〕王安石:《王文公文集》卷一七《辭赴闕狀(治平二年七月二十七日)》《第二狀》《第三狀》,上海人民出版社1974年版,第201~202頁。

4 《邵氏聞見録》卷一三,第147頁。

實之詞,前人已有詳考。[1] 雖説周必大稱《邵氏聞見録》"凡所書人及其歲月,鮮不差誤"有失偏頗,然是書確是"頗多荒唐",錯誤實多,尤其是在叙述、評介熙豐變法時,頗多有意作僞處,以達到其攻擊、誣詬王安石及其變法的目的。邵氏作僞手法,雖有向壁虛構者,但更多的是利用前人記載,刊落事實,增删文字,顛倒時間順序,以使人不疑有詐。

如王安石元豐末捨宅爲寺之事,向有"用私喜怒誣衊前人"名聲的魏泰在元祐中記載道:王安石在金陵,其"所居之地,四無人家,其宅僅蔽風雨,又不設垣墻,……元豐末,荆公被疾,奏捨此宅爲寺,有旨賜名報寧"。[2] 但《邵氏聞見録》卷一一却竄改爲"荆公在鐘山,嘗恍惚見(王)雱荷鐵枷鈕如重囚者,荆公遂施所居半山園宅爲寺,以薦其福"[3]。然據王安石《乞以所居園屋爲僧寺乞賜額札子》《乞將荒熟田割入蔣山常住札子》《謝以所居園屋爲僧寺及賜寺額表》《謝依所乞私田充蔣山太平興國寺常住表》諸文,[4] 以及南宋人李壁注王安石《題半山寺壁》詩,[5] 知王安石捨宅爲寺是爲"永遠祝延聖壽",而王安石爲其父母及其子王雱"營辦功德"是將上元縣"荒熟田""見托蔣山太平興國寺收歲課"。然邵伯温故意合二事爲一,且削去"祝延聖壽"、以"荒熟田"入寺"營辦功德"不言,偷梁换柱,厚誣王安石捨宅爲寺是爲其子薦冥福。

又如《邵氏聞見録》卷十載,王安石爲參知政事不久,吕誨(字獻可)即上奏章彈劾王安石"十惡","既而縉紳間浸有傳其疏者,多以爲太過。未幾,中書省置三司條例司,相與議論者以經綸天下爲己任,始變祖宗舊法,專務聚斂,……天下騷然。於是昔之懷疑者始愧仰嘆服,以獻可爲知人。……獻可言安石不已,出知鄧州"。[6] 然考其實,邵氏所述時日頗有顛倒之處。《宋史・神宗紀一》

1 參見〔清〕蔡上翔:《王荆公年譜考略》卷一〇,上海人民出版社 1973 年版。鄧廣銘:《北宋政治改革家王安石》,人民出版社 1997 年版,第 227~233 頁;鄧廣銘:《〈辨奸論〉真僞問題的重提與再判》,載《國學研究》第三卷。

2 《東軒筆録》卷一二,第 139 頁。

3 《邵氏聞見録》卷一一,第 121 頁。

4 《王文公文集》卷一九,第 229~230 頁。

5 〔宋〕王安石撰,〔宋〕李壁注:《王荆文公詩李壁注》卷四《題半山寺壁》,上海古籍出版社 1993 年版,第 325~326 頁。

6 《邵氏聞見録》卷一〇,第 106~107 頁。

載：熙寧二年二月庚子日，王安石參知政事。是月甲子日，創置三司條例，議行新法。六月丁巳日，吕誨罷知鄧州。又據《續資治通鑑長編拾補》卷四載，是年五月丙戌日，王安石因吕誨上疏而"乞辭位，上既封還其奏"，詔王安石視事如故。而吕誨疏中有言王安石"及居政府，纔及半年"，可知吕誨上疏已在六月間。吕誨上疏之緣由，據《宋史・吕誨傳》云："王安石執政，時多謂得人。誨言其不通時事，大用之，則非所宜。著作佐郎章辟光上言，岐王顥宜遷居外邸。皇太后怒，帝令治其離間之罪。安石謂無罪。誨請下辟光吏，不從，遂上疏劾安石，……帝方注倚安石，還其章。誨求去，……乃出誨知鄧州。"[1]然邵伯温爲證明吕誨上疏非因忿論王安石，而確有先見王安石"奸邪誤國"之明，不惜故意顛倒歲月，將吕誨上疏時間上移至二月創置三司條例司以前。

北宋後期，因對王安石變法的看法不同，在朝野形成變法、守舊兩黨的激烈黨争。至南宋初，高宗全面否定王安石及其變法。於是攻擊王安石品行、隱私之傳説、逸聞一時大行其道，其中頗多經過移花接木之改造，甚至向壁虚構者，即筆記雜史成爲黨派攻訐的有力武器之一。邵伯温《邵氏聞見録》可算是其中之代表。此後，多有以贊成或反對王安石及其變法爲標準，來評判其人、其事、其學者。

如清館臣所撰《四庫全書總目》，其論葉夢得《避暑録話》雖云其"所論著多有根柢"，然又斥責其"本爲蔡京之門客，不免以門户之故，多陰抑元祐而曲解紹聖。如"論詩賦"一條，爲王安石罷詩賦解也。"葉源"一條，爲蔡京禁讀史解也。"王姬"一條，爲蔡京改公主曰帝姬解也。至深斥蘇洵《辨奸論》，則尤其顯然者矣"[2]。其論方勺《泊宅編》"所載皆元祐迄政和間朝野舊事，於王安石、張商英輩皆有不滿之詞，蓋亦公論。至宗澤乃其鄉里，而徽宗時功名未盛，故勺頗譏其好殺，則是非未必盡允"[3]。黄朝英《靖康緗素雜記》，"晁公武譏其爲王安石之學，又譏其解《詩》'芍藥''握椒'爲鄙褻。……今觀其書，頗引《新經義》及《字説》，而尊安石爲舒王，解《詩》'緑竹'一條，於安石之説尤委曲回護，誠爲王

1 《宋史》卷三二一《吕誨傳》，第10429頁。

2 《四庫全書總目》卷一二一《避暑録話》，第1041頁。

3 《四庫全書總目》卷一四一《泊宅編》，第1194頁。

氏之學者。然所説自'芍藥''握椒'一條外,大抵多引據詳明,皆有資考證,固非漫無根柢,徒爲臆斷之談。……公武又自以元祐黨家,世與新學相攻擊,故特摭其最謬一條,以相排抑耳"[1]。高晦叟《珍席放談》,其"當王氏學術盛行之時,於安石多曲加回護,頗乖公議"[2]。王明清《揮麈録》,因"明清爲王銍之子,曾紆之外孫,紆爲曾布第十子,故是録於布多溢美。其記王安石殁,有神人幢蓋來迎,而於米芾極其醜詆,尤不免軒輊之詞"[3]。又如朱彧撰《萍洲可談》,其父朱服歷官中書舍人、禮部侍郎,因坐與蘇軾游,貶海州團練副使,蘄州安置。然據《宋史·朱服傳》,"服雖坐與蘇軾交游貶官,然實非元祐之黨。嘗有隙於蘇轍,而比附於舒亶、吕惠卿。故彧作是書,於二蘇頗有微詞,而於亶與惠卿則往往曲爲解釋。甚至元祐垂簾,有政由帷箔之語。蓋欲回護其父,不得不回護其父黨;既回護其父黨,遂不得不尊紹聖之政,而薄元祐之人。與蔡絛《鐵圍山叢談》同一用意,殊乖是非之公"[4]。

可知兩宋士人,因受日趨激烈的黨争影響,其學術之討論,學派之争衡,往往與黨派之争相雜糅,故其於筆記等著述中論文論學,便每每"務爲溢美溢惡之辭",有欠客觀公允,而頗多不實之言。如後人所評論者:

> 蓋怙權者務争利,必先合力以攻异黨,异黨既盡,病利之不獨擅,則同類復相攻。講學者務争名,亦先合力以攻异黨,异黨既盡,病名之不獨擅,則同類亦相攻。固勢之必然,不足怪也。[5]

(三)因挾個人恩怨之私而造成的缺失

宋人筆記雜史之記事論人,往往夾雜着個人恩怨之私,成爲自譽或攻訐他人的工具,而爲時賢後人所譏評。故宋人頗有注意於撰作筆記時不言人善惡。如北宋沈括"退處林下"時撰述《夢溪筆談》,於《自序》云其於"聖謨國政,及事近宮省,皆不敢私紀。至於繫當日士大夫毀譽者,雖善亦不欲書,非止不言人惡

1 《四庫全書總目》卷一一八《靖康緗素雜記》,第1018頁。
2 《四庫全書總目》卷一四一《珍席放談》,第1194頁。
3 《四庫全書總目》卷一四一《揮麈前録》,第1197~1198頁。
4 《四庫全書總目》卷一四一《萍洲可談》,第1197頁。
5 《四庫全書總目》卷一四一《聞見後録》,第1199頁。

而已。所録唯山間木蔭,率意談噱,不繫人之利害者"。[1] 但衆多筆記仍熱衷於臧否人物,攻訐政敵,以發泄私人恩怨等。如吕本中《痛定録》,頗及朝中大臣在北宋滅亡前後之言行表現,故當時孫覿即指責"始則蔡攸(蔡京子)黨人吕本中之流作爲《痛定》等録,文奸言以佐其父,又崇飾惡語以并中臣"[2]。此下即述論宋時因私人恩怨而造成筆記記載失實、褒貶失當者。

1.因自譽或稱譽其師長而所記失實

揚善諱惡本乃人之常情,但也常常因此於撰述筆記時造成自譽過度或飾惡爲善、飾過爲功之事。如北宋後期趙令畤,據《宋史・宗室傳》載,其爲燕懿王玄孫,元祐六年(1091)簽書潁州公事,"時蘇軾爲守,愛其才,因薦於朝。軾被竄,令畤坐交通軾罰金"。後附内侍譚稹以進。朱翌《猗覺寮雜記》稱趙令畤由此"頗違清議"。但趙撰《侯鯖録》,"乃稱余爲元祐黨人牽復過陳,舉王叡《昭君怨》詩示張文潛,文潛云'此真先生所謂篤行而剛者'云云。尤不免愧詞"[3]。又如朱勝非爲南宋初年大臣,官拜宰相,嘗撰《渡江遭變録》,載高宗自揚州渡江南逃、"苗、劉兵變"諸事。此書久佚,但據汪應辰《書朱丞相渡江遭變録》,可知朱勝非所記殊失其實,頗多諱己過罪、貶人勛勞之文字。汪應辰云:

建炎三年(1129)三月一日,中書侍郎朱勝非拜尚書右僕射。五日,苗傅、劉正彦叛,尊皇帝爲太上皇帝,皇子即皇帝位,隆祐太后同聽政。制除傅慶遠軍承宣使、御營使司都統制,正彦渭州觀察使,副之。六日,赦書上太上皇帝徽號曰睿聖仁孝皇帝,大赦天下,常赦所不原者,咸赦除之。除傅屬官張渠、馬柔吉、王世修并爲直龍圖閣,王鈞甫爲右文殿修撰。十日,改元明受。其詔曰:"稽日月有臨之義,合天人合受之公。"御史中丞鄭瑴言:"近日朝廷差除行遣,多出傅、正彦之意,二人出入都堂,殆無虚日,外議喧然。若上下共由此道,國家興喪未可知也。乞嚴賜戒敕。"(原注:此章嘗得旨報行)時禮部侍郎張浚糾合義

---

1 《新校正夢溪筆談》卷首《自序》,第20頁。

2 〔宋〕徐夢莘:《三朝北盟會編》卷一〇六孫覿《辭中書舍人狀》,上海古籍出版社2008年第2版,第778頁。

3 《四庫全書總目》卷一四一《侯鯖録》,第1194頁。

兵於平江,簽書樞密院事吕頤浩自江寧以兵來會。十二日,百官始朝睿聖宫。十三日,詔召吕赴闕,除張禮部尚書,傅、正彦節度使。吕、張皆不受命。詔責張散官,郴州安置。張又不受命。吕、張等移檄討逆。二十三日,詔:"訪聞有侍從掌兵之官,不曉授受本末,不計社稷安危,輕易以惑人心,遷延而違詔命。"蓋指張也。已而吕、張皆奏乞復辟。二十四日,詔降睿聖皇帝爲皇太弟、天下兵馬都元帥、康王,皇帝爲皇太侄、監國。二十五日,鄭瑴留百官班,乞全臺上殿。乃召鄭瑴與殿中侍御史王廷秀同對。二人力争其不可,又至都堂争之,遂寢前詔。四月一日,復辟。三日,義兵至臨平,傅、正彦遣兵至戰,大敗,乃遁。於是詔賜鄭瑴曰:"頃者逆徒作難,將臣扇凶,脅制朝廷,行其幻意。大臣俯首,惟其所爲。卿適在中司,義行正色,不爲室家之計,屢陳社稷之言,雖文武協規,外有勤王之舉,而忠義奮發,亦由守節之臣。迨兹還政之初,特有樞機之授。"(原注:降此詔時,朱猶在相位)今觀朱丞相《渡江遭變録》,其秘謀奇計固多世人所不知者,然其間大節目往往不見。(原注:如苗傅及其屬差除、二十四日詔令及臨平戰之類)又六日赦書,上徽號曰睿聖仁孝皇帝,今但云"上幸别宫,繼有旨稱睿聖太上皇帝"。然則赦書誰所定?所謂有旨者,旨安所自出哉?又改元明受,乃三月十日,而以爲十八日。又十二日百官始朝睿聖宫,今但於幸别宫之下,云宰執百官皆從侍衛如儀而已。張丞相所上表,其略云:"當今外難未寧,内寇竊起,正人主憂勞自任、馬上求治之時。恐太母以柔静之身,皇帝以幼冲之質,端居深處,責任臣寮。萬一强敵侵凌,不肯悔禍,則貳百年宗廟社稷之基,拱手而遂亡矣。臣愚不避萬死,伏願太母陛下、皇帝陛下特軫宸慮,祈請睿聖,念祖宗委托之重,思二帝屬望之勤,不憚勤勞,親總要務,居形勝之地,求自治之計,抑去徽名,用柔敵國。然後太母陛下、皇帝陛下監國於中,撫定江右。如此則於國家大計,似爲得之。如以臣言爲然,乞行下省司,令率文武百寮祈請施行。"貼黄云:"臣伏睹睿聖皇帝春秋方鼎盛,而遽爾退避,恐天下四方聞之,不無疑惑,萬一恐生他事。更乞睿斷詳酌施行。"(原注:此表全文見吕丞相《勤王記》)今《渡江遭變録》但云"張乞主上貶損位號,柔服敵情"而已，既改"抑去徽名"爲"貶損位號"，又表中其他要切之語皆不載。蓋所謂徽名者，乃是時所上睿聖仁孝皇帝之名，其與位號不同矣，而差誤疏略如此，果何意耶？賊徒凶焰，而馮康國以布衣單騎冒險入城，説諭傅等，其死生未可知，乃謂："遣康國者，欲成就一官爵耳。"責張丞相散官，郴州安置，而止云"罷禮部侍郎"。謂檄書到，反正事已成。然二十四日詔乃云云如此，何也？臨平之戰，而以爲未嘗戰鬥。勤王之云天下共誅之，而謂："事若至此，雖誅何益。"又因説再貶汪、黄二相，而謂張丞相爲黄潛善所知，且黄雖誤國，豈不容其知人？况是時爲執政者，其與黄同乎？异乎？竊謂遭變反正，事之細微曲折固不一，然其本末大概則有不可掩者。是以摭其事實備論之，庶幾是非有考焉。[1]

朱勝非又撰《秀水閒居録》，同樣自譽其功過當。朱熹曾指出："朱丞相《秀水閒居録》自誇其功太過，以復辟之事皆由他做，不公道。"[2]當時王庭秀所撰《閲世録》，亦載"苗、劉兵變"之事，云"其中一條載明受之變甚備，蓋其所目擊。是時宰輔如朱、吕、二張俱有記録，矜誇復辟之功，悉皆不同，有如聚訟。不若穎彦之明白無偏"[3]。朱指朱勝非，吕指吕頤浩，一張指張浚，另一張或指時任參知政事的張澂。

與上述自譽其功過當者不同，宋人筆記中更爲普遍的乃是其子其孫或其門人後學追尊父祖、師長之功績，[4]然其中亦多有飾過諱非、贊譽逾分者。此類事雖被世人譽爲賢者也多爲之。如真宗名相王旦之子王素，載録王旦"遺事凡五百條"爲《王文正公遺事》四卷，[5]然"所述旦事，雖子孫揚詡之詞，然大概與史傳

1 《文定集》卷一一《書朱丞相渡江遭變録》，第1138册，第690~692頁。

2 《朱子語類》卷一三一，第3140頁。

3 《揮麈後録》卷九，第197頁。

4 按：如馬純撰《陶朱新録》一書，據《四庫全書總目》卷一四二云，其書"末附元祐黨籍一碑，與全書體例頗爲不類。考録中所記馬默思郭真人詩，純蓋默之諸孫。默在神宗朝，以户部侍郎、寶文閣待制致仕奉祠，後入黨籍。南渡以後，力反宣和之政，以收人心，凡黨人子孫皆從優叙。故張綱《華陽集》中有論其除授太濫一疏，然士大夫終以爲勞。純載是碑，蓋以其祖之故，亦陸游自稱元祐黨家之意云"。

5 《郡齋讀書志校證》卷九，第384頁。

相出入，且本賢相故也。惟記真宗東封西祀之後，令近臣編録符瑞。旦言：'兩爲大祀使，所奏符瑞，一一非臣目睹。今堂吏取司天監邢中和狀，稱有此瑞。乞令編修官實録臣奏，不可漏落一事'云云，於事理殊爲不近。蓋旦於符瑞齋醮不能匡正，論者有遺議焉。故素以此陰解之，非實録也"[1]。

而蔡京之子蔡絛所撰《國史後補》五卷，"大略爲其父自解，而滔天之惡，終有不能隱蓋者"[2]。蔡絛所撰另一筆記《鐵圍山叢談》也同樣爲其父開脱：

絛所作《北征紀實》二卷，述伐燕之事，陳振孫謂其歸罪童貫、蔡攸，爲蔡京文飾。此書所叙京事，亦往往如是。如史稱京患言者議己，作御筆密進，乞徽宗親書以降，絛則稱政和三四年上自攬權綱，政歸九重，皆以御筆從事。史稱京由童貫以進，又稱宦官宫妾合詞譽京，絛則稱京力遏宦官，遏之不得，更反折角。史稱范祖禹、劉安世皆因京遠竄，絛則謂京欲援復安世及陳瓘而不能，已則與祖禹子温最相契。其巧爲彌縫，大抵類此。惟於其兄攸無怨詞，蓋以攸嘗劾絛，又請京殺絛故也。[3]

又如周煇所撰《清波雜志》，"方回《桐江續集》力詆其尊王安石之非。考書中稱煇之曾祖與安石爲中表，蓋親串之間，不無回護，猶之王明清《揮麈》諸録曲爲曾布解耳"[4]。

不獨有此，葉夢得（號石林）南宋初撰有《避暑録話》，因"石林爲蔡京客，故《避暑録》所書政、宣間事，尊京曰魯公，凡及蔡氏，每委曲回互，而於元祐斥司馬温公名"，對此間原因，周煇云"石林爲從祖姑之夫，煇幼及識其風度偉人也"，其認爲當"建炎、紹興初，仕宦者供家狀，有'不係蔡京、王黼等親黨'一項。今日江湖從學者，人人諱道是門生，石林其矯一時之弊耶？"[5]葉夢得乃爲其師諱飾，周煇則爲其尊長諱飾，而皆有違其實者。

與葉夢得相類，文瑩"嘗游丁晋公門，公遇之厚"，故其所撰《湘山野録》中

---

1 《四庫全書總目》卷五九《王文正公遺事》，第535頁。

2 《直齋書録解題》卷五，第152頁。

3 《四庫全書總目》卷一四一《鐵圍山叢談》，第1194~1195頁。

4 《四庫全書總目》卷一四一《清波雜志》，第1199頁。

5 《清波雜志校證》卷三，第99頁。

"凡載晋公事,頗佐佑之",即所謂"人無董狐之公,未有不爲愛憎所奪者"。[1] 此乃門僧爲丁謂諱飾。

此外,田况所撰《儒林公議》,後人評價頗高,清館臣譽曰:"其持論亦皆平允",書中"范仲淹、歐陽修諸條亦拳拳於黨禍所自起,無標榜門户之私。'公議'之名,可云無忝矣。又况曾爲夏竦幕僚,好水川之役,况上疏極論之,竦不出師,蓋用况之策。書中雖於竦多恕詞,而於富弼諸人竦所深嫉者,仍揄揚其美,絶無黨同伐异之見,其心術醇正亦不可及"。[2] 然據范祖禹《永嘉郡夫人富氏墓志銘》,田况夫人富氏,其兄即富弼,"夫人之兄韓國文忠公(富弼)與宣簡公(田况)爲布衣交",夫人之父母"皆奇愛夫人,慎擇可妻者,素器重宣簡公,遂以夫人歸田氏"。[3] 是見清館臣似乎不詳田况與富弼之姻親關係,故其所謂夏竦幕僚田况之《儒林公議》"雖於竦多恕詞,而於富弼諸人竦所深嫉者,仍揄揚其美,絶無黨同伐异之見"之評,似并不全然。

2.因發泄個人怨憤而誣詬時賢

對於宋人筆記中因發泄私憤而誣詬時賢的做法,兩宋之際葉夢得曾指出:"士大夫作小説,雜記所聞見,本以爲游戲,而或者暴人之短,私爲喜怒,此何理哉?"并云"世傳《碧雲騢》一卷爲梅聖俞作,皆歷詆慶曆以來公卿隱過,雖范文正亦不免。議者遂謂聖俞游諸公間,官竟不達,懟而爲此以報之。君子成人之美,正使萬有一不至,猶當爲賢者諱,况未必有實。聖俞賢者,豈至是哉?後聞之乃襄陽魏泰所爲,嫁之聖俞也。此豈特累諸公,又將以誣聖俞"[4]。所謂《碧雲騢》之著者是否爲梅堯臣,宋時即已聚訟紛紜,然今日多以爲此書實梅堯臣所作,以泄胸中憤懣。

葉夢得以爲撰作《碧雲騢》而托名梅堯臣的魏泰,其所撰之《東軒筆録》,亦頗有争議。《文獻通考》卷二一六《經籍考》引王氏曰:

> 魏泰者,場屋不得志,喜僞作他人著書,如《志怪集》《括异志》《倦

1 《曲洧舊聞》卷四《湘山野録頗佐佑丁晋公》,第143頁。

2 《四庫全書總目》卷一四〇《儒林公議》,第1189頁。

3 〔宋〕范祖禹:《范太史集》卷三九《永嘉郡夫人富氏墓志銘》,上海古籍出版社《文淵閣四庫全書》本,第1100册,第430頁。

4 《避暑録話》卷上,第265頁。

游録》，盡假名武人張師正。又不能自抑，出其姓名作《東軒筆録》。皆用私喜怒誣衊前人。最後作《碧雲騢》，假作梅堯臣，毀及范仲淹，而天下駭然不服矣。[1]

然其稱魏泰"假名武人張師正"僞作《志怪集》《括异志》《倦游録》諸書，今人多有論辯其不確。如與張師正交游頗密的文瑩，即於《玉壺清話》中明確述及張師正嘗"著《括异志》數萬言、《倦游録》八卷"。[2] 雖説魏泰托名僞作《志怪集》《括异志》《倦游録》諸書的説法不可信，但《東軒筆録》"自報復恩怨以外，所記雜事亦多可采録也"[3]，而晁公武稱魏泰"爲人無行而有口，頗爲鄉里患苦。元祐中，紀其少時公卿間所聞，成此編。其所是非多不可信"[4]。此乃因惡其人而惡其書。而晁公武論吴處厚《青箱雜記》"所記多失實。成都置交子務起於寇瑊，處厚乃以爲張詠。他多類此"[5]。然清館臣以爲吴處厚"本工吟咏"，"故其論詩往往可取"，而《青箱雜記》"皆記當代雜事，亦多詩話"，而晁公武《讀書志》謂"所記多失實"，乃因"處厚以干進不遂，挾怨羅織蔡確《車蓋亭詩》，驟得遷擢，爲論者所薄，故公武惡其人，并惡其書。今觀所記，如以馮道爲大人之類，頗乖風教，不但記録之訛"而已。[6]

又如潘汝士撰《丁晋公談録》，因潘乃丁謂女婿，其"所記謂事皆溢美，而叙澶淵之事歸之天象，一字不及寇準。又載準挾嫌私改馮拯轉官文字事，皆顛倒是非，有乖公論"[7]。所謂"澶淵之事歸之天象"，此事《長編》有載。《長編》卷五八"景德元年十二月庚辰朔"條"德博州并言契丹已移寨由東北去"注云：

晋公言："景德中，契丹寇澶淵在河北，聖駕在河南，陣次忽日食盡，真宗見之憂懼。司天監官奏云：'按《星經》云："主軍和解。"'真宗不之信，復檢《晋書·天文志》，亦云'和解'。尋時契丹兵果自退，而

---

1 《文獻通考》卷二一六《經籍考》引"王氏曰"，第6045頁。

2 《玉壺清話》卷五，第54頁。

3 《四庫全書總目》卷一四〇《東軒筆録》，第1193頁。

4 《郡齋讀書志校證》卷一三，第587頁。

5 《郡齋讀書志校證》卷一三，第588頁。

6 《四庫全書總目》卷一四〇《青箱雜記》，第1191頁。

7 《四庫全書總目》卷一四三《丁晋公談録》，第1217頁。

續馳書至求通好。"時晋公爲紫微舍人、知鄆州。此事見潘汝士《晋公談録》。按是日敵使韓杞已入對行營矣,《談録》妄也,今不取。[1]

此乃因爲真宗末、仁宗初,寇準與丁謂兩黨勢不兩立,故潘汝士記"澶淵之盟"之功時,故意忽略寇準在"澶淵之盟"中所起之作用,而"歸之天象";然又稱譽丁謂"籌畫軍糈,决真宗東封之行,以爲美談",而被後人譏其"欲譽其才適彰其附合時局,小人之情狀,終有不能自掩者矣"。[2]

3.因私家怨懟而評論失當

宋代士大夫往往因黨派、學術之争,仕宦、交游之故,以及言語、文字之失等原因,與他人結下恩怨,於是心懷忿恨,落諸筆墨,載之筆記雜史。如前述之梅堯臣《碧雲騢》等。但與其"歷詆慶曆以來公卿隱過"者不同,此下所述乃是針對某個人或熟人而發泄憤懣者。然據其内容,也大體可分爲兩類:其一是發人隱私,專載人過失而任情評議、隨意發揮,欲置人於道德之劣、刑律之罪者;其二則是憑空虚構、誣陷於人者。

屬於第一類的如南宋初人錢世昭乃吴越王錢俶之後,其叔錢愐,"昭陵之甥,親見宣、政太平文物之懿,逮事太上,備膺眷遇。其在帝左右,銜命出疆,凡耳目之所接,事出一時,語流千載者,皆廣記而備言之。世昭敬請其説,得數萬言,叙而集之",名曰《錢氏私志》。[3] 然其書以歐陽修"《五代史・吴越世家》及《歸田録》貶斥錢氏之嫌,詆歐陽修甚力,似非公論。然其末自稱皆報東門之役,則亦不自諱其挾怨矣"[4]。

又如朱彧撰《萍洲可談》三卷,"是書多述其父(朱服)之所見聞,而於廣州蕃坊市舶,言之尤詳",其"所記土俗民風、朝章國典,皆頗足以資考證。即逸聞瑣事,亦往往有裨勸诫",然"考之《宋史》,服雖坐與蘇軾交游貶官,然實非元祐之黨。嘗有隙於蘇轍,而比附於舒亶、吕惠卿。故彧作是書,於二蘇頗有微詞,而於亶與惠卿則往往曲爲解釋。甚至元祐垂簾,有'政由帷箔'之語。蓋欲回護

1 《長編》卷五八"景德元年十二月庚辰朔"條注,第1289頁。

2 《四庫全書總目》卷一四三《丁晋公談録》,第1217頁。

3 〔宋〕錢世昭:《錢氏私志》卷首《序》,《全宋筆記》第二編七,大象出版社2006年版,第62頁。

4 《四庫全書總目》卷一四〇《錢氏私志》,第1191頁。

其父，不得不回護其父黨；既回護其父黨，遂不得不尊紹聖之政，而薄元祐之人。與蔡絛《鐵圍山叢談》同一用意，殊乖是非之公”[1]。而邵博撰《邵氏聞見後録》，其父邵伯温撰有《邵氏聞見録》，“所記多朝廷大政，可裨史傳”，故邵博“續其父書”而名《聞見後録》，“兼及經義、史論、詩話，又參以神怪、俳諧，較《前録》頗爲瑣雜。又伯温書盛推二程，博乃排程氏而宗蘇軾。觀所記游酢、謝良佐之事，知康節没後，程氏之徒欲尊其師而抑邵，故博有激以報之。……至其彙輯《疑孟》諸説，至盈三卷，證《碧雲騢》真出梅堯臣手，記王子飛事稱佛法之靈，記湯保衡事推道教之驗，論晏殊薄葬之非，詆趙鼎宗洛學之謬，皆有乖邵子之家法”[2]。此乃學術紛争而致怒於人，遂而論議失當者。

至於如蘇軾、蘇轍手足情深，但至南宋初，蘇軾及其文章大得士子推崇，陸游嘗載：“建炎以來，尚蘇氏文章，學者翕然從之，而蜀士尤盛。亦有語曰：‘蘇文熟，吃羊肉。蘇文生，吃菜羹。’”[3]於是二蘇之子孫的心理便産生了微妙的變化。蘇轍之孫、蘇遲長子蘇籀，當蘇轍因黨争被貶官居住許昌時，“籀年十餘歲時，侍轍於潁昌，首尾九載，未嘗去側。因録其所聞可追記者若干語，以示子孫，故曰《遺言》”。其中“辨論文章流别、古今人是非得失，最爲詳晰，頗能見轍作文宗旨。其精言奥義，亦多足以啓發來學”。然而“謂吕惠卿、王安石之隙起於《字説》及《三經義》，核之史傳，亦非事實。至謂轍母夢蛟龍伸臂而生轍，引孔子生時二龍附徵在之房爲比，又雜載轍崇寧丙戌夢見王介甫事，尤爲失之誕妄”。尤其是“（蘇）籀私於其祖，每陰寓抑軾尊轍之意，似非轍之本心”。[4]

而於筆記中憑空虚構、誣陷於人者也時有所見，甚至一向聲名頗佳者也有此嫌。如北宋後期張舜民撰《畫墁録》一卷，“多載宋時雜事”，而當時“徐禧於永樂死事，朝廷贈恤之典，見於史册甚詳”，然而《畫墁録》中却“云徐禧不知所歸，人無道者，或曰有人見之夏國，疑亦有之。是直以禧爲屈節偷生，殊爲誣妄”。其原因大概是舜民“嘗從高遵裕西征，喜談兵事，殆因惡禧之失策，故醜其

1 《四庫全書總目》卷一四一《萍洲可談》，第 1197 頁。

2 《四庫全書總目》卷一四一《聞見後録》，第 1199 頁。

3 《老學庵筆記》卷八，第 100 頁。

4 《四庫全書總目》卷一二一《欒城遺言》，第 1043 頁。

詞歟？"。[1] 至於北宋中期張君房，著述頗富，"嘗撰《乘异記》三編、《科名定分録》七卷、《儆戒會最》五十事、《麗情集》十二卷，又《潮説》《野語》各三篇。洎退居，又撰《脞説》二十卷。年七十六，仍著詩賦雜文，其子百藥嘗纂爲《慶曆集》三十卷"[2]。然其所著多有誣構事實以泄私忿者，如《默記》嘗載張君房"同年白稹者，有俊聲，亦以文名世，蚤卒，有文集行於世。常輕君房，心銜之。及作《乘异記》，載白稹死，其友行舟，夢稹曰：'我死罰爲黿，汝來日舟過，當見我矣。'如其言行舟，見人聚觀而烏鵲噪於岸，倚舟問之，乃漁人網得大黿。其友買而放之於江中。《乘异記》既行，君房一日朝退，出東華門外，忽有少年拽君房下馬，奮擊，冠巾毁裂，流血被體，幾至委頓，乃白稹之子也。問：'吾父安有是事？必死而後已。'觀者爲釋解，且令君房毁其版，君房哀祈如約，乃得去"[3]。此可爲撰筆記小説以誣構他人以泄私憤者戒。

由於存在僞撰文字以誣構他人的現象，故也有宋人借此爲理由而指筆記所載不實，以掩飾己過，或爲父祖洗刷。其中最爲著名者，當屬仁宗朝宰相吕夷簡後裔强辯司馬光《涑水記聞》所記吕夷簡事不實者。

司馬光《涑水記聞》"蓋本光未成之稿"[4]，故宣稱"最愛元祐"的宋高宗即命范冲"爲光編類《記聞》十卷奏御"[5]。則"此書行於世久矣，其間記吕文靖數事，吕氏子孫頗以爲諱，蓋嘗辨之以爲非温公全書。而公（司馬光）之曾孫侍郎伋季思遂從而實之"[6]。所謂"記吕文靖數事"，乃指吕夷簡（謚文靖）贊仁宗廢郭皇后事；而司馬伋"遂從而實之"之事，史載紹興十五年（1145）七月丙午：

> 右承務郎、新添差浙東安撫司幹辦公事司馬伋言："建安近刊行一書，曰《司馬温公記聞》，其間頗關前朝故事。緣曾祖平日論著即無上件文字，顯是妄借名字，售其私説。伏望降旨禁絶，庶幾不惑群聽。"詔委建州守臣將不合開板文字盡行毁弃。伋特遷一官。初，范冲在史

---

1 《四庫全書總目》卷一四〇亦著録《畫墁録》，第1192頁。

2 《麈史》卷中《學術》，第37頁。

3 《默記》卷下，第52頁。

4 《四庫全書總目》卷一四〇《涑水記聞》，第1190頁。

5 《宋史》卷四三五《范冲傳》，第12906頁。

6 《直齋書録解題》卷五，第150頁。

館,上出光《記聞》,命冲編類進入。冲言:"此書雖未可盡信,其有補治道亦多。"乃繕寫成十册上之。至是,秦檜數請禁野史,伋懼罪,遂諱其書。然其書卒行於世。[1]

然所謂"光未成之稿"之説實頗有影響而時起争議。如汪應辰《與吕逢吉》有云:"聞之《記聞》之書,乃西京一守陵閹官所傳。蓋温公嘗囑其子孫以勿傳也。則其所由來,固可疑矣。"[2]然朱熹以爲《涑水記聞》確爲司馬光所撰,云:

吕家子弟力辨以爲非温公書。(原注:蓋其中有記吕文靖公數事,如殺郭后等)某嘗見范太史之孫某,説親收得温公手寫稿本,安得爲非温公書?某編《八朝言行録》,吕伯恭兄弟亦來辨。爲子孫者,祇得分雪,然必欲天下之人從己,則不能也。[3]

所謂"范太史之孫",據朱熹《書張氏所刻潛虚圖後》云:

紹興己巳(1149),洛人范仲彪炳文避章傑之禍,自信安來客崇安,予得從之游。炳文,親唐鑑公諸孫。……時又嘗問炳文:"或謂《涑水記聞》非温公書者,信乎?"炳文曰:"是何言也?温公日録月别爲卷,而記行事,皆述見聞,手筆細書,今可覆視,豈他人之所得爲哉?特其間善惡雜書,無所隱避,使所書之家或諱之而不欲傳耳。"[4]

所謂"所書之家或諱之而不欲傳",即指"吕伯恭(吕祖謙)兄弟亦來辨"而言,即《五朝名臣言行録》卷九述吕夷簡廢郭皇后事,朱熹且注云"公孫中書舍人本中,嘗言《温公日録》《涑水記聞》多出洛中人家子弟增加之僞"[5]云云,所以爲其祖辨析者甚力。所謂"洛中人家子弟"云云,乃指紹興時范冲重修《涑水記聞》事。雖然吕祖謙兄弟與朱熹關係密切,但事實俱在,故"爲子孫者,祇得分雪",而竭力辨析以"必欲天下之人從己,則不能也",《涑水記聞》亦"卒行於世",但依然由此引起一場不小之風波。

1 《建炎以來繫年要録》卷一五四"紹興十五年七月丙午"條,第3册,第143頁。

2 《文定集》卷一六《與吕逢吉》,第1138册,第748頁。

3 《朱子語類》卷一三〇,第3104頁。

4 《晦庵集》卷八一《書張氏所刻潛虚圖後》,第3832~3833頁。

5 〔宋〕朱熹:《五朝名臣言行録》卷九之五《御史中丞孔公》,上海古籍出版社、安徽教育出版社2002年《朱子全書》本,第282頁。

由於"野史雜説多有得之傳聞及好事者緣飾,故類多失實",所以宋人即已感嘆"野史不可信"。[1] 而此類因挾私家恩怨而造成的筆記内容的訛誤失實,甚爲損害宋代筆記的史料價值,也當引起今日研究者在利用宋代筆記時的注意。

1 《容齋隨筆》卷四《野史不可信》,第52頁。

結語

兩宋時期施行的“尚文抑武”國策，使得文壇群星璀璨，人才輩出，文事甚盛，被後世譽爲“唐宋八大家”的，除韓愈、柳宗元外，歐陽修、王安石、曾鞏與蘇洵、蘇軾、蘇轍六人皆爲北宋中期人。在他們影響下，兩宋士大夫於“修齊治平”之餘，馳筆於筆記雜史的撰述，其數量多達一千餘種，體裁多樣，文筆翔實，重史崇實，或載政務，或記人事，或敘世情，或録物理，或寫一時之諧謔，或述一地之風土，各具特色，恰如蘇軾詩句“横看成嶺側成峰，遠近高低各不同”所形容者。總括有宋一代卷帙多逾千種的各色筆記著述之内容，大體可歸納爲以下幾大特點。

其一，宋人筆記著述的普及性。隨着社會經濟的進步，世人對文化之需求日趨廣泛，而因雕版印刷技術的進步和普及，宋人較前代更易獲得書籍，由此帶來的閲讀便利，也使得宋代學者的著述較前代激增。而書籍刊印之便利，更促進了書籍在社會上的廣爲傳布，推動了學術思想文化的流傳與普及，由此反過來又擴大了世人對於書籍之需求。宋代筆記的著述及其刊印、流傳情況，也同樣如此。

在宋人筆記數量較唐代大增的同時，宋代筆記普及性還表現在其内容涉及面極爲廣泛，如歐陽修序《歸田録》云：“《歸田録》者，朝廷之遺事，史官之所不記，與夫士大夫談笑之餘而可録者，録之以備閒居之覽也。”其《後記》又曰：“唐李肇《國史補序》云：‘言報應，叙鬼神，述夢卜，近帷箔，悉去之；記事實，探物理，辨疑惑，示勸戒，采風俗，助談笑，則書之。’余之所録，大抵以肇爲法。”[1]然此祇是士大夫若歐陽修們對待筆記著述之態度，縱觀宋代筆記内容，實是上至朝政大事，下至個人日常閑趣，旁及山川形勢、道路迂曲、民風物産、士人交游、寒暑晴雨、草榮花香，甚至報應夢卜、鬼神精怪、海外异聞之類，林林總總，包羅萬象，無所不記，記無不詳。此外，筆記之“隨筆記録、不拘體例”的著述特色，也使得

1　《歸田録》卷首《自序》，第 3 頁；卷二《後記》，第 36 頁。

筆記撰作的“門檻”頗低，甚至在某種程度上可以説，凡識字者皆可成爲筆記之著者。據本書上文統計，整個宋代有筆記多達 1103 種(包括存佚)，其中佚名之作 104 種；其著者姓名可考者有 695 人，而其中平民 41 人，事迹未詳者 126 人。此類著者姓名已佚之作或者著者生平未詳者，大都屬於平民，且其比例南宋要遠高於北宋時。由此可證宋人筆記著述已甚爲普及，即其著者與其内容已廣泛反映出宋代社會文化的諸層面。

其二，宋人筆記内容的紀實性。宋代史學發達，且士大夫深懷“憂樂天下”之使命感，而天子與士大夫共治天下，即所謂“天子之所與共天下者，其人皆出乎士也”[1]之念，亦爲時人所接受，故而宋代筆記内容具有很强的紀實性，軍國要務、時政得失，甚至宫闈秘聞等亦屢屢見載於其中。由此，宋人筆記内容具有鮮明之時代特色，如北宋前期筆記多記晚唐五代之事，來探討、總結唐末以來的治政得失，以爲宋廷施政之借鑒，以免成爲五代之後的又一個“短命”王朝；北宋後期筆録則多涉及王安石變法，并因贊成變法與否而結黨分派，形成激烈的黨争；至元祐年間，反對變法之“舊黨”又分爲洛、蜀、朔三黨，互相攻訐。於是黨派中人所著之筆記，或宗阿其黨人，或攻訐其政敵，如晁説之“所與游之蘇軾、黄庭堅等”，故其於《晁氏客語》中之議論即“迥异於洛黨”；[2]施德操好洛學，故其《北窗炙輠録》中“多稱道二程，雖間一及蘇氏，而不甚鄭重。其第一條，即言王氏新法由於激成，以闡明程子之意，則宗洛而不宗蜀，其微意固可概見”[3]。而作爲反對新學的邵雍之後，邵伯温所撰《邵氏聞見録》中記録的王安石事迹，頗多道聽途説、移花接木、憑空虚構之處，故南宋周必大“《跋吕獻可墓志》，謂伯温是書頗多荒唐，凡所書人及其歲月鮮不差誤”[4]，然却爲宗洛學所稱譽。南宋前期筆記多載兩宋之際人事，亦寓家國興衰之感，以究北宋滅亡之原因。宋人筆記的這一特點，也使其内容具有甚高之史料價值，成爲宋代纂修實録、國史的重要文獻來源。

---

1 〔宋〕徐積：《節孝集》卷二九《策問》，上海古籍出版社《文淵閣四庫全書》本，第 1101 册，第 935 頁。

2 《四庫全書總目》卷一二〇《晁氏客語》，第 1037～1038 頁。

3 《四庫全書總目》卷一四一《北窗炙輠録》，第 1199 頁。

4 《四庫全書總目》卷一四一《聞見前録》，第 1198 頁。

其三，宋人筆記内容的學術性。陳寅恪先生嘗指出："華夏民族之文化，歷數千載之演進，造極於趙宋之世"，而"宋代學術之復興，或新宋學之建立是已"。[1] 雖其所言主要指宋學，但宋代學術發展也已進入一新時期。宋人記録其學術成果除專著外，筆記也成爲一重要載體，故而産生多部頗與前代有异之學術筆記。其表現有二：一是將自己的學術所得雜記於筆記内，如張邦基《墨莊漫録》"多記雜事"，然"亦頗及考證"，其"記韓愈詩'風棱''露液'字之异同，蘇軾《儋耳》詩'石'字、'者'字之訛誤，辨杜甫詩'王母晝下雲旗翻'句、'還如何遜在揚州'句、'江湖多白鳥'句、'星落黄姑渚'句、'功曹非復漢蕭何'句，解王珪詩'舞急錦腰迎十八，酒酣玉醆照東西'句，解黄庭堅詩'争名朝市魚千里'句、'影落華亭千尺月，夢通岐下六州王'句，皆極典核"[2]。此類情况最爲普遍。又如楊簡《石魚偶記》一卷，其論學文字大都載於《家記》，"蓋《遺書》中自卷七至卷十六爲《家記》十卷，凡先生論《易》，論《書》，論《詩》，論《春秋》，論《禮》《樂》，論《論語》，論《孝經》，論《大學》《中庸》，論《孟子》諸子，論治道，論封建，論兵，義理所在，編者彙而著之。而《偶記》則先生本所考據，間發議論，手録於册者也。有與《家記》同者，有與《家記》詳略差异者，而要以《家記》未見者爲多"，由此可證楊簡之學問不但"精於義理"，且"勤於考據"。[3] 二是專著筆記以記録其學術見解，此間名著不少。如洪邁《容齋隨筆》、羅大經《鶴林玉露》、程大昌《考古編》、李心傳《舊聞證誤》之類皆是，而其他不甚著名之筆記如王觀國《學林》，其"書中專以辨别字體、字義、字音爲主。自六經、《史》、《漢》旁及諸書，凡注疏箋釋之家，莫不臚列异同，考求得失，多前人之所未發"[4]。又如宋末俞琰《書齋夜話》四卷，"此書乃其平日讀書論文隨所得而筆記者"，其"卷一皆辯論經義"，"卷二、卷三皆推闡先儒之説"，"末一卷皆論文之語"；[5] 車似慶《閒居録》雖已久佚，然據杜範《車隘軒閒居録序》，《閒居録》乃車若水之祖隘軒"自志其平日所得，而若水又搜采舊聞，飾而附益焉者"，而"其釋經評史，確古商今，

1 陳寅恪：《金明館叢稿二編·鄧廣銘〈宋史職官志考證〉序》，第245頁。

2 《四庫全書總目》卷一二一《墨莊漫録》，第1042頁。

3 《石魚偶記》卷首張壽鏞《序》，第48頁。

4 《四庫全書總目》卷一一八《學林》，第1019頁。

5 《四庫全書總目》卷一二一《書齋夜話》，第1048頁。

不襲傳記之舊説、簡策之陳言,迥出新意,自成一家"。[1] 此類筆記成爲記録宋代學術的重要載體,從而具有甚高之研究價值。

其四,宋人筆記多記宋人日常生活諸方面。有别於正經正史及其他官修史籍,筆記著述的内容龐雜,體裁多樣而隨意,故其所記録者多及社會百態、市井瑣聞、海外奇談以及著者身邊雜事等,多爲官修史籍所不取,[2] 而别具文獻價值。如錢易《南部新書》載"波斯舶船多養鴿,鴿飛千里,輒放一隻至家,以爲平安信"[3],沈括《夢溪筆談》稱宋時驛傳分"三等,曰步遞、馬遞、急脚遞"[4],洪邁《容齋隨筆》載"渠陽蠻俗"[5],周去非《嶺外代答》記海南彝人習俗等[6],對研究中國古代郵傳制度、海上通信、中外交通,以及古代少數民族地區的生活婚姻習俗等皆屬不可忽視的史料。又如《東京夢華録》《夢粱録》《武林舊事》之類記載兩宋京城開封、臨安市井風情習俗等;韓元吉撰《桐陰舊話》,其"書中所記韓億、韓綜、韓絳、韓繹、韓維、韓縝雜事,共存十三條,皆其家世舊聞。以京師第門有桐木",故以名書;[7] 曾布《曾公遺録》雖"記在政府奏對施行及宫禁朝廷"[8] 事,然亦多及其"日常交游,家常瑣事",即書中"雖私家交際及嬰孩疾病、治療醫藥,纖悉毋遺",[9] 此皆爲其他史籍所甚少記載者,從而在宋代社會生活、市井文化乃至疾病醫療等研究方面具有十分重要之價值。

兩宋筆記卷帙繁多,内容龐雜,涉及社會、政治、軍事、經濟、文化與風土習俗諸方面,其中精華與糟粕共存,記事詳盡與舛誤互見,故在閱讀、利用宋人筆記時,還需仔細鑒别,去僞存真,然後纔能更好地把握其價值。

---

1 〔宋〕杜範:《清獻集》卷一六《車隘軒閒居録序》,上海古籍出版社《文淵閣四庫全書》本,第 1175 册,第 733 頁。

2 如《四庫全書總目》卷七〇《中吴紀聞》稱龔明之"是書采吴中故老嘉言懿行及其風土人文,爲新舊《圖經》、范成大《吴郡志》所不載者,仿范純仁《東齋記事》、蘇軾《志林》之體編次成帙"。

3 《南部新書》己集,第 83 頁。

4 《新校正夢溪筆談》卷一一《官政一》,第 125 頁。

5 《容齋隨筆・四筆》卷一六《渠陽蠻俗》,第 799 頁。

6 《嶺外代答》卷二《海外黎蠻》,第 70 頁。

7 《四庫全書總目》卷六一《桐陰舊話》,第 548 頁。

8 《直齋書録解題》卷七,第 211 頁。

9 《清波雜志校注》卷六《元祐諸公日記》,第 238 頁。

徵引書目

一、史籍

《白孔六帖》〔唐〕白居易撰,〔宋〕孔傳續,上海古籍出版社,《文淵閣四庫全書》本。

《百川書志》〔明〕高儒,古典文學出版社 1957 年版。

《北夢瑣言》〔宋〕孫光憲,上海古籍出版社 1981 年版。

《本草綱目》〔明〕李時珍,人民衛生出版社 1975 年版。

《避暑録話》〔宋〕葉夢得,《全宋筆記》第二編,大象出版社 2006 年版。

《碧鷄漫志》〔宋〕王灼,《全宋筆記》第四編,大象出版社 2008 年版。

《碧雲騢》〔宋〕梅堯臣,《全宋筆記》第一編,大象出版社 2003 年版。

《賓退録》〔宋〕趙與旹,上海古籍出版社 1983 年版。

《泊宅編》〔宋〕方勺,中華書局 1983 年版。

《步里客談》〔宋〕陳長方,《全宋筆記》第四編,大象出版社 2008 年版。

《蔡襄集》〔宋〕蔡襄,上海古籍出版社 1996 年版。

《藏一話腴》〔宋〕陳郁,上海古籍出版社《文淵閣四庫全書》本。

《草堂詩餘》〔宋〕佚名,上海古籍出版社《文淵閣四庫全書》本。

《晁氏客語》〔宋〕晁説之,《全宋筆記》第一編,大象出版社 2003 年版。

《陳亮集》〔宋〕陳亮,中華書局 1974 年版。

《摛文堂集》〔宋〕慕容彦逢,上海古籍出版社《文淵閣四庫全書》本。

《池北偶談》〔清〕王士禛,中華書局 1982 年版。

《叢林盛事》〔宋〕釋道融,《全宋筆記》第七編,大象出版社 2003 年版。

《吹劍録全編》〔宋〕俞文豹撰,張宗祥校訂,古典文獻出版社 1958 年版。

《春渚紀聞》〔宋〕何薳,中華書局 1983 年版。
《次續翰林志》〔宋〕蘇耆,中華書局 1990 年影印清鮑氏《知不足齋叢書》之《翰苑群書》本。
《道山清話》〔宋〕佚名,《全宋筆記》第二編,大象出版社 2006 年版。
《釣磯立談》〔宋〕史氏,《全宋筆記》第一編,大象出版社 2003 年版。
《丁晋公談録》〔宋〕潘汝士,中華書局 2012 年版。
《東都事略》〔宋〕王稱,上海古籍出版社《文淵閣四庫全書》本。
《東觀餘論》〔宋〕黄伯思,明毛氏汲古閣刊本。
《東家雜記》〔宋〕孔傳,《全宋筆記》第三編,大象出版社 2008 年版。
《東京夢華録》〔宋〕孟元老撰,伊永文箋注,中華書局 2006 年版。
《東里集》〔明〕楊士奇,上海古籍出版社《文淵閣四庫全書》本。
《東坡志林》〔宋〕蘇軾,《全宋筆記》第一編,大象出版社 2003 年版。
《東軒筆録》〔宋〕魏泰,中華書局 1983 年版。
《東園叢説》〔宋〕李如篪,《全宋筆記》第五編,大象出版社 2012 年版。
《東齋記事》〔宋〕范鎮,中華書局 1980 年版。
《獨醒雜志》〔宋〕曾敏行,上海古籍出版社 1986 年版。
《讀書附志》〔宋〕趙希弁,上海古籍出版社《郡齋讀書志校證》1990 年版。
《讀書敏求記》〔清〕錢曾,書目文獻出版社 1984 年版。
《范太史集》〔宋〕范祖禹,上海古籍出版社《文淵閣四庫全書》本。
《范文正公集》〔宋〕范仲淹,北京圖書館出版社 2006 年中華再造善本。
《范忠宣集》〔宋〕范純仁,上海古籍出版社《文淵閣四庫全書》本。
《分門古今類事》〔宋〕佚名,上海古籍出版社 1991 年影印本。
《豐清敏公遺事》〔宋〕李朴,《全宋筆記》第二編,大象出版社 2006 年版。
《楓窗小牘》〔宋〕袁褧,《全宋筆記》第四編,大象出版社 2008 年版。
《浮溪集》〔宋〕汪藻,上海商務印書館《四部叢刊初編》本。
《浮沚集》〔宋〕周行己,上海古籍出版社《文淵閣四庫全書》本。
《攻愧集》〔宋〕樓鑰,上海商務印書館《四部叢刊初編》本。
《古今事文類聚》〔宋〕祝穆,上海古籍出版社《文淵閣四庫全書》本。
《廣卓异記》〔宋〕樂史,《全宋筆記》第一編,大象出版社 2008 年版。

《歸田録》〔宋〕歐陽修,中華書局1981年版。
《龜山集》〔宋〕楊時,上海古籍出版社《文淵閣四庫全書》本。
《龜山先生語録》〔宋〕楊時,上海商務印書館《四部叢刊續編》本。
《癸辛雜識》〔宋〕周密,中華書局1988年版。
《桂海虞衡志》〔宋〕范成大,中華書局2002年《范成大筆記六種》本。
《貴耳集》〔宋〕張端義,《全宋筆記》第六編,大象出版社2013年版。
《漢書》〔東漢〕班固,中華書局1964年版。
《韓昌黎文集校注》〔唐〕韓愈撰,馬其昶校注,馬茂元整理,上海古籍出版社1986年版。
《翰苑群書》〔宋〕洪遵,中華書局1990年影印清鮑氏《知不足齋叢書》本。
《珩璜新論》〔宋〕孔平仲,《全宋筆記》第二編,大象出版社2006年版。
《鶴山集》〔宋〕魏了翁,上海古籍出版社《文淵閣四庫全書》本。
《弘治温州府志》〔明〕王瓚、蔡芳,上海社會科學出版社2006年版。
《後漢書》〔南朝宋〕范曄等,中華書局1965年版。
《畫墁集》〔宋〕張舜民,上海古籍出版社《文淵閣四庫全書》本。
《畫墁録》〔宋〕張舜民,《全宋筆記》第二編,大象出版社2006年版。
《黄氏日抄》〔宋〕黄震,上海古籍出版社《文淵閣四庫全書》本。
《篁墩文集》〔明〕程敏政,上海古籍出版社《文淵閣四庫全書》本。
《揮麈録》〔宋〕王明清,《全宋筆記》第六編,大象出版社2013年版。
《晦庵先生朱文公文集》〔宋〕朱熹,上海古籍出版社、安徽教育出版社2002年《朱子全書》本。
《鷄肋編》〔宋〕莊綽,中華書局1983年版。
《汲古閣書跋》〔明〕毛晋,上海古籍出版社2005年版。
《擊壤集》〔宋〕邵雍,上海古籍出版社《文淵閣四庫全書》本。
《家世舊聞》〔宋〕陸游,中華書局1993年版。
《賈氏談録》〔宋〕張洎,《全宋筆記》第一編,大象出版社2003年版。
《建炎以來朝野雜記》〔宋〕李心傳,中華書局2000年版。
《建炎以來繫年要録》〔宋〕李心傳,上海古籍出版社1992年版。
《江表志》〔宋〕鄭文寶,《全宋筆記》第一編,大象出版社2003年版。

《江湖長翁集》〔宋〕陳造,上海古籍出版社《文淵閣四庫全書》本。
《江南野史》〔宋〕龍衮,《全宋筆記》第一編,大象出版社2003年版。
《江西通志》〔清〕謝旻等,上海古籍出版社《文淵閣四庫全書》本。
《芥隱筆記》〔宋〕龔頤正,《全宋筆記》第五編,大象出版社2012年版。
《節孝集》〔宋〕徐積,上海古籍出版社《文淵閣四庫全書》本。
《晉書》〔唐〕房玄齡等,中華書局1974年版。
《錦綉萬花谷》〔宋〕佚名,上海古籍出版社1991年影印本。
《京口耆舊傳》〔宋〕佚名,上海商務印書館《叢書集成初編》本。
《靖康紀聞》〔宋〕丁特起,《全宋筆記》第四編,大象出版社2008年版。
《景迂生集》〔宋〕晁説之,上海古籍出版社《文淵閣四庫全書》本。
《舊唐書》〔五代〕劉昫等,中華書局1975年版。
《居易録》〔清〕王士禛,上海古籍出版社《文淵閣四庫全書》本。
《郡齋讀書志校證》〔宋〕晁公武撰,孫猛校證,上海古籍出版社1990年版。
《考古編》〔宋〕程大昌,《全宋筆記》第四編,大象出版社2008年版。
《考古質疑》〔宋〕葉大慶,上海古籍出版社1985年版。
《括异志》〔宋〕張師正,中華書局1996年版。
《困學紀聞》〔宋〕王應麟撰,〔清〕翁元圻等注,上海古籍出版社2008年版。
《老學庵筆記》〔宋〕陸游,中華書局1979年版。
《樂善録》〔宋〕李昌齡,上海商務印書館《叢書集成初編》本。
《李綱全集》〔宋〕李綱,岳麓書社2004年版。
《禮部集》〔元〕吴師道,上海古籍出版社《文淵閣四庫全書》本。
《歷代詩話》〔清〕何文焕,中華書局1981年版。
《梁文紀》〔明〕梅鼎祚,上海古籍出版社《文淵閣四庫全書》本。
《梁溪漫志》〔宋〕費衮,上海古籍出版社1985年版。
《兩宋名賢小集》〔宋〕陳思編,〔元〕陳世隆補,上海古籍出版社《文淵閣四庫全書》本。
《嶺外代答》〔宋〕周去非撰,楊武泉校注,中華書局1999年版。
《龍川别志》〔宋〕蘇轍,中華書局1982年版。
《龍川略志》〔宋〕蘇轍,中華書局1982年版。

《隆平集校證》〔宋〕曾鞏撰,王瑞來校證,中華書局 2012 年版。
《蘆浦筆記》〔宋〕劉昌詩,中華書局 1986 年版。
《陸子餘集》〔明〕陸粲,上海古籍出版社《文淵閣四庫全書》本。
《吕氏雜記》〔宋〕吕希哲,《全宋筆記》第一編,大象出版社 2003 年版。
《羅湖野録》〔宋〕釋曉瑩,《全宋筆記》第五編,大象出版社 2012 年版。
《洛陽搢紳舊聞記》〔宋〕張齊賢,《全宋筆記》第一編,大象出版社 2003 年版。
《捫虱新話》〔宋〕陳善,《全宋筆記》第五編,大象出版社 2012 年版。
《密齋筆記》〔宋〕謝采伯,上海商務印書館《叢書集成初編》本。
《勉齋集》〔宋〕黄榦,上海古籍出版社《文淵閣四庫全書》本。
《明一統志》〔明〕李賢,上海古籍出版社《文淵閣四庫全書》本。
《默記》〔宋〕王銍,中華書局 1981 年版。
《墨客揮犀》〔宋〕彭□,中華書局 2002 年版。
《墨莊漫録》〔宋〕張邦基,中華書局 2002 年版。
《牟氏陵陽集》〔宋〕牟巘,上海古籍出版社《文淵閣四庫全書》本。
《南部新書》〔宋〕錢易,中華書局 2002 年版。
《南村輟耕録》〔元〕陶宗儀,文化藝術出版社 1998 年版。
《南濠居士文跋》〔明〕都穆,北京圖書館出版社 2002 年《國家圖書館藏古籍題跋叢刊》本。
《南澗甲乙稿》〔宋〕韓元吉,上海古籍出版社《文淵閣四庫全書》本。
《南齊書》〔南朝梁〕蕭子顯,中華書局 1996 年版。
《南唐近事》〔宋〕鄭文寶,《全宋筆記》第一編,大象出版社 2003 年版。
《南唐書》〔宋〕陸游,杭州出版社 2004 年《南唐史書彙編》本。
《南唐書》〔宋〕馬令,杭州出版社 2004 年《南唐史書彙編》本。
《能改齋漫録》〔宋〕吴曾,上海古籍出版社 1979 年新 1 版。
《歐陽修全集》〔宋〕歐陽修,中華書局 2001 年版。
《盤洲文集》〔宋〕洪适,上海商務印書館《四部叢刊初編》本。
《佩韋齋集》〔宋〕俞德鄰,上海古籍出版社《文淵閣四庫全書》本。
《齊東野語》〔宋〕周密,中華書局 1983 年版。
《錢氏私志》〔宋〕錢世昭,《全宋筆記》第二編,大象出版社 2006 年版。

《青箱雜記》〔宋〕吴處厚,中華書局 1985 年版。
《清波别志》〔宋〕周煇,上海古籍出版社《文淵閣四庫全書》本。
《清波雜志校注》〔宋〕周煇撰,劉永翔校注,中華書局 1994 年版。
《清容居士集》〔元〕袁桷,上海商務印書館《四部叢刊初編》本。
《清獻集》〔宋〕杜範,上海古籍出版社《文淵閣四庫全書》本。
《曲洧舊聞》〔宋〕朱弁,中華書局 2002 年版。
《全閩詩話》〔清〕鄭方坤,上海古籍出版社《文淵閣四庫全書》本。
《全宋文》曾棗莊等主編,上海辭書出版社、安徽教育出版社 2006 年版。
《全蜀藝文志》〔明〕周復俊,上海古籍出版社《文淵閣四庫全書》本。
《全祖望集彙校集注》〔清〕全祖望撰,朱鑄禹彙校集注,上海古籍出版社 2000 年版。
《却掃編》〔宋〕徐度,《全宋筆記》第三編,大象出版社 2008 年版。
《群經補義》〔清〕江永,上海古籍出版社《文淵閣四庫全書》本。
《群書考索》〔宋〕章如愚,上海古籍出版社 1992 年版。
《人天寶鑒》〔宋〕釋曇秀,北京圖書館出版社 2004 年《禪宗全書》本。
《容齋隨筆》〔宋〕洪邁,上海古籍出版社 1978 年版。
《儒言》〔宋〕晁以道,上海古籍出版社《文淵閣四庫全書》本。
《三朝北盟會編》〔宋〕徐夢莘,上海古籍出版社 2008 年第 2 版。
《三朝名臣言行録》〔宋〕朱熹,上海古籍出版社、安徽教育出版社 2002 年《朱子全書》本。
《三輔黄圖校釋》何清谷校釋,中華書局 2005 年版。
《山房集》〔宋〕周南,上海古籍出版社《文淵閣四庫全書》本。
《苕溪漁隱叢話》〔宋〕胡仔,上海商務印書館《萬有文庫》本。
《邵氏聞見後録》〔宋〕邵博,中華書局 1983 年版。
《邵氏聞見録》〔宋〕邵伯温,中華書局 1983 年版。
《少室山房筆叢》〔明〕胡應麟,中華書局 1958 年版。
《涉史隨筆》〔宋〕葛洪,《全宋筆記》第六編,大象出版社 2013 年版。
《澠水燕談録》〔宋〕王闢之,中華書局 1981 年版。
《詩話總龜》〔宋〕阮閲,人民文學出版社 1987 年版。

《詩林廣記》〔宋〕蔡正孫,上海古籍出版社《文淵閣四庫全書》本。
《詩人玉屑》〔宋〕魏慶之,上海古籍出版社 1978 年新 1 版。
《石林燕語》〔宋〕葉夢得撰,〔宋〕宇文紹奕考异,中華書局 1984 年版。
《石魚偶記》〔宋〕楊簡,《全宋筆記》第六編,大象出版社 2013 年版。
《史通通釋》〔唐〕劉知幾撰,〔清〕浦起龍釋,上海古籍出版社 1978 年版。
《仕學規範》〔宋〕張鎡,上海古籍出版社《文淵閣四庫全書》本。
《壽親養老新書》〔元〕鄒鉉,上海古籍出版社《文淵閣四庫全書》本。
《庶齋老學叢談》〔元〕盛如梓,上海古籍出版社《文淵閣四庫全書》本。
《鼠璞》〔宋〕戴植,上海商務印書館《叢書集成初編》本。
《蜀中廣記》〔明〕曹學佺,上海古籍出版社《文淵閣四庫全書》本。
《雙橋隨筆》〔清〕周召,上海古籍出版社《文淵閣四庫全書》本。
《雙溪集》〔宋〕蘇籀,上海古籍出版社《文淵閣四庫全書》本。
《水東日記》〔明〕葉盛,中華書局 1980 年版。
《説郛》〔元〕陶宗儀,上海古籍出版社《文淵閣四庫全書》本。
《司馬光日記校注》〔宋〕司馬光,李裕民校注,中國社會科學出版社 1994 年版。
《四朝聞見録》〔宋〕葉紹翁,中華書局 1989 年版。
《四庫全書總目》〔清〕永瑢等,中華書局 1981 年版。
《四庫提要辨證》余嘉錫,中華書局 1980 年版。
《四庫提要訂誤(增訂本)》,李裕民,中華書局 2005 年版。
《四庫未收書提要(揅經室外集)》〔清〕阮元,上海古籍出版社《續修四庫全書》本。
《四庫未收書目提要續編》〔清〕胡玉縉撰,吴格整理,上海書店出版社 2002 年《續四庫提要三種》本。
《寶慶四明志》〔宋〕羅濬等,中華書局《宋元方志叢刊》本。
《延祐四明志》〔元〕袁桷,中華書局《宋元方志叢刊》本。
《松窗百説》〔宋〕李季可,《全宋筆記》第六編,大象出版社 2013 年版。
《松漠紀聞》〔宋〕洪皓,《全宋筆記》第三編,大象出版社 2008 年版。
《宋朝事實》〔宋〕李攸,中華書局 1955 年版。

《宋朝事實類苑》〔宋〕江少虞,上海古籍出版社 1981 年版。
《宋朝諸臣奏議》〔宋〕趙汝愚,上海古籍出版社 1999 年版。
《宋大詔令集》〔宋〕佚名,中華書局 1962 年版。
《宋會要輯稿》〔清〕徐松等輯,中華書局影印本。
《宋景文公筆記》〔宋〕宋祁,《全宋筆記》第一編,大象出版社 2003 年版。
《宋詩紀事》〔清〕厲鶚,上海古籍出版社 1983 年版。
《宋史》〔元〕脱脱等,中華書局 1985 年版。
《宋史全文》〔元〕佚名,上海古籍出版社《文淵閣四庫全書》本。
《宋史選舉志補正》,何忠禮,浙江古籍出版社 1992 年版。
《宋書》〔梁〕沈約,中華書局點校本。
《宋元詩會》〔清〕陳焯,上海古籍出版社《文淵閣四庫全書》本。
《宋元學案》〔清〕黄宗羲、全祖望等,中華書局 1982 年版。
《宋宰輔編年録校補》〔宋〕徐自明撰,王瑞來校補,中華書局 1986 年版。
《搜神記》〔晉〕干寶,中華書局 1979 年版。
《搜神秘覽》〔宋〕章炳文,《全宋筆記》第三編,大象出版社 2008 年版。
《蘇軾詩集》〔宋〕蘇軾撰,〔清〕王文誥輯注,中華書局 1982 年版。
《蘇魏公文集》〔宋〕蘇頌,中華書局 1988 年版。
《涑水記聞》〔宋〕司馬光,中華書局 1989 年版。
《隨手雜録》〔宋〕王鞏,《全宋筆記》第二編,大象出版社 2006 年版。
《隨隱漫録》〔宋〕陳世崇,中華書局 2010 年版。
《隋書》〔唐〕魏徵等,中華書局 1982 年版。
《遂初堂書目》〔宋〕尤袤,中華書局 2006 年《宋元明清書目題跋叢刊》本。
《孫公談圃》〔宋〕孫升,《全宋筆記》第二編,大象出版社 2006 年版。
《太倉稊米集》〔宋〕周紫芝,上海古籍出版社《文淵閣四庫全書》本。
《太平廣記》〔宋〕李昉等,中華書局 1961 年版。
《陶朱新録》〔宋〕馬純,《全宋筆記》第五編,大象出版社 2012 年版。
《天禄琳琅書目》〔清〕于敏中等,上海古籍出版社《中國歷代書目題跋叢書(第二輯)》2007 年版。
《鐵琴銅劍樓藏書目録》〔清〕瞿鏞,上海古籍出版社 2000 年版。

《鐵圍山叢談》〔宋〕蔡絛，中華書局 1983 年版。
《桯史》〔宋〕岳珂，中華書局 1981 年版。
《通雅》〔清〕方以智，上海古籍出版社《文淵閣四庫全書》本。
《通志》〔宋〕鄭樵，中華書局 1987 年版。
《萬姓統譜》〔明〕淩迪知，上海古籍出版社《文淵閣四庫全書》本。
《王荆公年譜考略》〔清〕蔡上翔，上海人民出版社 1973 年版。
《王荆文公詩李壁注》〔宋〕王安石撰，〔宋〕李壁注，上海古籍出版社 1993 年版。
《王十朋全集》〔宋〕王十朋，上海古籍出版社 1998 年版。
《王文公文集》〔宋〕王安石，上海人民出版社 1974 年版。
《王文正公筆録》〔宋〕王曾，《全宋筆記》第一編，大象出版社 2003 年版。
《王著作集》〔宋〕王蘋，〔明〕王觀編輯，上海古籍出版社《文淵閣四庫全書》本。
《緯略》〔宋〕高似孫，《全宋筆記》第六編，大象出版社 2013 年版。
《渭南文集》〔宋〕陸游，上海商務印書館《四部叢刊初編》本。
《文昌雜録》〔宋〕龐元英，《全宋筆記》第二編，大象出版社 2006 年版。
《文定集》〔宋〕汪應辰，上海古籍出版社《文淵閣四庫全書》本。
《文禄堂訪書記》〔清〕王文進，上海古籍出版社 2007 年版。
《文山集》〔宋〕文天祥，上海古籍出版社《文淵閣四庫全書》本。
《文獻集》〔元〕黄溍，上海古籍出版社《文淵閣四庫全書》本。
《文獻通考》〔元〕馬端臨，中華書局 2011 年版。
《文心雕龍注》〔南朝梁〕劉勰撰，范文瀾注，人民文學出版社 1958 年版。
《文淵閣書目》〔明〕楊士奇等，中華書局《宋元明清書目題跋叢刊》2006 年版。
《文章辨體彙選》〔明〕賀復徵，上海古籍出版社《文淵閣四庫全書》本。
《文忠集》〔宋〕周必大，綫裝書局《宋集珍本叢刊》本。
《文正王公遺事》〔宋〕王素，《全宋筆記》第一編，大象出版社 2003 年版。
《聞見近録》〔宋〕王鞏，《全宋筆記》第二編，大象出版社 2006 年版。
《温公續詩話》〔宋〕司馬光，中華書局 1981 年《歷史詩話》本。
《甕牖閒評》〔宋〕袁文，上海古籍出版社 1985 年版。

《無爲集》〔宋〕楊傑,上海古籍出版社《文淵閣四庫全書》本。
《無錫縣志》〔明〕佚名,上海古籍出版社《文淵閣四庫全書》本。
《吴船録》〔宋〕范成大,中華書局2002年《范成大筆記六種》本。
《吴郡志》〔宋〕范成大,江蘇古籍出版社1999年版。
《吴文正集》〔元〕吴澄,上海古籍出版社《文淵閣四庫全書》本。
《五朝名臣言行録》〔宋〕朱熹,上海古籍出版社、安徽教育出版社2002年《朱子全書》本。
《五代史補》〔宋〕陶岳,上海古籍出版社《文淵閣四庫全書》本。
《五代史闕文》〔宋〕王禹偁,杭州出版社2004年《南唐史書彙編》本。
《五代宋金元人邊疆行記十三種疏證稿》賈敬顔,中華書局2004年版。
《五總志》〔宋〕吴坰,《全宋筆記》第五編,大象出版社2012年版。
《武林舊事》〔宋〕周密,中國商業出版社1982年版。
《物理小識》〔明〕方以智,上海古籍出版社《文淵閣四庫全書》本。
《西山讀書記》〔宋〕真德秀,上海古籍出版社《文淵閣四庫全書》本。
《西溪叢語》〔宋〕姚寬,中華書局1993年版。
《溪堂集》〔宋〕謝逸,上海古籍出版社《文淵閣四庫全書》本。
《席上腐談》〔元〕俞琰,上海古籍出版社《文淵閣四庫全書》本。
《香祖筆記》〔清〕王士禛,上海古籍出版社1982年版。
《項氏家説》〔宋〕項安世,上海古籍出版社《文淵閣四庫全書》本。
《小畜集》〔宋〕王禹偁,上海商務印書館《四部叢刊初編》本。
《新安文獻志》〔明〕程敏政,黄山書社2004年版。
《新校正夢溪筆談》〔宋〕沈括撰,胡道静校注,中華書局1957年版。
《新唐書》〔宋〕歐陽修、宋祁,中華書局1975年版。
《性善堂稿》〔宋〕度正,上海古籍出版社《文淵閣四庫全書》本。
《省心雜言》〔宋〕李邦獻,《全宋筆記》第六編,大象出版社2013年版。
《續編兩朝綱目備要》〔宋〕佚名,中華書局1995年版。
《續世説》〔宋〕孔平仲,《全宋筆記》第二編,大象出版社2006年版。
《續湘山野録》〔宋〕文瑩,中華書局1984年版。
《續資治通鑑長編》〔宋〕李燾,中華書局點校本。

《續資治通鑑長編拾補》〔清〕黄以周等輯,中華書局2004年版。
《雪樓集》〔元〕程文海,上海古籍出版社《文淵閣四庫全書》本。
《學齋佔畢》〔宋〕史繩祖,民國十六年陶湘涉園《左氏百川學海》本。
《岩下放言》〔宋〕葉夢得,《全宋筆記》第二編,大象出版社2006年版。
《演繁露》〔宋〕程大昌,《全宋筆記》第四編,大象出版社2008年版。
《燕翼詒謀録》〔宋〕王栐,中華書局1981年版。
《楊公筆録》〔宋〕楊彦齡,《全宋筆記》第一編,大象出版社2003年版。
《楊文公談苑》〔宋〕宋庠編,李裕民輯校,上海古籍出版社1993年版。
《養蒙文集》〔元〕張伯淳,上海古籍出版社《文淵閣四庫全書》本。
《葉適集》〔宋〕葉適,中華書局1961年版。
《野客叢書》〔宋〕王楙,上海古籍出版社1991年版。
《夷堅志》〔宋〕洪邁,中華書局1981年版。
《宜齋野乘》〔宋〕吴枋,《全宋筆記》第七編,大象出版社2016年版。
《宜州乙酉家乘》〔宋〕黄庭堅,上海書店出版社2013年《宋代日記叢編》本。
《隱居通議》〔元〕劉壎,上海古籍出版社《文淵閣四庫全書》本。
《游宦紀聞》〔宋〕張世南,中華書局1981年版。
《輿地紀勝》〔宋〕王象之,四川大學出版社2005年版。
《羽庭集》〔元〕劉仁本,上海古籍出版社《文淵閣四庫全書》本。
《玉海》〔宋〕王應麟,江蘇古籍出版社、上海書店1988年版。
《玉壺清話》〔宋〕文瑩,中華書局1984年版。
《玉照新志》〔宋〕王明清,上海古籍出版社1991年版。
《雨航雜録》〔明〕馮時可,上海古籍出版社《文淵閣四庫全書》本。
《元憲集》〔宋〕宋庠,上海古籍出版社《文淵閣四庫全書》本。
《雲谷雜紀》〔宋〕張淏,中華書局1958年版。
《雲笈七籤》〔宋〕張君房,中華書局2003年版。
《雲麓漫鈔》〔宋〕趙彦衛,古典文學出版社1957年版。
《雲齋廣録》〔宋〕李獻民,中華書局1997年版。
《韵語陽秋》〔宋〕葛立方,中華書局1981年《歷代詩話》本。
《湛淵静語》〔元〕白珽,上海古籍出版社《文淵閣四庫全書》本。

《(雍正)浙江通志》〔清〕嵇曾筠等,上海古籍出版社《文淵閣四庫全書》本。
《知稼翁集》〔宋〕黄公度,上海古籍出版社《文淵閣四庫全書》本。
《直齋書録解題》〔宋〕陳振孫,上海古籍出版社 1987 年版。
《識遺》〔宋〕羅璧,上海古籍出版社《文淵閣四庫全書》本。
《至順鎮江志》〔元〕俞希魯,江蘇古籍出版社 1999 年版。
《中吴紀聞》〔宋〕龔明之,上海古籍出版社 1986 年版。
《中興小紀》〔宋〕熊克,福建人民出版社 1985 年版。
《周書》〔唐〕令狐德棻,中華書局 1971 年版。
《朱子語類》〔宋〕黎靖德,中華書局 1986 年版。
《諸蕃志校釋》〔宋〕趙汝适撰,楊博文校釋,中華書局 1996 年版。
《麈史》〔宋〕王得臣,上海古籍出版社 1986 年版。
《資治通鑑》〔宋〕司馬光撰,〔元〕胡三省注,中華書局點校本。

二、論著

《杯酒釋兵權考》,丁則良,載《人文科學學報》第 1 卷第 3 期,1945 年 9 月。
《"杯酒釋兵權"説獻疑》,方建新、徐規,載《文史》第 14 輯,1982 年 7 月。
《杯酒釋兵權新説質疑》,柳立言,載臺灣《大陸雜志》第 80 卷第 6 期,1990 年 6 月。
《北宋政治改革家王安石》,鄧廣銘,人民出版社 1997 年版。
《筆記小説史》,苗壯,浙江古籍出版社 1998 年版。
《"筆記小説"與筆記研究》,陶敏、劉再華,載《文學遺産》2003 年第 2 期。
《筆記文選讀》,吕叔湘,上海古籍出版社 1980 年版。
《〈辨奸論〉真僞問題的重提與再判》,鄧廣銘,載《國學研究》第三卷。
《〈賓退録〉作者趙與旹考》,陳偉文,載《文獻》2011 年第 4 期。
《鄧廣銘全集》,鄧廣銘,河北教育出版社 2005 年版。
《洪邁〈夷堅志〉研究》,張文飛,復旦大學 2008 年博士學位論文。
《教育政策與宋代兩浙教育》,顧宏義,湖北教育出版社 2003 年版。
《金明館叢稿二編》,陳寅恪,上海古籍出版社 1980 年版。
《"晋王有仁心"説辨析——兼及宋初"斧聲燭影"事件若干疑問之考證》,顧宏義,載《杭州師範大學學報》(社會科學版)2015 年第 2 期。
《歷代筆記概述》,劉葉秋,北京出版社 2003 年版。
《歷代日記叢談》,陳左高,上海畫報出版社 2004 年版。
《論"杯酒釋兵權"》,王育濟,載《中國史研究》1996 年第 3 期。
《論宋太祖收兵權》,聶崇岐,載《燕京學報》1948 年第 34 期。
《〈邵氏聞見録〉有關王安石若干史料辨誤》,顧宏義,載《河北大學學報》(哲學社會科學版)1998 年第 3 期。
《史籍舉要》,柴德賡,北京出版社 1982 年版。
《宋朝公使庫與公使庫刻書》,顧宏義,載《四川圖書館學報》1989 年第 1 期。
《宋初政治研究——以皇位授受爲中心》,顧宏義,華東師範大學出版社 2010 年版。
《宋代筆記概論》,傅林輝,百花洲文藝出版社 1999 年版。
《宋代筆記研究》,張暉,華中師範大學出版社 1993 年版。
《宋代地域文化》,程民生,河南大學出版社 1997 年版。
《宋代國子監刻書考論》,顧宏義,載《古籍整理研究學刊》2003 年第 4 期。
《宋代使臣語録考》,劉浦江,載《10—13 世紀中國文化的碰撞與融合》,上海人民出版社 2006 年版。
《宋代〈四書〉文獻研究》,顧宏義,上海古籍出版社 2014 年版。
《宋代疑經研究》,楊新勛,中華書局 2007 年版。
《宋代志怪傳奇叙録》,李劍國,南開大學出版社 1997 年版。
《宋紀受終考研究》,許振興,香港瑞榮企業 2005 年版。
《宋人筆記研究——以隨筆雜記爲中心》,安芮璿,復旦大學 2005 年博士學位論文。
《宋人筆記醫學史料探考》,彭榕華,載《福建中醫藥》2008 年第 39 卷第 1 期。
《宋人筆記與宋代科舉制度研究》,宫雲維,載《齊魯學刊》2001 年第 6 期。
《宋人生卒行年考》,李裕民,中華書局 2010 年版。
《宋儒孟子觀述論》,陳寒鳴,載《中國哲學史》1997 年第 1 期。
《宋史叢考》,聶崇岐,中華書局 1980 年版。
《宋史新探》,蔣復璁,臺灣正中書局 1966 年版。

《宋太祖太宗授受辨》,鄧廣銘,載《真理雜志》1944 年 3—4 月第 1 卷第 2 期。
《宋太宗繼統考實》,張蔭麟,載《文史雜志》1941 年 7 月第 1 卷第 8 期。
《唐宋時代設館修史制度考》,金毓黻,載《説文月刊》第 3 卷第 8 期,1942 年 9 月刊。
《唐五代志怪傳奇叙録》,李劍國,南開大學出版社 1993 年版。
《王禹偁〈建隆遺事〉考——兼論宋初"金匱之盟"之真僞》,顧宏義,載《中華文史論叢》(第九十五輯),上海古籍出版社 2009 年版。
《王禹偁事迹著作編年》,徐規,中國社會科學出版社 1982 年版。
《〈夷堅志〉的版本研究》,張祝平,載《古籍整理研究學刊》2003 年第 2 期。
《昭德晁氏家族研究》,何新所,上海古籍出版社 2006 年版。
《趙普評傳》,張其凡,北京出版社 1991 年版。
《中國筆記文史》,鄭憲春,湖南大學出版社 2004 年版。
《中國經學史》,馬宗霍,上海書店 1984 年版。
《中國歷代户口田地田賦統計》,梁方仲,上海人民出版社 1980 年版。
《中國文言小説總目提要》,寧稼雨,齊魯書社 1996 年版。
《燭影斧聲傳疑》,吴天墀,載《史學季刊》第 1 卷第 2 期,1941 年 3 月。
《〈昨夢録〉作者考辨》,顧國瑞,載《文學遺産》1981 年第 2 期。